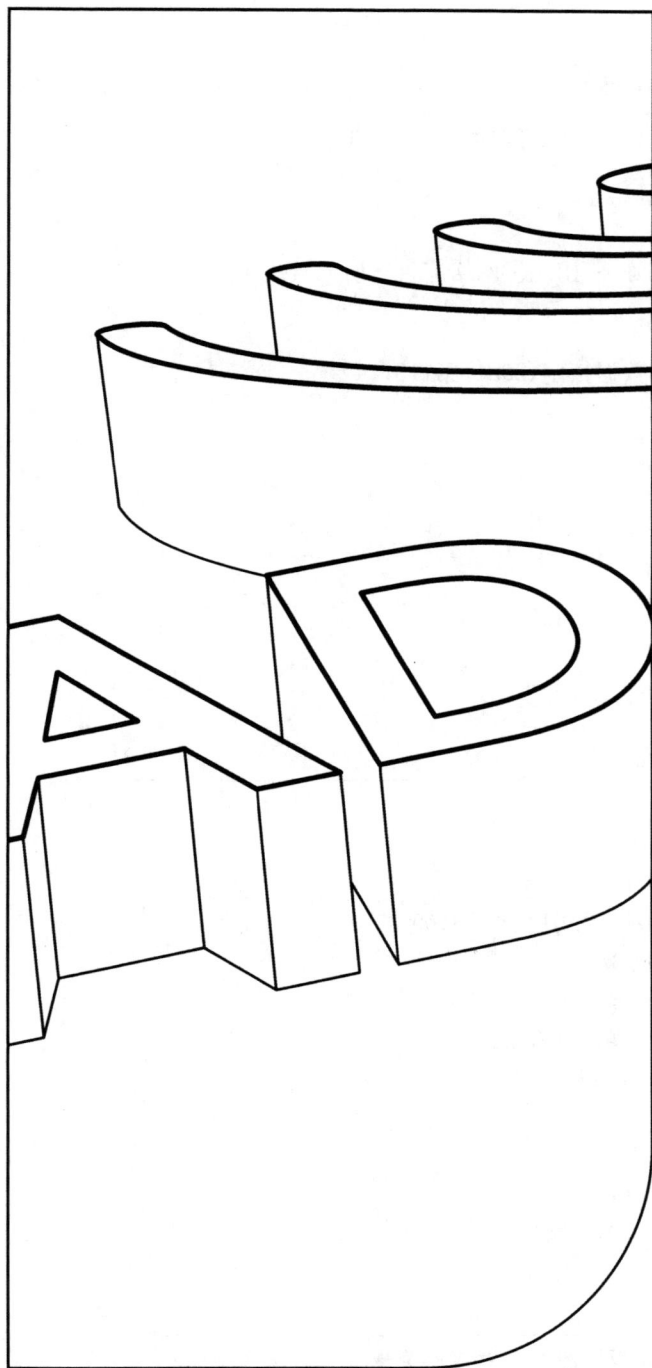

网络广告回避机制研究

Advertising Avoidance on the Internet: Theories and Empirical Studies

陈素白◎编著

九州出版社 JIUZHOUPRESS | 全国百佳图书出版单位

图书在版编目（CIP）数据

网络广告回避机制研究 / 陈素白编著. -- 北京：
九州出版社，2021.5
ISBN 978-7-5225-0147-5

Ⅰ．①网… Ⅱ．①陈… Ⅲ．①网络广告－研究 Ⅳ．
①F713.852

中国版本图书馆CIP数据核字(2021)第113714号

网络广告回避机制研究

作　　者	陈素白　编著	
责任编辑	郝军启	
出版发行	九州出版社	
地　　址	北京市西城区阜外大街甲 35 号 (100037)	
发行电话	(010)68992190/3/5/6	
网　　址	www.jiuzhoupress.com	
印　　刷	北京九州迅驰传媒文化有限公司	
开　　本	720 毫米 ×1020 毫米　16 开	
印　　张	20.5	
字　　数	360 千字	
版　　次	2021 年 8 月第 1 版	
印　　次	2021 年 8 月第 1 次印刷	
书　　号	ISBN 978-7-5225-0147-5	
定　　价	68.00 元	

序　一

陈素白教授常被相熟的人称为"小白老师"。据小白老师讲，她的"素白"二字既是家人心迹的告白，也是美德传承的期冀。以我和她近20年的了解为证，小白老师对此当之无愧。除此之外，小白老师的直爽、犀利、较真也令人印象深刻，正如一簇簇鲜红的凤凰花，不知者谓之冷艳，知之者方知热忱。

自2001年在中国传媒大学读研究生起，小白老师就专注于消费者行为、社会发展与消费者变化方面的研究，其2011年出版的《转型期中国城市居民广告意识变迁（1978年至今）》是国内首次立足本土生态，将社会转型的宏大背景与消费者广告观的历时性嬗变融合讨论的学术著作。随后她又从微观视角切入，聚焦消费者的广告接触行为，带着研究生团队持续考察新的广告形态如何与消费者展开交互，形成了一系列以"广告回避"为主题的优秀论文，最终汇编成书，有了这部《网络广告回避机制研究》。

消费者对广告有意无意地回避，既是一个伦理问题也是一个法律问题。一方面，大众媒体上由来已久的广告轰炸、广告拥堵、广告失真，不断消磨消费者对广告的好感，致使厌烦、反感和抵触成为很多消费者面对广告的常态；另一方面，基于大数据和算法的新媒体广告又常常陷入信息泄露和隐私侵犯的争议，消费者越来越不满自己愈发"透明"的状态，主动屏蔽、投诉、举报、起诉的行为日渐增多。研究广告回避，与其说是为了探索降低消费者回避倾向的策略并对广告发布主体展开教育，倒不如说是旨在重塑社会的广告观，在减少广告污名化的过程中还原广告的本真，为广告正名。

书稿虽由8篇相对独立的论文组成，但脉络清晰、体系鲜明，研究主题一以贯之，读起来不仅没有割裂感，反而能从多个侧面更加立体、动态地了解广告回避的本质和因果。作者的研究对象包含了行为定向广告、微商广告、原生广告、手机视频广告等近年的热点广告形态，研究方法综合了问卷调查法、访谈法、实验法等定性和定量方法，理论模型则是对经典广告回避模型的不断调适和丰富。本书由此呈现出的亮点有三：一是以"新形态"持续呼应和反思广告回避这个"老问题"，这既凸显了小白老师的较真劲儿和其研究团队的"钉钉子"精神，也体现出他们与时俱进的学术敏感和创新思维；二是以多样方法、多类样本研究单一问题，不仅弥补了某一研究方法的不足，突破了样本代表性的局限，还改变了既有研究长期停滞于文献综述和案例分析层面的困境；三是构建了涵盖主客观情境因素、回避行为和广告效果等要素的研究体系，伴随媒介形态的变迁过程逐步拓宽广告回避研究的应用场景。

在新媒体技术的驱动下，广告的变动持续加速，对于广告回避的研究亦需适时地反思，审视可优化的空间。例如，能否跳出以量化分析重复验证相似结论的研究怪圈，通过研究设计的创新得出真正有新意、有价值的发现；又如，怎样超越媒体形式的束缚，聚焦消费者的生活场景和具体需求来探讨解决广告回避的终级答案；再如，如何跨越理论探讨和应用实践的鸿沟，在总结特点、提炼规律、展开批评之外，对业界的健康发展形成更多有指导性的、可操作的建议。当然，这需要更多研究者的参与和坚守。

在我看来，研究广告回避的终极目的并不是让人不再拒绝各种形式的广告，而是在于提升广告对于目标消费者的真正价值，满足消费者在特定情境中的需求，增加消费者接触广告的获得感。这需要广告发布主体拥有正确的广告观，以与消费者对话为导向，在平等、尊重、信任、关爱的前提下，关切彼此的关切，而非粗暴地单向输出和干扰；探索共赢的模式，而非短视地刺激诱导和一味榨取；寻求合意的空间，而非罔顾价值共创和分享。一旦有了共同体意识，回避，或许就不再是个问题。

以此为序，祝小白老师始终像花儿一样。

黄河

中国人民大学教授，博士生导师

2021 年 7 月于北京

序　二

按照黄河教授的分类，我属于与陈素白教授相熟的那一类——这也不准确，要知道当年我们称呼陈素白教授"小白"的时候，根本不需要加上老师二字，因为彼时她和我还是硕士挚友，是那个奔走穿梭在中国传媒大学广告学院办公楼和八号楼研究生宿舍之间的一个长腿少女，多才且高才，稍显傲气，颇有点犀利，字如其人——爽且帅。

接到约稿作序的邀请稍有些意外，自硕士毕业之后与小白同学虽保持相当热络的联系，但毕竟地理位置和事业路径都隔着江河湖海，闺蜜之间的话题只能囿于昼夜厨房与爱，对小白同学一路成长为素白教授所经历的这条学术苦旅其实知之甚少。

当我把该书收录的八篇论文依次读下来，不自觉地回想起十五年前恩师黄升民教授带领小白和我共同完成的《多种形态的中国城市家庭消费》，那是一本建立在多年实证研究基础之上的探索性著作。当时受日本电通吉田秀雄纪念事业财团资助委托，我们俩研究生在读期间倾力投入"中国城市家庭消费研究"课题，不仅带领团队进行了前期大样本的计算机电话辅助调研，还大胆尝试了量化基础上的质性研究，先后迈入近六十户中国典型城市家庭内部，进行了一场甘苦自知的社会学田野考察。草蛇灰线伏脉千里，突然理解我为什么有幸受到邀请为本书作序，作为当年四十多万字《多种形态的中国城市家庭消费》的合著者，我也许是素白教授科研初心养成的见证者——在今天这本《网络广告回避机制研究》当中，我看到了一脉相承的横跨社会学、传播学、消费者行为学、广告学等多学科的融合性研究视角、实证研究长期积淀的厚积薄发、更重要的是那份勇攀高峰拒绝捷径的学者的拙意。

广告学是一门年轻、迷人、气象万千的学科，通往广告学领域的成功之路可谓八仙过海各显神通，而素白教授是厦门大学、中国传媒大学南北两所广告学教育重镇共同培养的根正苗红的嫡传弟子，在她博士毕业2007年返归厦大母校之后，不仅坚守了十年磨一剑的教研工作，还继续选择消费者行为、广告效果研究这条根植在实证研究基础上最为艰苦的道路，应该一半是她较真儿的性格使然，一半就是对广告学源自初心的热爱。

坦白地说，我多年不从事广告学研究工作，对"广告回避"这个概念还停留在广告受众对广告信息的消极抵抗上，因此很是惊艳于本书收录的一系列论文对广告回避概念在纵深上的探索和广域上的拓展。从广告效果来讲，"广告回避"与"广告接受"正如一枚硬币的两面，知道了广告回避的规律自然就掌握了提高广告接受度的要义，因此广告回避的深入研究对于广告实务有积极的现实意义；以传播学的角度来看，从"广告回避"的角度探讨广告效果体现了对广告受众主动性的尊重，新媒体技术赋权给广大受众，信息时代受众的主动性能力日益增强，他们不满足于"选择"更热衷于"参与"，广告正从一门"说服的艺术"走向"互动的艺术"，广告回避研究的必要性和重要性不言自明。更为难得的是收录的论文在选题上无一不是对现实问题的积极回应，从手机视频、微商、体育App、虚拟社区等社会经济热点问题入手研究"广告回避"这一学术问题，不仅捍卫了广告学的学术正统性也为广告学注入了与时代和社会休戚相关的生命力。

当然，作为一本学术论文集，大多数研究还停留在开疆拓土的阶段，虽然实证研究的方法严谨而富有创新性，但作为认知世界的概念和模型仍稍显稚嫩，要成为改造世界的工具尚有不小的距离，仍需要未来更多的研究者和实践者为此前赴后继。

最后，黄河教授的学术评述自是无懈可击，只是我作为小白老师的闺蜜级诤友，仍要为最后一句祝语做最后的倔强的抵抗，小白老师哪里能永远像花一样呢？昔日精灵睿智、充满赫敏气质的长腿少女已经成为今日广告学界与时俱进、兼收并包的新一代扛把子，凤凰花经风雨见世面，终将由花变成树。我祝陈素白教授脚踏沃土，眼放云端，抖落一身芳华，仍桃李不言，下自成蹊！

吕明杰

之江实验室智能社会治理研究中心高级研究专员

2021年8月于杭州

前　言

　　提起广告，人们首先想到的一定是它与生俱来的商业属性。1997年我初入厦门大学广告学专业开启我的广告学习之旅，今年恰好距离我本科毕业二十周年。这20多年，时代的车轮滚滚向前，与广告息息相关的媒介环境和消费生态都发生了翻天覆地的变化，唯一不变的是广告依然作为一种"说服的艺术"扮演着它在商业社会中的传播使命。作为一种目的性极强的商业信息，如何提升广告的效果始终是横跨学界和业界的双重关注焦点，要提升广告效果的最重要途径其实就是降低广告回避。

　　作为人类信息交流的必然产物，广告从诞生伊始就一直承载着人类既爱又恨的复杂情感，而广告回避核心的问题就是在不同的媒介表现形态下"人们为什么不看广告"，这也是广告效果研究的重要领域。20世纪60年代，伴随着电视媒介时代的到来，遥控、录像等数字技术催生了多元的广告回避反应，广告回避议题从广告效果研究中独立出来。在近60年的发展中，人们日常接触的媒介经历了快速的更迭，受众被广告裹挟的程度也达到了一种空前的状态，由此引发的广告形态和接收情景的变化也为广告回避研究带来了多重可能。随着人本主义思潮和具生认知范式的兴起，学者们对于广告回避影响因素的探讨，也由最初的广告刺激物要素转向了受众和情境要素。如果对过去近六十年中西广告研究进行理论综述，不难发现广告回避研究发生了重要的三大转变：第一，从理论源流来看，广告回避影响因素经历了从外部刺激要素到具身要素的转向；第二，就研究对象而言，移动广告回避研究逐渐占据主流；第三，从研究文本而言，以信息流为代表的社交媒体广告颠覆了传统广告回避研究的核心要素。

　　我最初对广告回避研究产生兴趣，要回溯到2007年我在中国传媒大学完成博士论文的时候，当时的选题是"转型期中国城市居民广告意识变迁"，在困扰我解读广告意识的多个维度中，最终提炼出"是否喜欢广告（喜爱度），是否信赖广告（信赖读），广告是否有用（有用度）"三个核心维度构成了重要的评价指标，这也揭示了广告在人们的社会生活中扮演的角色和功能地位到底如何。

2007 年博士毕业之后，我回到母校厦门大学广告系任教，在科研中对于广告效果的研究始终是我非常感兴趣的一个命题。2012 年我带着研究生团队参加了黄合水教授主持的"伦敦奥运广告央视投放效果"课题，当时调研的主要目的是通过计算机辅助电话调查系统对全国随机样本进行前后两次的广告效果调查，旨在测试出投放在央视转播伦敦奥运会时段的广告对提升品牌价值的实际效果。调研完成之后，一个非常尴尬的问题暴露在我们面前，就是非常多的被调查者反映并不喜欢在节目中插播广告，这个消极的态度直接影响到了品牌主的广告投放效果，人们会有意无意地通过各种手段和方法回避广告时段。我再一次清醒地意识到，广告回避的研究迫在眉睫。于是我将广告回避的研究聚焦到了更加微观的视角，和研究生一起通过问卷调研开启了尝试性的"网络广告回避影响因素研究——基于 2012 年伦敦奥运网络广告投放实证分析"，研究得到了新闻传播学核心期刊《新闻与传播研究》的认可，顺利刊载在 2013 年 12 月这期，这在非常大程度上激励了我继续跟进广告回避效果研究的决心。也几乎是在同一时间，"新媒体时代背景下网络广告回避行为与心理研究"获得厦门大学中央高校基本科研业务资助立项。有了经费的支持，我和研究生团队得以更加自由地围绕广告回避的核心命题展开各种摸索性质的研究，并陆续取得了一些阶段性成果。2017 年"网络广告回避机制研究：基于广告本体、受众个体和社会情境三维互动的视角"获得福建省社会科学规划项目一般项目立项。在课题的支持和团队的持续努力下，陆续产出了一些学术成果，这几年发表在《现代传播》《编辑之友》《新闻界》等刊物上，有些在国内外的学术会议上进行了交流和分享，更多的是以硕士生论文的形式一届一届沉淀了下来，正是这些论文构成了这本以网络广告回避机制为主题的书稿。

为什么要做这样一部书稿呢？我想主要原因不外乎三个方面：

第一，书稿精选了 8 篇与广告回避核心命题相关的论文，时间跨度从 2014 年至今。虽然 8 篇论文看起来各自独立，但实际却有着千丝万缕内在关联。研究对象从行为定向广告、微商广告、手机视频广告、社群 APP 虚拟社区广告等展开，研究方法也包含问卷调研、实验法、深度访谈等，可以说是一场围绕广告回避的集中火力研讨，对此议题感兴趣的读者可以过瘾地一次性集中阅读获得后续研究的灵感启发。

第二，在编撰本书的时候，虽然从内容到格式都做了精修，但每一篇论文基本保持了硕士论文答辩完成时的体量。一篇硕士论文从产生选题的灵感萌芽到最后的答辩，经历过的人都知道这是一次自己跟自己较劲不断升级打怪，痛并快乐着的学术和心路历程。为什么没有去刻意压缩论文的篇幅，是因为一篇硕士论文的体量相比较于一般的学术论文，能够更加充分地展示研究过程的全貌。此外，我在整理书稿的时候，对每一位原作者还提出了一个小要求，让他们撰写一段研究心得附在文末。本书作者其实都已经步出校园，每天裹挟在业界洪流中真刀真枪地为提升广告效果殚精竭虑，突然让他们再次宁心静气审视自己曾经的毕业答卷，也是一次业界和学界融会贯通的对话，只不过这一次对话的人是自己。我让大家撰写研究心得时尽量言简意赅，主要围绕三个问题：即当时选题的灵感来源和如何筛选切入角度，研究过程中遭遇的最大难点以及结合工作实践反思研究局限性和后续研究的可能性，这对于阅读本书的年轻学者而言，尤其是此刻正挣扎在毕业论文痛苦边缘的学子们，我想或许会是一剂镇定安抚的良药。

第三，于我个人而言，这本书既是对团队广告回避研究的一次阶段性总结，同时也是理清思路再次出发的自我激励。2020年11月的《编辑之友》刊载了我和博士段秋婷合作的《广告回避文献述评与研究转向探讨》后，有不少国内年轻学者通过电邮和微信来跟我探讨未来广告回避研究的方向和重心，我很欣喜地看见已经有越来越多的后起之秀开始关注到这个领域。2019年3月，我在美国伊利诺依大学香槟分校媒体学院访学期间，有幸参加了在达拉斯召开的美国广告学术年会，在这场学术盛会中，关于广告回避的议题不在少数。这两年参加国内学术会议，我也明显感受到关于广告回避的论文数量越来越多。本次书稿因为篇幅和时间所限，有些论文不得已忍痛割爱，暂时无法收录进来，后续应该还会以其他成果形式陆续跟大家分享。

广告回避研究以20世纪60年代电视广告为发端，经历了近60年的发展之后，也逐渐进入了瓶颈期，虽然已经有不少学者对各类广告回避影响因素进行各种探讨，但具有较强媒介特质的研究模型和影响因素无法直接嵌套在高速迭代的新型广告形态之上。纵观当前大量的研究仍然是赖于2004年学者Cho和Cheon的互联网广告回避经典研究模型进行延伸，尤其缺乏具有中国本土化特色的广告回避研究。从2012年我带领团队以实证研究方法切入广告回避研究开始计算，今年恰好是第十个年头，可谓"十年磨一剑"。这十年，恰好是新媒体广告狂飙突进的十年，在研究的过程中，我常常有一种追赶业界变化力不从心的疲惫感，研究的边界不断拓展，研究的主体不断迭代，研究的方法不断受到挑战。未来广告回避研究何去何去？有一点可以肯定的就是从广告本位到受众本位的聚焦扭转不容置疑，广告的互动性、情境要素、隐私要素对广告回避的影响，具身认知革命对广告学研究的影响力都将充分映射在广告回避命题中。唯有夯实理论基础，深化受众心理研究，着眼于媒介形态特质与本土化语境，方能找到广告回避研究的新思路和新出路。衷心期待这本论文集能唤起更多志同道合的小伙伴一起加盟，也期待听到更多有益的批评和建议。

陈素白

2021 年 12 月于厦大白城

目　录

行为定向广告回避影响因素研究

曹雪静

【摘要】行为定向广告通过追踪个人在线行为实现广告定制化投放，自诞生起，其广告效果就成为业界和学界探讨的热点问题。本文通过线上和线下问卷相结合的研究方法（N=1356），结合行为定向广告的特点，提炼出隐私担忧、定制性和广告态度三个影响因素，构建行为定向广告回避模型。研究结果显示：隐私担忧、定制性和广告态度对受众的广告回避均有显著影响，隐私担忧包含的三重维度对行为定向广告回避存在不同的强弱、正负影响，定制性、广告态度均与行为定向广告回避呈负相关。此外，受众对行为定向广告的认知程度也对行为回避产生显著影响。

【关键词】行为定向广告；广告回避；广告回避影响因素

一、研究背景

行为定向广告通过浏览器、各类应用等网络软件存储的信息来追踪消费者行为，这一突破性和革命性的特点使得营销者对行为广告寄予厚望。行为定向广告的效果明显优于传统广告，其投放的定制化，使"网络上将再也没有垃圾广告"的设想成为可能。商业的未来将由定制化技术驱动，行为定向广告必将成为网络广告未来发展的主流。[①]

和非定向广告相比，行为定向广告的点击率以及消费者的购买机率都更高，广告主也因而愿意为定向广告支付溢价。[②]Yan 等通过实证研究发现，利

---

① 苏萌，柏林森，周涛：《定制化商业的未来》，北京：机械工业出版社，2011 年，第 77 页。

② Lorrie Faith Cranor, Can Users Control Online Behavioral Advertising Effectively? *Security & Privacy, IEEE,* vol.10, no.2(March/April 2012), pp.93-96.

用搜索行为将用户细分，再进行针对性广告投放，可以将点击率平均提高670%。[①]Howard 对 12 家网络媒体千人成本、转化率等广告效果衡量指标进行调研，分析发现行为定向广告的价格是常规广告的 2.68 倍，已经成为互联网内容提供方、服务商及第三方机构重要的收入来源。行为定向广告的内容对于消费者而言也更有效用。[②]但同时，行为定向广告的这种高度相关性和定制化，也激发了人们对于个人隐私的担忧。比如 Mozilla 推出的 Collusion 插件，能够记录网站对用户活动进行追踪的情况。根据这一插件显示的信息，用户上网的时间越长，这一追踪关系就越复杂，用户的网络隐私在行为定向广告面前似乎已无所遁形。

与此同时，信息全球化也深刻影响着广告市场和消费者行为。2013 年，互联网广告约占 20.6% 的全球广告支出，到 2016 年，预计互联网广告将占据 26.6% 的全球广告支出。[③]艾瑞咨询发布的 2013 年度中国网络广告核心数据显示，国内网络广告市场规模达到 1100 亿元，同比增长 46.1%。而据央视市场研究公司数据，2013 年包括电视、报纸、杂志、电台、传统户外广告在内的传统媒体广告市场增速明显放缓。[④]由此可见，尽管网络广告和电视广告相比仍属轻量级，但网络广告市场的增长速率要显著高于传统广告媒体，网络广告市场已成为未来广告市场规模增长的核心驱动力。

互联网方便了消费者收集信息、进行决策和购买选择，受众的主动性大大增强。[⑤]信息获取渠道的丰富性减少了受众对于广告信息的依赖，而网络广告过滤技术的同步发展，也使受众可以更加轻易地过滤网络广告。这表明，受众不仅回避广告的倾向更为明显了，其回避广告的能力也加强了。

一方面行为定向广告快速发展的趋势，对于提升广告效果具有革命性突破；另一方面，当前网络广告点击率低、口碑差，受众主动屏蔽广告的能力得到了前所未有的提升。这一矛盾现状，使得研究行为定向广告回避的影响因素，探索降低广告回避倾向的策略方法，具有显著的理论与现实意义。

---

① Yan J, Liu N, Wang G, et al., How Much can Behavioral Targeting Help Online Advertising? *Proceedings of the 18th International Conference on World Wide Web, Madrid, Spain,* (April 2009).
② Howard Beales, The Value of Behavioral Targeting, *Director,* (2010), pp.1-23.
③ 《2014 全球广告支出或达 5310 亿美元移动带增长》，2014 年 1 月，http://www.a.com.cn/info/world/2013/1209/223555.html，2014 年 3 月 4 日。
④ 王菲、刘倩伶：《资源的重聚与强化——2013 年我国广告市场回顾与未来展望》，2014 年 1 月 7 日，http://www.cicn.com.cn/content/2014-01/07/content_135733.html，2014 年 3 月 4 日。
⑤ 宋安：《网络广告媒体策略与效果评估》，厦门：厦门大学出版社，2008 年 12 月。

二、文献综述

（一）行为定向广告

行为定向广告属于定向广告的一种，美国联邦贸易委员会将行为定向广告界定为"追踪个人的在线行为，据此传递依据消费者兴趣定制的广告信息"。[①]McDonald & Cranor 将行为定向广告定义为"收集个人的在线行为信息，并从中分析出应该向消费者展示何种广告信息"。[②]俞淑乎和陈刚认为行为定向广告的主旨是利用用户的网络浏览行为，提供符合用户意图的广告信息，它主要通过分析用户的网络历史访问记录来挖掘有价值的用户行为信息，并针对这种信息投放与之相关的广告。[③]

行为定向广告是一对一营销的产物，与针对大众的营销思维有显著的区别。[④]在传播的对象、内容和传播目标等方面，和传统网络广告有显著不同（详见表 1）。

表 1 行为定向广告与传统网络广告的区别

行为定向广告	传统网络广告
个别的顾客	一般的顾客
顾客清楚的剖析	顾客名字不清楚
个别化的讯息	大众广告
个别化的诱因	大众促销
双向性讯息	单向性讯息
顾客占有率	市场占有率
可获利的顾客率	所有的顾客

资料来源：林水顺，庄英慎:《网络行销》，新北：普林斯顿国际有限公司，2012年，第 235 页。

---

① FTC Staff Revises Online Behavioral Advertising Principles, http://www.ftc.gov/news-events/press-releases/2009/02/ftc-staff-revises-online-behavioral-advertising-principles.

② Aleecia M. McDonald, Lorrie Cranor, Americans' Attitudes about Internet Behavioral Advertising Practices. *Proceedings of the 2010 ACM Workshop on Privacy in the Electronic Society, Chicago, Illinois, USA*, (October 2010).

③ 俞淑乎，陈刚:《一种高效的行为定向广告投放算法》，《计算机应用与软件》2011 年第 1 期。

④ 林水顺，庄英慎:《网络行销》，新北：普林斯顿国际有限公司，2012 年，第 235 页。

1998 年，亚马逊应用了 Item-based 推荐系统，基于用户的搜索和购买历史，为用户推荐他们可能感兴趣的相关产品，可视为行为定向广告的发端。2005 年，Tacoda 正式对外推出行为定向广告服务。目前，行为定向广告技术的应用已经相当广泛，谷歌、亚马逊和 Facebook 等国际性的互联网公司都是这项技术应用的先锋者。例如当消费者在亚马逊搜索了隐私相关的书籍后，网站就会依据搜索信息提供相关的书目推荐；国内在淘宝搜索某项产品后，搜索页面也会出现相关的广告信息。当前的行为定向广告应用主要包含两个步骤：追踪消费者行为、依据消费者行为定制广告信息。①

基于上述概念，本研究认为，行为定向广告是通过追踪、分析消费者的在线行为数据，以此对消费者的需求偏好进行准确地预测，从而有针对性地推送定制性广告信息的广告形式。

（二）精准营销

精准营销与行为定向广告息息相关，它为行为定向广告提供了指导思想和理论支持；同时，行为定向广告也是互联网环境下精准营销最为关键的应用方式之一。所以本文也梳理了精准营销的相关理论发展。

1. 精准营销概述

现代营销理论大师菲利普·科特勒近年明确提出了"精准营销"。他认为，企业需要更精准、可衡量和高投资回报的营销沟通，需要制定更注重结果和行动的营销传播计划，还要越来越注重对直接销售沟通的投资。②国内学者徐海亮认为："精准营销就是通过现代信息技术手段实现的定制化营销活动，通过市场定量分析的手段、定制化沟通技术（数据库、CRM、现代物流等）等实现企业对效益最大化的追求。"③

精准营销具有以下几个主要特征，包括目标对象的选择性、沟通策略的有效性、沟通行为的经济性、沟通结果的可衡量性和精确程度的动态性。④传统的精准营销手段有直邮广告、呼叫中心和手机短信等方式。而基于互联网的精准营销是通过互联网来识别网民的消费心理和行为特征，相关企业再根据这些

① Joseph Turow, Jennifer King, Chris Jay Hoofnagle, et al., Americans Reject Tailored Advertising and Three Activities that Enable It. https://doi.org/10.2139/ssrn.1478214 (2009).

② 刘征宇：《精准营销方法研究》，《上海交通大学学报》2007 年第 4 期。

③ 潘洪亮：《数字传播时代"精准传播"研究初探》，《广告大观》（理论版）2013 年第 1 期。

④ 伍青生，余颖，郑兴山：《营销新发展：精准营销》，《经济管理》2007 年第 21 期。

网民的显著特征来开展针对性很强的精准营销活动，如邮件广告、搜索引擎广告等。① 目前，行为定向广告是实施精准营销最为有效的方式之一。

2. 精准营销的理论基础

传播环境和营销技术的发展变化推动着精准营销概念不断发展，它兼容并蓄了有关市场细分、目标市场营销、客户价值管理、让渡顾客价值等营销理论。随着网络环境的发展，有学者认为 web2.0 时代的精准营销理论基础是长尾理论、六度分割理论、整合营销和定制营销。② 通过对文献的归纳和总结，笔者认为，市场细分和客户关系管理是精准营销的核心理论基础。

市场细分的概念是在 20 世纪 50 年代中期由美国学者温德尔·史密斯首先提出的。它是指从消费者或者受众出发，按照某种标准（地理、人文、心理、行为等）把具有同质性的对象群体区别出来，实施不同的战略，进行精确化影响。③ 市场细分是解决消费者异质性的一种方法，而行为定向广告则是市场细分的极致，它把每一个消费者看成一个细分的市场。④

1999 年，高德纳咨询公司提出了 CRM 概念（Customer Relationship Management）。顾客关系管理的核心是以行动导向的方式去了解及改变顾客的行为，以取得新顾客、服务老顾客，并维持有价值的顾客，希望根据顾客购物行为，提供为顾客量身订做的服务，以达到顾客满意，进而实现企业盈利的目的。⑤ 由此可以推断以顾客为中心是这一理论的核心。

市场细分理论为精准营销概念划分了目标市场，而顾客关系管理则明确了精准营销的核心主体，是客户而非企业，由此，体现了营销从"4P"到"4C"的转变。

3. 互联网精准营销

互联网精准营销是指利用互联网的数据特性，在采集消费者数据的基础上将广告信息精准地传播给目标消费者的营销传播活动。⑥

根据互联网环境的发展，潘洪亮将精准营销划分为了三个阶段。首先是

---

① 李明，杨武宏：《WEB2.0 时代的精准营销理论与方法》，《市场周刊》（理论研究）2007 年第 7 期。

② 潘洪亮：《数字传播时代"精准传播"研究初探》，《广告大观》（理论版）2013 年第 1 期。

③ 郭昕，孟晔：《大数据的力量》，北京：机械工业出版社，2013 年，前言。

④ 郑欣：《空间的分割》，北京：中国传媒大学出版社，2008 年，第 8 页。

⑤ 林水顺，庄英慎：《网络行销》，新北：普林斯顿国际有限公司，2012 年，第 235 页。

⑥ 王菲：《互联网精准营销的隐私权保护：法律，市场，技术》，《国际新闻界》2011 年第 12 期。

"媒体精准"阶段，在这一阶段，网络广告的投放依循传统媒体的广告投放思维，追求媒体的精确。随着网络信息的海量化，用户获取信息的成本增加，以用户需求驱动为主的精准营销迈进"需求精准"的阶段，这一阶段以搜索引擎广告为代表，通过建立以用户的搜索内容和搜索行为为基础的数据库开展更精准的传播。当前，互联网正在进入第三个阶段，即"数据精准"阶段，受大数据思潮影响，营销强调数据挖掘分析，在此基础上形成更综合立体的生活者数据库。[1] 换言之，数据库是当前精准营销的基础。通过数据库的建立和数据分析，企业可以准确地了解用户信息，明确目标消费群，从而使企业在进行促销或其他活动时更加具有针对性，提高企业营销效率。[2]

时至今日，互联网精准营销通过"一对一"的定制化沟通手段，为消费者提供定制性的广告信息，大大提高了营销的效率。但是这种以个人信息的收集和使用为基础的营销方式，也必然在某种程度上对网民的隐私权造成侵犯。

互联网精准营销主要搜集两类用户信息：一是隐性信息，指点击流数据，是大量关于用户的 IP 地址和所有浏览过的商品等内容的信息；二是显性信息，如消费者的个人身份信息、人口统计数据等。雷登伯格指出："个人信息收集和存储的简便，加上利用这些信息的超强能力，产生了巨大的商业能量。"人们似乎暴露在一种全景监控之下，这些档案文件造成了消费者和提供必需服务的公司之间信息不对称。因此，整个过程增强了公司的力量，而削减了消费者的自由。[3]

（三）广告回避研究

1. 广告回避及其类型

美国学者 Speck & Elliott 将广告回避定义为"媒体用户不同程度地减少广告接收的所有行为"。[4]Abernethy 在电视网民研究的基础上，将广告回避分为两类：身体回避和机械回避，1997 年，Speck 等人又补充了第三种回避策略：认知回避。[5]

---

① 潘洪亮：《数字传播时代"精准传播"研究初探》，《广告大观》（理论版）2013 年第 1 期。

② 曾志生，陈桂玲：《精准营销》，北京：中国纺织出版社，2007 年，第 43 页。

③ Chang-Hoan Cho, Hongsik John Cheon, Why do People Avoid Advertising on the Internet? *Journal of Advertising*, vol.33, no.4(2004), pp.89-97.

④ Paul Surgi Speck, Michael T. Elliott, Predictors of Advertising Avoidance in Print and Broadcast Media, *Journal of Advertising*, vol.26, no.3(1997), pp.61-76.

⑤ 刘荣：《我们为什么"不看"广告——广告回避研究综述》，《中国广告》2011 年第 6 期。

Vakratsas & Ambler 通过对既有研究的分类概括，指出"认知、情感、行为"是构成网民对广告刺激反应的三部分。[①] 这一划分已在众多实证研究中被证实，本文也将沿用。

认知指网民对网络广告的基本信念，认知越负面，越容易导致"认知回避"，它主要表现为网民对广告视而不见或故意回避等。[②]"情感回避"指网民对网络广告在感受或情绪上的回避，表现为网民对网络广告的负面情绪和消极感受，如讨厌，不满等。[③]"行为回避"不仅指网民不接受网络广告信息的传播，并且对网络广告进行主动攻击，如立刻关闭广告等，其目的在于中断网络广告信息传播过程。[④]

同时，回避类型不同，回避的程度也不同，《2012 中国城市居民广告观》调研数据显示，约 70% 的城市居民对广告持情感回避，认为大量广告令人厌烦，约 66% 持行为回避，约 60% 持认知回避。[⑤]

2. 传统媒体广告回避影响因素

Speck 等将传统媒体的广告回避影响因素归为：人口统计特征、媒介的相关变量、对各媒介广告的态度和广告导致的传播噪音（见图 1）。数据显示，年龄和收入是判断网民广告回避倾向的最佳人口统计指标。[⑥]Prendergast 等通过焦点小组调查发现，受众对广告的普遍态度越消极，就越趋向于回避广告。[⑦] 同时还有研究发现，卷入度对广告回避也有一定的影响。"卷入度指受众所观察到的广告与其兴趣爱好、内在需求以及生活理想的关联程度"。卷入度会影响受众认知、情感和行为变化的先后顺序，在卷入度高低程度不同的情况下，网民对

① Demetrios Vakratsas, Tim Ambler, How Advertising Works: What do We Really Know? *Journal of Advertising*, vol.63, no.1(1999), pp.26-43.

② Chang-Hoan Cho, Hongsik John Cheon, Why do People Avoid Advertising on the Internet? *Journal of Advertising*, vol.33, no.4(2004), pp.89-97.

③ Brittany R. L. Duff, Ronald J. Faber, Missing the Mark: Advertising Avoidance and Distractor Devaluation, *Journal of Advertising*, vol.40, no.2(2011), pp.51-62.

④ 李雪梅：《网络广告回避反应影响因素研究》，硕士学位论文，西南交通大学，2004 年。

⑤ 2012 年，中国传媒大学广告学院和厦门大学新闻传播学院联合成立"中国城市居民广告观调研"课题组，依托央视索福瑞调研网络，对全国一二三线共 20 个城市进行抽样，累计超过 18,000 个成功样本。

⑥ Paul Surgi Speck, Michael T. Elliott, Predictors of Advertising Avoidance in Print and Broadcast Media, *Journal of Advertising*, vol.26, no.3(1997), pp.61-76.

⑦ Gerard Prendergast, Wah-Leung Cheung, Douglas West, Antecedents to Advertising Avoidance in China, *Journal of Current Issues and Research in Advertising*, vol.32, no.2(2012), pp.87-100.

广告刺激的表现显著不同。[①]

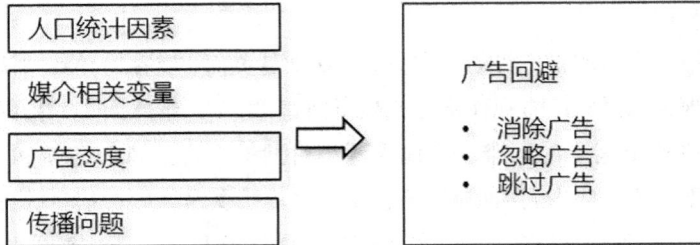

图 1　传统媒体的广告回避模型（Speck & Elliotta，1997）

3. 网络广告回避影响因素

这方面的研究主要围绕网络广告媒体性质、网络广告环境、受众等方面展开。其中最具代表性的是 Cho & Cheon 对网络广告回避反应的研究，它围绕网络广告回避研究的重点，论证了感知目标障碍、感知广告杂乱和既往的消极经验对认知、情感和行为三种回避方式的影响，并在此基础上构建了网络广告回避的理论模型（见图 2）。[②]

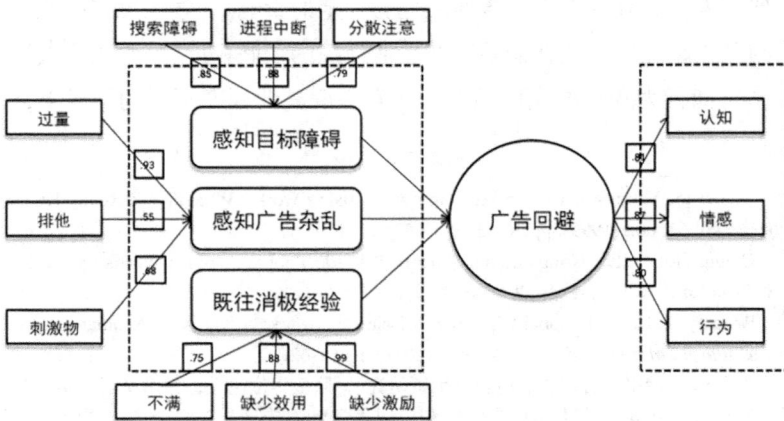

图 2　网络广告回避模型（Cho & Cheon, 2004）

----

① 李影：《网络广告躲避反应的影响因素研究》，硕士学位论文，大连理工大学，2010 年。

② Chang-Hoan Cho, Hongsik John Cheon, Why do People Avoid Advertising on the Internet? *Journal of Advertising*, vol.33, no.4(2004), pp.89-97.

网络媒体被认为是一种更具任务导向性的媒体，网民的媒体使用具有明确的目标。[①] 因此网络广告对网民产生了更强的干扰。Morimoto & Chang 以电子邮件广告为研究对象，指出其比传统邮寄广告更具干扰性，从而更让人感到厌恶。[②]

对网络广告环境的研究主要集中在广告过量，使网民感到混乱厌烦等，如广告数量过多、展现方式等造成的搜索障碍，[③] 广告出现的频率，广告篇幅的大小等。[④]Cho & Cheon 的研究以"感知广告杂乱"来统称这种现象，认为网络广告过量、杂乱是激起网民恼怒感并进而引发回避的主要因素。[⑤]

从受众角度出发，研究影响网络广告回避因素的文献最为丰富。包括网民个人的情绪特性、人格变量和心理反应，[⑥] 网民对个人隐私的担忧等。[⑦] 在 Cho & Cheon 的研究中，认为网民既往的消极经验，如过去点击广告时的消极体验、不满的情绪、缺乏效用和激励是影响网民网络广告回避的重要因素。[⑧]

但随着网络广告的发展，以及人们上网动机和需求的转变，目标导向逐渐转变为休闲娱乐和社交需求，因此影响网络广告回避的因素也随之转变。这一发展趋势在近年的研究中也有所体现，Kelly, Kerr & Drennan 等以社交网站广告为研究对象，考察青少年的网络广告回避。研究发现，当广告中的产品和青少年无关的时候，例如地产广告，他们会倾向于回避广告，而当他们正是广告的目标受众时，他们的广告回避则会减少。因此得出结论，广告的相关性是影响

---

① 戴维:《基于受众视角对网络广告传播问题的检视与反思》,《新闻界》, 2011 年第 6 期, 第 70 页。

② Mariko Morimoto, Susan Chang, Consumers's Attitudes Toward Unsolicited Commercial E-mail and Postal Direct Mail Marketing Methods: Intrusiveness, Perceived Loss of Control, and Irritation, *Journal of Interactive Advertising*, vol.7, no.1(2006), pp.1-11.

③ 俞淑乎, 陈刚:《一种高效的行为定向广告投放算法》,《计算机应用与软件》2011 年第 1 期。

④ 潘洪亮:《数字传播时代"精准传播"研究初探》,《广告大观》(理论版) 2013 年第 1 期。

⑤ Chang-Hoan Cho, Hongsik John Cheon, Why do People Avoid Advertising on the Internet? *Journal of Advertising*, vol.33, no.4(2004), pp.89-97.

⑥ 伍青生, 余颖, 郑兴山:《营销新发展: 精准营销》,《经济管理》2007 年第 21 期。

⑦ Tae Hyun Baek, Mariko Morimoto, Stay Away From Me, *Journal of Advertising*, vol 41, no1(2012), pp.59-76.

⑧ Chang-Hoan Cho, Hongsik John Cheon, Why do People Avoid Advertising on the Internet? *Journal of Advertising*, vol.33, no.4(2004), pp.89-97.

网络广告回避的重要因素。[①] 隐私担忧也被证实是影响网络广告回避一个非常重要的因素。Yaakop 对社交网站广告的调研也发现，网民的广告回避和隐私担忧对网民对广告的态度有显著影响。[②]

（四）行为定向广告回避的影响因素

目前专门针对行为定向广告的回避研究较少，但在有关网络广告回避、定制化媒介（手机广告、直邮广告）及行为定向广告的广告态度研究中可以发现，广告的定制性特征和受众对广告的隐私担忧，是影响行为定向广告效果最为重要的两大因素。

现有的研究发现，受众对于行为定向广告的态度具有一定的复杂性，行为定向广告犹如一把双刃剑，一方面其定制化有助于消费者减少顾客成本，另一方面，它也使消费者对自己的个人隐私倍感担忧。

1. 定制化

Kim 综合前人的研究维度，认为定制化是指"行为定向广告的内容，使消费者感受到广告信息依据他们的喜好和需要专门设置的程度"。[③] 网络世界信息过载，消费者寻找想要的信息需要耗费越来越多的时间和精力成本。行为定向广告的定制性特征，依据消费者的兴趣、需求提供广告信息，无疑降低了消费者的消费成本，体现了让渡顾客价值。[④]Zeng, Huang & Dou 研究社交网站广告时发现，广告的相关性对受众对于社交网站广告的行为倾向有正面影响。[⑤]Beak & Morimoto 等通过对电子邮件等个性化广告的研究发现，广告的定制性将显著减少受众的广告回避。[⑥]Kim 认为由于行为定向广告的信息定制性程度更高，

① Louise Kelly, Gayle Kerr, Judy Drennan, Avoidance of Advertising in Social Networking Sites: The Teenage Perspective, *Journal of Interactive Advertising*, vol.10, no.2(2010), pp.16-27.

② Azizul Yaakop, Like It or Not: Issue of Credibility in Facebook Advertising, *Asian Social Science*, vol.9, no.2(2013), pp.154-163.

③ Hyejin Kim, Exploring the Effects of Perceived Relevance and Privacy Concerns on Consumer Responses to Online Behavioral Advertising, *Minnesota: University of Minnesota*, (2013).

④ Azizul Yaakop, Like It or Not: Issue of Credibility in Facebook Advertising, *Asian Social Science*, vol.9 no.2(2013), pp.154-163.

⑤ Fue Zeng, Li Huang, Wenyu Dou, Social Factors in User Perceptions and Responses to Advertising in Online Social Networking Communities, *Journal of Interactive Advertising*, vol.10, no1(2009), pp1-13.

⑥ Tae Hyun Baek, Mariko Morimoto, Stay Away from Me, *Journal of Advertising*, vol.41, no1(2012), pp.59-76.

定制性这一特征对受众的广告态度有更积极的影响。[①] 朱静认为，通过行为定向广告，顾客看到的广告更具相关性，更利于他们寻找自己所期望的产品或服务，大大减少了过去在网上海量的信息中搜索所浪费的时间，从而获得更好的购物体验。[②]

由此可见，行为定向广告的定制性特点，有助于降低受众获取信息的时间和精力成本，对缓解受众的广告回避有积极的影响。

2. 隐私担忧

行为定向广告基于网民的个人信息来定向投递，对极度个人化的信息的收集和掌握，必然会引发受众的隐私担忧。Beak & Morimoto 通过对电子邮件等个性化广告的研究证实了受众的隐私担忧对广告回避有显著的影响。他在文中将隐私担忧界定为"消费者对于防止个人信息被泄露给他人的这一权利，是否会被侵犯的担忧程度"。[③]

约瑟夫·塔洛教授的研究发现，66% 的成年人不接受行为定向广告，并对他人使用自己的个人信息感到担忧。[④]McDonald & Cranor 在研究中也发现，约64% 的受访者认为行为定向广告侵害了他们的权利，同时，40% 的受访者表示如果广告主收集他们的个人信息，那么他们将会改变个人的线上行为。[⑤]Kim 对行为定向广告的研究发现，鉴于行为定向广告的定制性，尤其是潜在的个人信息被滥用的风险，行为定向广告非常容易引发受众的隐私担忧。当消费者对隐私感到担忧时，对广告的容忍度较低。隐私担忧程度越高，越有可能对广告表示怀疑，并回避广告。[⑥]李慧东的研究论证了网民的隐私担忧对定向广告效

---

① Hyejin Kim. Exploring the Effects of Perceived Relevance and Privacy Concerns on Consumer Responses to Online Behavioral Advertising, Minnesota: University of Minnesota, (2013).

② 朱静:《行为定向广告探析》,《商场现代化》2009 年第 18 期。

③ Tae Hyun Baek, Mariko Morimoto, Stay Away from Me, *Journal of Advertising*, vol 41, no1(2012), pp.59-76.

④ Joseph Turow, Jennifer King, Chris Jay Hoofnagle, et al., Americans Reject Tailored Advertising and Three Activities that Enable It. https://doi.org/10.2139/ssrn.1478214 (2009).

⑤ Aleecia M. McDonald, Lorrie Cranor, Americans' Attitudes about Internet Behavioral Advertising Practices. *Proceedings of the 2010 ACM Workshop on Privacy in the Electronic Society*, Chicago, Illinois, USA, (October 2010).

⑥ Hyejin Kim, Exploring the Effects of Perceived Relevance and Privacy Concerns on Consumer Responses to Online Behavioral Advertising, Minnesota: University of Minnesota, (2013).

果有着较为消极的影响。[①]

3. 其他因素

在既往的网络广告回避影响因素研究中，最具代表性的是由 Cho & Cheon 提出的感知目标障碍、感知目标混乱和既往的消极经验三大因素，它涵盖了当时影响网民网络广告回避的各类影响因素。Li 和 Meeds 通过实验法，验证了广告曝光条件、网民的逆反心理和广告频率三个因素对网民的网络广告回避有显著影响。[②]Patrali 也通过实验法，验证了广告尺寸和暴露条件均对网络广告回避有显著影响。[③]McCoy 等人研究发现广告造成的页面阅听障碍将导致干扰，令受众产生厌恶情绪，并影响受众对网站的态度和回访意愿。[④]综上所述，在这一阶段，有关网络广告回避的研究，大部分影响因素都和 Cho & Cheon 的网络广告回避模型保持一致并反复被验证。同时，国内研究者的网络广告回避研究也得出了相似的结论，李雪梅在网络广告回避反应影响因素研究中，通过定量研究得出影响因素包括任务干扰、恼怒感、个人效用、网络广告激励和相关性。[⑤]李影、[⑥]雷攀[⑦]等的研究也论证了这一研究成果。

4. 小结

就研究趋势而言，早期对于网络广告的研究主要是对旗帜广告的研究，即"Banner Blindness"，旗帜广告低点击率是研究的主要动机。在这类研究中，旗帜广告的大小、暴露方式、摆放位置等是研究者关注的焦点，同时眼动仪技术被广泛地运用到实际研究之中。随着网络广告形式的变化与丰富，网络广告回避研究的对象也日益多元，具体包括电邮广告、社交网站广告、视频广告、手

---

① 李慧东:《互联网行为定向广告效果影响因素研究》，硕士学位论文，北京邮电大学，2012年。

② Li C, Meeds R, Factors Affecting Information Processing of Internet Advertisements: a Test on Exposure Condition, Psychological Reactance, and Advertising Frequency, *American Academy of Advertising Conference Proceedings*. (2007) pp.93-101.

③ Chatterjee Patrali, Are Unclicked Ads Wasted? Enduring Effects of Banner and Pop-up Ad Exposures on Brand Memory and Attitudes, *Journal of electronic commerce Research*, vol.9, no1(2008), pp.51-61.

④ Scott McCoy, Andrea Everard, Peter Polak, Dennis Galletta, An Experimental Study of Antecedents and Consequences of Online Ad Intrusiveness, *International Journal of Human-Computer Interaction*, vol.24, no.7(2008), pp.672-699.

⑤ 李雪梅:《网络广告回避反应影响因素研究》，硕士学位论文，成都交通大学，2004年。

⑥ 李影:《网络广告躲避反应的影响因素研究》，硕士学位论文，大连理工大学，2010年。

⑦ 雷攀:《大学生网络广告回避反应主观影响因素的实证研究》，硕士学位论文，重庆工商大学，2011年。

机广告等，这类新媒体巨大的市场发展潜力是促使研究者进行研究的主要动机。在这类研究中，研究前提开始出现变化，Cho & Cheon 的网络广告回避研究，将媒体使用的"目标／任务导向型"作为重要前提，感知目标障碍和感知目标混乱都体现了这一点。[①]Brittany & Ronald 也沿用了这一结论，并认为社交网站是高目标导向型媒体。[②]但在 Kelly, Kerr & Drennan 对社交媒体的研究中指出，网民没有明确目标，纯粹为了娱乐，社交网站的任务导向性较弱。[③]

就研究结论而言，网络广告诞生之初，研究者对网络广告的效果相对乐观，认为广告的互动性会提升广告的效果，降低广告的回避，相应的实证性调研也证实这一结论。随着网络广告的发展，研究者逐渐发现广告点击率日益下降，网络广告回避比传统媒体广告回避效应更强烈，同时可信性也较低。但 Okazaki 等通过对手机广告的研究，发现手机广告"无处不在（Ubiquity）"跨越时间和空间的限制为网民提供信息这一媒体特性成功增加了网民对手机广告的好感度。这为网络广告回避研究提供了启示，即结合新媒体的特性，找到环境受众广告回避的影响因素。[④]

在互联网环境下，行为定向广告是精准营销最为重要的一种应用方式，它将精准的概念缩小到了极致。但是这种极致并不一定意味着极致的广告效果，它可能引爆受众对于个人网络隐私的担忧，强化受众的广告回避。因此，对行为定向广告回避进行研究，也应结合这一广告形式最本质的特征，去探索如何在"精准"和"隐私"之间取得平衡。

（五）研究问题提出

由于研究对象、用户使用需求和动机的转变，影响广告回避的因素也会发生一定的变化。本文在 Cho & Cheon 网络广告回避模型的理论基础上，以行为定向广告为研究对象，采用实证研究方法，研究行为定向广告回避的影响因素，研究问题如下：

---

① Chang-Hoan Cho, Hongsik John Cheon, Why do People Avoid Advertising on the Internet? *Journal of Advertising*, vol.33, no.4(2004), pp.89-97.

② Brittany R. L. Duff, Ronald J. Faber, Missing the Mark: Advertising Avoidance and Distractor Devaluation, *Journal of Advertising*, vol.40, no.2(2011), pp.51-62.

③ Louise Kelly, Gayle Kerr, Judy Drennan, Avoidance of Advertising in Social Networking Sites: the Teenage Perspective, *Journal of Interactive Advertising*, vol.10, no.2(2010), pp.16-27.

④ Shintaro Okazaki, Francisco José Molina, Morikazu Hirose, Mobile Advertising Avoidance: Exploring the Role of Ubiquity, *Electronic Markets*, vol.22, no.3(2012), pp.169-183.

RQ1：我国网民对行为定向广告的了解程度如何？

RQ2：网民是否对行为定向广告存在广告回避？

RQ3：影响行为定向广告回避的因素有哪些？

RQ4：不同影响因素和网民网络广告回避之间的强弱、正负关系如何？

RQ5：如何利用这些因素缓和网民的广告回避，为实践提供借鉴？

三、研究方法

（一）研究框架与假设

1.行为定向广告回避

McDonald & Cranor 调研发现大部分受访者都对行为定向广告的原理所知甚少，同时 64% 的受访者认为行为定向广告侵害了他们的权利。[①] 但根据市场调研机构的数据，网民对行为定向广告的关注度较高，评价较为积极，同时易受到优惠促销信息的影响。

上文提到行为定向广告也可能存在受众回避的问题，但国内目前还少有针对性的调研数据。所以本研究将通过定量的方法，初步了解我国网民的行为定向广告认知情况，由此提出研究假设一和假设二：

H1：我国网民对行为定向广告存在广告回避。

H2：网民对行为定向广告的认知对其广告回避有显著影响。

H2a：网民对行为定向广告的认知对认知回避有显著影响。

H2b：网民对行为定向广告的认知对情感回避有显著影响。

H2c：网民对行为定向广告的认知对行为回避有显著影响。

2.隐私担忧

隐私关注度指人们对其个人信息的采集和使用途径的关注程度。[②] 行为定向广告是以网民的个人信息为广告投递依据，对用户来说极度个人化的信息的收集和掌握，在很大程度上侵犯了用户的个人隐私，这是行为定向广告面临的最大的道德挑战。

---

① Aleecia M. McDonald, Lorrie Cranor, Americans' Attitudes about Internet Behavioral Advertising Practices. *Proceedings of the 2010 ACM Workshop on Privacy in the Electronic Society, Chicago, Illinois, USA,* (October 2010).

② 高锡荣，杨康：《网络隐私保护行为：概念，分类及其影响因素》，《重庆邮电大学学报》（社会科学版）2012 年第 4 期。

行为定向广告技术能够掌握用户在网络上的动向，并将这些数据用于商业用途。由于平台服务商与网站用户处于信息不对等的地位，用户在并不知情的状态下，更无从了解究竟服务商能拥有自己的个人资料到何种程度。[①]Beak 的研究发现，隐私担忧对于广告回避有显著影响。Kim[②]、李慧东[③]等均通过实证研究发现，隐私担忧对用户回避行为定向广告有显著影响。

据此本文提出研究假设三：

H3：隐私担忧和网民的行为定向广告回避正相关。

H3a：隐私担忧和网民的行为定向广告认知回避正相关。

H3b：隐私担忧和网民的行为定向广告情感回避正相关。

H3c：隐私担忧和网民的行为定向广告行为回避正相关。

3. 定制化

行为定向广告通过追踪客户数据从而推送广告这一核心属性虽然会引发网民对于个人隐私的担忧，但也正因为如此，行为定向广告所提供的广告内容是为用户所量身定制的，更符合用户的兴趣和需求。

White 等认为网民对定制化内容的反应取决于他们是否能够认为广告中的产品或服务于己有利。[④]Wendlandt 等人发现，感知效用对减少消费者抵触情绪有显著的影响。因此定制化的核心在于符合消费者的兴趣和偏好。[⑤]Xu 认为定制化的广告内容是防止网民对手机广告感到干扰、厌烦最为有效的方式。[⑥]Cranor 研究发现，大部分受访者认为那些依据个人兴趣定制的广告是有用的。行为定向广告有针对性地向客户推送广告，其广告信息往往是客户感兴趣的，当客户

[①] Hyejin Kim, Exploring the Effects of Perceived Relevance and Privacy Concerns on Consumer Responses to Online Behavioral Advertising, *Minnesota: University of Minnesota*, (2013).

[②] Hyejin Kim, Exploring the Effects of Perceived Relevance and Privacy Concerns on Consumer Responses to Online Behavioral Advertising, *Minnesota: University of Minnesota*, (2013).

[③] 李慧东：《互联网行为定向广告效果影响因素研究》，硕士学位论文，北京邮电大学，2012年。

[④] Tiffany Barnett White, Debra L. Zahay, Helge Thorbjørnsen, Sharon Shavitt, Getting Too Personal: Reactance to Highly Personalized E-mail Solicitations, *Marketing Letters*, vol.19, no.1(2008), pp.39-50.

[⑤] Mark Wendlandt, Ulf Schrader, Consumer Reactance Against Loyalty Programs, *Journal of Consumer Marketing*, vol.24, no.5(2007), pp.293-304.

[⑥] David Jingjun Xu, The Influence of Personalization in Affecting Consumer Attitudes Toward Mobile Advertising in China, *Journal of Computer Information Systems*, vol.47, no.2, pp.9-19.

认可定制化的这一价值时，其广告回避倾向也会有所缓解。[①]

据此本文提出研究假设四：

H4：定制化和网民的行为定向广告回避负相关。

H4a：定制化和网民的行为定向广告认知回避负相关。

H4b：定制化和网民的行为定向广告情感回避负相关。

H4c：定制化和网民的行为定向广告行为回避负相关。

4. 广告态度

态度可以界定为个体对事情的反应方式，这种积极或消极的反应是可以进行评价的，它通常体现在个体的信念、感觉或行为倾向中。态度提供了一种有效的方法来评价世界。网民的广告态度可以理解为网民对于广告的一种评价。

Speck 等在广告回避影响因素的研究中指出，广告态度对广告回避有显著影响。[②]研究显示网民对广告持怀疑态度，并具有强烈的广告回避倾向。Schultz 指出消费者对广告的态度决定了他们接受或屏蔽广告信息。[③]Prendergast 等人也指出网民对广告的普遍态度越消极，就越趋向于回避广告。研究还表明，消费者对媒介的信任、可靠性评价也对广告有显著的影响。[④]

据此本文提出研究假设五：

H5：广告态度和网民的行为定向广告回避负相关。

H5a：广告态度和网民的行为定向广告认知回避负相关。

H5b：广告态度和网民的行为定向广告情感回避负相关。

H5c：广告态度和网民的行为定向广告行为回避负相关。

5. 人口统计因素

在传统媒体的广告回避模型中，人口统计变量，包括年龄、性别、收入、教育程度会对网民的广告回避产生显著影响。研究发现，具有强烈广告回避倾向的受众正好是一些广告主最看重的那一部分"价值目标群体"：相对年轻、收入较高的男性群体。[⑤]Bergman 的研究指出，老年人更依赖广告信息来制定购

---

① Lorrie Faith Cranor, Can Users Control Online Behavioral Advertising Effectively? *Security & Privacy, IEEE,* vol.10, no.2(March/April 2012), pp.93-96.

② Paul Surgi Speck, Michael T. Elliott, Predictors of Advertising Avoidance in Print and Broadcast Media, *Journal of Advertising*, vol.26, no.3(1997), pp.61-76.

③ 戴维：《基于受众视角对网络广告传播问题的检视与反思》，《新闻界》2011 年第 6 期。

④ Gerard Prendergast, Wah-Leung Cheung, Douglas West, Antecedents to Advertising Avoidance in China, *Journal of Current Issues and Research in Advertising*, vol.32, no.2(2012), pp.87-100.

⑤ 林水顺，庄英慎：《网络行销》，新北：普林斯顿国际有限公司，2012 年，第 235 页。

买决策。①

而在影响广告回避的各因素中，Kim 研究发现，性别对隐私担忧有显著影响。②约瑟夫·塔洛教授的研究也指出，年龄对行为定向广告的评价有显著影响，年轻人比年长者更欢迎行为定向广告。③

据此，本文提出研究假设六和假设七：

H6：人口统计因素对行为定向广告回避有显著影响。

H6a：人口统计因素对行为定向广告认知回避有显著影响。

H6b：人口统计因素对行为定向广告情感回避有显著影响。

H6c：人口统计因素对行为定向广告行为回避有显著影响。

H7：人口统计因素对广告回避影响因素有显著影响。

H7a：人口统计因素对隐私担忧有显著影响。

H7b：人口统计因素对定制性有显著影响。

H7c：人口统计因素对广告态度有显著影响。

表 2 行为定向广告回避假设表

编号	假设内容
H1：	我国网民对行为定向广告存在广告回避。
H2：	网民对行为定向广告的认知对其广告回避有显著影响。
H3：	隐私担忧和网民的行为定向广告回避正相关。
H4：	定制化和网民的行为定向广告回避负相关。
H5：	广告态度和网民的行为定向广告回避负相关。
H6：	人口统计因素对网民的行为定向广告回避有显著影响。
H7：	人口统计因素对各影响因素有显著影响。

本文的总体研究框架如图 3 所示。

---

① Dutta-Bergman MJ., The Demographic and Psychographic Antecedents of Attitude Toward Advertising, *Journal of Advertising Research*, vol.46, no.1(2006), pp.102-112.

② Bartel Sheehan Kim, An Investigation of Gender Differences in On line Privacy Concerns and Resultant Behaviors, *Journal of Interactive Marketing*, vol.13, no.4(1999), pp.24-38.

③ Joseph Turow, Jennifer King, Chris Jay Hoofnagle, et al., Americans Reject Tailored Advertising and Three Activities that Enable It. https://doi.org/10.2139/ssrn.1478214 (2009).

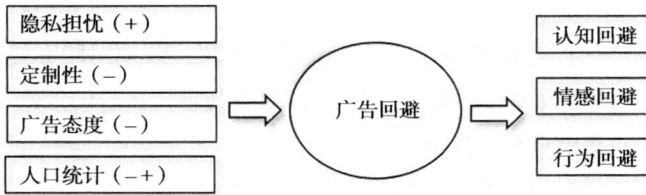

图 3 行为定向广告回避研究框架

（二）问卷设计

本研究采用问卷调查法，变量题项采用李克特量表，用"非常同意"（计 5 分）到"非常不同意"（计 1 分）来表示认同程度。设计定向广告回避量表时参考 Cho & Cheon 的网络广告回避量表，该量表已在诸多网络广告回避研究中被反复引用和证实，具有较高的信效度和权威性。本研究沿用该量表中有关认知回避、情感回避和行为回避的部分，并结合研究对象设计了隐私担忧、定制性、广告态度和人口统计 4 个变量。

表 3 广告回避量表

变量	测量语句	主要来源
认知回避 1	当我上网时，我会有意地忽略所有的定向广告	
认知回避 2	当我浏览购物网站时，我会有意忽略网站根据我的搜索或购物行为推送的广告信息	
认知回避 3	当我打开邮箱时，我有意忽略那些根据我的网络活动记录推送的邮件广告	
情感回避 1	我对网络定向广告感到厌烦	
情感回避 2	当我打开邮箱时，定向邮件广告使我觉得被干扰	Cho & Cheon[①]
情感回避 3	我对网站上的定向广告感到怀疑	
行为回避 1	当我上网时，如果有网络定向广告弹出，我会直接关闭	
行为回避 2	我会采取一些措施（如设置浏览器，安装软件等）来回避定向广告	
行为回避 3	我会点击定向广告，了解具体的信息	

---

① Chang-Hoan Cho, Hongsik John Cheon, Why do People Avoid Advertising on the Internet? *Journal of Advertising*, vol.33, no.4(2004), pp.89-97.

在设计"隐私担忧"变量的量表时，本研究参考 IPIPC 量表进行针对性调整。IPIPC 量表是由 Malhotra 在 CFIP 量表的基础上，为弥补网络环境中隐私关注测量量表的不足编制而成的，包含收集、控制和知情三个维度。[1] 已有研究通过对比传统市场的隐私测量量表 CFIP 和互联网环境下的 IUIPC 量表，发现后者具有更高的可靠性和收敛效度，更适用于我国的研究环境。[2]

表 4 隐私担忧量表

测量维度	测量语句	来源
控制 1	隐私是一种权利，这种权利可以使我自主控制个人信息如何被收集、使用和共享	
控制 2	当我的个人数据未经允许被分享时，我感到很不高兴	
控制 3	如果我不能或不能完全控制自己的个人信息，我就觉得隐私受到了侵犯	
收集 1	定向广告在收集我的个人信息时，应该公开信息被收集、处理和使用的方式	Okazaki 等[1]；巩震[2]；李慧东[3]
收集 2	定向广告的隐私条款应该对我的个人信息的收集使用有一个清晰明确的说明	
收集 3	我认为定向广告收集了我过多的个人信息	
知情 1	我担心我的网络活动记录可能被滥用	
知情 2	当定向广告需要我提供个人信息的时候，我通常会先考虑一下	
知情 3	对我而言，知道我的个人信息如何被使用是非常重要的	

定制化研究量表设计主要来源于 Kim 的研究量表，该研究量表重点考察了广告产品是否能够满足消费者需求，使消费者感到独特等维度。Srinivasan 等人在研究电子商务忠诚度的时候也指出，定制化可以帮助消费者快速聚焦在他们

---

[1] Dutta-Bergman MJ., The Demographic and Psychographic Antecedents of Attitude Toward Advertising, *Journal of Advertising Research*, vol.46, no.1(2006), pp.102-112.

[2] 杨姝，王渊，王刊良：《互联网环境中适合中国消费者的隐私关注量表研究》，《情报杂志》2008 年第 10 期。

[3] Shintaro Okazaki, Francisco José Molina, Morikazu Hirose, Mobile Advertising Avoidance: Exploring the Role of Ubiquity, *Electronic Markets*, vol.22, no.3(2012), pp.169-183.

[4] 巩震：《网络消费者感知隐私的构面研究》，硕士学位论文，北京邮电大学，2010 年。

[5] 李慧东：《互联网行为定向广告效果影响因素研究》，硕士学位论文，北京邮电大学，2012 年。

真正想要的东西上，量表主要包括消费者需求、使消费者感到独特，定制服务等。①孙智丽在对手机广告的研究中，也对手机广告的定制化进行了测量，其测量维度则包括信息的定制化、消费者的兴趣和需求等。②本文通过综合上述量表，以及相关讨论，形成了本研究的行为定向广告定制化量表。

表5 定制化量表

测量维度	测量语句	主要来源
定制化1	定向广告提供了我所需要的信息	
定制化2	定向广告的内容符合我的兴趣	
定制化3	定向广告依据我的喜好进行广告内容的调整	Kim①
定制化4	定向广告的购买推荐符合我的需求	
定制化5	定向广告的促销品类是我打算购买的	
定制化6	定向广告让我觉得我是一个独特的客户	

广告态度对网民的广告回避有显著影响。本文中，广告态度参考了"人们对一些客体或想法持久性的评估、情感和行动趋势，这些评估、情感和行动可以是积极的，也可以是消极的"这一定义。广告态度是考察网民与广告之间关系的一个重要指标。在黄升民和陈素白的研究中，以有用和信赖度为指标，衡量用户的广告态度。④在Kim的研究中，从好坏、有利、有用和有益四个角度出发考察网民对行为定向广告的广告态度。⑤Okazaki等以手机广告为研究对象，从好坏、有利、有用和喜爱四个角度考察网民的广告态度。⑥本文综合这两份量表，以及相关讨论，形成了本研究的广告态度量表。

① Srinivasan S S, Anderson R, Ponnavolu K, Customer Loyalty in E-commerce: an Exploration of Its Antecedents and Consequences, *Journal of retailing*, vol.78, no.1(2002), pp.41-50.

② 孙智丽:《基于手机的广告特性对消费者广告态度的影响研究》，硕士学位论文，吉林大学，2011年。

③ Hyejin Kim, Exploring the Effects of Perceived Relevance and Privacy Concerns on Consumer Responses to Online Behavioral Advertising, *Minnesota: University of Minnesota*, (2013).

④ 黄升民，陈素白:《社会意识的表皮与深层——中国受众广告态度意识考察》，《现代传播》2006年第2期。

⑤ Hyejin Kim, Exploring the Effects of Perceived Relevance and Privacy Concerns on Consumer Responses to Online Behavioral Advertising, *Minnesota: University of Minnesota*, (2013).

⑥ Shintaro Okazaki, Francisco José Molina, Morikazu Hirose, Mobile Advertising Avoidance: Exploring the Role of Ubiquity, *Electronic Markets*, vol.22, no.3(2012), pp.169-183.

表 6 广告态度量表

变量名称	测量语句	来源
广告态度 1	总的来说，我对定向广告的态度是积极正面的	Okazaki 等[1]；Kim[2]
广告态度 2	总的来说，我认为定向广告是有价值的	
广告态度 3	总的来说，我认为定向广告是有用的	
广告态度 4	总的来说，我认为定向广告是可信的	

（三）问卷信效度

信度是指测量免受随机误差影响，提供一致资料的程度。主要是指测量结果的稳定性及一致性，量表的信度愈大，则其测量标准误愈小。在社会科学研究领域中，每份量表包含分层面，因而除提供总量表的信度系数外，也应提供各层面的信度系数。总量表的信度系数最好在 0.80 以上，在 0.70 至 0.80 之间为可以接受。分量表信度系数最好在 0.70 以上，0.60 至 0.70 之间为可以接受使用。[3]

本研究采用了线上和线下相结合的问卷调查方法，自 2014 年 3 月 1 日正式发放，至 3 月 10 日截止，共回收了 1356 份问卷，包括线上问卷 1223 份，线下问卷 133 份，网络问卷地址 http://www.sojump.com/jq/3128544.aspx，有效问卷为 1224 份，有效率为 90%，有效率较高。网络 IP 地址来自全国 23 个省份，突破了研究样本的区域局限性。出于配额控制的考虑，本文按年龄段分布共选择了 722 份有效问卷进行分析。

1. 问卷前测

考虑到行为定向广告是一种新兴的广告形式，用户的相关经验较少。因此，问卷前测首先采用一对一访谈和焦点小组的方法，检测用户对问卷的理解程度。就访谈的结果而言，受访者对于"隐私是一种权利，这种权利可以使我自主控制个人信息如何被收集、使用和共享"表示难以理解，尤其是对"隐私是一种

---

① Shintaro Okazaki, Francisco José Molina, Morikazu Hirose, Mobile Advertising Avoidance: Exploring the Role of Ubiquity, *Electronic Markets*, vol.22, no.3(2012), pp.169-183.

② Hyejin Kim, Exploring the Effects of Perceived Relevance and Privacy Concerns on Consumer Responses to Online Behavioral Advertising, *Minnesota: University of Minnesota*, (2013).

③ 吴明隆：《问卷统计分析实务：SPSS 操作与应用》，重庆：重庆大学出版社，2010 年，第 80 页。

权利"这一说法感到陌生,因此,本研究将此句调整为"自主决定个人信息如何被收集、使用和共享,是我的隐私权利"。同时受访者均不认可"定向广告的促销品类是我打算购买的""定向广告让我觉得我是一个独特的客户",表明这两个测量语句可能和我国当前的实践和受众心理不符,因而考虑删除。经过前期访谈和调整问卷后,本研究通过网络问卷执行预调研,共回收 25 份有效样本。采用 SPSS19.0 中的 Cronbach's α 测量问卷数据的内在信度,结果显示各维度 α 值均超过 0.9,表明问卷量表和题项设计具有很高的内部一致性。

表 7 前测信度

变量	项数	Cronbach's Alpha
广告回避	9	0.974
隐私担忧	9	0.994
广告态度	5	0.947
定制化	4	0.966
安全感	3	0.971

2. 信度分析

本文采用了 SPSS19.0 测量问卷数据的内在信度。得到总体及各个变量的 Cronbach'α 系数。其中,问卷总体数据的 Cronbach'α 系数为 0.814,研究收集的样本数据具有良好的信度。

表 8 变量信度

变量	Cronbach's Alpha	项数	问题项	校正的项总计相关性	项已删除的 Cronbach's Alpha 值
广告态度	0.852	4	Q6.1	0.711	0.803
			Q6.2	0.760	0.782
			Q6.3	0.721	0.799
			Q6.4	0.581	0.856

变量		Cronbach's Alpha	项数	问题项	校正的项总计相关性	项已删除的 Cronbach's Alpha 值
隐私担忧	控制	0.857	3	Q7.1	0.710	0.821
				Q7.2	0.739	0.793
				Q7.3	0.747	0.786
	收集	0.775	3	Q7.4	0.675	0.621
				Q7.5	0.699	0.619
				Q7.9	0.487	0.843
	知情	0.844	3	Q7.6	0.752	0.748
				Q7.7	0.708	0.786
				Q7.8	0.676	0.816
定制化		0.888	4	Q8.1	0.744	0.860
				Q8.2	0.812	0.834
				Q8.3	0.705	0.875
				Q8.4	0.760	0.854
认知回避		0.789	3	Q9.1	0.664	0.675
				Q9.2	0.693	0.644
				Q9.3	0.536	0.810
情感回避		0.851	3	Q9.4	0.747	0.768
				Q9.5	0.727	0.787
				Q9.6	0.690	0.821
行为回避		0.558	3	Q9.7	0.517	0.245
				Q9.8	0.359	0.476
				Q9.9	0.256	0.624

从表 8 可以看出，行为回避的 Cronbach' α 的系数仅为 0.558，删除 Q9.9 后，信度增加至 0.624，达到可以接受的范围。其余各项变量 Cronbach' α 达到 0.70 以上，绝大多数在 0.80 以上，具有良好的信度。

3. 效度分析

效度指能够测到该测验所欲测心理或行为特质到何种程度。题项间是否适合进行因素分析，可根据 KMO 值的大小来判断。当 KMO 值大于 0.80，表示题项变量间的关系是良好的，适合进行因素分析。另外还需要考察 Barlett 的球形度检验。如果 Barlett 的球形度检验值较大，并且对应的相伴概率值小于用户心中的显著性水平，那么就应当拒绝零假设，认为相关数据不可能是单位阵，即原始变量之间存在相关性，适合做因子分析，反之，则不适宜做因子分析。[①]

本文采用主成分分析方法对行为定向广告的广告回避影响因素模型进行验证性因子分析，利用相关矩阵，以特征根大于或等于 1 为主要的因子抽取原则。

（1）广告态度

广告态度的 KMO 值为 0.775，Barlett 的球形度检验值显著，表明问卷适合进行因子分析。广告态度量表分析得出一个因子，可以解释 69.326% 的方差。说明了广告态度量表具有良好的结构效度（见表 9）。

表 9 广告态度因子分析结果

问卷问项	因子负载	特征值（解释方差）
Q6.1	0.845	2.773 （69.326%）
Q6.2	0.880	
Q6.3	0.855	
Q6.4	0.744	
KMO=0.775，Barlett 的球形度检验值 =1343.739，sig=0.000，解释方差 =69.326%		

（2）隐私担忧

隐私担忧的 KMO 值为 0.930，Barlett 的球形度检验值显著，说明隐私担忧量表适合因子分析。本研究中，隐私担忧共有九个题项，经因子分析得到三个因子，并解释了 77.713% 的方差，说明该量表具有较好的结构效度（见表 10）。

---

① 黄合水，陈素白：《广告调研技巧（第四版）》，厦门：厦门大学出版社，2012 年，第 97 页。

表 10 隐私担忧因子分析结果

问卷问项	因子 1 控制	因子 2 收集	因子 3 知情	特征值（解释方差）
Q7.1	0.592	—	—	2.420 （26.889%）
Q7.2	0.667	—	—	
Q7.3	0.688	—	—	
Q7.4	—	0.876	—	2.302 （25.581%）
Q7.5	—	0.692	—	
Q7.9	—	0.347	0.848	
Q7.6	0.626	—	0.538	2.272 （25.242%）
Q7.7	—	—	0.726	
Q7.8	—	—	0.636	
KMO=0.930，Bartlett 的球形度检验值 =4266.267，sig=0.000，解释方差 =77.713%				

（3）定制化

定制化的 KMO 值为 0.824，Bartlett 的球形度检验值显著，说明广告的定制化量表适合因子分析。研究对于定制化量表分析得出一个因子，可以解释 74.994% 的方差。说明了定制化量表具有较好的结构效度（见表 11）。

表 11 定制化因子分析结果

问卷问项	因子负载	特征值（解释方差）
Q8.1	0.903	3.000 （74.994%）
Q8.2	0.869	
Q8.3	0.860	
Q8.4	0.830	
KMO=0.824，Bartlett 的球形度检验值 =1646.531，sig=0.000，解释方差 =74.994%		

（4）广告回避

广告回避的 KMO 值为 0.905，Bartlett 的球形度检验值显著，说明广告回避量表适合因子分析。本研究中，广告回避共有八个题项，经因子分析得到三个因子，并解释了 77.713% 的方差，说明广告回避量表具有较好的结构效度（见表 12）。

表 12 广告回避因子分析结果

问卷问项	因子 1 情感回避	因子 2 认知回避	因子 3 行为回避	特征值（解释方差）
Q9.1	—	0.850	—	2.412（30.154%）
Q9.2	—	0.856	—	
Q9.3	0.711	0.404	—	
Q9.4	0.652	—	—	2.002（25.019%）
Q9.5	0.812	—	—	
Q9.6	0.587	—	—	
Q9.7	0.597	—	0.484	1.704（21.298%）
Q9.8	—	—	0.924	
KMO=0.905，Bartlett 的球形度检验值 =2862.356，sig=0.000 解释方差 =76.470				

采用 KMO 和巴特利球体检验来测量问卷效度，各项变量 KMO 值分别为：广告态度 0.775，隐私担忧 0.930，定制化 0.824，广告回避 0.905；并且均能解释 70% 左右的方差（广告态度 69.326%、隐私担忧 77.713%、定制化 74.994%、广告回避 76.470%），表明具有较好的结构效度。

四、数据分析

（一）样本特征

本次调查对象中，男性共 358 人，占比 49.6%，女性共 364 人，占比 50.4%，性别构成上较为均衡，与我国网民的性别结构基本一致。考虑到网购用户是行为定向广告的主要接触群体，本研究根据 CNNIC 权威调查报告的数据对样本的年龄配额做了相应的控制。[①]44.8% 为 20—30 岁之间的群体，20 岁以下和 30—40 岁两个群体占比约 20% 左右。

其他基本特征详见表 13。

① 中国互联网络信息中心：《互联网发展信息与动态》，2011 年 5 月，http://www.cnnic.cn/research/zx/qwfb/201107/W020110707426180640618.pdf，2014 年 3 月 15 日。

表 13 样本基本特征

性别	频率	百分比	教育水平	频率	百分比
男	358	49.6%	大专及以下	135	18.7%
女	364	50.4%	大学本科	404	44.8%
—	—	—	硕士及以上	178	24.7%
年龄	频率	百分比	收入水平	频率	百分比
20 岁以下	143	19.8%	低收入（1000 元以下）	149	20.6%
20 岁至 30 岁	323	44.8%	较低（1000—1999）	147	20.4%
31 岁至 40 岁	170	23.5%	中等（2000—3999）	186	25.8%
41 岁及以上	86	11.9%	较高（4000—5999）	115	15.9%
—	—	—	高收入（6000 元及以上）	117	16.2%
网络使用黏性	频率	百分比	网龄	频率	百分比
轻度黏性（2 小时以下）	268	37.1%	初级用户（5 年以下）	152	21.1%
中度黏性（2-4 小时）	289	40%	中级用户（5—10 年）	319	44.2%
重度黏性（4 小时以上）	164	22.7%	资深用户（10 年以上）	251	34.7%

（二）描述性统计

研究首先根据受调查对象对行为定向广告描述的判断情况进行赋值分析。研究将得分在 0—2 分的群体界定为生疏群体，这一群体对行为定向广告几乎完全不了解。生疏群体的频数为 295，占总体群体的 40.9%。研究将得分在 2—3 分的群体界定为知道群体，即对行为定向广告大概知道，具备一定的有关知识。知道群体的频数为 341，占总体的 47.2%。研究将得分在 4—5 分的群体界定为了解群体，指非常了解行为定向广告基本运作机制的群体。该群体的频数为 77，占总体的 10.7%。

通过交叉分析和卡方检验发现，在各个群体中，不同的年龄、受教育程度和网络使用黏性之间存在着显著差异，而性别、收入水平之间的差异较小。

具体表现为：

1. 在了解群体中，25—30 岁间的样本所占比例显著高于 41 岁及以上的样本；知道群体中，20 岁以下的样本要显著高于 31 岁及以上的样本，而在生疏群体中 31 岁及以上的样本要显著高于其他年龄段。由此可见，不同年龄段对行为定向广告的了解程度呈现出倒 U 型分布的趋势。25—30 岁年龄段的网民对行为定向广告的了解程度最高。

表 14 不同群体中年龄分布交叉表

群体划分	20 岁以下	20—25 岁	25—30 岁	31—40 岁	41 岁及以上
了解群体	23.4%	19.5%	31.2%***	24.7%	1.3%
知道群体	23.2%***	24.9%	24.6%	18.8%	8.5%
生疏群体	15.6%	20.3%	17.3%	28.1%***	18.6%***
χ^2=41.535**					

注：上标星号代表差异具有显著性，其中 * 表示 p<=0.1,** 表示 p<=0.05,*** 表示 p<=0.01

2. 就受教育水平而言，大专及以下学历的样本对行为定向广告了解较少。在生疏群体中，大专及以下学历者所占比例要显著高于硕士及以上学历的样本。由此可以，随着受教育水平的提高，网民对行为定向广告的了解程度也有所提升。

表 15 不同群体中教育程度分布交叉表

群体划分	大专学历及以下	本科	硕士学历及以上
了解群体	13.0%	59.7%	27.3%
知道群体	15.2%	58.9%**	25.9%
生疏群体	24.4%**	52.9%	22.7%
χ^2=10.716**			

注：上标星号代表差异具有显著性，其中 * 表示 p<=0.1,** 表示 p<=0.05,*** 表示 p<=0.01

3. 就网络使用黏性而言，随着网络使用黏性的提高，样本对行为定向广告的了解程度也有所提升。在了解群体中，中度用户占比要显著高于轻度群体。在知道群体中，重度用户占比要显著高于轻度用户。而在生疏群体中，轻度用户要显著高于其他两个群体。

表 16 不同群体中网络使用黏性分布交叉表

群体划分	轻度用户	中度用户	重度用户
了解群体	27.3%	50.6%*	22.1%
知道群体	34.7%	41.2%	24.1%*
生疏群体	42.7%*	36.6%	20.7%
χ^2=8.960*			

注：上标星号代表差异具有显著性，其中 * 表示 p<=0.1,** 表示 p<=0.05,*** 表示 p<=0.01

4.就样本的网龄而言，随着网龄资历的提升，样本对行为定向广告的了解程度也有所提升。在了解群体中，资深用户占比要显著高于初级用户。而在生疏群体中，初级用户占比要显著高于资深用户。

表 17 不同群体中网龄分布交叉表

群体划分	初级用户	中级用户	资深用户
了解群体	10.4%	37.7%	51.9%***
知道群体	19.1%	47.5%***	33.4%
生疏群体	26.8%***	41.4%	31.9%
χ^2=18.808***			

注：上标星号代表差异具有显著性，其中 * 表示 p<=0.1,** 表示 p<=0.05,*** 表示 p<=0.01

性别和收入水平对调查对象的行为定向广告认知则并没有显著影响。

总体而言，了解群体的年龄段主要集中在25—30岁之间，受教育水平较高，网络使用黏性较高，同时网龄较为资深。而生疏群体的年龄一般较大，受教育水平偏低，网络使用黏性较低，网龄也较短。知道群体的年龄偏低，网络使用黏性较高，以本科学历为主，网龄以 5—10 年的中级用户为主。

此外，通过各个维度的均值分析发现，广告态度均值为 2.90，低于 3 分，说明总体上网民对行为定向广告的态度呈负面，但仍有 40% 的受访者广告态度较为积极正面。同时定制化的均值为 2.92，也低于 3 分，表明受访者并不赞成行为定向广告的定制化特点，认为行为定向广告还没有达到依据其个人兴趣为其提供定制化信息的水平，但仍有 40.2% 的受访者对广告的定制化持肯定态度。

在隐私担忧的各个维度中，消费者的评分都高于 4 分，约有 90% 左右或以上的用户都对隐私担忧持赞成态度，表明我国网民非常担忧自己的个人隐私，这可能受到我国网络安全情况堪虞、网络隐私收集缺乏规范、隐私滥用的情况较为普遍的影响。同时网民的广告回避水平也较高，认知回避均值为 3.61，行为回避均值为 3.70，情感回避均值最高，为 3.81，就百分比而言，约有 70% 的受访者对认知、情感和行为回避持赞同态度。

关键指标的描述分析表明，网民对行为定向广告的广告回避是存在的，假设一被证实。

表 18 关键指标的描述性分析

关键性指标		N	均值	标准差	百分比 *
影响因素	广告态度	722	2.90	0.95	40.0%
	定制性	722	2.92	0.94	40.2%
	隐私控制	722	4.45	0.89	90.0%
	隐私收集	721	4.35	0.83	88.9%
	隐私知情	721	4.47	0.87	91.0%
广告回避	认知回避	720	3.61	0.95	67.5%
	情感回避	709	3.81	0.92	74.0%
	行为回避	719	3.70	0.83	73.0%

* 百分比表示大于 3 分的样本在总体中占据的比例

（三）回归分析

1. 认知回避

根据研究假设，受众的广告态度、广告的定制化、隐私担忧三个因素对受众的广告回避有显著影响。对变量进行回归分析后发现，认知回避模型可以解释总变异量的 17.5%，F 值为 13.303（P=0.000<0.05）。受众的广告态度、广告的定制化与受众的认知回避负相关，即受众对行为定向广告的态度越积极正面，对广告定制化的评价越高，受众的认知回避越低。在隐私担忧维度下，隐私收

集因子和隐私控制因子与认知回避正相关，受众对隐私收集方式越敏感、对隐私控制欲越高，其认知回避越高，而隐私知情则与认知回避负相关，表明受众对自我隐私知情的评价越高，则对广告的认知回避越低。在影响广告回避的各个因素中，隐私收集和广告的定制化对认知回避的影响略高，其标准化回归模型如下：

认知回避 =0.243* 隐私收集 -0.136* 广告态度 -0.168* 定制化 +0.157* 隐私控制 -0.108* 隐私知情

表 19 认知回避模型摘要

	预测变量	B	标准误	Beta（β）	t 值	p 值
（常量）	—	3.684	0.331	—	11.139	0.000
	隐私收集	0.278	0.071	0.243	3.901	0.000
	广告态度	-0.140	0.045	-0.136	-3.106	0.002
	定制化	-0.177	0.046	-0.168	-3.841	0.000
	隐私控制	0.168	0.063	0.157	2.662	0.008
	隐私知情	-0.117	0.062	-0.108	-1.877	0.061
R=0.436 R^2=0.190 调整后 R^2=0.175 F=13.303***						

因变量：认知回避

2. 情感回避

广告态度、定制化和受众的情感回避负相关，即当受众的广告态度越积极正面，对广告定制化的评价越高，受众的情感回避越低。在隐私担忧变量中，隐私收集因子和隐私控制因子与情感回避正相关，受众对隐私收集方式越敏感、对隐私控制欲越高，其情感回避越高。隐私知情因子对情感回避则没有显著的解释关系。

在影响广告回避的各个因素中，广告态度对情感回避的影响最大，其次分别为隐私收集、隐私控制和广告的定制化。其标准化模型如下：

情感回避 =0.150* 隐私控制 -0.225* 广告态度 -0.152* 定制化 +0.165* 隐私收集

表 20 情感回避模型摘要

	预测变量	B	标准误	Beta（β）	t 值	p 值
（常量）	—	3.525	0.303	—	11.625	0.000
	隐私控制	0.155	0.059	0.150	2.616	0.009
	广告态度	-0.222	0.042	-0.225	-5.351	0.000
	定制化	-0.153	0.042	-0.152	-3.621	0.000
	隐私收集	0.180	0.065	0.165	2.761	0.006
R=0.517 R^2=0.267 调整后 R^2=0.254 F=20.386***						

因变量：情感回避；排除变量：隐私知情

3.行为回避

行为回避模型可以解释总变异量的 24.8%，F 值为 19.972（P=0.000<0.05）。网民的广告态度和广告的定制化与网民的行为回避负相关，即当网民的广告态度越积极正面，对广告定制化的评价越高，网民的行为回避越低。在隐私担忧变量中，隐私控制因子与行为回避正相关，网民对隐私控制欲越高，其行为回避越高。隐私收集因子、隐私知情因子和行为回避则没有显著的解释关系。

在影响广告回避的各个因素中，广告的定制化对行为回避的影响最大，其次分别为隐私控制和网民的广告态度。其标准化回归模型如下：

行为回避 =0.201* 隐私控制 -0.273* 定制化 -0.145* 广告态度

表 21 行为回避模型摘要

	预测变量	B	标准误	Beta（β）	t 值	p 值
（常量）		3.855	0.273		14.096	0.000
	定制化	-0.249	0.038	-0.273	-6.533	0.000
	隐私控制	0.186	0.052	0.201	3.571	0.000
	广告态度	-0.129	0.037	-0.145	-3.451	0.001
R=0.510 R^2=0.261 调整后 R^2=0.248 F=19.972***						

因变量：行为回避；排除变量：隐私收集和隐私知情

（四）方差分析

1. 性别

通过独立样本 T 检验发现，性别对隐私担忧的各个维度有显著影响。Kim 的研究即发现，性别对于网民的在线隐私担忧有显著的影响，女性的隐私担忧更强烈。[①] 本研究证实这一观点。在隐私控制、隐私知情和隐私收集三个维度上，女性的隐私担忧均显著高于男性。

表 22 性别差异 T 检验

检验变量	平均数	标准差	t 值	性别	个数
隐私控制	4.26	4.3436	-3.310**	男	358
	4.56	4.5614		女	364
隐私收集	4.27	4.2568	-2.978**	男	358
	4.44	4.4396		女	364
隐私知情	4.40	4.3950	-2.437**	男	358
	4.55	4.5531		女	364

注：上标星号代表差异具有显著性，其中 * 表示 $p<=0.1$，** 表示 $p<=0.05$，*** 表示 $p<=0.01$

2. 教育水平

通过 ANOVA 检验发现，教育水平对广告态度、广告的定制化、情感回避和行为回避有显著影响。通过方差齐性检验发现，各因素均未达到 0.05 的显著水平，可进行方差同质性检验。

表 23 ANOVA 检验

		平方和	df	均方	F	显著性
广告态度	组间	16.454	2	8.227	9.399	0.000
	组内	624.965	714	0.875	—	—
	总数	641.419	716	—	—	—

[①] Kim Bartel Sheehan. An Investigation of Gender Differences in On-line Privacy Concerns and Resultant Behaviors, *Journal of Interactive Marketing*, vol.13, no.4(1999), pp.24-38.

		平方和	df	均方	F	显著性
定制化	组间	10.893	2	5.447	6.424	0.002
	组内	605.405	714	0.848	—	—
	总数	616.298	716	—	—	—
情感回避	组间	8.057	2	4.028	4.875	0.008
	组内	579.305	701	0.826	—	—
	总数	587.362	703	—	—	—
行为回避	组间	5.200	2	2.600	3.874	0.021
	组内	477.121	711	0.671	—	—
	总数	482.321	713	—	—	—

比较教育水平发现，大专及以下学历的样本对行为定向广告的广告态度和对广告定制化的评价都要显著高于大学本科和硕士及以上学历的样本。同时他们的情感回避和行为回避则显著较低。本科和硕士及以上水平的样本间则没有显著差异（详见表 24）。

表 24 教育水平 LSD 多重比较

因变量	(I) 教育水平	(J) 教育水平	均值差 (I-J)	标准误	显著性	95% 置信区间	
						下限	上限
广告态度	大专及以下	本科	0.39806*	0.09301	0.000	0.2155	0.5807
		硕士及以上	0.24232*	0.10678	0.024	0.0327	0.4520
定制	大专及以下	本科	0.32258*	0.09154	0.000	0.1429	0.5023
		硕士及以上	0.29390*	0.10509	0.005	0.0876	0.5002
情感回避	大专及以下	本科	-0.26672*	0.09075	0.003	-0.4449	-0.0885
行为回避	大专及以下	本科	-0.22720*	0.08171	0.006	-0.3876	-0.0668
*. 均值差的显著性水平为 0.05。							

3. 网络使用黏性

通过方差齐性检验发现，广告的定制化、情感回避和行为回避的 p 值大于 0.05，可以进行方差分析。方差分析结果显示，用户的网络使用黏性对其评价广告的定制化有显著影响（详见表 25）。

表 25 ANOVA 分析

		平方和	df	均方	F	显著性
定制化	组间	9.251	2	4.625	5.238	0.006
	组内	634.048	718	0.883		
	总数	643.298	720			

轻度用户对广告定制化的评价要显著高于中度用户，这有可能是因为网民每日上网的时间较短，为他们量身定制的广告能够更方便快捷地满足他们对于产品或服务的需求，因而其对广告的定制化评价较高。而重度用户群体，其对广告定制化的评价也要高于中度用户，这可能是因为这一群体的网络黏性高，对于网络媒介的依赖性较高，因而他们对于广告定制化的评价也相对较高（详见表 26）。

表 26 网络使用黏性 LSD 多重比较

(I) 上网时长新	(J) 上网时长新	均值差 (I-J)	标准误	显著性	95% 置信区间	
					下限	上限
2 小时以下	2—4 小时	0.24291*	0.07969	0.002	0.0865	0.3994
2—4 小时	4 小时以上	-0.20773*	0.09187	0.024	-0.3881	-0.0274
*. 均值差的显著性水平为 0.05。						

通过方差分析可以发现，性别、教育水平、网络使用黏性均对部分因子有显著的影响。但是，年龄和收入水平对各因子的影响均不显著。假设六、七被部分证实。

4. 认知群体

方差齐性检验后发现，仅有认知回避、广告态度和定制化的 p 值小于 0.05，不符合方差检验条件。通过方差检验后发现，不同群体对行为回避的评价有显著不同。

表 27　ANOVA 分析

		平方和	df	均方	F	显著性
行为回避	组间	3.490	2	1.745	2.528	0.081
	组内	488.051	707	0.690	—	—
	总数	491.541	709	—	—	—

　　了解群体的行为回避显著低于陌生群体和知道群体，由此可见，随着用户对行为定向广告知识的丰富，他们对行为定向广告的行为回避也有显著的下降。假设二被证实。

表 28　认知群体 LSD 多重比较

			均值差 (I-J)	标准误	显著性	95% 置信区间	
						下限	上限
行为回避	了解群体	陌生群体	-.23911*	0.10640	0.025	-0.4480	-0.0302
		知道群体	-0.18485	0.10486	0.078	-0.3907	0.0210
*. 均值差的显著性水平为 0.05。							

五、结论及建议

（一）假设验证结果

　　根据数据分析结果，网民对行为定向广告的认知对他们的行为回避有显著影响，但对认知回避和情感回避则没有显著影响，假设二被部分证实。网民的受教育程度对情感回避和行为回避有显著有影响，但对认知回避则没有显著影响，假设六被部分验证。

　　其他研究假设均被证实，详见表29。

表 29 假设验证结果

假设		验证结果
假设		验证结果
H1：	我国网民对行为定向广告存在广告回避。	成立
H2：	网民对行为定向广告的认知对其广告回避有显著影响。	部分成立
—	H2a： 网民对行为定向广告的认知对认知回避有显著影响。	不成立
—	H2b： 网民对行为定向广告的认知对情感回避有显著影响。	不成立
—	H2c： 网民对行为定向广告的认知对行为回避有显著影响。	成立
H3：	隐私担忧和网民的行为定向广告回避正相关。	成立
H4：	定制化和网民的行为定向广告回避负相关。	成立
H5：	广告态度和网民的行为定向广告回避负相关。	成立
H6：	人口统计因素对网民的行为定向广告回避有显著影响。	部分成立
—	H6a： 人口统计因素对行为定向广告认知回避有显著影响。	不成立
—	H6b： 人口统计因素对行为定向广告情感回避有显著影响。	成立
—	H6c： 人口统计因素对行为定向广告行为回避有显著影响。	成立
H7：	人口统计因素对广告回避影响因素有显著影响。	成立

（二）研究结论与建议

本研究通过实证分析验证了隐私担忧、广告的定制化和广告态度三个因素对受众的行为定向广告回避有显著影响，以及它们和广告回避之间存在强弱、正负关系。

1. 隐私担忧与认知回避、情感回避和行为回避显著相关

受众的隐私担忧程度越高，他们的广告回避倾向就越强烈；而受众隐私担忧的多重维度，也会对不同的回避模型产生不同的强弱、正负影响。但是，隐私担忧的不同维度，对回避模型的影响是不一致的，在显著与否、强弱程度和正负效应方面存在着明显差异。

表 30 隐私担忧各维度对回避模型的解释效应表

	认知回避	情感回避	行为回避
隐私控制	+	+	+
隐私收集	+	+	/
隐私知情	-	/	/

注:"+"表示在回归模型中,该变量和因变量正相关,有显著解释效应;"-"表示在回归模型中,该变量和因变量负相关,有显著解释效应;"/"表示,在回归模型中,该变量和因变量无显著解释效应。

(1)认知回避

在认知回避模型中,隐私收集和隐私控制对受众的认知回避正相关,隐私知情则对认知回避负相关,隐私担忧的三个维度对受众的认知回避存在正、负影响。

就影响效用而言,隐私收集对受众的认知回避影响最大。行为定向广告收集隐私信息的透明度,显著地影响了受众的认知回避。就目前的网络广告环境而言,广告主或第三方机构在收集用户隐私信息的时候,通常是隐秘的、非公开性的,也许对受众而言,他们担忧的并非是广告主收集隐私信息的内容,而是收集隐私信息的方式。

隐私知情对受众的认知回避解释效力最低,但是,这一因子和受众的认知回避负相关,表明受众对个人隐私知情的评价越高,则其广告回避就越小。由此可见,只有当受众充分了解了隐私信息的收集和使用方式时,其对广告视而不见的可能性才会有所降低。

(2)情感回避

在情感回避模型中,隐私收集因子和隐私控制因子与情感回避正相关,隐私知情因子则对情感回避没有显著的解释关系。

就影响效用而言,隐私收集最高,隐私控制其次,这和认知回避具有一致性。受众在情感回避阶段,其对行为定向广告产生负面情绪和消极感受时,主要是受到隐私收集的影响。结合当下的实际情况来看,行为定向广告往往在用户未能察觉的情况下收集信息,而当用户发觉时,往往找不到一条有效的途径退出这一信息收集机制,这必然会导致受众对行为定向广告产生逆反心理和负面情绪。隐私控制同样对受众的情感回避具有显著影响，当受众感受到自己的隐私权利被侵犯，或者自己的个人数据未经许可就被分享时，必然会对广告产生反感厌恶的情绪。

（3）行为回避

在行为回避模型中，隐私控制因子和行为回避正相关，而隐私收集和隐私知情因子则对行为回避没有显著的解释关系。这表明，在行为回避阶段，受众对隐私的控制意愿是他们是否愿意点击广告的主要影响因素，受众对隐私的控制意愿越强烈，则行为回避的几率就越高。

由此可见，受众隐私担忧的多重维度，会对不同的回避模型产生不同的强弱、正负影响。既往的研究发现，受众的隐私担忧会对其广告回避有所影响，而本研究则进一步验证了隐私担忧的多重维度和广告回避之间复杂的关系。

2. 定制化与行为定向广告回避负相关

受众对广告的定制化评价越高，其认知、情感和行为回避的强度就越低。

在认知回避模型和行为回避模型中，定制化因子的解释效用较高。表明广告的定制化程度越高，受众对广告视而不见的倾向就越低，同时关闭广告、中断网络广告信息传播过程的倾向也越低。这也验证了既往的研究结论，受众总是对和自身需求相关的信息更感兴趣。尤其在行为回避模型中，定制化的影响效用高于隐私控制。这表明，如果行为定向广告非常符合受众的定制化需求、受众可能会因此克服隐私担忧，降低对广告的行为回避。

但在情感回避模型中，定制化的影响效用较低，即使广告内容是为受众所量身打造的，也并不一定行之有效地改善受众的广告态度。事实上，尽管受众可能会被相关性高的广告内容所吸引，但是有可能这一内容并非是受众愿意分享的，例如疾病信息等，同时广告内容还受到广告主的影响，当广告品牌和受众预期有较大出入时，受众仍然较易对广告产生负面的情绪。

3. 广告态度和受众的广告回避负相关

受众的广告态度越积极，其广告回避的倾向就越低。

在认知回避模型中，广告态度和认知回避负相关，表明受众对行为定向广告的态度越积极，则其有意忽略广告的几率可能就越低。但在认知回避模型中，这一影响的效用较低，仅略高于隐私知情。在情感回避模型中，广告态度和情感回避负相关，受众的广告态度越积极，则其对广告产生负面情绪的几率可能就越低。在情感回避模型中，广告态度的影响效用要明显高于其他影响因素。

在行为回避模型中，广告态度仍和行为回避负相关，受众的广告态度越积极，其主动关闭广告的几率就越小，但在行为回避模型中，和其他因素相比，广告态度的影响效用相对较小。

由此可见，受众的广告态度对其情感回避影响最大。当受众对行为定向广告总体上持有较为积极正面的态度时，其隐私担忧的程度可能会被缓解，对行为定向广告产生负面情绪的倾向也相应较低。

4. 人口统计学因素的复杂影响

性别、年龄、收入水平这三个因素在既往的广告回避研究中通常都被证实对用户的广告回避有显著的影响。但在本研究中并未得到验证。笔者认为，这可能是因为行为定向广告作为一种新兴的广告类型，对于多数群体而言都是相对陌生的，受众对其的关注和了解本身较低，因而群体间的差异较小。尤其在前测中发现，大多数受访者甚至并没有意识到行为定向广告的存在，这种陌生性可能是导致性别、年龄和收入间差异不显著的主要因素。

但值得注意的是，受教育水平对情感回避和行为回避有显著影响。受教育水平越高的受众，其情感和行为回避倾向就越强烈。这一结论和既往的研究结论相一致。笔者认为可能是由于学历越高的受众，其对新事物的习得性越强，同时对于隐私担忧的程度越高，因此他们的广告回避倾向也越高。

除此之外，受众对于行为定向广告的认知程度对其广告回避也有显著影响。用户对于行为定向广告的知识越丰富，他们的行为回避也有明显减少。

人口统计学因素也对行为定向广告回避的三个主要因素有一定的影响。性别对隐私担忧的各个维度都有显著的影响，在隐私控制、隐私知情和隐私收集三个维度上，女性的隐私担忧均显著高于男性。受教育水平同时也对受众的广告态度和广告的定制化评价有显著影响，受教育程度在大专及以下的受众，其广告态度更积极，对广告的定制化评价也越高。这也侧面解释了受教育水平对情感、和行为回避的显著影响。同时网络使用黏性对广告的定制化评价有显著影响，轻度和重度用户对广告的定制化评价明显最高。

5. 研究贡献

本研究以行为定向广告为研究对象，研究行为定向广告的广告回避，并构建了行为定向广告的广告回避模型。

就理论贡献而言，本研究在 Cho & Cheon 网络广告回避模型的基础上，从行为定向广告的特点出发，提出并验证了影响行为定向广告的广告回避新因素。

首先，验证了隐私担忧的不同维度，隐私控制、收集和知情，对于广告回避的影响具有双向性和层次性。既往的研究验证了隐私担忧对受众的广告回避具有显著影响，但是往往一概而论，缺乏对隐私担忧内容的深度挖掘。本研究通过定量调研，发现在不同的回避阶段，隐私担忧的不同维度是有正负差异的，受众对隐私控制的本能，对隐私收集方式的担忧，固然会强化受众的广告回避，但其对隐私信息的使用方式知情度越高，其广告回避也会有所减弱。同时在不同的回避层次上，影响回避的具体因素及影响效力的强弱也不同。对隐私担忧这一影响因素的深入剖析和挖掘，是本研究最为重要的研究贡献。

其次，在研究视角上有所创新。在既往的研究中，研究者往往较为关注导致广告回避的因素有哪些，本研究立足于行为定向广告特点，探讨何种因素能够减少受众的广告回避，并引入了定制性和广告态度两个变量。数据结果发现行为定向广告的定制性和受众的广告态度，对降低受众的广告回避倾向有显著的影响。本研究在研究视角上的创新，可以为将来的广告回避影响因素研究提供新的思路。

第三，突破以往研究样本单一性、区域性的限制。以往有关网络广告回避的研究，往往会因为样本构成的原因，而忽略对人口统计学因素的研究。本研究则通过较大样本的网络调研，通过对年龄段进行配额控制，保证了样本的年龄分布和总的网络广告受众群体较为接近，从而提供了有关人口统计学方面的研究结论，弥补了以往研究的不足之处。

6. 研究建议

本研究的数据显示，约有90%左右的调查对象都对自己的个人隐私感到担忧。就实践意义而言，行为定向广告的实践者应当更加重视受众对于个人隐私担忧的这一议题。互联网的本质决定了利用数据是实现其使命的必然方式，系统性地利用数据成为融合形态下的媒介产业网络传播不可替代的核心竞争资源，"数据库系统"成了媒介融合时代媒介产业的核心实体生产资源。[①] 网络对于数据的利用是不可避免的，这是信息社会发展的必然趋势，因此，隐私议题的核心在于企业应该如何收集、使用消费者的隐私信息，并充分尊重消费者的隐私权利。

在这一方面，美国的联邦贸易委员会的操作方式十分值得借鉴。委员会要

---

① 伍青生，余颖，郑兴山：《营销新发展：精准营销》，《经济管理》2007年第21期。

求，网上零售商公布隐私保护政策，内容包括收集什么信息以及这些信息的用途等内容，如果不提供这些信息，联邦贸易委员会可能会采取制裁行动。[①] 简而言之，即信息收集方式的透明度至关重要。2009 年，联邦贸易委员会发布了一份关于网络行为广告自律原则的报告，报告中提出了两个主要原则，即信息披露透明和征得用户同意。

舍恩伯格在《大数据时代》一书中提到，在大数据发展时代，隐私保护应该由原有的用户许可转变为由数据的使用者承担责任。这一观点比联邦贸易委员会提出的原则更进一步，因为在当前的互联网时代，和数据使用者相比，用户无疑是弱势的，信息和知识的不对等使用户无法妥善管理自己的个人隐私信息，这意味着企业应该承担更大的责任。

因此广告主在收集消费者个人信息时，应当清楚明白地交代隐私信息收集的方式、规范和范围，以及对隐私信息的使用情况，同时尊重用户的隐私控制权利，为用户提供"退出"的选择。对政府而言，更应该采取有效的措施，对广告主乃至第三方机构的隐私收集、使用行为进行规范。就广告行业而言，也应该尽快形成适宜我国国情的行业规范，对网民的隐私进行合理有效的保护。

同时，研究结论也提示，调查对象对于行为定向广告的定制化评价较低，表明现有的广告实践仍然未能充分把握用户的定制化需求。结合我国行为定向广告的现状来看，行为定向广告在制作、广告创意表现上都不尽如人意，广告质量良莠不齐、广告产品鱼龙混杂，这必然影响到受众对于行为定向广告的广告体验。因此，完善广告技术，提高准入门槛，对广告主和广告内容进行资质鉴定、内容筛选，这对于行为定向广告的健康发展是十分必要的。

（三）研究局限及展望

由于时间、精力以及现实条件的限制，本文的研究还存在着一定的局限性，需要在未来进一步深入地探讨。

一是广告回避参考量表的完善。本文的量表主要参考借鉴 Cho & Cheon 的网络广告回避量表，但该量表针对网络广告进行开发，而非针对行为定向广告。尽管量表依据访谈和前测结果进行了调整，但是该量表在信效度的检验方面存在一定的缺陷，行为回避中"我会点击定向广告，了解具体的信息"的信度较

---

① 杨姝，王渊，王刊良:《互联网环境中适合中国消费者的隐私关注量表研究》，《情报杂志》2008 年第 10 期。

低，在认知回避、情感回避和行为回避的效度检验上，因子未能按照预期很好地凝结，导致数据分析上存在一定的误差。在未来的研究中，应将量表进行完善，使之能够更加准确、有效地测出行为定向广告的广告回避倾向。

二是研究方法上需进一步考量。受到研究时间和能力的限制，本文采用了网络问卷调研的方法。但由于受众对于行为定向广告的知识较为匮乏，因此样本对于行为定向广告的理解也存在着一定的偏差。如果采用实验法来进行控制对比，可能研究结论会更为准确。

三是在前测中发现，受众对于自己的网络隐私认知相对模糊，尤其是有关行为定向广告在收集个人隐私方面的知识较为匮乏，因此答案较易受到选项的引导。在将来的研究中，可以在定量研究的基础上，选择典型的用户进行深度访谈，以期对用户的心理有更深入和全面的了解，从而对受众的广告回避给出更具洞察力的解读。

研究心得

关于这篇论文的选题思路，当时是在查阅外国文献的过程中，发现国外关于广告回避议题的研究很有意思也很有价值，然后结合当时国内兴起的定向广告投放做了这个选题。在完成论文的过程中，遇到的困难主要有三个方面：首先，当时国内相关的研究很少，基本上都是文献分析，很少有定量研究，因此可供借鉴的内容很少。其次，是研究量表的转译和测量也比较反复。再次，在数据收集方面，因为样本量比较大，所以也费了很多功夫。总的来说，完成论文最大的感受是经历了一次比较系统的学术研究过程，之后在看文献资料、搭建研究框架时，思路都会更清晰一些。现在来看定向广告投放已经是业界非常主流的广告投放模式，在投放路径上，对客户隐私的侵入程度也很高，当时完成这一主题的现实意义逐渐凸显出来，这一点让我觉得很有成就感。今后的相关研究，我觉得可以从广告回避的理论基础出发，就实操层面给予更多的关注，对广告回避的解决措施进行更多的研究。

个人相关性和产品卷入度对网络广告回避的影响研究

翟　星

【内容摘要】网络广告回避的产生会阻碍广告信息的正常传达，严重影响广告传播效果和广告市场的长足发展。因此本研究以网络广告回避影响因素为研究主题，考察个人相关性和产品卷入度两个尚未被充分验证的变量及其交互作用，并在过往研究基础上将广告回避划分为认知、情感和行为回避三种回避反应。

本研究采用 2（个人相关性：相关 VS 不相关）×2（产品卷入度：高卷入 VS 低卷入）实验设计，进行两组实验。实验一为个人相关性与产品卷入度对认知回避效果的影响；实验二为个人相关性与产品卷入度对情感、行为回避的影响。同时还将隐私关注作为调节变量纳入考量。

实验结果表明：1. 个人相关性在情感回避、行为回避上作用显著，当广告信息与受众相关时，受众对广告的情感回避、行为回避倾向较低。2. 产品卷入度主要在认知阶段产生作用，产品卷入度较高时认知回避反应较低。3. 隐私关注会对情感回避、行为回避产生显著影响，对认知回避的影响不显著。

【关键词】广告回避；个人相关性；产品卷入度；隐私关注

一、引言

当前中国网络广告市场发展迅速，在巨大的网民市场、丰富的广告形式以及电子商务兴盛的背景下，网络广告日渐成为广告主发布信息的重要载体，发展为互联网经济的重要驱动力。

根据中国互联网络信息中心（CNNIC）2015 年发布的《第 35 次中国互联

网发展状况统计报告》，截至 2014 年底，中国网民数量已达到 6.49 亿，且有 53.1% 的中国网民认为自身比较或非常依赖互联网，表明了中国网络市场巨大的商业潜力和市场机会。[①]

艾瑞咨询发布的《中国网络广告数据报告》显示，2014 年国内网络广告营收超过 1500 亿元，同比增长 40%。[②] 同时，品牌广告主预算进一步向数字媒体倾斜，推动网络广告市场规模达到新的高度，在传统媒体广告增速式微的情况下，网络广告保持着强劲的市场发展势头。

一百多年前，广告大师约翰·沃纳梅发出感慨："我知道在广告上的花费有一半浪费了，但问题是我不知道是哪一半。"为了避免不必要的广告浪费，提高广告投资回报率，精准营销理念逐渐兴起。潘洪亮认为互联网营销传播出现后，"精准传播"的概念更为精确，指企业抓住搜索、问答、垂直网站等生活者主动表达的机会，利用相关传播资源的特点实现精准传播。[③] 不论是"精准营销"还是"精准传播"，其核心理念是识别受众的心理或行为特征，并针对性地推送传播资源。该种营销与传播方式被认为是投资回报率高的，能够实现企业效益最大化的追求。[④]

精准营销的实现，要求广告服务行业开发出更加精准、有效的传播方式和渠道。在此种营销环境的驱动下，加上网络技术的发展，网络广告开始由"广告"向"窄告"过渡，借助 cookies 的跟踪和庞大的系统数据库，提高网络广告投放的精准性，"窄告"成为精准营销的重要实现工具。

虽然广告信息能够更加精准地充斥于人们的视野，但是人们却越来越对广告持消极反应。广告回避是指"媒体用户不同程度地减少广告接收的所有行为"。[⑤] 广告的影响力与人们的所处的信息环境有关，信息环境越贫困化，广告就能取得越大的成功；反之，广告的影响力则会受到削弱。[⑥] 广告回避反应可

---

① 中国互联网信息中心：《第 35 次中国互联网络发展状况统计报告》，2015 年 2 月 3 日，http://www.cac.gov.cn/2015-02/03/c_1114222357.htm，2015 年 3 月 1 日。

② 艾瑞咨询：《2014 年网络广告营收超过 1500 亿元，同比增长 40%》，2014 年 11 月 15 日 http://report.iresearch.cn/html/20150201/245911.shtml，2015 年 3 月 1 日。

③ 潘洪亮：《数字传播时代"精准传播"研究初探》，《广告大观》（理论版），2013 年第 1 期。

④ 倪宁，金韶：《大数据时代的精准广告及其传播策略——基于场域理论视角》，《现代传播》2014 年第 2 期。

⑤ Paul Surgi Speck, Michael T Elliott, Predictors of Advertising Avoidance in Print and Broadcast Media, *Journal of Advertising*, vol.26, no.3(1997), pp.61-76.

⑥ 丁俊杰，王昕：《媒体新生态环境中的广告传播思想展望》，《新闻前哨》2011 年第 1 期。

划分为认知、情感和行为回避三种类型。①2012 年中国城市居民广告观研究的调研数据显示，在全国 20 个城市的居民中，约 70% 的居民对广告持情感回避，认为大量广告令人厌烦，约 66% 持行为回避，约 60% 持认知回避。② 特别是当今的传播条件赋予受众更多的主导权，重归"受众本位"，各互联公司推出网络广告拦截技术，给予受众更多规避网络广告的手段，这种回避反应的存在将极大地削弱广告效用，因此探索广告回避的影响因素，进而优化广告形式，缓解受众广告回避反应对广告营销人员来说是一个重大的挑战，也是学界广告效果研究的重要议题。

自 19 世纪 60 年代广告回避进入媒介研究学者的视野以来，国内外学者陆续对广告回避展开研究，主要关注以电视为代表的传统媒介广告，探讨人口统计学特征、广告态度和媒介相关变量等因素对广告回避的影响。③ 随着网络广告的兴起，网络广告回避日渐受到学者们的关注。Cho 和 Cheon 提出网络广告回避理论模型，归纳网络广告回避影响因素，此后国内外学者相继对相关影响因素进行验证，并尝试提出诸如相关性、定制化等新的网络广告回避影响因素。时至今日，网络广告回避也已经成为广告回避研究的一大热点。④

然而，网络广告回避研究多集中在国外，以实证研究为主，研究方法较为多样，包括问卷法和实验法等，且引入先进的眼动技术。相关研究不仅涉及了社交网站广告、手机广告等新兴广告形式，而且研究视角丰富，从网络广告特性到受众个体心理特质均有涉猎。相较而下，国内学界对广告回避的研究则以综述性研究为主，少数实证研究也局限于问卷调研方法上。

本研究延续网络广告回避的研究主题，首先，通过分析网络广告新形式、新特性以及既往研究结果，提出并验证网络广告回避新的影响因素，丰富广告回避研究议题。其次，本研究将采用实验方法，验证个人相关性、产品卷入度对网络广告认知、情感、行为三种广告回避反应的影响，实现本土研究方法上的创新。

同时，市场营销人员致力于广告形式的完善与革新，目的在于提高广告传

---

① Chang-Hoan Cho, Hongsik John Cheon, Why do People Avoid Advertising on the Internet, *Journal of Advertising*, vol.33, no.4（2004）, pp.89-97.

② 黄升民，陈素白，康瑾：《中国城市居民广告观研究》，北京：中国传媒大学出版社，2014 年。

③ 刘荣：《我们为什么"不看"广告——广告回避研究综述》，《中国广告》2011 年第 6 期。

④ 徐艳，刘荣：《1962—2012 五十年来广告回避研究概貌》，《广告大观》（理论版）2013 年第 1 期。

播效果，当前网络广告形式的革新背负着营销者对其传播效力的极大期待，多数市场人员认为相比传统网络广告投放模式，与受众相关性更高的行为定向广告传播效力更高。但随着受众广告素养的提高和对广告过滤手段与技术的掌握，受众应对广告的主动性增强，广告回避能力也有所提升。广告回避反应的产生意味着营销人员在广告表现与形式上的努力付之一炬。本研究的目的在于探索并验证网络广告回避影响因素，进而提供广告投放的策略建议，因此具有重要的实践指导意义。

二、文献综述及研究假设

（一）广告回避

19 世纪 90 年代，广告回避主题从电视观看行为的研究中脱离出来，以 Abernethy 的研究为代表开始自成体系，[①] 此后一批学者开始关注电视广告的躲避行为。

Abernethy 最早在对电视广告回避反应的研究中，将回避反应分为机械回避（Mechanical Avoidance）和身体回避（Physical Avoidance）。身体回避指在电视播放广告时，观众起身离开，回避广告接触；机械回避指随着遥控电视、录像机等技术产品在家庭的普及，观众通过换台、快进等方式回避广告接触。[②]Speck & Elliott 将广告回避定义为 "媒体用户不同程度地减少广告接收的所有行为"，并补充了第三种回避策略——认知回避，指 "在场，却并不观看（视而不见）或者边看边活动"。[③]

随着互联网日渐成为人们日常接触的重要媒介，学者的研究视角从电视转向网络。Vakratsas & Ambler 的研究指出，广告作为刺激物会给受众带来认知、情感、行为三种反应。[④] 基于该研究成果，Cho & Cheon 将网络广告回避细分为网络广告认知、情感、行为回避反应，并通过研究验证了此划分的有效性和可靠性。

---

① 徐艳，刘荣：《1962—2012 五十年来广告回避研究概貌》，《广告大观》（理论版）2013 年第 1 期。

② Rotfeld H J, Abernethy A M, Parsons P R, Self-regulation and Television Advertising, *Journal of Advertising*, vol.19, no.4(1990), pp: 18-26.

③ Paul Surgi Speck, Michael T. Elliott, Predictors of Advertising Avoidance in Print and Broadcast Media, *Journal of Advertising*, vol.26, no.3(1997), pp.61-76.

④ Vakratsas D, Ambler T, How Advertising Works: What do We Really Know?, *The Journal of Marketing*, (1999), pp: 26-43.

"认知回避"中的"认知"指受众对网络广告的基本信念,认知越负面,越容易导致"认知回避",它主要表现为受众对广告视而不见或故意回避等。[1]"情感回避"是消费者对广告的主观感受或情感反应,表现为受众对广告的负面情绪和消极感受。[2]"行为回避"区别于传统媒体的身体回避,指在互联网媒介接触中,消费者产生回避动作,如向下滚动网页以回避网络广告、点击关闭广告等动作。在这过程中受众不仅不接受广告信息的传播,并且对广告进行主动攻击,目的在于中断广告信息传播过程。[3]这一划分方式较为系统地丰富了广告回避的概念。该种划分方法被其后的网络广告回避研究加以引用和验证,如李雪梅[4]、曹雪静[5]。本文沿用该划分方式,从认知回避、情感回避、行为回避三个方面探讨网络广告的回避议题。

(二)网络广告回避

Benway 指出网络用户常常忽视旗帜广告,并将该种现象称为"广告视盲(Banner Blindness)",并以此现象为切入点,最早对网络广告回避现象进行研究。[6]2002 年,Edwards 等人探索了弹出广告的何种特征(如时长、与网页内容的一致性、娱乐性等)将造成用户的干扰性感知,并检验干扰性认知对广告回避的影响。[7]

2004 年,Cho & Cheon 提出并验证了系统的网络广告回避理论模型,成为网络广告回避最具代表性的研究。该研究将广告回避的概念引入到网络广告领域,将网络广告回避细分为认知、情感、行为回避三种方式,并指出"感知目标障碍""感知广告杂乱"以及"既往消极经验"将导致广告回避行为(如图1)。其中,"感知目标障碍"指当网络广告作为噪音和不便的来源,妨碍了消费

---

[1] Chang-Hoan, Cho, Hongsik, John Cheon, Why do People Avoid Advertising on the Internet, *Journal of Advertising,* vol33, no.4(2004), pp:89-97.

[2] Brittany R L D, Ronald J F, Missing the Mark, Advertising Avoidance and Distractor Devaluation, *Journal of Advertising,* vol.40, no.2(2011), pp: 51-62.

[3] 李雪梅:《网络广告回避反应影响因素研究》,硕士学位论文,西南交通大学,2006 年。

[4] 李雪梅:《网络广告回避反应影响因素研究》,硕士学位论文,西南交通大学,2006 年。

[5] 曹雪静:《行为定向广告回避影响因素研究》,硕士学位论文,厦门大学,2014 年。

[6] Benway J P, Banner Blindness, What Searching Users Notice and do not Notice on the World Wide Web, Rice University, 1999.

[7] Edwards Steven M, Li Hairong, Joo-Hyun Lee, Forced Exposure and Psychological Reactance: Antecedents and Consequences of the Perceived Intrusiveness of Pop-up Ads, *Journal of Advertising,* vol.31, no.3(2002), pp: 83-95.

者上网目标的达成，就可能导致不好的结果，如愤怒和回避；"感知广告杂乱"的杂乱被界定为媒介中广告和其他非节目信息的（数量／质量）水平，产生杂乱感觉的最重要原因是感知到广告数量太多；"既往消极经验"指过去点击广告时所带来的消极体验，这表现为不满的情绪以及认为缺乏效用（Utility）和激励（Incentive），而缺乏激励是受众产生消极体验的主导性因素。①

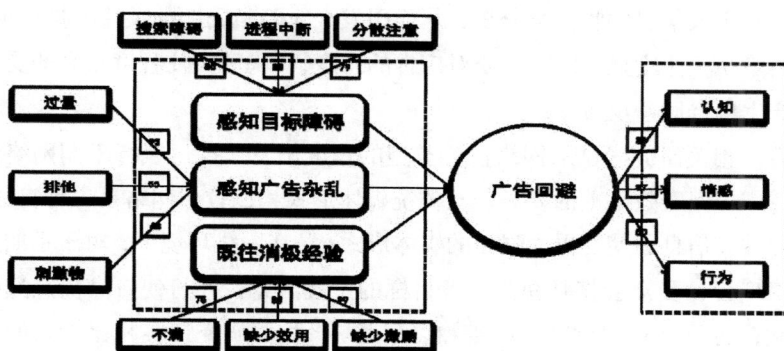

图 1　网络媒体的广告回避模型（Cho & Cheon, 2004）

该研究成果成为网络广告回避研究典范，此后多位学者对该模型中所提出的网络广告回避影响因素进行了验证，研究对象包括网络旗帜广告、电子邮件广告、视频网站广告等多种广告形式。

随着网络广告的发展，新型网络广告也不断涌现，学界对网络广告和网络受众行为特性的理解进一步深化，陆续提出并验证网络广告回避的其他影响因素，可以归纳为从网络广告客观特征、受众个体特质和网络任务类型三种角度出发而提出的影响因素。

首先，从网络广告客观特征出发提出影响因素的研究，多集中于探讨广告与网页内容或受众个体的相关性对广告回避的影响。相关研究证实网络广告与网页内容不一致将导致受众产生目标障碍感知，进而引起对广告的厌恶情绪和躲避行为，引起较强的广告回避反应，导致较差的广告记忆效果。② 此外，广

---

① Chang-Hoan Cho, Hongsik John Cheon, Why do People Avoid Advertising on the Internet, *Journal of Advertising,* vol.33, no.4(2004), pp:89-97.

② Hervet G, Guérard K, Tremblay S, et al, Is Banner Blindness Genuine? Eye Tracking Internet Text Advertising, *Applied Cognitive Psychology,* vol.25, no.5(2011), pp: 708-716.

告信息与个体的相关性也会对广告回避产生影响，若广告信息与受众无关或受众不感兴趣，则受众更倾向于回避广告。[①]

其次，从受众角度出发，探讨个体特质对网络广告回避影响的研究较为丰富。提出的影响因素包括个人情绪特征、人格变量[②]、隐私关注度[③]等，而其中受研究者关注并验证最多的是隐私关注度这一因素。隐私关注是与广告个性化、定制化相伴而生的影响因素，该类广告提供与受众个体相关性较高的广告信息，但其前提是个人信息的收集与分析，从而引发个人隐私问题的关注与担忧情绪，研究证实隐私关注度显著影响受众对广告的态度，[④]隐私关注程度较高的受众更倾向于产生广告回避反应。[⑤]

最后，相关研究尝试从网络任务类型的角度出发，探讨执行不同网络任务的受众在广告回避效果上的差异。与传统媒体形式相比较，网络是一种目的性、任务导向性和信息驱使性更为强烈的媒体形式，[⑥]在网络环境下，对于不期望接受的网络广告，受众会将其视为任务目标的干扰因素，并行使自身信息选择接受的权利，也就是有意对网络广告加以回避。[⑦]相关研究证实相比无目的地自由浏览，受众在进行有目的地浏览时更容易忽略网络广告，[⑧]在进行相对较为复杂的浏览任务时，广告注意和认知效果也较差。[⑨]在此类研究中，网络浏览任务目的性或复杂性的差异，其本质是受众进行网络浏览时投入的注意集中水平和精力的差异，当网络浏览任务需要投入较多的注意和精力时，受众更趋向于回避与浏览任务无关的网络广告。

[①] Kelly L, Kerr G, Drennan J, Avoidance of Advertising in Social Networking Sites: The Teenage Perspective, *Journal of Interactive Advertising*, vol.10, no.2(2010), pp: 16-27.

[②] Jin C H, Villegas J, Consumer Responses to Advertising on the Internet: The Effect of Individual Difference on Ambivalence and Avoidance, *CyberPsychology & Behavior*, vol.10, no.2(2006), pp: 258-266.

[③] 曹雪静：《行为定向广告回避影响因素研究》，硕士学位论文，厦门大学，2014年。

[④] Okazaki S, Molina F J, Hirose M, Mobile Advertising Avoidance: Exploring the Role of Ubiquity, *Electronic Markets,* vol.22, no.3(2012), pp: 169-183

[⑤] 曹雪静：《行为定向广告回避影响因素研究》，硕士学位论文，厦门大学，2014年。

[⑥] Korgaonkar P K, Wolin L D, A Multivariate Analysis of Web Usage, *Journal of Advertising Research*, vol.39 (1999), pp: 53-68.

[⑦] 李雪梅：《网络广告回避反应影响因素研究》，硕士学位论文，西南交通大学，2006年。

[⑧] Calisir F, Karaali D, The Impacts of Banner location, Banner Content and Navigation Style on Banner Recognition, *Computers in Human Behavior,* vol.24, no.2(2008), pp: 535-543.

[⑨] Danaher P J, Mullarkey G W, Factors Affecting Online Advertising Recall: A Study of Students, *Journal of Advertising Research,* vol.43, no.03 (2003), pp: 252-267.

（三）个人相关性与广告回避

Wells、Clark 和 McConville 在电视广告研究中，提出广告的"个人相关性"特征，指广告内容与受众当前行为、兴趣和需求的关联程度。[①] 网络广告内容主要包含产品或服务信息，如果这些产品或服务信息与受众当时的行为、兴趣和需求的关联度高，个人相关性就高，反之则低。[②]

如今，随着精准营销、分众传播理念的发展，网络广告与受众的匹配从无序到有序、从内容导向到技术导向，逐渐提高广告投放的精准性，[③] 广告从"广而告之"过渡到"窄告"，即定向广告的新模式，广告的"个人相关性"不断提升。定向广告按照定向方式的不同可以分为内容定向和行为定向两种，分别指与网页内容、用户行为特征相关的广告投放模式。[④] 其中，行为定向广告通过"追踪个人的在线行为，据此传递依据消费者兴趣定制的广告信息"，是一种与受众"个人相关性"较高的典型广告形式。[⑤]

1998 年，Siddarth 等人就在电视广告回避研究中关注广告与受众的相关性对广告回避的影响，证实相关性广告的回避率低于非相关广告。[⑥] 随着网络广告形式的发展，在网络广告回避研究中，学者也开始关注网络广告的个人相关性特征对广告回避反应的影响，认为增加广告与个体兴趣或行为的相关性将缓解受众对广告的干扰性感知，从而降低广告回避反应。[⑦]Louise Kelly 通过定性研究探索社交网站广告回避的影响因素，对既有网络广告回避模型进行更新，提出包括个人相关性在内的新的影响因素，指出如果广告信息不符合受众的兴趣，将导致广告回避反应。[⑧] 曹雪静在针对行为定向广告的研究中，证实受众对广

---

① Wells W, Leavitt C, McConville M, A Reaction Profile for TV Commercials, *Journal of Advertising Research [serial online]*, vol.11, no.6 (December 1971), pp:11-17.

② Krosnick J A, Attitude Importance and Attitude Change, *Journal of Experimental Social Psychology*, vol.24, no.3(1988), pp: 240-255.

③ 李慧东：《互联网行为定向广告效果影响因素研究》，硕士学位论文，北京邮电大学，2013年。

④ 俞淑平、陈刚：《一种高效的行为定向广告投放算法》，《计算机应用与软件》2011 第 1 期。

⑤ US Federal Trade Commission, FTC Staff Report: Self-regulatory Principles for Online Behavioral Advertising, 2009.

⑥ Siddarth S., Chattopadhyay A, To Zap or Not to Zap: A Study of the Determinants of Channel Switching During Commercials, *Marketing Science*, vol.17, no.2(2008), pp:124.

⑦ Rejón-Guardia F, Martínez-López F J. Online Advertising Intrusiveness and Consumers' Avoidance Behaviors, Handbook of Strategic e-Business Management. Springer Berlin Heidelberg, 2014.

⑧ Kelly L, Kerr G, Drennan J, Avoidance of Advertising in Social Networking Sites: The Teenage Perspective, *Journal of Interactive Advertising*, vol.10, no.2(2010), pp: 16-27.

告信息符合个人兴趣和需求的感知程度与广告回避反应负相关。[①]

因此本文认为当广告信息与受众网络行为、兴趣和需求相关时，能够缓解受众的广告回避反应，提出研究假设一：

H1：个人相关性对广告回避有显著影响；

H1a：当广告信息与受众相关时，受众对广告的认知回避反应较低；

H1b：当广告信息与受众相关时，受众对广告的情感回避倾向较低；

H1c：当广告信息与受众相关时，受众对广告的行为回避倾向较低。

（四）产品卷入度与广告回避

卷入（involvement）概念最早出现于社会心理学研究领域，1947 年，Sherif 和 Cantri 提出卷入存在于任何关乎个体自我态度集结和再现价值观的事物中。[②]Krugma 最先将卷入这一概念运用到媒介研究中，将卷入定义为："单位时间内，受众在其自身生活与刺激之间所构建的，能被意识到的'桥梁性体验'、联系或关联的数量"。[③]此后，卷入的概念逐渐从心理学扩展到市场学、组织行为学、广告学等领域。

既有研究对卷入度概念的界定可分为三种角度取向：1. 受众主观状态取向，认为卷入是个体内部唤醒状态（Internal State of Arousal）或注意水平；[④] 2. 产品客观属性取向，认为卷入是产品和服务所拥有的潜在价值（Potential Benefits）连续体，产品的潜在价值大小对应着卷入程度的高低；[⑤] 3. 主客观兼顾取向，认为卷入是个体所察觉到的广告或产品与其内在需要、生活理想及其兴趣相关联的程度（Relevance）。[⑥]

卷入可以划分为产品卷入、广告卷入、个体卷入等多种类型。其中，产品卷

---

① 曹雪静：《行为定向广告回避影响因素研究》，硕士学位论文，厦门大学，2014 年。

② 俞淑平：《网络定向广告投放算法研究》，硕士学位论文，浙江大学，2010 年。

③ Krugman H E, The Impact of Television Advertising: Learning Without Involvement, *Public opinion Quarterly*, vol.29, no.3 (1965)，pp: 349-356.

④ 李重阳：《影片卷入、产品卷入和植入类型对植入式广告品牌态度的影响研究》，硕士学位论文，山东大学，2013 年。

⑤ Vaughn R, How Advertising Works: A Planning Model, *Journal of Advertising Research*, vol.20, no.5(1980), pp:27-33.

⑥ Zaichkowsky J L, The Emotional Effect of Product Involvement, *Advances in Consumer Research*, vol.14, (1987), pp: 32-35.

入度是与产品类型相关的概念，因产品类型的不同而有所差异。[①]Traylor 认为产品卷入度是一种对产品类型的认知，"认为某些产品类型会对个体的生活、对自我的态度、认同感与世界其他部分的关系更重要或更不重要"。[②]Zaichkowsky 认为产品卷入是指消费者对于产品的重视程度以及个人赋予产品主观意识的认知情形。[③]

卷入度实际上是一种动机状态，个体的信息加工动机受卷入度的影响，高卷入时的信息加工动机状态较强，低卷入时的信息加工动机状态较弱。[④] 卷入度水平的高低，意味着受众对广告信息的处理动机、兴趣和参与程度的高低。

产品卷入度常常作为重要变量纳入广告效果的研究中，最常见于采用实验法的广告效果研究中，通过操纵产品类型控制卷入水平，探讨产品卷入度对广告效果的影响。有些研究将产品卷入度视为调节变量，在证实各类广告特征对广告效果的影响时，探讨产品卷入度在其中的调节作用。相关研究证实广告类型、广告诉求、广告代言人等对广告效果的作用均会受到产品卷入度的影响，在广告态度、品牌态度、购买意向等广告效果上与产品卷入度呈现交叉效应。另一些研究则将产品卷入度视为直接影响广告效果的因素，探讨产品卷入度对广告认知、广告态度和购买倾向的影响。相关学者认为，产品卷入度影响受众对产品信息的接收行为。[⑤] 对于低卷入产品，消费者将进行有限的信息搜索和评估，而对于高卷入产品，则会进行广泛的信息搜索和评估。[⑥]

同时，相关研究指出产品卷入度与广告卷入度显著正相关，[⑦] 广告卷入度即受众对于广告信息所给予的关心程度或接触广告时的心理状态。[⑧]Garcia，Ponsoda 和 Estebaranz 通过眼动实验，更为直接地证实相比低卷入产品的广告，

① Slama M E, Tashchian A, Selected Socioeconomic and Demographic Characteristics Associated with Purchasing Involvement, *The Journal of Marketing*, vol.49(1985), pp: 72-82.

② Traylor M B, Product Involvement and Brand Commitment, *Journal of Advertising Research*, 1981.

③ Zaichkowsky J L, The Emotional Effect of Product Involvement, *Advances in Consumer Research*, vol.14(1987), pp: 32-35.

④ Mittal B, Lee M S, A Causal Model of Consumer Involvement, *Journal of economic psychology*, vol.10, no.3(1989), pp: 363-389.

⑤ Celsi R L, Olson J C, The Role of Involvement in Attention and Comprehension Processes, *Journal of Consumer Research*, vol.15 (1988), pp: 210-224.

⑥ Zaichkowsky J L, Measuring the Involvement Construct, *Journal of Consumer Research*, vol.12(1985), pp: 341-352.

⑦ Gardner M P, Mitchell A A, Russo J E, Low Involvement Strategies for Processing Advertise ments, *Journal of Advertising*, vol.14, no.2(1985), pp: 4-56.

⑧ 陈国龙：《涉入理论及其衡量》，《商业时代》2007 年第 3 期。

高卷入产品的广告获得更多的注意力，购买意愿也更强烈。[1]Thorson 和 Page 的实验研究则表明，当产品卷入度较高时，广告品牌的记忆效果更好，广告态度更为积极。[2]

产品卷入度会显著影响受众对广告的卷入，即对于广告信息所给予的关心程度或接触广告时的心理状态。[3]在低卷入水平下，个体对传播信息的加工动机较弱，然而在高卷入水平下，个体对信息的加工深度则较强。消费者对于广告的浏览习惯会因为广告中商品卷入度的不同而发生改变，相比低卷入度的产品，高卷入度产品的广告可以获得消费者更多的注意力，对广告信息进行更为精细的加工。[4]相关研究证实当产品卷入度较高时，广告品牌的记忆效果更好[5]，受众对广告的态度也更为积极。[6]

由此可见在高产品卷入度水平下，受众会对广告信息产生较为积极的认知倾向和情感反应，因此本文认为产品卷入度较高时，受众对广告的回避倾向较低，提出研究假设二：

H2：产品卷入度对广告回避有显著影响；

H2a：当产品卷入度较高时，受众对广告的认知回避反应较低；

H2b：当产品卷入度较高时，受众对广告的情感回避倾向较低；

H2c：当产品卷入度较高时，受众对广告的行为回避倾向较低。

由于高卷入产品的风险性，消费者倾向于产生持续性的信息检索行为，因此，Bellman 等认为不论广告信息是否与消费者相关，高卷入产品的广告都将持续性地获得较高注意力，而低卷入产品购买前的检索是为了即时性的需求，与网络浏览行为相关的广告效果会更好，并通过实证研究证实这一观点。研究结果表明对于低卷入产品，广告与受众网络浏览行为相关将提高广告注意力，

---

① Garcia C, Ponsoda V, Estebaranz H, Scanning Ads: Effects of Involvement and of Position of the Illustration in Printed Advertisements, *Advances in Consumer Research*, vol.27, no.1(2000).

② Thorson E. Processing Television Commercials, *Rethinking Communication*, vol.2(1989)，pp: 397-410.

③ 陈国龙：《涉入理论及其衡量》，《商业时代》2007 年第 3 期。

④ Goldsmith R E, Emmert J, Measuring Product Category Involvement: a Multitrait-multimethod Study, *Journal of Business Research*, vol.23, no.4(1991), pp: 363-371.

⑤ Leclerc F, Little J D C, Can Advertising Copy Make FSI Coupons More Effective?, *Journal of Marketing Research*, vol.34(1997), pp: 473-484.

⑥ Te'eni-Harari T, Lehman-Wilzig S N, Lampert S I, The Importance of Product Involvement for Predicting Advertising Effectiveness among Young People, *International Journal of Advertising*, vol.28, no.2(2009), pp: 203-229.

降低广告回避反应，从而提高广告暴露程度，但对于高卷入产品，这种相关性则不起作用。[①] 因此本文提出研究假设三：

H3：个人相关性和产品卷入度在广告回避上存在交互作用；

H3a：个人相关性和产品卷入度在认知回避上存在交互作用；

H3b：个人相关性和产品卷入度在情感回避上存在交互作用；

H3c：个人相关性和产品卷入度在行为回避上存在交互作用。

（五）隐私关注与广告回避

隐私是个人有权利控制关于自己的信息，该权利包括限制别人得到自己隐私信息和知道别人如何得到自己隐私信息（即暴露途径的知情权）。[②] 在考察消费者对隐私的态度时，西方学者引入"隐私关注（Privacy Concern）"的概念用以测量消费者对信息隐私的关注程度。[③] 当消费者意识到个人信息未经允许而被收集，或他们不知道信息具体被如何使用时，就会产生对隐私的关注。[④]

隐私关注是与广告个人相关性相伴而生的问题。网络广告个人相关性实现的前提是对个体在线行为信息的收集和分析，且通常是在消费者不知情的情况下进行，消费者因而产生个人隐私受侵犯的担忧情绪。隐私关注越高，对广告的容忍度越低，越有可能怀疑并回避广告。[⑤]

行为定向广告是个人相关性较高的典型广告形式，产生的基础是对用户网络在线行为数据的收集，这些数据包括用户网络检索、浏览记录、购买记录以及相关人口统计学信息。由于平台服务商与网络用户处于信息不对等的关系，用户在并不知情的状态下，无从了解个人信息被收集到何种程度，又如何被利用。[⑥] 消费者出于对个人隐私被侵犯的担忧情绪，从而对行为定向广告产生消

---

① Bellman S, Murphy J, Treleaven-Hassard S, et al, Using Internet Behavior to Deliver Relevant Television Commercials, *Journal of Interactive Marketing*, vol.27, no.2(2013), pp: 130-140.

② Fredrikson M, Livshits B, Repriv: Re-imagining Content Personalization and In-browser Privacy, *Security and Privacy (SP)*, 2011 IEEE Symposium on. IEEE, (2011).

③ Kerlinger F N, Liberalism and Conservatism: The Nature and Structure of Social Attitudes, Lawrence Erlbaum Assoc Incorporated, (1984).

④ Nowak G J, Phelps J, Direct Marketing and the Use of Individual-level Consumer Information: Determining How and When "Privacy" Matters, *Journal of Interactive Marketing*, vol.11, no.4(1997), pp: 94-108.

⑤ Hyejin Kim, Exploring the Effects of Perceived Relevance and Privacy Concerns on Consumer Responses to Online Behavioral Advertising, Minnesota: University of Minnesota, (2013).

⑥ 张萍：行为定向的网络广告营销研究，硕士学位论文，厦门大学，2009年。

极态度和回避反应。[①]Hyejin[②]、李慧东[③]在针对行为定向广告的研究中证实，隐私关注对广告态度有显著影响，曹雪静则通过问卷调研验证了隐私关注与行为定向广告的广告回避正相关。[④]

因此，本文提出研究假设四：

H4：网络隐私关注对广告回避有显著影响；

H4a：网络隐私关注对广告的认知回避有显著影响；

H4b：网络隐私关注对广告的情感回避有显著影响；

H4c：网络隐私关注对广告的行为回避有显著影响。

本研究以个人相关性（相关 VS 不相关）和产品卷入度（高 VS 低）作为自变量，广告回避作为因变量，并讨论隐私关注对广告回避效果的调节作用。广告回避则从认知、情感、行为三种回避反应开展探讨，整体研究模型如图2。

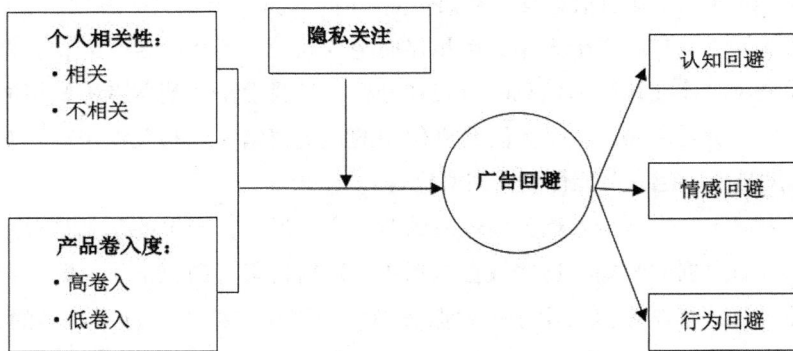

图2 个人相关性与产品卷入度对网络广告回避影响的研究模型

① McDonald A M, Cranor L F, Americans' Attitudes about Internet Behavioral Advertising Practices, Proceedings of the 9th Annual ACM Workshop on Privacy in the Electronic Society. ACM, (2010), pp: 63-72.

② Hyejin Kim, Exploring the Effects of Perceived Relevance and Privacy Concerns on Consumer Responses to Online Behavioral Advertising, Minnesota: University of Minnesota, (2013).

③ 李慧东:《互联网行为定向广告效果影响因素研究》，硕士学位论文，北京邮电大学，2013年。

④ 陈素白，曹雪静:《网络广告回避影响因素研究——基于 2012 伦敦奥运网络广告投放的实证分析》，《新闻与传播研究》2013 年第 12 期。

三、研究方法

（一）变量测量

1. 个人相关性

现实网络环境中，行为定向广告是个人相关性较高的典型广告形式，这种相关性最常见也最直观的表现为广告中的产品或服务信息与用户的产品网络搜索及浏览记录相匹配。

本研究将个人相关性作为研究变量，通过实验任务操纵和情景说明，分别向实验组与对照组展示产品信息与既有产品搜索、浏览记录相匹配和不匹配的两种广告，即个人相关广告与个人不相关广告。

实验一采用任务操纵方式，首先要求被试完成产品信息的网络搜索和浏览任务，然后向不同组的被试分别呈现产品信息与既有产品搜索记录相匹配和不匹配的广告。

实验二采用情景说明的操纵方式，向不同组的被试呈现不同的情景说明和广告刺激，其中行为相关组的广告刺激解释为产品信息与既有产品搜索记录相匹配的广告，不相关组则解释为不匹配的广告。

2. 产品卷入度

本实验通过选择具有高低卷入度的代表性产品类型对产品卷入度进行控制。

产品卷入度的测量采用 Vaughn 量表，这一量表来自确定商品属性的 FCB 网络模型，此量表包括产品卷入、认知、情感三个子量表。其产品卷入子量表常常作为测量工具用以确定高低卷入度的产品类型，相比其他卷入度量表，该量表更加针对性地从产品类型角度出发测量产品卷入程度。这一量表包括三个题目，每个项目均采用李克特 7 级评价，具体内容如表 1 所示。

表 1 产品卷入度量表

变量名称	测量语句	来源
产品卷入度	对我而言，购买某产品的决策是很重要的 / 不重要的	Vaughn (1980)；周象贤 (2007)
	对我而言，如果某产品选择错误，将承担的损失很大 / 小	
	对我而言，某产品的选择过程需要参考的信息量很多 / 少	

3. 隐私关注

隐私关注采用 IUIPC 网络隐私关注量表进行测量。IUIPC 量表是由 **Malhotra** 等在传统隐私关注量表——CFIP 量表的基础上开发而成的,用于测量网络用户的隐私关注。[①] 杨姝等通过定量研究的方法对比了传统市场的隐私测量量表 CFIP 和互联网环境下的 IUIPC 量表,研究发现 IUIPC 量表具有更高的可靠性和收敛效度,更适用于我国的研究环境。[②] 巩震、李慧东均采用该量表研究互联网用户的隐私关注,因此本研究沿用 IUIPC 量表进行隐私关注测量,部分参考李慧东的翻译,邀请 3 名厦门大学广告学研究生进行填写、讨论,对相关语句进行调整。

表 2　隐私关注量表

变量名称	测量维度	测量语句	来源
隐私关注	控制 1	网络隐私是自主决定个人信息如何被收集、使用和共享的权利	Shintaro (2012);巩震 (2010);李慧东 (2013)
	控制 2	隐私权利中最重要的是能控制自己的个人信息	
	控制 3	当我不能或不能完全控制自己的个人信息,我认为我的网络隐私受到了侵犯	
	知情 1	互联网公司在收集我的个人信息时,应该公开信息被收集、处理和使用的方式	
	知情 2	良好的隐私条款应该对我个人信息的收集和使用有一个清晰明确的说明	
	知情 3	对我而言,知道我的个人信息如何被使用是非常重要的	
	收集 1	当互联网公司需要我提供各种个人信息时,我感到不愉快	
	收集 2	当互联网公司需要我提供个人信息的时候,我通常会先再三考虑	
	收集 3	将自己的个人信息提供给很多不同的互联网公司让我感到不安	
	收集 4	我担心互联网公司收集了太多我的个人信息	

[①]　Malhotra N K, Kim S S, Agarwal J, Internet Users' Information Privacy Concerns (IUIPC): The Construct, the Scale, and a Causal Model, *Information Systems Research*, vol.15, no.4, pp: 336-355.

[②]　杨姝,王刊良,王渊:《网络创新背景下隐私关注与保护意图跨情境研究》,《管理学报》2009 年第 9 期。

4. 广告的认知回避

受众对广告的记忆程度是广告认知效果的重要指标，反映了受众对广告信息的加工水平，并在某种程度上反映受众对广告的注意程度。因此本研究采用记忆的客观效果，并佐以广告注意程度评定的方式测量认知回避。

对于广告注意程度的测量，采用"您对实验网页右侧广告的注意程度"题项要求被试按照在实验中对广告的真实注意水平进行评定。

对于广告记忆水平的测量，以往多数研究采用简单的广告再认方法，要求被试做出是否见过广告或广告元素的判断，通过正确率判断被试对广告的认知效果。但是当刺激强度处于阈限附近时，个体很难做出清晰的判断，因而王咏等认为采用模糊统计和肯定度测量的模糊再认法对广告认知效果的测量更有效力。模糊再认法要求被试对广告信息按照"坚决肯定没见过""基本肯定没见过""少许肯定没见过""少许肯定见过""基本肯定见过""坚决肯定见过"六个等级进行选择，这种模糊测量方式将被试的心理反应量作为一个反应连续体而不是简单的非是即否的极端特征。[1] 根据马谋超词义赋值的模糊统计研究结果，将以上肯定程度等级相应转化为 [0,1] 区间内的隶属度值（表3）。[2]

表3 再认肯定度判断按隶属度赋值

再认评价等级		信号探测选项	噪音探测选项
坚决肯定	见过	1.00	0.00
基本肯定	见过	0.84	0.16
少许肯定	见过	0.67	0.33
少许肯定	没见过	0.33	0.67
基本肯定	没见过	0.16	0.84
坚决肯定	没见过	0.00	1.00

5. 广告的情感回避、行为回避

既有研究多沿用 Cho & Cheon 量表作为情感回避、行为回避的测量工具。该量表虽在两个维度上分别包含6个和4个条目，但实为指向不同广告形式的

---

① 付文军：《卷入对亲情诉求广告效果的影响研究》，硕士毕业论文，西南交通大学，2014年。

② 马谋超：《词义赋值的模糊统计分析》，《心理学报》1990年第1期。

相同测量语句。如情感回避条目中的"我讨厌旗帜广告""我讨厌弹出广告"和"我讨厌所有网络广告",[①] 因此不适用于对特定广告的测量。曹雪静在此权威量表的基础上进行相应的调整,使其适用于特定广告对象,最终数据结果证实调整后量表具有较好的信效度(N=1224)。[②] 因此,本文沿用曹雪静的量表,结合研究对象、Cho & Cheon 量表原意,并邀请 3 名广告学专业研究生进行试填和讨论,对量表语句的描述进行少量调整。

表 4 情感回避和行为回避量表

变量	测量语句	来源
情感回避 1	网络广告令我感到厌烦	Cho & Cheon(2004);曹雪静 (2014)
情感回避 2	浏览网页时,我认为没有广告会更好	
情感回避 3	我对网络广告感到怀疑	
行为回避 1	当我浏览网页时,如果出现网络广告,我会直接关闭广告	
行为回避 2	我会采取一些措施(如设置浏览器、安装软件等)来回避网络广告	
行为回避 3	我愿意点击网络广告,了解具体的信息	

6. 问卷前测

本文涉及产品卷入度、隐私关注、网络广告情感回避、网络广告行为回避四种量表。其中产品卷入度的中文量表经过多项研究的检验,发展较为成熟,后三种量表尚未在国内研究经过足够的检验。笔者通过访谈和小组讨论对量表进行部分修订,并通过网络问卷进行前测调研,共回收 84 份有效样本。信度分析结果显示,各量表信度较高,Cronbach's α 系数均在 0.8 以上。

表 5 前测信度

变量	项数	Cronbach's α
隐私关注	10	0.843

① Chang-Hoan Cho, Hongsik John Cheon, Why Do People Avoid Advertising on the Internet, *Journal of Advertising*, vol.33, no.4(2004), pp.89-97.
② 曹雪静:《行为定向广告回避影响因素研究》,硕士学位论文,厦门大学,2014 年。

变量	项数	Cronbach's α
情感回避	3	0.980
行为回避	3	0.932

（二）整体实验方案

1. 整体实验方案

根据本研究的目标确定如下实验方案：

预备实验：确定具备高低产品卷入度的代表性产品类型，为后续实验的呈现材料和待选项目做准备。

实验一：个人相关性与产品卷入度对广告认知回避效果影响的研究。

考察个人相关性（相关 VS 不相关）和产品卷入度（高 VS 低）两个因素对广告认知回避的影响，探讨三个问题：（1）受众对广告的注意水平是否会受上述两种因素的影响；（2）受众对广告的记忆水平是否会受上述两种因素的影响；（3）受众的隐私关注程度是否会影响广告认知回避结果。

实验二：个人相关性与产品卷入度对广告情感、行为回避效果影响的研究。

考察个人相关性（相关 VS 不相关）和产品卷入度（高 VS 低）两个因素对广告情感回避和行为回避的影响，探讨如下问题：（1）受众对广告的情感回避倾向是否会受上述两种因素的影响；（2）受众对广告的行为回避倾向是否会受到上述两种因素的影响；（3）受众的隐私关注程度是否会影响广告情感与行为回避倾向。

2. 实验方案的改进之处

在本次实验之前，本研究完成过一场实验操作，虽该实验结果不尽如人意，但该实验中出现的问题，为本次实验的方案改进提供了重要参考。

与本次实验相同，该实验为 2×2 组间因素实验，自变量为个人相关性（相关 VS 不相关）和产品卷入度（高 VS 低），二者均为组间变量。与本实验不同之处在于，在一次实验中同时实现认知、情感和行为回避三个因变量的测量。

基本操作流程与本实验的实验一相同，采用任务操纵的方式使被试进入实验情景。首先要求被试模拟指定产品的网络选购任务，实现产品的网络搜索和浏览行为；然后请被试浏览实验网页，根据分组情况，所呈现的实验网页中将含有被试所搜索产品的广告一则，或其他产品的广告一则；最后，完成后测问卷，该问卷不仅设置了注意及记忆效果的测量题项，还包含情感、行为回避倾向的测量条目。

最终该实验获得 127 个有效样本，每组被试超过 30 人，但未得到预期的实验结果，研究人员通过对部分被试的电话回访，发现影响实验结果的三个主要问题：

第一，对于实验网页中的广告，相当一部分被试完全没有注意或仅仅边缘注意，难以对传统的简单再认题项，如"以下何种产品出现在实验网页的广告中"做出清晰的判断。

第二，没有注意到广告的被试表示，难以针对广告刺激回答情感、行为回避倾向的相关题项，如"实验网页中的广告令我感到厌烦"。

第三，网络实验中实验员对参与者进行远程控制和指导，被试对实验的卷入度较低，参与态度较为随性，从而影响实验结果。

因此，综合考虑上述问题及实验操作的可行性，本次实验进行了以下改进：首先，选择敏锐性更高的"模糊再认法"测量广告记忆效果。其次，将认知回避与情感、行为回避的测量以两次实验的方式，采用不同操纵手段分开进行，虽操纵手法不同，但同组被试所进入的实验情景和实验刺激保持一致。最后，实验一采取实验室实验的方式，通过实验室规范而严谨的操作环境，以及实验员的现场指导，增加参与者对实验的卷入程度。

（三）预实验：确定产品类型

1. 被试

厦门大学本科及硕士在读学生 42 名，其中男生 19 人，女生 23 人，年龄在 19—24 岁之间。

2. 实验设计及材料

本研究目标为确定具备高低产品卷入度的代表性产品类型，为后续实验的呈现材料和待选项目做准备。具体分为以下两个步骤。

首先，邀请厦门大学新闻传播学院 13 名大学生（男生 7 人，女生 6 人），根据 Vaughn 量表列出与日常生活、学习相关的产品类型的高 / 低卷入度商品类型。排除明显具有男女性别偏好差异的商品后，最终确定 10 种产品类型，作为卷入度测量的候选产品类型，其中高、低卷入产品各 5 种。

然后，将预调研所得的候选产品类型随机罗列，使用 Vaughn 量表进行问卷测量。通过统计卷入度评分，确定卷入度最高、低的产品类型。

（四）实验一：个人相关性与产品卷入度对认知回避效果的影响

1. 被试

本研究选取 137 名厦门大学在校生作为被试，其中男生 68 名，女生 76 名，年龄在 19 至 28 岁之间，包括本科生及研究生。研究者将所招募被试随机分配到 2×2 的 4 种实验情景中，根据实验完成度以及操作复检结果，共筛选出有效样本 125 人。

2. 实验设计及材料

（1）实验材料

每位参与被试将随机分配台式电脑一台。呈现材料参考新浪网标准内容页样式，网页内不包含网站相关标识，根据真实网页样式，实验网页包含导航、主体内容、侧边栏（头条推荐栏、广告栏、新闻排行栏）、分享链接、页脚等。根据真实网页，所做处理包括：删除涉及网站名称和标识的部分、将网页图片部分进行去色处理、更换主体内容和广告栏内容。除上述处理外，实验网页的整体样式与内容均与真实网页保持一致。

在主体内容的设计上，为了排除不同类型文章内容对实验的干扰，选择旅游城市介绍文章。通过网络检索搜集 6 个知晓率较低的旅游城市，并对 32 名厦门大学生（男生 14 人，女生 18 人）进行问卷调研，选择知晓率最低的旅游城市——罗索。以此排除在正式实验进行阅读网页任务时，因被试既有城市知晓程度和情感偏好可能造成的注意力差异。

在广告栏的设计上，采用网络广告中最常见的旗帜广告（Banner Advertising）形式，广告材料共 2 张，根据预备实验结果分别为高卷入产品笔记本电脑的广告和低卷入产品纸巾的广告，为控制广告中非产品相关图案、文字信息带来的影响，实验广告图片中仅包含产品图像、品牌名称、产品型号三个元素，排版一致，且品牌为虚拟品牌。

图3 实验网页样式

（3）问卷材料

本实验后测问卷将主要涉及广告注意水平、广告记忆效果、网络隐私关注三个变量的测量。

广告注意水平的测量：设置"您对实验网页右侧广告的注意程度"题项，请被试评价其在实验中对广告的注意程度，采用李克特7级量表，1分表示"完全没注意"，7分表示"非常注意"，评分越高注意程度越高。

广告记忆水平的测量：本实验采用模糊统计和肯定度测量的"模糊再认法"考察广告的记忆效果。要求被试对三种广告元素的选项按照"坚决肯定没见过""基本肯定没见过""少许肯定没见过""少许肯定见过""基本肯定见过""坚决肯定见过"六个等级进行选择。

网络隐私关注的测量：本研究沿用 IUIPC 量表进行网络隐私关注变量的测量，该量表包含收集、控制和知情三个维度。[①]

3. 实验程序

本实验分为三个阶段：网络行为启动、网页浏览和测验阶段。

（1）网络行为启动阶段

首先呈现指导语，并告诉被试本实验为网络购物意向调研，不提及广告。

然后将被试随机分配至 4 个实验组，分别给予不同的实验情境说明，要求被试将自己当作情境中的主人公，完成第一阶段的商品检索和选择任务，4 组情境说明分别为：

实验组一：您获得奖学金 5000 元，您打算用这笔钱购置一款笔记本电脑用于日常生活和学习。请您根据个人喜好，并在预算金额内选择适合自己的电脑产品。

实验组二：您获得奖学金 3000 元，您打算用这笔钱购置一款手机用于日常生活和学习。请您根据个人喜好，并在预算金额内选择适合自己的手机产品。

实验组三：开学了，您打算新购置一提纸巾用于日常生活和学习。您计划在 20 元以内购置一提抽纸，请您根据个人喜好，并在预算金额内选择适合自己的纸巾产品。

实验组四：开学了，您打算新购置一盒棉签用于日常生活和学习。您计划在 5 元以内购买一盒棉签，请您根据个人喜好，并在预算金额内选择适合自己的棉签产品。

为了提高被试完成网络行为的卷入程度，要求被试填写"最心仪的产品品牌和型号""第二心仪的产品品牌和型号"和"选择上述产品的原因以及二者的差异"三道题目。该阶段的完成时间和检索所用的网站均不设限制。

（2）网页浏览阶段

首先通过指导语向被试说明，本阶段将浏览一则有关旅游城市介绍的实验网页，请被试按照日常浏览网页的习惯浏览该网页内容，浏览时间不设限制，浏览完毕后关闭实验网页。

---

① Malhotra N K, Kim S S, Agarwal J, Internet Users' Information Privacy Concerns (IUIPC): The Construct, the Scale, and a Causal Model, *Information Systems Research*, vol.15, no.4(2004), pp: 336-355.

然后要求四组被试分别打开不同的实验网页，其中实验组一和实验组二打开内置笔记本电脑广告的实验网页 1，实验组三和实验组四打开内置纸巾广告的实验网页 2。实验网页 1 和实验网页 2 除广告不同外，其他内容均相同。

（3）测验阶段

在测验阶段被试将进行纸笔测验，回答有关广告注意程度、广告再认、网络隐私关注的后测问卷。

（五）实验二：个人相关性与产品卷入度对情感、行为回避的影响

1. 被试

本研究选择厦门大学公共必修课期间，征得老师和同学们同意后，于课间发放实验问卷。选修该课程的班级来自数学、化学和建筑学院，由于理科专业班级中男生普遍多于女生，导致各实验组被试男女性别不均衡，因此采用在学生宿舍发放问卷的方式，对实验样本进行了补充和性别平衡。最终共发放问卷 395 份，其中男生 205 份，女生 190 份，年龄在 19 至 23 岁之间，均为本科学生，专业包括化学、建筑、数学等非新闻传播相关专业。根据问卷完成度以及操作复检结果，共筛选出有效样本 377 人。

2. 实验设计及材料

本研究按照个人相关性和产品卷入度的分组情况，对不同实验组采用不同的问卷。问卷整体包括三个部分：第一部分为情境说明和实验刺激；第二部分测试广告的情感回避、行为回避反应，以及网络隐私关注程度；第三部分为操纵检验。

情境说明和实验刺激分为 4 种，分别呈现给 4 个实验组：个人相关高卷入产品广告；个人不相关高卷入产品广告；个人相关低卷入产品广告；个人不相关低卷入产品广告（详见附录）。

3. 实验程序

将被试随机分配到 4 个实验组的某一组，首先呈现实验情境和实验刺激，要求被试仔细阅读该情境说明两遍，并将自己想象为该情境中的主人公；然后请被试针对实验情境中的广告作答有关情感回避、行为回避、网络隐私关注程度的相关题项；最后对个人相关性和产品卷入度的操作进行检验。

四、研究结果

（一）预实验

待测高卷入产品为电脑笔记本、手机、数码相机、电视、电冰箱，待测低卷入产品为洗发水、签字笔、纸巾、衣架、棉签。

将 Vaughn 量表中卷入分量表三个项目的平均得分作为各产品卷入度水平高低的指标，量表内部一致性系数 α =0.818>0.8，内部一致性较好。采用单因素方差分析，10 类产品的卷入度得分结果表明，产品类别间卷入度水平差异显著，F（9,410）=91.739，p=0.000<0.001。

其后，使用 Tukey 法对产品卷入度结果进行多重比较，可见高卷入产品和低卷入产品的得分间存在显著差异，说明各备选产品符合本研究要求。

根据结果，本研究选择笔记本代表高卷入产品（M 笔记本电脑 =6.7381，SD 笔记本电脑 =0.50222），纸巾代表低卷入产品（M 纸巾 =2.1667，SD 纸巾 =1.25857）为后续实验所用。

（二）实验一

1. 信度分析

实验一后测问卷中包含产品卷入度和网络隐私关注两个测量量表，采用内容一致性系数（Cronbach's α 值）进行信度检验，测量量表各题项间的内部一致性。最终信度分析结果显示，隐私关注度和产品卷入度的 Cronbach's α 系数分别为 0.782 和 0.844，均在 0.70 以上，具有较好的信度。

2. 实验控制与自变量操纵检验

对于个人相关性的操纵检验，设置题项令被试判断实验网页右侧的广告是否为因第一阶段的网络检索行为而出现的相匹配的广告，若相关组选择匹配、不相关组选择不匹配则视为通过操作检验，最终 137 名参与被试中有 125 名通过检验，成功率达 91.24%，未通过该检验的被试视为无效样本进行筛除。

对于产品卷入度采用独立样本 T 检验进行检查，结果显示，产品卷入度在两个不同操纵水平的均值差异显著，笔记本电脑的产品卷入度明显高于纸巾（M 笔记本电脑 =5.6349，M 纸巾 =3.0108，t=15.377，p=0.00<0.01），本研究中的产品卷入度操纵成功。

在 125 个有效被试中，4 组实验情景中的被试在性别（χ^2=0.67，p=0.880>0.05）、年龄［F（3,121）=1.266，p=0.289>0.05］、网龄［F（3,121）

=0.274，p=0.844>0.05〕上均无显著差异，因此在被试特征上，本实验随机分组控制成功。

3.假设检验

广告认知回避反应从广告注意程度和广告记忆效果两个维度进行分析，广告注意程度较低且广告再认结果较低则视为广告认知回避反应较强。

（1）广告注意程度

方差分析结果表明，个人相关性的主效应不显著，$F(1,120)=3.101$，$p=0.081>0.05$。产品卷入度的主效应显著，$F(1,120)=4.02$，$p=0.047<0.05$，高卷入产品广告的注意程度明显高于低卷入产品广告。个人相关性与产品卷入度的交叉效应不显著，$F(1,120)=0.644$，$p=0.424>0.05$。网络隐私关注度对受众的广告注意程度无显著影响，$F(1,120)=0.341$，$p=0.56>0.05$。

表 6 受众对不同广告的注意程度方差分析

源	自由度	F	显著性
个人相关性	1	3.101	0.081
产品卷入度	1	4.020	0.047*
个人相关性 * 产品卷入度	1	0.644	0.424
隐私关注度	1	0.341	0.560

注：*p <0.05，**p <0.01，***p <0.001。

（2）广告记忆效果

广告记忆效果的方差分析结果显示，个人相关性的主效应不显著，$F(1,120)=0.536$，$p=0.466>0.05$。产品卷入度的主效应显著，$F(1,120)=6.359$，$p=0.013<0.05$，高卷入产品广告的记忆效果优于低卷入产品广告。个人相关性和产品卷入度交互效应不显著，$F(1,120)=0.044$，$p=0.0835>0.05$。网络隐私关注度对受众的广告记忆效果无显著影响，$F(1,120)=1.044$，$p=0.309>0.05$。

表 7 受众对不同广告的记忆效果方差分析

源	自由度	F	显著性
个人相关性	1	0.536	0.466
产品卷入度	1	6.359	0.013*

续表

源	自由度	F	显著性
个人相关性 * 产品卷入度	1	0.044	0.835
隐私关注度	1	1.044	0.309

注：*$p < 0.05$，**$p < 0.01$，***$p < 0.001$。

由于产品卷入度在广告注意和记忆水平的主效应均显著，高卷入产品广告的注意和记忆效果均优于低卷入产品广告，因此研究假设 H2a 成立。但个人相关性、隐私关注在广告注意和记忆效果上均无显著影响，个人相关性与产品卷入度的交互效应也不显著，因此研究假设 H1a、H3a、H4a 不成立。

（三）实验二

1. 信度分析

实验二问卷中包含情感回避、行为回避、网络隐私关注和产品卷入度四个测量量表，采用内容一致性系数（Cronbach's α 值）进行信度检验，测量量表各题项间的内部一致性。最终信度分析结果显示，产品卷入度和网络隐私关注的 Cronbach's α 系数分别为 0.864 和 0.822，在 0.80 以上，具有较好的信度。情感回避 Cronbach's α 系数为 0.686，在 0.60 和 0.70 之间，可以接受使用。行为回避 Cronbach's α 系数仅为 0.586，在删除 Q2-5 "我会采取一些措施（如设置浏览器、安装软件等）来回避该类电脑广告"后，信度增加至 0.624，达到可以接受使用的要求。

2. 实验控制与自变量操纵检验

与实验一相同，实验二涉及个人相关性和产品卷入度 2 个自变量，操作复检题项设置与实验一相同。

对于自变量个人相关性，最终 395 名参与被试中有 377 名通过检验，成功率达 95.44%，未通过该检验的被试视为无效样本进行筛选。

对于自变量产品卷入度，采用 T 检验验证操作是否达到预期效果。数据结果显示，产品卷入度在两个不同操纵水平的均值差异显著，笔记本电脑的产品卷入度明显高于纸巾（$M_{笔记本电脑}=5.321$，$M_{纸巾}=2.5142$，$t=28.398$，$p=0.00<0.01$），本研究中的产品卷入度操纵成功。

在 125 个有效被试中，4 组实验情景中的被试在性别（$\chi^2=1.118$，$p=0.773>0.05$）、年龄［$F_{(3,373)}=1.335$，$p=0.263>0.05$］、网龄［$F_{(3,372)}$

=1.520，p=0.209>0.05〕上均无显著差异，因此在被试特征上，本实验随机分组控制成功。

3. 实验数据结果

实验二将检验广告的个人相关性特征和产品卷入度对广告情感回避和行为回避的影响。

（1）情感回避

广告情感回避反应的方差分析结果显示，个人相关性的主效应显著，$F(1,372)=29.522$，$p=0.000<0.05$，与受众不相关的广告情感回避倾向强于与受众相关的广告。产品卷入度的主效应不显著，$F(1,372)=2.405$，$p=0.122>0.05$。个人相关性和产品卷入度交互效应不显著，$F(1,372)=0.000$，$p=0.983>0.05$。网络隐私关注度对受众的广告情感回避有显著影响，$F(1,372)=42.47$，$p=0.000<0.05$。

表 8 受众对不同广告的情感回避方差分析

源	自由度	F	显著性
个人相关性	1	29.522	0.000***
产品卷入度	1	2.405	0.122
个人相关性 * 产品卷入度	1	0.000	0.983
隐私关注度	1	42.470	0.000***

注：*p <0.05，**p <0.01，***p <0.001。

鉴于隐私关注对情感回避的显著影响，且样本基数足够大，将被试采用二分法进行隐私关注的高低分组，探索隐私关注与个人相关性、产品卷入度在情感回避上是否存在交叉效应。

377 名有效样本的隐私关注平均分 M=6.0342，将隐私关注得分高与和低于平均分的被试划分为高隐私关注组和低隐私关注组。T 检验分析结果显示，高隐私关注组的隐私关注均值明显高于低隐私关注组（M 高隐私关注组 =6.6071，M 低隐私关注组 =5.3138，t=26.954，P=0.00<0.05)。

方差分析结果显示三因素间的交互作用不显著，$F(1,369)=0.043$，$p=0.835>0.05$。隐私关注与个人相关性的交叉效应也不显著，$F(1,369)=0.267$，$p=0.606>0.05$。然而，隐私关注与产品卷入度的交叉效应显著，$F(1,369)=$

4.647，p=0.032<0.05。进一步的简单效应分析结果显示，当隐私关注程度高时，高卷入产品广告的情感回避反应显著高于低卷入产品广告，p=0.005<0.05。

表 9 隐私关注与产品卷入度的简单效应分析结果

隐私关注程度	产品卷入度（I）	产品卷入度（J）	均值差异（I-J）	标准误差	Sig.ª
低度关注	高产品卷入度	低产品卷入度	-0.038	0.178	0.831
高度关注	高产品卷入度	低产品卷入度	0.448	0.158	0.005**

注：*p <0.05，**p <0.01，***p <0.001。

以上数据结果表明，对于情感回避，个人相关性的主效应显著，与受众相关广告的情感回避低于不相关广告，因此研究假设 H1b 成立。产品卷入度的主效应不显著，且与个人相关性的交互效应也不显著，因此 H2b、H3b 不成立。隐私关注作为协变量对情感回避的影响显著，因此 H4b 成立。

（2）行为回避

广告行为回避反应的方差分析结果显示，个人相关的主效应显著，F（1,372）=36.404，p=0.000<0.05，与受众不相关的广告行为回避反应强于与受众相关的广告。产品卷入度的主效应不显著，F（1,372）=0.380，p=0.538>0.05。个人相关性和产品卷入度交互效应不显著，F（1,372）=1.271，p=0.260>0.05。网络隐私关注度对受众的广告情感回避有显著影响，F（1,372）=26.948，p=0.000<0.05。

表 10 受众对不同广告的行为回避方差分析

源	自由度	F	显著性
个人相关性	1	36.404	0.000***
产品卷入度	1	0.380	0.538
个人相关性 * 产品卷入度	1	1.271	0.260
隐私关注度	1	26.948	0.000***

注：*p <0.05，**p <0.01，***p <0.001。

鉴于隐私关注对行为回避的显著影响，同样在对被试进行隐私关注程度高低分组后，进行隐私关注和个人相关性、产品卷入度的交互效应分析。数据结果显示，隐私关注、个人相关性、产品卷入度的三重交互效应不显著，$F_{(1,369)}$ =0.140，$p=0.970>0.05$。隐私关注与个人相关性的交互效应不显著，$F_{(1,369)}$ =1.604，$p=0.206>0.05$。隐私关注与产品卷入度的交互效应不显著，$F_{(1,369)}$ =1.146，$p=0.285>0.05$。

以上数据结果表明，对于行为回避，个人相关性的主效应显著，与受众相关的行为回避低于不相关广告，因此研究假设 H1c 成立。产品卷入度的主效应不显著，且与个人相关性的交互效应也不显著，因此 H2c、H3c 不成立。隐私关注作为协变量对行为回避的影响显著，因此 H4c 成立。

六、研究结论与建议

（一）研究假设验证

本研究在参考国内外有关广告回避和行为定向广告的文献资料后，提出了以认知、情感、行为回避三种类型的广告回避为因变量，以个人相关性（相关、不相关）、产品卷入度（高、低）为自变量，隐私关注为调节变量的研究模型。根据两个实验的数据分析结果，本研究的假设验证结果如表 11。

表 11 假设验证结果

研究假设	假设内容	结论
研究假设一	个人相关性对广告回避有显著影响	部分成立
H1a	当广告信息与受众相关时，受众对广告的认知回避反应较低	不成立
H1b	当广告信息与受众相关时，受众对广告的情感回避倾向较低	成立
H1c	当广告信息与受众相关时，受众对广告的行为回避倾向较低	成立
研究假设二	产品卷入度对广告回避有显著影响	部分成立
H2a	当产品卷入度较高时，受众对广告的认知回避反应较低	成立
H2b	当产品卷入度较高时，受众对广告的情感回避倾向较低	不成立
H2c	当产品卷入度较高时，受众对广告的行为回避倾向较低	不成立
研究假设三	个人相关性和产品卷入度在广告回避上存在交互作用	不成立
H3a	个人相关性和产品卷入度在认知回避上存在交互作用	不成立
H3b	个人相关性和产品卷入度在情感回避上存在交互作用	不成立
H3c	个人相关性和产品卷入度在行为回避上存在交互作用	不成立

研究假设	假设内容	结论
研究假设四	网络隐私关注对广告回避有显著影响	部分成立
H4a	网络隐私关注对广告的认知回避有显著影响	不成立
H4b	网络隐私关注对广告的情感回避有显著影响	成立
H4c	网络隐私关注对广告的行为回避有显著影响	成立

（二）研究结果分析

根据研究假设的验证结果，本研究较为系统地验证了认知回避、情感回避和行为回避三种回避反应的影响因素，并发现广告的个人相关性和产品卷入度分别在不同回避反应上产生影响。

1. 广告的个人相关性特征主要对广告的情感回避和行为回避产生显著影响，提供与受众相关的广告信息可以有效缓解受众对广告的情感和行为回避倾向。

个人相关性在广告的情感回避和行为回避上主效应显著，与受众相关广告的情感、行为回避程度均明显低于不相关广告。而产品卷入度对广告情感回避和行为回避主效应不显著，且与个人相关性并不产生交叉作用。这表明不论对于何种卷入度的产品，提供与受众在线行为、兴趣和需求相匹配的广告信息均能够有效地缓解受众对广告的情感回避和行为回避反应。

在面对广告信息时，与个人相关性较低的广告，因广告信息与受众的兴趣和需求无关，常常被认为是一种干扰性的存在而导致受众的消极情绪。但当广告信息与受众的兴趣和需求相关时，会在一定程度上减弱受众对其的干扰性认知，从而缓解对广告的抵触情绪，情感回避反应较低。

同时，广告所含的产品或服务信息切合受众的兴趣和需求，受众出于满足个人信息需求的目的，中断广告信息传播过程或直接关闭广告的倾向也随之降低，因此个人相关的广告能够缓解受众的行为回避反应。

2. 产品卷入度主要在广告认知阶段起作用，产品卷入度越高对广告的认知回避越低。

研究发现，产品卷入度是影响广告认知回避的重要因素，受众对高卷入度产品广告的注意和记忆水平均显著高于低卷入产品的广告，而广告的个人相关性、受众的网络隐私关注程度则对认知回避没有显著影响。

这一结果表明个体对广告信息加工的动机和深度与产品卷入度息息相关。

当产品卷入度较高时，个体对购买决策重要性、价值性和风险性的认知更高，因此对该类产品的广告信息产生更高的兴趣以及更加深入的信息加工，从而达到较高水平的广告注意和记忆效果。当产品卷入度较低时，个体对广告信息的兴趣度和加工深度则较低，表现出较低水平的广告注意和记忆效果。

3. 隐私关注是广告回避倾向的重要调节因素。

受众对网络广告的回避反应强弱受个体隐私关注程度的调节，这种调节作用主要体现在情感回避和行为回避上。且本研究通过进一步的数据分析发现，隐私关注和产品卷入度在情感回避上有显著的交叉效应，对于隐私关注程度较高的受众，高卷入产品广告的情感回避明显高于低卷入产品广告。

隐私关注程度越高，说明受众对隐私问题越敏感，当产生个人隐私受到侵犯的怀疑时，将更容易产生负面情绪。同时隐私关注程度越高，对个人隐私的保护意识越强，行为反应将更趋于谨慎，因此不难理解隐私关注程度较高的群体容易对广告信息产生怀疑情绪，并倾向于对广告信息采取消极处理的行为反应。

（三）研究贡献

本研究以个人相关性、产品卷入度、隐私关注为探讨对象，采用实验法验证这些因素对网络广告回避的影响，就理论贡献而言，对本土网络广告回避研究进行了丰富与创新，具体在于：

第一，丰富网络广告回避研究议题，提出个人相关性和产品卷入度两种新的网络广告回避影响因素。本文基于网络广告的新形式、新特性，以及既往广告回避和广告效果领域的研究，提出个人相关性和产品卷入度两种在广告回避领域尚未被充分验证的影响因素，并通过实证研究证实了两种因素在不同广告回避反应上的作用。

第二，采用实验法，实现本土广告回避研究方法上的补充和创新。本土广告回避研究中尚未出现采用实验法的实证研究。国外广告回避的实验研究也多集中在认知回避效果上，情感回避和行为回避则多在调查研究中进行验证。本文借鉴既有研究成果的测量工具，以实验法测量并分析了认知、情感、行为三种广告回避反应。

第三，实现测量工具的丰富与创新。以往广告回避研究中，部分实验研究通过简单回忆或再认问卷对广告记忆效果进行测量，进而探讨广告认知回避效果。这种方法要求被试做出是否见过广告或广告元素的判断，但是当刺激强度处于阈限附近时，个体很难做出清晰的判断。本研究引入模糊统计和肯定度测量的模糊再认法，对广告认知效果的测量更具效力，也更加敏锐。

第四，实现对隐私关注影响因素的再次验证。以往涉及隐私关注的广告回避研究以调查法为主，证实隐私关注与认知、情感和行为回避正相关。其中，认知回避的测量采用 Cho & Cheon 量表，令被试选择"当我上网时，我会有意忽略广告"等语句的赞同程度，这种测量方法属于主观评定法，会受到被试主观情绪或态度的影响，不能反映真实的认知效果。本文采用实验法，使用记忆效果的客观数据反映认知效果，结果证明隐私关注对认知回避没有显著影响，对既往研究结果进行了修订，同时也证明了采用问卷调查方法测量认知回避的不精准性。

根据研究结论，可以对市场实践活动提出以下建议：

首先，以行为定向广告为代表的个性化广告具有较大的市场潜力，对于高卷入产品更应深入地加以运用。本研究证实增加广告的个人相关性能有效缓解情感回避和行为回避倾向，优化传播效果。行为定向广告会"通过追踪、分析受众的在线行为数据，以此对目标受众的需求偏好进行准确的预测，从而有针对性地推送定制性的广告信息"，[①] 是个人相关性较高的典型广告形式。虽个人相关性无法缓解认知回避，但当产品卷入度较高时，广告的认知回避较低，因此将高卷入产品与行为定向广告相结合能够在认知、情感、行为三个方面都达到较好的传播效果，能够更加充分地发挥行为定向广告的效力。

其次，低卷入产品广告可通过增加广告表现或激励信息的手段提高广告认知效果。认知回避主要受到产品卷入度的影响，低卷入产品广告的认知回避反应较高，而认知是情感、行为等方面广告效果实现的基本前提。因此低卷入产品广告首先要在广告表现形式和诉求内容上多做考量，采用更加吸引受众注意的广告形式或激励手段。如纸巾产品广告，可以选择更显著的广告位、广告形式（如弹窗广告），或者在广告中增加赠送、优惠等激励诉求，以提高广告认知效果。

最后，隐私保护应成为重要议题，受到实践者的关注和重视。市场营销人员出于提高广告效果的目的，在致力于广告传播形式优化的同时，也应关注由此造成的个人隐私问题。本研究证实隐私关注程度会对广告回避反应产生显著影响，因此互联网公司及市场营销人员应使用户个人信息收集行为更加透明化，

---

① 陈素白，曹雪静：《网络广告回避影响因素研究——基于 2012 伦敦奥运网络广告投放的实证分析》，《新闻与传播研究》2013 年第 12 期。

避免对用户个人信息的滥用。这不仅是对用户隐私权利的尊重，也是提升广告传播效果、促进广告市场健康发展所需。并且可以从法律监管、市场自律和技术控制三个方面建立保障和尊重隐私权利的"信任—价值系统"，以告知和选择为宗旨，以由技术促成的道德自律为主要方式，这种隐私保障体系更适合我国尚处于发展初期的互联网产业。[①]

（四）研究局限和未来发展方向

虽本文通过实验研究取得上述研究结果，基本完成研究目的。但由于个人研究经验、时间精力的不足以及现实条件的限制，本研究尚存一定的不足之处，现将本研究存在的局限之处总结如下：

第一，本研究将个人相关性作为重要变量探讨其对广告回避的缓解作用。但由于个人网页处理和相关技术的掌握不足，无法使用现实网络追踪技术，模拟个人在线行为信息收集并分析，然后推送相关广告信息的真实效果，而是进行简化的模拟处理。这种操纵手法难以保证被试卷入预设情景，可能会在某种程度上影响研究结果。

第二，在对广告认知回避反应的测量中，广告注意水平的测量采用"您是否注意到实验网页右侧广告"题项，请被试根据真实注意程度进行打分。该种测量方法在某种程度上会受到被试主观态度的影响，并非完全客观地反映结果。

第三，本文借鉴 Cho 和 Cheon 开发的广告回避量表测量情感回避与行为回避，该量表虽具有一定的权威性且被多数研究引用和验证，但该量表开发之时距今已有十余年之久，在今时网络环境中的适用性上有待确定。在本研究中虽然两个量表前测结果的信度较好，但正式实验后的信度检验结果却不够理想。

第四，本文将两个变量作为两个平行的因素进行考量和验证，然而个人相关性和产品卷入度在本质上是相互交叉的两个概念，根据产品卷入度的内涵，产品和消费者关联程度与产品卷入度相关，可以说这种关联程度越高，产品卷入度越高，[②]个人相关性和产品卷入度可能存在某种线性关系，而非完全平行的两个因素。

针对本研究的不足之处和既往研究成果，提出以下后续研究方向：

---

① 王菲：《互联网精准营销的隐私权保护：法律，市场，技术》，《国际新闻界》2012 年第12 期。

② Thorson E, Processing Television Commercials, *Rethinking Communication*, vol.2(1989), pp: 397-410.

1.在今后针对个人相关性特征的研究中，可采用真实再现行为追踪和定位技术，搭建实验网站或网页平台，向被试呈现与真实网络环境更为相仿的相关性广告。

2.增加眼动测量技术在行为定向广告和广告回避议题中的应用，使用真实眼动数据可以更为客观地反映受众对广告的注意水平。

3.鉴于 Cho 和 Cheon 广告回避量表的陈旧和不适用性，今后的研究可以广告回避量表开发为主题，在以往研究的基础之上开发出更适合当下网络环境和中国消费者的广告回避测量量表。

4.考虑到个人相关性和产品卷入度可能存在的线性关系，今后的研究可以对二者之间的关联性进行探讨和验证，从而完善和修正个人相关性和产品卷入度对网络广告回避影响的理论模型。

5.考虑到实验操作的可行性，本研究的研究对象为在读大学生群体，研究对象虽具有一定代表性，但仍存在局限，今后的研究可扩大研究对象，考量各个消费群体对行为定向广告的回避反应，为市场实践提供借鉴和建议。

附录

您获得奖学金 5000 元，您打算用这笔钱购置一款笔记本电脑用于日常生活和学习，因此您通过电脑上网进行了电脑产品的检索和浏览。接下来一段时间内当您上网时，所浏览的网页右侧出现了电脑的广告（如下图）。

该类广告是：通过追踪和分析您的网络浏览记录，预测您的兴趣与需求，据此投放相匹配的广告信息。

图 4 实验组一：情境说明和实验刺激

某日您偶然打开一则网页，该网页右侧出现了电脑的广告（如下图），但在此之前您从未进行过电脑或相关产品的检索和浏览。

该类广告是：普通网络广告，与您曾有的网络搜索和浏览行为无关，并非针对您的兴趣或需求投放。

图 5 实验组二：情境说明和实验刺激

开学了，您打算新购置一提纸巾用于日常生活和学习，因此您通过电脑上网进行了纸巾的检索和浏览。接下来一段时间内当您上网时，所浏览的网页右侧出现了纸巾的广告（如下图）。

该类广告是：通过追踪和分析您的网络浏览记录，预测您的兴趣与需求，据此投放相**匹配**的广告信息。

图 6 实验组三：情境说明和实验刺激

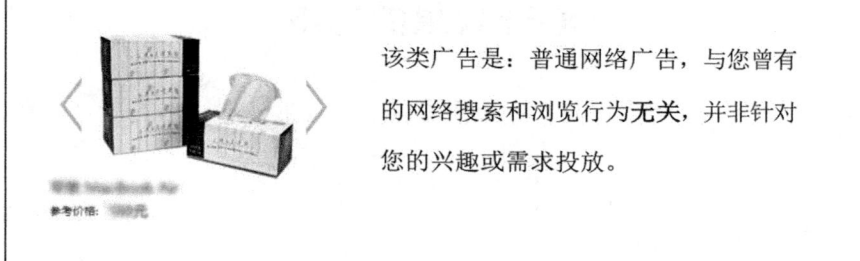

某日您偶然打开一则网页，该网页右侧出现了纸巾的广告（如下图），但在此之前您**从未**进行过纸巾或相关产品的检索和浏览。

该类广告是：普通网络广告，与您曾有的网络搜索和浏览行为**无关**，并非针对您的兴趣或需求投放。

图 7 实验组四：情境说明和实验刺

研究心得

读研期间，"广告回避"是师门主要课题，站在学长学姐的肩膀上，自己的毕业论文也就顺理成章地从这个主题着手选题。转眼毕业六个年头，仍记得当时为了这份论文，起起伏伏的心情。从一开始摩拳擦掌要尝试实验法，还兴致勃勃想用到眼动仪，看了一堆的使用眼动仪进行实验的文献琢磨研究方法，到后面的"铩羽而归"，因没能在短时间内掌握仪器操作技术，放弃了我认为最适合自己选题的实验方法，好不失落。后来也只能收拾心情和小白老师继续探讨，并埋头文献寻求其他替代方法，至今还记得找到新的实验方式且有其他学者使用并验证过的欣喜，最终磕磕绊绊地完成这次研究。

且不说因这篇论文自己科研能力有多少提升，自觉脸皮厚度倒是增长不少，为了实验样本一改以往腼腆内向的形象，朋友圈熟与不熟都骚扰一个遍，还在厦大食堂门口拦截同学做实验对象，各种打破自己的交际底线。答辩完成那天阳光正好，在院楼前和小白老师拍照留念，看着榕树下光影斑驳，只觉得无比轻松，终于给了自己一个交待。

关于今后的相关研究，建议以后做相关论文的学者或学生能实现眼动研究，虽然我失败了，但仍认为这是研究"广告回避"中行为回避的最好方法，眼动仪在国内广告研究领域的应用仍为少数，望能有越来越多的成功案例，也是弥补我的一份遗憾。

"90后"网络隐私关注对行为定向广告心理效果的影响

唐文燕

【摘要】当今社会进入大数据时代，行为定向广告作为互联网广告的新形式，已经渗入网络的每一个细胞。网络受众在享受行为定向广告便利性的同时，也在出卖着自己的网络隐私。受众对行为定向广告的态度一直在便利性和隐私关注间博弈，特别是"与网为伴"的"90后"，他们具备高度的网络黏性，是网络社交的一代，他们对行为定向广告的评价将直接影响其未来的发展。

本文突破性地从受者视角出发，聚焦"90后"这一群体，通过问卷调查法探究隐私关注对行为定向广告心理效果的影响以及影响因素的强弱和正负关系，尝试构建行为定向广告心理效果模型。本研究在分析了303份有效问卷的基础上发现，隐私关注对行为定向广告心理效果有显著影响，其中，隐私关注是认知效果影响情感效果的中介变量。"90后"对行为定向广告的认知程度不高，只是把它当成传统意义上的网络广告，接收到"有用"的广告也划归为"偶然的幸运"，这说明行为定向广告具备一定的隐蔽性。"90后"非常关注网络隐私，尤其在乎网络隐私控制，当被告知是根据其网络行为针对性推送时，他们对行为定向广告表现出强烈的消极情感。

【关键词】行为定向广告；隐私关注；广告心理效果

一、研究背景

信息时代，信息检索变得方便快捷，信息流动的速度快且很难被控制，网络个人信息随时都有被公开的可能。根据 CNNIC 调查数据显示，有 48.6% 的网民认为中国网络环境比较安全，49.0% 的网民表示互联网不太安全或非常不安全。账号或密码被盗等网络安全问题以及各类信息泄露事件,严重影响到网民的网络安全感知。中国网民越来越关注网络隐私,保护网络隐私的呼声不断高涨。[①]

在网络隐私受到人们关注的同时,行为定向广告,这种根据受众浏览、购买等网络行为,有针对性地进行广告投放的方式,也成了人们关注的焦点。在推送行为定向广告的过程中,互联网公司不可避免地会在受众不知情的情况下收集、使用个人网络资料,在一定程度上侵犯受众的网络隐私。

行为定向广告作为网络广告的新形式,我国对它的研究仍处于起步阶段,网络受众对行为定向广告的认知程度仍处于较低水平,迄今为止,也几乎没有学者以科学的方法对行为定向广告所产生的心理效果进行测定。

"90 后"是出生在 1990 至 1999 年间,现正处于 16 至 25 岁的年轻群体。CNNIC 于 2015 年发布的《中国互联网络发展状况统计报告》显示,"90 后"网民群体数量占总体的 31.5%,是所有年龄段中占比最大的,这说明"90 后"已经成为中国年轻网民的中坚力量。[②]

"90 后"一直被业界和学界研究,虽然他们被描摹成独特而独立的个体,但同时他们具备统一的特质:受教育程度高、网络素养高、价值观多元。"90 后"的特质在隐私关注上体现为他们具备较强的个人隐私保护意愿。中国传媒大学校园营销研究所的相关研究发现,就网站的选择而言,"90 后"大学生因为注重个人信息和隐私的安全会选择实名制网站,且在上网的过程中表现出较强的自我保护意识。[③]另外,根据相关研究,"90 后"群体也热衷于网络购物,喜欢个性化的广告,是使用网络的高频人群,也是各种商品和服务的实际使用者,所以"90 后"也一直被定位为行为定向广告的目标受众。

基于此,本研究将通过对既往网络广告心理效果测定模型的梳理,依据行为定向广告针对性强和隐蔽性高的特质,尝试构建出行为定向广告的心理效果测定模型,深刻剖析隐私关注对行为定向广告心理效果的影响程度。同时,本

---

① CNNIC:《中国互联网络发展状况统计报告》,2015 年 2 月 3 日,http://www.cnnic.cn/gywm/xwzx/rdxw/2015/201502/t20150203_51631.htm,2015 年 4 月 17 日。

② CNNIC:《中国互联网络发展状况统计报告》,2015 年 2 月 3 日,http://www.cnnic.cn/gywm/xwzx/rdxw/2015/201502/t20150203_51631.htm,2015 年 4 月 17 日。

③ CMI 校园营销研究所:《互联网下的"90 后"——大学生网络化生活研究报告》,2011 年 11 月 6 日,http://www.360doc.com/content/13/1110/11/14575072_328096866.shtml,2015 年 4 月 18 日。

研究也将结合行为定向广告的特质，将"90后"作为研究对象，从受众的视角研究行为定向广告的效果，探讨隐私关注是否会对行为定向广告心理效果产生影响，以及影响因素的强弱和正负关系。

了解行为定向广告对"90后"产生的心理效果，可以为行为定向广告针对性推送提供可操作性的意见，达到心理影响转为经济效益的效果。除此之外，还可以通过了解"90后"群体的隐私关注影响行为定向广告产生心理效果的情况，使互联网公司在推送行为定向广告时尽量采取避免触犯隐私的方法，相关部门制定相关的法律、法规规范互联网公司搜集网络隐私的范围和尺度，达到规范网络广告行业的效果。

二、文献回顾

（一）行为定向广告

1. 行为定向广告

行为定向广告起源于美国，自2003年推出便广受欢迎，实现了快速发展。与以往的定向广告相比，行为定向广告不仅是基于地理上、人口统计学特质上这些明显的差异来推送广告，还针对用户的个性化行为等细微的差异来推送用户真正感兴趣产品的广告。

国外学者将行为定向广告（Behavioral Targeting Advertising）也称为网络行为广告（Online Behavioral Advertising），指的是通过跟踪用户网络行为来推断其兴趣和偏好，并选择性向他们推送广告。[1]Beales强调了行为定向广告的价值，他认为行为定向广告相较于其他网络广告，具备更强的针对性，可以根据消费者的兴趣锁定广告目标受众，为广告主带来巨大的经济效益。[2]Schultz认为行为定向广告是跟踪一段时间内用户的基本行踪和网络消费行为，然后利用这些数据来预测他们未来的行为模式，并为之匹配与其兴趣爱好相符的广告信息。[3]

国内的早期学者将行为定向广告列为精准营销的手段进行研究，提出了精

① Vincent Toubiana, Arvind Narayanan, Dan Boneh, Helen Nissenbaum, et al., Adnostic: Privacy Preserving Targeted Advertising, *Proceedings Network and Distributed System Symposium*, Germany, March 2010.

② Howard Beales, The Value of Behavioral Targeting, *The Network Advertising Initiative*, no.1(March 2010).

③ 唐·E. 舒尔茨:《行为定向广告并非洪水猛兽》,《市场观察》2011年第9期。

准广告、在线行为广告等概念。孙涛将定向广告纳入网络广告的新形式进行分析,提出一种基于用户行为的网络广告定向方法。[①]2008 年,朱延平指出行为定向广告是通过深入观察网站访客的行为,利用网页特性,准确把握访客特征,根据访客的行为特征反映出访客的需求,根据访客的需求与偏好,把广告投放给具有这些行为特征的人看。[②]

综上所述,虽然目前学界对行为定向广告尚无统一、明确的定义,但大多学者认为行为定向广告具备以下特质:(1)凭借一定网络技术实现定向广告传播;(2)精确推送消费者所需的广告,精准性强。本研究在 Schultz 所提出的行为定向广告定义的基础上,加入了原定义忽略的技术要素,将行为定向广告定义为:凭借一定网络技术,跟踪一段时间内用户的基本行踪和网络消费行为,利用这些数据来预测他们未来的行为模式,并为之匹配与其兴趣爱好相符的广告信息。

2.行为定向广告隐私

目前,学界对于行为定向广告隐私的研究仍处于初级阶段。国内关于行为定向广告隐私的文献集中在市场营销学、法学、广告学等学科。

朱松林、张萍等从企业角度进行分析,认为行为定向广告会收集个人信息、侵犯个人隐私,这将成为行为定向广告发展的最大阻力。[③④]沈维梅从受众的角度进行了分析,指出受众的容忍是有底线的,一旦受众觉得从定向信息获取中得到的收益不足以抵消由于隐私权被侵犯带来的损失时,就会质疑其侵权。[⑤]向淑君认为对使用者的喜好进行跟踪收集,这种手段隐蔽且不易被网民察觉。任何一个上网者的任何一个网络隐私数据,都有被窥视的可能,且网络隐私一旦被公开,即具有传统媒体所无法比拟的传播速度和范围,所造成的后果对于受害人来说更为严重。[⑥]

还有些学者从广告效果的角度分析了隐私担忧将会对行为定向广告产生负面影响。冯智敏、李丽娜对大学生群体的隐私担忧进行了分析,研究表明大学

---

① 孙涛:《网络广告系统的用户行为定向研究》,硕士学位论文,复旦大学,2007 年。

② 朱延平,文科:《打开消费者购买行为的"黑箱":行为定向广告研究》,《企业活力·营销企划》2008 年第 10 期。

③ 朱松林:《论行为定向广告中的网络隐私保护》,《国际新闻界》2013 年第 4 期。

④ 张萍:《行为定向的网络广告营销研究》硕士学位论文,厦门大学,2009 年。

⑤ 沈维梅:《网络精准广告的发展及困惑》,《新闻界》2010 年第 1 期。

⑥ 向淑君:《敞开与遮蔽——新媒介时代的隐私问题研究》,博士学位论文,复旦大学,2009 年。

生群体受教育程度高，个人隐私保护意识强烈，容易产生网络精准广告对其网络行为锁定的反感，也就直接影响广告接触效果。[①]

目前，大多学者只停留在行为定向广告侵犯隐私层面的初级探讨，只有较少文章使用科学的研究方法系统性地进行研究，且现有研究方法较为单一。另外，多数文章着眼于传者的角度（企业、广告主层面），认为侵犯个人隐私的弊端将阻碍行为定向广告的推广和运用，忽视了受者角度（广告受众），其隐私关注对行为定向广告传播效果产生的影响。最后，较少学者将"90后"，这一崛起的消费新阶层，作为独立的对象进行研究。

"90后"的受教育程度较高，就理论上而言，可推测"90后"比较关注网络隐私。腾讯研究院编著的《我是"90后"，我是创业家》一书中也写道，相较于其他年代，"90后"更重视社交的隐私保护。而之前学者大多用定性的研究方法得出了该结论，故本文将采用定量研究（问卷调查）的方法验证该结论。

基于此，本研究提出研究假设：

H1："90后"关注网络隐私。

（二）网络隐私关注

1. 网络隐私

1890年Warren和Brandeis发表了《隐私权》一文，首次提出了隐私权的概念。[②]Westin从社会学角度将隐私定义为独处的权利，[③]他将隐私划定为个人权利的范畴。Mason指出隐私是控制、收集和使用个人信息的权利。[④]

伴随着网络技术的发展，隐私的外延推展到网络层面，网络隐私也成为学者讨论的焦点，变得更加难以界定。学术界普遍认为网络隐私是一个非常复杂的概念，应该被视为一系列相关概念的集合。[⑤]

有些学者沿用了Westin对传统隐私的概念，认为网络隐私通常被视为个人

---

① 冯智敏，李丽娜：《受众对网络精准广告之态度研究》，《河北师范大学学报》2010年第1期。

② Warren S, Brandeis L, The Right to Privacy, *Harvard Law Review*, vol.4, no.5 (1890), pp.193-220.

③ Westin AF, Privacy & Freedom, *Washington & Lee Law Review*, vol.25, no.1 (1968)

④ Mason RO, Four Ethical Issues of the Information Age, *MIS Quarterly*, vol.10, no.1 (1986), pp.4-12.

⑤ Smith R Shao, Privacy and E-commerce: a Consumer Centric Perspective, *Electron Commerce Research*, no.2 (2007), pp.89-116.

独处的权利。另一些学者则沿用了 Mason 的观点，认为网络隐私是一个人控制、使用个人信息的权利。国内学者殷丽娟从法律层面进行界定，她认为网络隐私权是"公民在网络上享有的私人生活安宁与私人信息依法受到保护，不被他人非法侵犯、知悉、搜集、复制、公开和利用的一种人格权"。①

此外，学者从网络隐私的信息构成进行了研究，Chung & Paynter 提出：一般来说，人们关注的网络隐私信息泄露问题有网络跟踪、个人信息在未经许可的情况下被转交于第三方、个人信息在未经许可的情况下被用于商业用途、利用个人信息盗取更加私密的信息如银行卡、对个人生活造成影响等。②李国梁则认为网络隐私不仅包括个人信息还包括个人数据，除了可识别的个人信息（如姓名、财产状况、E-mail 地址），日常生活、社会交往、通信等动态隐私也应该是网络隐私的一部分。③

2. 隐私关注

隐私关注研究的历史可以追溯至 20 世纪中后期，但从管理学的角度考察消费者对网络隐私关注的研究仍处于初级阶段。Campbell 提出隐私关注是指个人在相应的隐私情境中主观感受到的公平程度。④Phelps, Souza & Nowak 在 Mason 隐私的定义上进行了修改，他们将隐私关注定义为消费者对控制、收集和使用其个人信息的关注。⑤Dinev & Hart 认为消费者隐私关注是消费者在自愿或者非自愿的情况下，向网站提供个人信息所引发的对隐私信息泄露的关注。⑥

对于隐私关注，学界多数学者比较同意 Phelps, Souza & Nowak 的定义，而本文也将采用此观点，将隐私关注的概念界定为"消费者对控制、收集和使用其个人信息的关注"。

为了研究消费者对隐私的关注，许多学者从不同角度建立了隐私关注的量表。在传统市场领域影响最大的要数 Smith 基于战略理论提出了 CFIP 量表，它

① 殷丽娟：《专家谈履行网上合同及保护网络隐私权》，《检察日报》1999 年。

② Chung W, Paynter J, Privacy issues on the Internet, *Proceedings of the 35th Hawaii International Conference on System Sciences*, 2002.

③ 李国梁：《网络隐私权的保护》，硕士学位论文，四川大学，2005 年 6 月。

④ Campbell A. J, Relationship Marketing in Consumer Markets: A Comparison of Managerial and Consumer Attitudes about Information Privacy, *Journal of Direct Marketing*, vol.11, no.3 (1997), pp.44-57.

⑤ Phelps J E, Souza DG, Nowak G J, Antecedents and Consequences of Consumer Privacy Concerns: an Empirical Investigation, *Journal of Interactive Marketing*, vol.15, no.4 (2001), pp.2-17.

⑥ Dinev T, Hart P, Internet Privacy Concerns and Social Awareness as Determinants of Intention to Transact, *International Journal of Electronic Commerce*, vol.10, no.2 (2005), pp.7-29.

包含个人信息收集、二次使用、不适当访问及错误防范四个维度。[①]Malhotra 基于社会契约理论，在 CFIP 量表的基础上提出了 IUIPC 互联网用户隐私关注测量量表，包含控制、知情和收集三个维度。[②]与 CFIP 相比，IUIPC 量表更适用于互联网环境下对消费者隐私关注的研究。

人口统计学变量是统计学的概念，是对个体特征具体客观的描述，通常包括性别、年龄、学历、收入等要素。杨姝等研究表明性别、网龄、受教育程度是影响我国互联网用户隐私关注的个人因素。[③]Kim 研究发现，性别对隐私担忧有显著影响。[④]另外，行为定向广告是根据网络行为进行针对性推送的，所以每天的上网时间可以一定程度上体现网络隐私的收集程度。本文将引入性别、网龄、受教育程度、上网时间等人口统计学变量进行研究，并提出研究假设：

H2：人口统计学变量对网络隐私关注有显著影响。

Toubiana 等认为隐私和行为定向广告从本质上就是冲突的。[⑤]Hyejin 指出隐私关注与行为定向广告的认知、情感和行为反应负相关。[⑥]曹雪静通过大样本问卷调查得出结论：受众网络隐私担忧对广告回避有显著影响。[⑦]基于此，笔者有理由推测"90 后"网络隐私关注与行为定向广告负相关，并提出以下研究假设：

H3："90 后"网络隐私关注程度越高，越会对行为定向广告产生负面的心理效果。

（三）广告心理效果

广告效果可以有狭义和广义之分，广义的广告效果是指广告传播的过程中和过程后，对其受众产生的直接和间接的综合影响；[⑧]狭义的广告效果是指广告

---

①　Smith H J, Milberg S J, Burke S, Information Privacy: Measuring Individuals' Concerns about Organizational Practices, *MIS Quarterly*, vol.20, no.2 (1996), pp.167-196.

②　N.K.Malhotra, S.S.Kim, J.Agarwal, Internet Users' Information Privacy Concerns (IUIPC): the Construct, the Scale, and a Causal Model, *Information Systems Research*, no.15 (2014), pp.366-355.

③　杨姝，任利成，王刊良：《个性特征变量对隐私关注影响的实证研究》，《现代教育技术》2008 年第 18 期。

④　张萍：《行为定向的网络广告营销研究》，硕士学位论文，厦门大学，2009 年。

⑤　V Toubiana, A Narayanan, D Boneh, H Nissenbaum, Adnostic: Privacy Preserving Targeted Advertising, *Proceedings Network and Distributed System Symposium*, Germany, March 2010.

⑥　Hyejin Kim, Exploring the Effects of Perceived Relevance and Privacy Concerns on Consumer Responses to Online Behavioral Advertising, Minnesota: University of Minnesota, 2013.

⑦　曹雪静：《行为定向广告回避影响因素研究》，硕士学位论文，厦门大学，2014 年。

⑧　陈萌婕：《广告效果评估体系研究》，硕士学位论文，山东大学，2009 年。

目的的达成程度。而广告心理效果是广告传播效果的一种,是指广告目标经过特定的媒介传播后,对消费者心理活动的影响程度。

19 世纪末,研究者就开始了对广告效果测定模型的研究,迄今为止已经形成一系列经典的广告心理效果评定模型,例如:Lewis 提出的 AIDA 模型、罗素·赫·科利提出的 DAGMAR 理论与模式、Lavidge 和 Steiner 在 DAGMAR 模型的基础上提出的 L&S 模型。

这些经典的广告心理效果测定模型传入我国,就一直被业界奉为圭臬,广泛运用在广告营销活动和广告研究中。但是以上广告心理效果测定模型是否适用于中国情境还未可知,且新型的网络广告对受众产生的心理影响程度是有别于传统意义上的广告,故国内学者对网络广告心理效果的测定模型进行了一系列的本土化开发。

国内学者在针对我国广告环境的情况下,提出了广告心理效果的测评要素。张芳认为广告心理效果的测评因素应该包括消费者对广告的关注度、记忆度、态度、行为倾向等。[①]邱颖认为广告心理效果反应在受众对其认识过程、情感过程和意志过程中,可针对认知、回忆和态度三个方面进行测定。[②]1992 年,中科院心理所马谋超教授做了一个《广告作品评价系统的心理学研究》,以问卷的方式抽出了六大指标:吸引力、必要信息、适合度、可信度、感染力、认知力。[③]2001 年,学者江波从网络广告着手探究广告心理效果模型,他认为网络广告对消费者产生心理效果包括认知、情感、意志及交互这四个过程,模型也应该包含注意程度、满足需要程度、易识别程度、信息的针对性及亲和力、引起在线购买程度这些因素。[④]2002 年,江波通过定量研究(问卷)的方法进一步验证网络广告心理效果模型,提炼出了七个因素:行为度、趣味性、吸引力、感知度、感染力、易识易记性、信息针对性。[⑤]

唐艳梅在学者江波的基础上,从感知、记忆、思维、情感、态度这五个维度提出测定网络广告心理效果的模型,即吸引力、认知度、信息针对性、行为度。[⑥]陈芒将马谋超教授和江波学者提出广告心理效果测量要素总结至认知、情

---

① 张芳:《广告传播效果评估模型及其应用研究》,硕士学位论文,四川大学,2007 年。
② 邱颖:《现代广告学》,北京:中国财政经济出版社,2004 年。
③ 马谋超,金瑰琪:《广告作品评价系统的心理学研究》,《心理学报》1992 年第 4 期。
④ 江波:《网络广告心理效果模式初探》,《心理学动态》2001 年第 7 期。
⑤ 江波,彭彦琴:《网络广告心理效果测评指标体系研究》,《心理科学》2002 年第 6 期。
⑥ 唐艳梅:《网络广告心理效果评估实证分析》,硕士学位论文,广西大学,2007 年 6 月。

感、意志这三个层面。[①]

无论是广告心理效果经典模型还是国内网络广告心理效果测量模型，都可将广告心理效果划入认知、情感、行为倾向这三个层面，并且认为认知、情感、行为倾向三要素间存在因果关系，即广告认知效果与广告情感正相关，广告情感与广告行为倾向正相关。[②③] 而行为定向广告作为新型的网络广告，它凭借一定网络技术，跟踪用户的基本行踪和网络消费行为，利用这些数据来预测他们未来的行为模式，并为之匹配与其兴趣爱好相符的广告信息。McDonald & Cranor 发现受众对行为定向广告的认知程度较低，他们并不知道广告的针对性是通过网络隐私交换而来的。[④] 而"90后"作为重视网络隐私的群体，笔者推测他们会对行为定向广告产生负面的广告情感，基于此，提出以下假设：

H4："90后"对行为定向广告认知效果越强，越会产生负面的情感效果；

H5："90后"对行为定向广告有越负面的情感效果，会产生越负面的行为倾向效果。

三、研究设计

（一）量表条目修订与编制

本研究共涉及两个量表的编制：隐私关注量表和广告心理效果量表。

1. 隐私关注量表

隐私关注量表原始条目参考 Malhotra 等提出的针对互联网用户的隐私关注量表 IUIPC。基于行为定向广告的特征，本研究在此基础上进行了修改，形成了"隐私关注"的量表，主要包括三个维度：知情、控制和收集。其中知情维度和控制维度各包括 3 个条目，收集维度包括 4 个条目，具体量表如表 1 所示。

---

① 陈芒：《基于心理过程的广告效果测评模型研究》，硕士学位论文，大连海事大学，2007年。

② 李慧东：《互联网行为定向广告效果影响因素研究——以搜寻品为例》，硕士学位论文，北京邮电大学，2012年。

③ 江波，彭彦琴：《网络广告心理效果测评指标体系研究》，《心理科学》2002年第6期。

④ Aleecia McDonald, Lorrie Cranor, Beliefs and Behaviors: Internet Users' Understanding of Behavioral Advertising, *Telecommunications Policy Research Conference*, America, (January 2010), pp.1-31.

表1 "隐私关注"量表

变量名称	维度	测量问题	来源
隐私关注	知情	互联网公司（网站）在收集我的个人信息时，应该公开信息被收集、处理和使用的方式。	Malhotra 等（2004）；巩震（2010）；郭龙飞（2013）
		互联网公司（网站）隐私条款应该对如何处理我的个人信息有一个清晰明确的说明。	
		对我而言，知道我的个人信息如何被使用是非常重要的。	
	控制	我拥有自主控制个人信息如何收集、使用和共享的权利。	
		如果我不能或不能完全掌握个人信息，就会感到隐私受到侵犯。	
		在网络环境中，能控制自己的个人信息是很重要的。	
	收集	当互联网公司（网站）需要我提供个人信息，我心里会不痛快。	
		当（网站）需要我提供个人信息的时候，我都要先考虑一下。	
		我会担心互联网公司（网站）收集了我过多的信息。	
		我担心在特定互联网公司（网站）上的个人信息被第三方获取。	

2. 广告心理效果量表

Lavidge 和 Steiner 提出的 L&S 模型是基于心理学范畴将广告效果划分为认知、情感、倾向三个层面。目前，国内网络广告心理效果测定的模型是基于马谋超教授和江波学者的研究提出的，本文将根据行为定向广告的特殊性在其基础上修改并形成广告心理效果量表，具体量表如表2所示。

表 2 广告心理效果量表

变量名称	维度	测量问题	来源
认知	广告吸引力	行为定向广告容易吸引我的注意。	
		行为定向广告的内容引起我的兴趣。	
	广告记忆力	行为定向广告的信息与我浏览（购买）过的产品相关，让我印象深刻。	
		我能记住行为定向广告所涉及的品牌。	
	信息的匹配性	行为定向广告是根据我的需求推送的，针对性强。	Lavidge 等（1961）；张芃（2010）；马谋超（1992）；江波（2002）
情感	广告可信度	我认为行为定向广告所提供的内容是真实、可信的。	
		它是根据我网络行为推送的，让我不安全感。	
	广告喜爱度	总体而言，我喜欢行为定向广告。	
		我不喜欢行为定向广告，是因为它侵犯了网络隐私。	
行为倾向	积极意向	行为定向广告让我产生继续点击浏览的想法。	
		行为定向广告让我想购买展示的产品。	
	消极意向	大多数时间，我想忽略行为定向广告。	
		我想寻求屏蔽行为定向广告的方法。	

（二）问卷调查

本研究将采用调查问卷法针对"90后"群体进行研究。问卷调查共分为问卷前测和正式问卷调查两个阶段。

问卷前测通过网络问卷执行预调研，共回收54份有效样本，并对其进行了信效度分析。因为心理效果量表中的"行为定向广告是根据我的网络行为推送的，让我有不安全感""我不喜欢行为定向广告，是因为它侵犯了网络隐私""大多数时间，我想忽略行为定向广告""我想寻求屏蔽行为定向广告的方法"题项是反向的，所以需要对数据进行转化，数据转化后进行的信度分析结果如表3所示。

表 3 前测问卷信度

变量	项数	Cronbach's α
隐私关注	10	0.899
心理效果	13	0.893

信度分析结果显示，心理效果、隐私关注这两个变量的 α 系数都在 0.8 以上，这表示本研究量表的内部一致性信度较高。

运用 KMO 取样适合度检验与 Bartlett 检验，判断量表是否适合进行因子分析。根据检验结果（表 4），量表中的各个变量的 KMO 都在 0.65 以上，Bartlett 检验结果非常显著（P 值均小于 0.001），这说明量表各个项目间关系紧密。

因此，本研究所设计的问卷整体信效度良好。

表 4 前测问卷效度

量表	维度	KMO	近似卡方	显著性水平
隐私关注	知情	0.652	40.060	0.000
	控制	0.676	46.797	0.000
	收集	0.808	74.265	0.000
心理效果	认知	0.805	56.480	0.000
	情感	0.671	48.647	0.000
	行为意向	0.691	64.598	0.000

四、数据分析

（一）问卷与样本描述

在正式调查中，本研究采用线上问卷调查方法，问卷分为筛选样本（是否接收过行为定向广告、是否为"90后"）、研究量表（隐私关注、心理效果）和人口统计学变量三个部分。使用问卷星进行问卷发放，共获取了 396 份样本，通过筛选题排除不符合要求的样本，最终共收集到 303 份有效问卷样本，问卷有效率 76.5%。

由表 5 可知，在正式问卷调查的样本中，女性 168 人，占 55.4%，男性 135 人，占 44.6%，性别比例接近 1∶1，基本满足问卷配额要求。样本受教育程度分为"高中及以下""本科（含大专）""研究生及以上"这三个选项，比例接近 1：6：3，其中学历为本科的样本就占总量的 58.1%，相较于全国"90 后"学历的普遍情况而言，样本的受教育程度偏高，笔者认为这与自身为研究生有一定关系，许多问卷是通过笔者的人际网络滚雪球而得到的。

表 5 样本基本特征

性别	频数（百分比）	受教育程度	频数（百分比）
男	135（44.6%）	高中及以下	27（8.9%）
女	168（55.4%）	本科（包含大专）	176（58.1%）
—	—	研究生及以上	100（33.0%）
网龄	频数（百分比）	上网时间（每天）	频数（百分比）
5 年及以下	33（10.9%）	2 小时以内	23（7.6%）
约 6-10 年	190（62.7%）	2-4 小时	82（27.1%）
约 11-15 年	68（22.4%）	4-8 小时	134（44.2%）
15 年以上	12（4.0%）	8 小时以上	64（21.1%）

另外，本研究利用网龄和上网时间这两个变量来测量"90 后"的网络素养，由上表可知，研究中的"90 后"上网年龄普遍较长，90% 的受访者的网龄在 6 年以上，更有 4% 的"90 后"网龄超过 15 年。另外，60% 的"90 后"每天上网时间（包括 PC、手机、平板）在 4 小时以上，这说明"90 后"具备较强的网络黏性。我国互联网信息中心 2015 年 2 月所发布的《第 35 次中国互联网络发展状况统计报告》表明，学历程度越高的网民对互联网的依赖比例越大，该结论与本研究不谋而合。总体而言，本研究中的"90 后"群体比较依赖网络，具备较强的网络素养。

（二）信度与效度检验

1. 信度检验

信度是指测量免受随机误差影响，提供一致数据的程度，主要是指测量结果的稳定性及一致性，量表的信度越大，其测量标准的误差越小。为了提升研究的严谨性，需要同时提供总量表的信度系数和各层面量表的信度系数。学界对于量表系数的划定有不同的标准，本文将采用台湾学者吴明隆的标准：总量表的信度系数最好在 0.80 以上，0.70 至 0.80 为可以接受。分量表信度系数最好在 0.70 以上，0.60 至 0.70 为可以接受。[①]

表 6 问卷信度分析

变量	维度	Cronbach's α	项数	题号	项已删除的 Cronbach's α 值
隐私关注	知情	0.778	3	Q2.1	0.858
				Q2.2	0.562
				Q2.3	0.695
	控制	0.713	3	Q2.4	0.658
				Q2.5	0.611
				Q2.6	0.606
	收集	0.790	4	Q2.7	0.791
				Q2.8	0.733
				Q2.9	0.638
				Q2.10	0.768
广告心理效果	认知	0.804	5	Q3.1	0.771
				Q3.2	0.724
				Q3.3	0.719
				Q3.4	0.804
				Q3.5	0.806
	情感	0.601	4	Q3.6	0.541
				Q3.7	0.586
				Q3.8	0.592
				Q3.9	0.619
	行为倾向	0.678	4	Q3.10	0.613
				Q3.11	0.653
				Q3.12	0.599
				Q3.13	0.575
总量表		0.762	23	—	—

---

① 吴明隆：《问卷设计分析实务：SPSS 操作与应用》，重庆大学出版社，2010 年。

　　样本信度分析见表 6，总量表的信度为 0.762，在可以接受的范围内。各层面量表中，根据 Malhotra 研究改编的隐私关系量表信度系数均在 0.7 以上，说明该量表测量的数据结果具备较好的稳定性和一致性。本文根据既有心理效果研究成果自行制定的量表信度不太稳定，广告心理效果中的情感和行为倾向量表的信度系数仅在 0.6 以上，不过尚在可接受的范围内。

　　2. 效度检验

　　效度也被称为有效性，是指测量工具、手段（如量表）能够准确测出心理或行为特质的程度。一般而言，题项间是否适合进行因子分析，可根据 KMO 值的大小来判断。当 KMO 值大于 0.7，表示题项间的关系是良好的。本研究将采用主成分抽取的方法进行因子分析，并对本研究中隐私关注和广告心理效果这两个量表进行 Bartlett 球形检验。

表 7 "隐私关注" 效度分析

问卷问项	知情	控制	收集	特征值（解释方差）
Q2.1	0.807	—	—	2.421 （24.213%）
Q2.2	0.847	—	—	
Q2.3	0.761	—	—	
Q2.4	—	0.680	—	2.269 （22.687%）
Q2.5	—	0.733	—	
Q2.6	—	0.782	—	
Q2.7	—	—	0.707	2.240 （22.400%）
Q2.8	—	—	0.801	
Q2.9	—	—	0.881	
Q2.10	—	—	0.565	
KMO=0.723，Bartlett 的球形度检验值 =2154.924，sig=0.000，解释方差 =69.299%				

　　根据表 7 的检验结果显示，隐私关注量表 KMO 值为 0.723，Bartlett 检验结果非常显著，表明隐私关注量表适合进行因子分析。隐私关注量表析出三个因子，可以解释 69.299% 的方差，这说明隐私关注的量表具备较好的结构效度。

表 8 "广告心理效果"效度分析

问卷题项	认知	情感	行为意向	特征值（解释方差）
Q3.1	0.826	—	—	
Q3.2	0.822	—	—	
Q3.3	0.782	—	—	3.340 （25.691%）
Q3.4	0.496	—	—	
Q3.5	0.642	—	—	
Q3.6	—	—	0.771	
Q3.7	—	0.826	—	3.009 （23.149%）
Q3.8	0.607	—	—	
Q3.9	—	0.811	—	
Q3.10	—	—	0.652	
Q3.11	—	—	0.796	2.269 （17.450%）
Q3.12	—	—	0.871	
Q3.13	—	0.848	—	
KMO=0.745，Bartlett 的球形度检验值 =2069.064，sig=0.000，解释方差 =66.287%				

根据表 8 的检验结果显示，行为定向广告所产生的心理效果量表 KMO 值为 0.745，Bartlett 检验结果非常显著，说明心理效果量表适合进行因子分析。如上表所示，心理效果量表析出三个因子，可以解释 66.287% 的方差，这说明"广告心理效果"量表具备较好的结构效度。

（三）"90后"样本描摹

1.描述性统计

本研究中有"隐私关注"和"广告心理效果"这两大变量，而"隐私关注"量表下又有"隐私知情""隐私控制""隐私收集"这三个维度，"广告心理效果"可分为"认知效果""情感效果""行为倾向效果"这三个维度。因此本研究着力从"90后"群体探究隐私关注各层面对行为定向广告心理效果各层面的影响程度。

在设置问卷问题的过程中，为了验证问卷的科学性和真实性，在"情感效果"和"行为倾向效果"量表中设定了 4 题反向题,因此在计算"情感效果"和"行为倾向效果"时采用了反向计分的方式。

表 9 各量表统计量

	隐私知情	隐私控制	隐私收集	认知效果	情感效果	行为倾向
均值	4.374	4.441	4.338	3.070	3.590	3.575
中值	4.667	4.667	4.500	3.000	3.500	3.500
众数	5.000	5.000	5.000	3.000	3.000	3.000
方差	0.537	0.440	0.397	0.648	0.410	0.545
极小值	1.000	1.000	1.000	1.000	2.000	1.500
极大值	5.000	5.000	5.000	5.000	5.000	5.000

由表 9 可知,就均值而言,"90 后"最关注隐私控制,其次是隐私知情和收集,对行为定向广告的认知较低,对行为定向广告的情感和行为倾向效果偏向于回避。由图 1 可知,隐私知情、控制、收集的分值都在 3 分以上,这说明绝大多数"90 后"非常关注网络隐私,验证了研究假设一。

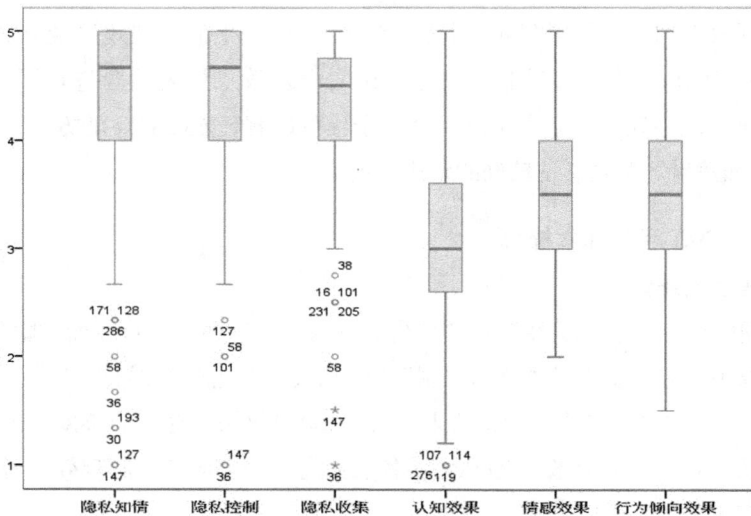

图 1 各变量箱线图

2. "90后"网络素养概况

（1）网龄

不同受教育程度的"90后"在网龄上存在明显差异（p<0.05），"90后"受教育程度越高，上网年龄越长。超过 90% 学历在本科以上的"90后"网龄超过 6 年，更有 30% "90后"的网龄超过 11 年。换言之，有一部分"90后"是沉浸在网络环境下长大的，"90后"的网络接触率和涉入度相当高。以往的研究都是将"90后"群体纳入整体网民来考量，而本研究只针对"90后"群体来探究网络隐私，具备一定的开创性和科学性。

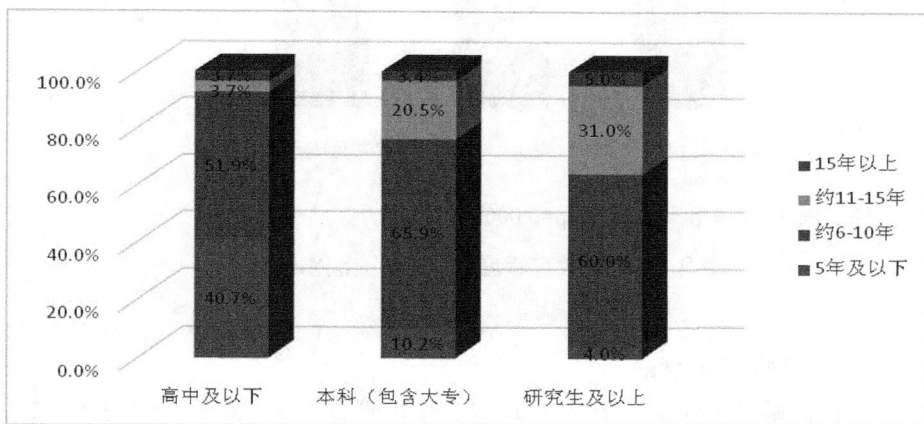

注：Pearson 卡方 =35.642，p=0.000

图 2 不同受教育程度"90后"网龄分布情况

（2）上网时间

不同受教育程度的"90后"在上网时间上存在明显差异（p<0.05），总体而言，"90后"受教育程度越高，每天的上网时间越长。超过 60% 的学历在本科以上的"90后"每天上网时间超过 4 小时，更有 20% "90后"每天上网时间超过 8 小时，远超中国网民人均周上网时长 26.1 小时，[①] 这说明"90后"对网络是相当依赖的，他们每天上网的时间越长，在网络上留下的个人行为也越多样、复杂，这为行为定向广告的有效推送创造了便利，而"90后"也成为行为定向

---

① CNNIC：《中国互联网络发展状况统计报告》，2015 年 2 月 3 日，http://www.cnnic.cn/gywm/xwzx/rdxw/2015/201502/t20150203_51631.htm，2015 年 4 月 17 日。

广告的目标受众，他们对网络隐私的关注程度在一定程度上会影响行为定向广告的发展。

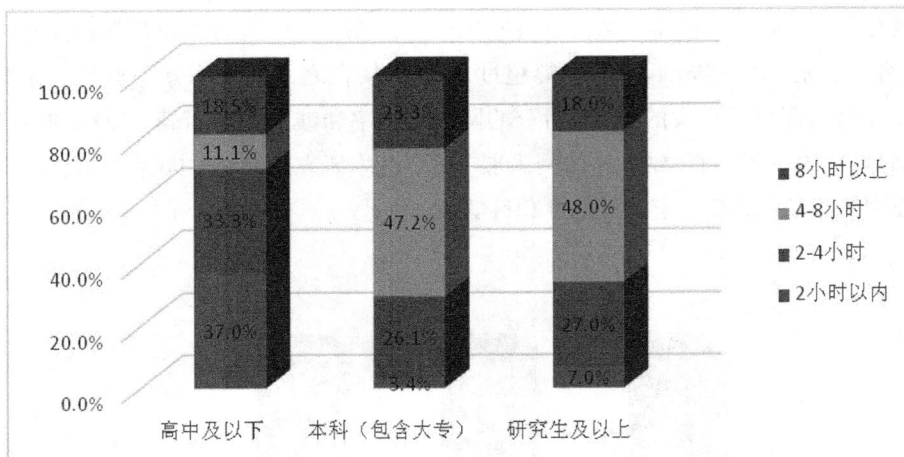

注：Pearson 卡方 =43.697，p=0.000

图 3 不同受教育程度"90 后"上网时间分布

（3）上网时间与网龄

不同网龄的"90 后"在上网时间上存在明显差异（p<0.05），总体而言，"90 后"网龄越高，每天的上网时间越长。超过 60% 网龄在 11 年以上的"90后"每天上网时间超过 4 小时，这说明"90 后"越熟悉网络环境就越会对网络产生依赖，他们的网络黏性也就越强。

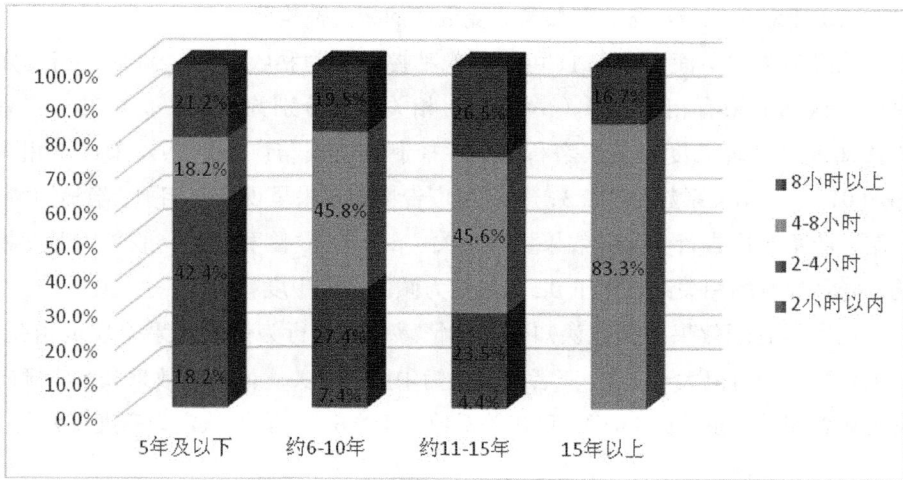

注：Pearson 卡方 =23.773，p=0.005

图 4 不同网龄"90后"上网时间分布

（四）隐私关注与广告心理效果的关系

1.相关性检验

（1）隐私关注与广告心理效果的相关性检验

表 10 隐私关注与广告心理效果的相关矩阵

		隐私关注	广告心理效果
隐私关注	Pearson	1	—
	显著性（双侧）	—	—
广告心理效果	Pearson	0.175**	1
	显著性（双侧）	0.002	—

*. 在 0.05 水平（双侧）上显著相关；**. 在 0.01 水平（双侧）上显著相关。

如上表所示，"90后"隐私关注与行为定向广告所产生心理效果存在相关关系（p<0.01），隐私关注与心理效果的相关系数为 0.175，呈现低度相关。而想要进一步了解隐私关注的三个子变量（隐私知情、隐私控制、隐私收集）与广告心理效果的三个子变量（认知效果、情感效果、行为倾向效果）的相互关系，就要对这六个变量进行相关性检验。

（2）隐私关注与广告心理效果子变量间的相关性检验

就隐私关注层面，由表 11 可知，隐私控制和隐私收集与"90 后"行为定向广告认知效果有相关关系（p<0.05），相关系数分别为 0.125 和 0.123，二者与认知效果呈现低度相关；隐私知情、控制、收集与广告情感效果显著相关（p<0.01），且相关系数小于 0.3，三者与广告情感效果呈现低度相关；隐私知情、控制、收集与广告行为倾向效果显著相关（p<0.01），隐私知情与收集为低度相关，隐私控制的相关系数大于 0.3，与行为倾向呈现中度相关。

就广告心理效果层面，认知效果和情感效果、行为倾向效果呈现负相关，相关系数的绝对值大于 0.3，三者的关系为中度负相关。而情感效果和行为倾向呈现显著相关关系（p<0.01），且相关系数大于 0.6，二者被认定为高度正相关。

表 11 隐私关注与广告心理子变量间的相关矩阵

		隐私知情	隐私控制	隐私收集	认知效果	情感效果	行为倾向
隐私知情	Pearson	1	—	—	—	—	—
	sig（双侧）	—	—	—	—	—	—
隐私控制	Pearson	0.516**	1	—	—	—	—
	sig（双侧）	0.000	—	—	—	—	—
隐私收集	Pearson	0.488**	0.568**	1	—	—	—
	sig（双侧）	0.000	0.000	—	—	—	—
认知效果	Pearson	0.083	0.125*	0.123*	1	—	—
	sig（双侧）	0.149	0.029	0.033	—	—	—
情感效果	Pearson	0.173**	0.249**	0.281**	-0.356**	1	—
	sig（双侧）	0.002	0.000	0.000	0.000	—	—
行为倾向	Pearson	0.255**	0.304**	0.297**	-0.486**	0.629**	1
	sig（双侧）	0.000	0.000	0.000	0.000	0.000	—

2. 回归分析

（1）广告认知、情感、行为倾向效果的回归分析

根据广告心理效果的回归模型分析表，可建立方程：

行为倾向效果 =0.602 情感效果 -0.276 认知效果 +2.261

表 12 广告认知、情感、行为倾向效果回归模型

模型	非标准化系数		标准系数	T 值	显著性水平
	B	标准误	Beta		
常量	2.261	0.261		8.679	0.000
认知效果	-0.276	0.041	-0.301	-6.708	0.000
情感效果	0.602	0.052	0.522	11.647	0.000
注：因变量为行为倾向效果，R =0.689，R^2 =0.471，F=135.305					

根据上述复回归分析表可以发现"认知效果""情感效果"两个自变量与"行为倾向效果"因变量的多元相关系数为 0.689，多元相关系数的平方为 0.471，表示这两个自变量共可解释"行为倾向效果"变量 47.1% 的变异量。这两个自变量中"认知效果"为负数，"情感效果"为正数，这表示广告认知效果对行为倾向效果的影响是负向的，情感效果对行为倾向效果的影响是正向的。在这两个自变量中，情感效果的 Beta 系数最高，这表明"90 后"产生的行为定向广告行为倾向效果最受情感效果的影响。

由此方程可知，"90 后"对行为定向广告产生越强的认知效果就越会产生负面的情感效果；"90 后"对行为定向广告产生越负面的情感效果就越会产生负面的行为倾向，验证了假设四、假设五。

（2）隐私关注与广告心理效果的回归分析

根据隐私关注与广告心理效果的回归模型分析表，可建立方程：

广告心理效果 =1.77 隐私关注 +3.409

表 13 隐私关注与广告心理效果的回归模型

模型	非标准化系数		标准系数	T 值	显著性水平
	B	标准误	Beta		
常量	3.409	0.253		13.486	0.000
隐私关注	0.177	0.057	-0.175	-3.090	0.002
注：因变量为广告心理效果，R =0.375，R^2 =0.141，F=13.549					

根据上述复回归分析表可以发现自变量"隐私关注"与因变量"广告心理效果"的多元相关系数为 0.375，多元相关系数的平方为 0.141，表示自变量共可解释"广告心理效果"因变量 14.1% 的变异量。本研究在设定广告心理效果时采用了反向计分法，该回归方程的系数虽然是正向的，但是从该方程可知，"90 后"的隐私关注程度越高越会对行为定向广告产生负面的心理效果，验证了假设三。

（3）隐私关注与广告认知效果、情感效果、行为倾向效果间的回归分析

通过隐私关注与广告心理效果的模型可知，"90 后"隐私关注程度会影响行为定向广告对其产生的心理效果，但在本研究中，广告心理效果被划入认知、情感、行为倾向三个层面，为了了解隐私关注在何种程度上影响这三个层面，笔者打算进一步利用回归方程来解决此问题。

另外，笔者在收集问卷样本的过程中发现，许多"90 后"在接收到行为定向广告后，并不能直观地感受到行为定向广告是根据其网络行为、个人记录针对性推送的特质，这说明行为定向广告具备一定的隐蔽性。当这些"90 后"受众被告知该真相，这些看似"有用"的广告是以牺牲个人网络隐私得来的，他们会对行为定向广告产生负面情绪。这就说明许多"90 后"受众对行为定向广告的认知仍停留在传统网络广告的基础上，当他们得知遭遇网络隐私侵犯的事实，将会对行为定向广告产生负面的广告态度。

所以，笔者认为可把隐私关注作为中介变量来研究，并探索其与广告认知效果、广告情感效果之间的关系。温忠麟认为如果自变量 X 通过影响变量 M 来影响 Y，则 M 为中介变量。[1]

---

① 温忠麟，张雷，侯杰泰，刘红云：《中介效应检验程序及其运用》，《心理学报》2004 年第 5 期。

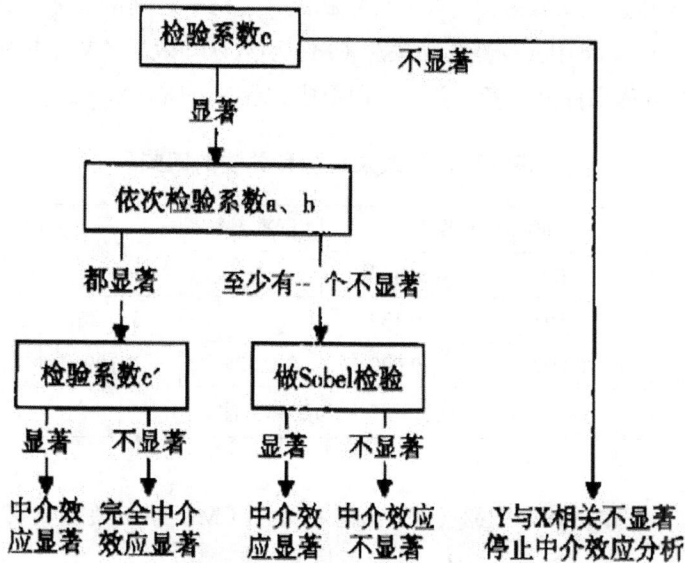

图 5 中介变量检验步骤

本研究将利用温忠麟等学者提出的中介变量研究方法（图 5）来探索隐私关注与广告认知效果、情感效果之间的关系。笔者假设自变量广告认知效果（X）通过中介变量隐私关注（M）来影响广告情感效果（Y）。

根据温忠麟提出的中介效应检验程序，第一步要验证认知效果（X）和情感效果（Y）之间的关系，即方程 Y=cX+e。由表可知，标准系数 c 为 -0.396，认知效果与情感效果的回归关系显著（p<0.05），回归方程为 Y=-0.396X+4.459，检验系数 c 显著。

表 14 认知效果与情感效果的回归

模型	非标准化系数		标准系数	T 值	显著性水平
	B	标准误	Beta		
常量	4.459	0.136		32.806	0.000
认知效果	-0.315	0.041	-0.396	-7.729	0.000
注：因变量为情感效果					

第二步要验证认知效果（X）与隐私关注（M）之间的关系，即形成方程 M=aX+e。同时，将中介变量隐私关注（M）引入认知效果（X）、情感效果（Y）之间的回归方程来探究三者的关系，即形成方程 Y=c'X+bM+e。

表 15 认知效果与隐私关注的回归

模型	非标准化系数		标准系数	T 值	显著性水平
	B	标准误	Beta		
常量	4.103	0.132	—	31.026	0.000
认知效果	0.092	0.042	0.126	2.199	0.029
注：因变量为隐私关注					

由表 15 可知，认知效果（X）与隐私关注（M）回归关系显著（p<0.05），可形成方程：M=0.126X+4.103，检验系数 a 显著。

表 16 认知效果、隐私关注与情感效果的回归

模型	非标准化系数		标准系数	T 值	显著性水平
	B	标准误	Beta		
常量	3.042	0.263	—	11.579	0.000
认知效果	-0.283	0.043	-0.356	-6.612	0.000
隐私关注	0.345	0.056	0.316	6.179	0.000
注：因变量为情感效果					

由表 16 可知，以上模型中的隐私关注系数 b 为 0.316，回归关系显著（P<0.05），形成方程 Y=-0.356X+0.316M+3.042，检验系数 b 显著。由此可知，接下来就要验证 c' 是否显著，来判断中介变量是完全中介还是部分中介。由方程可知 c' 显著性 p<0.05，所以，隐私关注（M）是认知效果（X）影响情感效果（Y）的部分中介变量。中介变量的占总效应的比例为 a*b/c，即 0.126*0.316/0.396=0.101，这说明中介变量隐私关注解释了 10.1% 的因变量情感效果。

3.研究模型的建立

根据以上所有的回归方程，本研究试图建立行为定向广告心理效果的研究模型，传统的研究方法都是将认知效果、情感效果、行为倾向效果纳入广告心理效果中统一研究，但是本研究是针对行为定向广告这一新型的网络广告形式，由于其隐蔽性和针对性，受众在接受广告时所产生的广告效果是独特的。具体模型如图6所示。

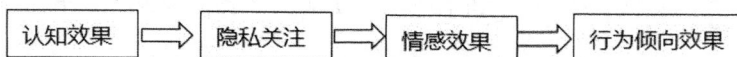

认知效果 ⟹ 隐私关注 ⟹ 情感效果 ⟹ 行为倾向效果

图6 行为定向广告心理效果模型

从模型图中可以得出，"90后"对行为定向广告的认知效果越高，他们就越会意识到接收到"有用"的广告就意味着网络隐私的暴露，而"90后"特别关注网络隐私，这就会让他们对行为定向广告产生消极的情感。

（五）隐私关注的影响因素

1.性别

描述性统计结果显示，男性的隐私关注均值为4.210，女性的隐私关注均值为4.440，男性和女性网络隐私关注平均值较高且差别不大，要从统计上检验这两个变量是否有显著差异，可以运用独立样本t检验对其进行分析。独立样本t检验结果显示，t值=-1.975，p=0.047，因此在$\alpha=0.05$的显著性水平下拒绝原假设，支持研究假设，即性别对"90后"网络隐私关注有显著影响，验证了本研究的H2a。

表17 网络隐私关注性别差异的t检验结果

t值	自由度	显著性（双侧）	平均差值	标准误差	95%置信区间	
					下限	上限
-1.975	233.836	0.047	-0.167	0.083	-0.312	-0.083

2.受教育程度

要从总体上判断受教育程度对"90后"隐私关注情况是否会有显著的差别，

可以运用单因素方差分析法对其进行检验。其中，"受教育程度"为因子，高中及以下、本科（含大专）、研究生及以上为水平，隐私关注为因变量。

因为总体服从正态分布，对隐私关注进行方差齐性检验，结果 Levene 统计量 =1.447，p=0.238，可以认为在 α=0.05 的显著性水平下，总体方差相同。

针对假设，通过 SPSS 操作，我们可以得到方差分析表，F 值 =15.756，p=0.000，因此在 α=0.05 的显著性水平下拒绝原假设，支持研究假设。总体而言，受教育程度对"90 后"网络隐私关注有显著影响，验证了 H2b。

表 18 受教育程度对隐私关注的方差分析

差异来源	平方和	自由度	均方	F 值	显著性
组间	16.096	2	8.048	15.756	0.000
组内	87.804	300	0.293		
合计	103.900	302			

表 18 的结论显示，受教育程度对"90 后"网络隐私关注有显著影响。但要了解差异具体分布在哪些水平上，还需要使用多重比较的方法。一般而言，会使用最小显著差异方法（LSD）进行方差齐性检验。

表 19 多重比较 -LSD 方差齐性检验

因变量	受教育程度	受教育程度	均值差	标准误	显著性	95% 置信区间	
						下限	上限
隐私关注	高中及以下	本科	-0.820*	0.112	0.000	-1.040	-0.600
		研究生及以上	-0.640*	0.117	0.000	-0.871	-0.314
	本科	高中及以下	0.820*	0.112	0.000	0.600	1.040
		研究生及以上	0.181*	0.068	0.008	0.047	0.314
	研究生及以上	高中及以下	0.640*	0.117	0.000	0.409	0.871
		本科	-0.181*	0.068	0.008	-0.314	-0.047

*. 均值差的显著性水平位 0.05

从表 19 可知，不同受教育程度的"90 后"在隐私关注上有显著差异（p<0.01），验证了研究五。由均值图可知，高中及以下学历的"90 后"对网络

隐私的关注程度要低于本科及以上的高学历"90后"。这也与杨姝的观点相符，即学历越高的人越关注隐私。

五、研究结果与讨论

（一）研究假设验证情况

根据数据分析的结果，本研究的五个研究假设均得到验证。另外，本研究在研究假设四的基础上进行了二次回归，发现隐私关注可作为认知效果和情感效果的中介变量，即"90后"越了解行为定向广告，隐私关注程度越高，越容易对广告产生负面情感。

表 20 研究假设验证情况

假设	假设内容	结果
H1	"90 后"关注网络隐私	成立
H2	人口统计学变量对网络隐私关注有显著影响	成立
H2a	性别对"90 后"网络隐私关注有显著影响	成立
H2b	受教育程度对"90 后"网络隐私关注有显著影响	成立
H3	"90 后"网络隐私关注程度越高，越会对行为定向广告产生负面的心理效果	成立
H4	"90 后"对行为定向广告认知效果越强，越会产生负面的情感效果	成立
H5	"90 后"对行为定向广告有越负面的情感效果，会产生越负面的行为倾向效果	成立

（二）主要研究结论

1."90 后"关注网络隐私

绝大多数"90后"非常关注网络隐私，他们最重视隐私控制，其次是隐私知情和隐私收集。"90后"认为能够控制个人信息是一种权利，控制自己的信息对他们而言是非常重要的。性别、受教育程度、上网时间对"90后"关注隐私的程度有显著影响。

（1）性别：总体来讲，"90后"中女性对网络隐私关注要高于男性。该结论与 Kim 研究结果相符，女性对网络隐私更加敏感。

（2）受教育程度：学历较低的"90后"对网络隐私的关注程度要低于高学

历的"90后",该结论与杨姝的观点相符,学历越高的人越关注隐私,学历越高的人越容易发现冒犯个人网络隐私的行为。

2. "90后"隐私关注程度与行为定向广告心理效果负相关

（1）广告心理效果子变量的关系：广告心理效果分为广告认知效果、情感效果、行为倾向效果三个子变量,而三者也存在相应的关系："90后"对行为定向广告产生越强的认知效果就越会产生负面情感效果；"90后"对行为定向广告产生越负面的情感效果就越会产生负面的行为倾向。

（2）"90后"的隐私关注程度与行为定向广告产生心理效果负相关,换言之,若"90后"越关注网络隐私越会产生负面的行为定向广告心理效果。

（3）隐私关注是认知效果影响情感效果的部分中介变量。在收集问卷的过程中,笔者发现"90后"对行为定向广告认知程度仍较低,他们都没有意识到行为定向广告是根据自身网络行为而进行的针对性推送,这与行为定向广告的隐蔽性有一定的关系。但如果告知他们这些看似"有用"的广告是根据他们网络行为和上网浏览痕迹针对性推送时,他们对广告表现出明显的负面的情感。

所以,本文将隐私关注作为中介变量进行分析,得到隐私关注是认知效果影响情感效果的部分中介变量的结论。"90后"对行为定向广告的认知效果越高,他们就越会意识到接收到"有用"的广告就意味着网络隐私的暴露,而"90后"特别关注网络隐私,这就会让他们对行为定向广告产生消极的情感。

3. "90后"群体描摹

本研究中"90后"样本的受教育程度比较高,根据杨姝等学者的研究,学历越高的人越关注隐私,而本文中的"90后"的确非常关注网络隐私,尤其关注网络隐私控制。

"90后"具备较强的网络素养,85%的"90后"的网龄超过6年,甚至有20%以上的"90后"网龄超过11年,这对于"90后"自身的年龄而言,可以说他们是在互联网环境下成长的一代。另外,有超过90%的"90后"每天上网时间（包括PC、手机、平板）在2小时以上,更有20%左右的"90后"每天上网时间在8小时,而"90后"群体大多数正处于学习阶段,这说明"90后"具备较强的网络依赖和网络黏性。

网络素养的高低与"90后"受教育程度有一定的关系。"90后"受教育程度越高,上网年龄越长。"90后"受教育程度越高,每天的上网时间越长。不同网龄的"90后"在上网时间上存在明显差异,"90后"网龄越高,每天的上网时间也就越长。

（三）研究贡献

笔者以"90后"为研究对象，探究了网络隐私关注对行为定向广告所产生广告心理效果的影响情况，并试图构建了行为定向广告心理效果模型。

就理论贡献而言，本文验证了 Malhotra 提出了隐私关注 IUIPC 量表，即"90后"对网络隐私关注也体现在隐私知情、收集、控制上，且他们特别重视网络隐私的控制。以往的研究只是从现象的角度来反映"90后"重视隐私的情况，而本研究是以实证的研究方法（调查问卷）证明了这一观点。

另外，本研究证明网络隐私关注程度显著影响"90后"对行为定向广告心理效果。隐私关注是行为定向广告认知效果影响情感效果的中介变量，"90后"对行为定向广告的认知程度越高，越容易辨别到他们所接收广告的针对性是通过牺牲网络隐私交换而来的。由于"90后"有较强的网络隐私关注，他们会对行为定向广告产生负面（回避）的情感。这与曹雪静的研究结论相一致，即受众的隐私担忧会造成对行为定向广告的情感回避。

就实际意义而言，"90后"群体目前已成为网络使用和网络购买的中坚力量，这使得他们成为行为定向广告的目标受众，了解行为定向广告对他们产生的心理效果，在一定程度可以为行为定向广告的推送提供一些建设性的意见，让他们对行为定向广告产生正面的心理效果，从而增加广告的经济效益。

另外，大数据营销已是大势所趋，互联网公司在推送广告时更加注重匹配性，换言之，利用网民的浏览痕迹、购买记录等方式已成为推送行为定向广告的主要依据。而本研究探究了"90后"受众网络隐私关注的状况，并得出他们最关注的是隐私控制，较忽视隐私收集，互联网公司可采取更加灵活而隐蔽的隐私收集方式，尽量不要侵犯受众对网络隐私的控制感。

（四）研究局限与展望

1. 研究方法

首先本研究采用网络问卷的方式来收集数据，虽然网络问卷具备收集较快、被访者干扰较小等优势，但究其本质，网络问卷是依靠人际网络滚雪球而来的。在实施过程中，笔者通过问卷星网站和微信、微博等社交媒体投放，样本的网络素养和受教育程度可能高于"90后"的现实水平。调查问卷的随机性减弱，折损研究结果的权威性、客观性。

其次，研究方法应该更为多样化。隐私关注是心理层面的研究，仅仅依靠问卷很难深刻挖掘"90后"隐私关注背后的原因，笔者建议可以结合深度访谈等定性研究方法来研究。另外，虽然本研究证实了"90后"关注网络隐私，未来可以通过与"70后""80后"等群体的对比研究探寻其隐私关注程度。

最后，由于发放问卷时间的限制，本研究只收集到303份有效样本，样本数量不足也使得研究结果的比分都处于中间值，并没有达到非常显著的程度，研究价值没有得到充分体现。在分析数据的过程中，笔者发现"90后"样本与"95后"样本在网络隐私关注程度上存在较大差异，建议在以后的研究中可针对两者分析代际间隐私关注的差异。

2. 研究量表

本研究采用了Malhotra提出的隐私关注IUIPC量表，该量表是在国外网络情境下提出的，虽然，在本研究中被证明是适用于我国互联网情境下的受众，但是，在收集样本时，一些"90后"认为IUIPC量表下的隐私控制、知情、收集量表的区分度不大，并不能完全概括他们对网络隐私关注的全部内容，因此隐私关注的量表还需要进行深度修改。

另外，笔者是根据马谋超和江波学者提出的广告心理效果测定要素建立的广告心理效果量表，从量表的信度和效度可知，它们只在可接受的范围内，这使得隐私关注与认知效果、情感效果、行为倾向效果的相关性较低，研究结果并不是很显著。为了更好地完成广告心理效果的测定，需要在未来的研究中进一步完善广告心理效果的量表。

研究心得

我的毕业选题是2014年开始的，那个时候淘宝等平台开始根据用户的个人喜好推送产品广告，不过总体上行为定向广告还不是很普遍。刚好师门有在做广告回避的课题，我就觉得二者可以结合起来进行研究。我自己是个90后，相比其他年龄的群体是更为关注隐私的，那个时候我就比较反感行为定向广告，所以我就选择了90后群体进行研究。当时的整个研究还是存在一些不足的，一是样本的数量不足，而且由于是滚雪球抽样，所以样本整体的学历偏高。如果今后还有学者做相关的研究，我建议在样本的数量上可以提升，并且在人口统计学变量上也可以更加多元一些。二是由于只研究了90后群体，所以没有横向的对比，现在 00 后对于网络的接触情况以及网络素养与当时的 90 后相比大不相同，我觉得这也是今后在研究中可以继续去扩展的一个领域，不同代际对于隐私关注与广告回避的差异，我觉得是很有意义的。

微商广告回避影响因素研究

熊 烨

【摘要】网络发展进入 Web2.0 时代，社会化商务成为电商发展的新趋势。微商的爆发式发展得益于中国式人际关系向互联网的迁移，在中国社会化商务中极具代表性。但自媒体营销存在的种种不规范现象，也令微商广告成为受众回避的重灾区。本文将社会关系类与广告认知类因素作为减轻回避的突破口，结合小规模访谈确定 5 个具体变量，构建了微商广告回避的理论模型。研究采用问卷调查法（N=708），样本配额基本模拟了微信用户构成。数据分析显示，3 个关系类因素对广告回避影响显著，凸显了人际关系对微商营销的重大价值，互惠、关系强度应用情况均不理想，间接说明了中国式人际关系差序格局的复杂性。积极的广告认知也能显著缓解回避，为规制微商营销乱象提供了思路。相关性对广告回避的影响力最大，获得的评价却最低。可见微商广告"广撒网、乱撒网"已成为引发回避的罪魁祸首，亟待改善。用户对微商广告视觉线索的评价比预期乐观，但广告对较高／高学历人群缺乏吸引力，间接说明其制作上还比较粗糙，存在较大改进空间。

【关键词】微商广告；广告回避；社会关系资本；广告认知

一、研究背景

社会化商务出现于 2005 年，随着互联网发展进入 web2.0 时代，社会化媒体蓬勃发展，依附于社会化媒体的社会化商务成为电子商务的重要发展趋势，营销价值凸显。根据 eMarketer 的新指数，2015 年全球广告商在社交网络上支出 236.8 亿美元用于接触消费者，年增长 33.5%。预计 2017 年该金额将达到

359.8 亿美元，占全球网络广告的 16.0%。[①] 国内的网络购物用户规模自 2012 年以来也保持着持续高速增长，截至 2014 年 12 月，国内整体网购年度人均交易额达 7719 元，其中社交化网购年度人均交易额 1216 元，占比 15.8%。[②]

社会化商务崛起带来的是营销人对社交平台的关注，广告投入呈几何级数增长。反观广告效果相关研究，广告回避领域虽呈现出对移动社交媒介的重视，最具代表性的是 Cho & Cheon 的网络广告回避研究，基于"网络用户媒介比传统媒体更具目标导向性"的前提，提出并论证了感知目标障碍、感知广告杂乱和既往的消极经验对认知、情感和行为三种回避方式的影响，[③] 被后续研究广泛采用。但是近年来，随着网络营销呈现移动化、社交化趋势，用户的网络使用需求、动机以及行为模式也在不断变化，多数研究仍遵循"网络媒体比传统媒体更具目标导向性"的预设，研究结论在社会化商务领域适用性较低，新网络环境下回避的影响因素却仍不明晰。

而且根据研究者对传统行业的研究，社会资本对国内关系网导向型（Network-oriented）经济的影响相较于西方更为显著。中国式人际关系呈差序格局，关系网是人们各种资源的集散地。[④] 随着在线社交平台的发展，关系文化蔓延至线上。微信朋友圈模拟熟人社交圈设计，信息流动频繁且受重视度高，由此微商应运而生，在中国社会化商务中极具代表性。微商最早来自 2013 年末出现的朋友圈海外代购，[⑤] 随后呈现蓬勃发展之势，传统电商、实体店等店主以及大量创业团体纷纷试水微商领域。[⑥]

与此同时，舆论对微商的争议也随着行业体量的增加水涨船高，微商发布的广告简单粗糙，暴力刷屏影响了朋友圈的正常社交，用户对微商广告的回避现象严重，如屏蔽微商朋友圈，甚至删除或拉黑微商好友。也有不少微商涉嫌制假贩假、涉及传销，带来其他负面影响。微商朋友圈是将个人社交与广告发

---

① eMarketer:《2015 年全球社交网络广告支出将达到 236.8 亿美元》，2016 年 3 月，http://www.199it.com/archives/340118.html，2016 年 3 月 10 日。

② 中国互联网信息中心:《2014 年中国网络购物市场研究报告》，2015 年 6 月，http://www.cnnic.cn/hlwfzyj/hlwxzbg/dzswbg/201509/P020150909354828731159.pdf，2015 年 12 月 23 日。

③ Chang-Hoan Cho, Hongsik John Cheon, Why do People Avoid Advertising on the Internet? *Journal of Advertising*, vol.33, no.4(2004), pp.89-97.

④ 费孝通:《乡土中国》，上海：上海人民出版社，2007 年。

⑤ 杨秋:《微商的发展历程以及对微商从业者的建议——以微信平台 C2C 微商为研究对象》，《中国商论》2015 年第 34 期。

⑥ 中国广播网:《微信一年带动信息消费 952 亿 带动就业 1007 万人》，2014 年 12 月，http://china.cnr.cn/ygxw/20141226/t20141226_517224553.shtml，2015 年 12 月 23 日。

布相结合的特殊平台，营销技能缺乏给广告主带来的将是广告效果低下、人际关系恶化的双重危机。因此本文聚焦中国特色社会化电商，将微商广告作为研究对象，创新性地将社会关系类与广告认知类因素引入微商广告回避研究中，试图廓清"关系"与微商营销的联系，探索广告表现对广告效果的影响。通过研究，找到用户回避微商广告的症结所在，探索降低回避的策略方法，在一定程度上化解用户对微商行业的刻板印象，提升微商营销水平，促进行业健康发展。

二、文献综述

（一）社会化商务

1. 社会化商务概述

信息技术的进步带来了电子商务，人们的购物行为开始向线上迁移。web2.0 技术的普及使在线社交成为可能，随着社交网站的高度流行，社会化商务这一电子商务的新分支应运而生，社会化商务源于雅虎对电子商务的创新实践，2005 年这一词汇首次在雅虎网站上出现。[1][2][3]

社会化商务的研究涉及市场营销、计算机技术、社会学、心理学等领域，不同领域的学者对社会化商务概念的界定不尽相同。[4]但总的来说，社会化商务的定义包含两大要素：社交媒体和商业活动。Liang & Turban 在前人研究基础上将社会化商务定义为：用户使用 web2.0 社交媒介进行在线交互，从而达成商品／服务购买的过程。[5]这一定义得到后续研究的广泛采用。[6][7]

---

① Stephen A T, Toubia O, Deriving Value from Social Commerce Networks, *Journal of Marketing Research*, vol.47, no.2(2010),pp. 215-228.

② Hajli M N, A Study of the Impact of Social Media on Consumers, *International Journal of Market Research*, vol.56, no.3(2014), pp.388-404.

③ Kim S, Park H, Effects of Various Characteristics of Social Commerce (S-commerce) on Consumers' Trust and Trust Performance, *International Journal of Information Management*, vol.33,no.2(2013),pp.318-332.

④ 张洪：《社会化商务环境下顾客交互行为研究》，硕士学位论文，华中科技大学，2014 年。

⑤ Liang T-P, Turban E, Introduction to the Special Issue Social Commerce: A Research Framework for Social Commerce, *International Journal of Electronic Commerce*, vol.16, no.2(2011), pp.5-14.

⑥ Hajli N, Social Commerce Constructs and Consumer's Intention to Buy, *International Journal of Information Management*, vol.35, no.2(2015), pp.183-191.

⑦ Bai Y, Yao Z, Dou Y-F, Effect of Social Commerce Factors on User Purchase Behavior: An Empirical Investigation from Renren.com, *International Journal of Information Management*, vol.35, no.5(2015), pp.538-550.

Web2.0 技术的革命性在于用户对内容编辑／发布的自主性。用户生成内容（User Generated Content）及围绕这些内容产生的人际交互、价值共创，被认为是社会化商务与传统电子商务的本质区别。[①]Hajli 认为相比传统电子商务，社会化商务体现了顾客导向性（Customer-oriented）。[②]Goh 等基于 Facebook 的实证研究显示，用户生成内容比商家官方内容更能促成再次购买。[③]

鞠彦辉等指出，社会化商务创造了"被动消费需求"，人们不再是基于需要登录电商网站查询商品，而是在社会交往中被激发出消费需求。[④]陶晓波等提出，社会化商务除了商品本身，更注重个人因素，每个人都可以成为产品的销售者，用户借助人际关系进行双向沟通，说服效果更好。[⑤]

市场数据显示，社会化商务具备很大发展前景。2011 年，Liang & Turban 在其界定社会化商务研究框架的经典文章中指出，社会化商务有望成为未来十年最具有挑战性的研究领域。[⑥]

2. 社会关系资本与社会化商务

（1）社会关系资本对西方在线社交的影响

社会关系资本属于社会资本的一种。社会资本指社会组织具备的网络、规范、信任等可以促进成员对共同利益进行协调、合作的特质。[⑦]鉴于社会资本对组织运作的重要影响，这一概念被广泛应用于商业领域研究中。Nahapiet & Ghoshal 将社会资本划分为三种形式：结构资本、认知资本、关系资本。其中，社会关系资本指关系的强度和质量。[⑧]

---

① Kim S, Park H, Effects of Various Characteristics of Social Commerce (S-Commerce) on Consumers' Trust and Trust Performance, *International Journal of Information Management*, vol.33, no.2(2013), pp.318-332.

② Hajli M N, A Study of the Impact of Social Media on Consumers, *International Journal of Market Research*, vol.56, no.3(2014), pp.388-404.

③ Goh K Y, Heng C S, Lin Z, Social Media Brand Community and Consumer Behavior: Quantifying the Relative Impact of User- and Marketer-generated Content, *Information Systems Research*, vol.24, no.1(2013), pp.88-107.

④ 鞠彦辉，何毅：《社会化商务模式研究》，《现代情报》2012 年第 32 期。

⑤ 陶晓波，杨学成，许研：《社会化商务研究述评与展望》，《管理评论》2015 年第 11 期。

⑥ Liang T-P, Turban E, Introduction to the Special Issue Social Commerce: A Research Framework for Social Commerce, *International Journal of Electronic Commerce*, vol.16, no.2(2011), pp.5-14.

⑦ Putnam R D, Tuning in, Tuning out: The Strange Disappearance of Social Capital in America, *Political Science and Politics*, vol.28, no.4(1995), pp.664.

⑧ Nahapiet J, Ghoshal S, Social Capital, Intellectual Capital, and the Organizational Advantage, *The Academy of Management Review*, vol.23, no.2(1998), pp.242.

回顾既有文献，关系强度、关系根基、亲近性、信任及承诺等因素均曾被用于测量社会关系资本。[①]Chiu 等在关于虚拟社区知识分享的研究中将社会资本各维度进一步细化，其中社会关系资本被细分为信任、认同与互惠，[②]得到后续研究的采纳。

随着在线社交网站／社区的高度发展，社会关系资本对用户行为的作用逐渐受到西方重视，研究以实证为主（见表 1）。基于商务语境的研究集中出现于2011 年后，虽然总量有限，但社会关系资本对用户社会化商务使用意向、电子口碑、购买意向的影响均已得到证实。

表 1 在线社交中的社会资本实证研究

研究者	研究语境	社会资本结构	
		维度	具体维度
Bagozzi & Dholakia(2002)	虚拟社区参与	关系维度	组群规范、社会身份
Dholaka 等（2004）	消费者参与	关系维度	组群规范、共同协议、共同适应（Mutual Accomodation）
Bock 等（2005）	知识共享	关系维度	互惠期待、基于自我价值的互惠感知
Wasko & Faraj(2005)	在线社区的知识共享	结构维度	向心性（Centrality）
		认知维度	专业知识自评、领域资历
		关系维度	承诺、互惠
Chiu 等 (2006)	知识共享	关系维度	身份认同
Lee 等 (2006)	在线讨论区（Discussion Boards) 的知识共享	结构维度	形象／声誉
		认知维度	知识的自我效能
		关系维度	社区感、互惠
Hsu & Lu(2007)	在线游戏社区中的消费者行为	关系维度	社会规范

---

① Haejung Kim, Jiyoung Kim, Ran Huan, Social Capital in the Chinese Virtual Community: Impacts on the Social Shopping Model for Social Media, *Global Economic Review*, vol.43, no.1(March 2014), pp.3-24.

② Chiu C-M, Hsu M-H, Wang E T G, Understanding Knowledge Sharing in Virtual Communities: An Integration of Social Capital and Social Cognitive Theories, *Decision Support Systems*, vol.42, no.3(2006), pp.1872-1888.

研究者	研究语境	社会资本结构	
		维度	具体维度
Valezuela 等 (2009)	Facebook 的使用度	关系维度	信任
Chang & Chung(2011)	在线社区知识共享	认知维度	共同语言
		关系维度	身份认同、互惠
Chu & Kim(2011)	社交网络中的电子口碑	关系维度	关系强度、同质性、信任、规范影响、信息影响
Yun 等 (2011)	社会化商务电子口碑意向、购买意向	认知维度	专业知识、相关、清楚
		关系维度	桥接（Bridging）、结合（Bonding）
Liang 等 (2011)	Plurk 的社交网购意向及持续使用	关系维度	信任、满足、承诺
Yang 等 (2015)	社交购物网站电子口碑、协作购物	关系维度	互惠
Hajli 等 (2015)	社会化商务购买意向	结构维度	网站结构
		关系维度	信任
Kang & Johnson(2015)	Facebook 社交网购使用意愿	关系维度	关系强度、同质性

注：本表格部分内容源于 2014 年 Kim 等研究总结，并在其基础上修订、增补。

（2）社会关系资本对中国社会化商务的影响

社会资本有宏观／微观之分。其宏观研究着眼于团体、区域甚至国家。Lee 研究指出，中国宏观社会资本水平在 72 个国家中排名第 68 位。[①] 虽然宏观社会资本不高，但在中国文化语境下，人际层面的微观社会资本有着聚沙成塔的力量。Zhang & Fung 对国内私营企业的调查发现，相比西方而言，社会资本对国内关系导向型经济的影响更为显著。[②]

近年来，社会关系资本在中国社会化商务中的作用开始受到中外学者重视，研究基于不同社会化商务平台展开，探索了若干关系类变量对用户行为的影响。

① Lee D, Jeong K-Y, Chae S, Measuring Social Capital in East Asia and Other World Regions: Index of Social Capital for 72 Countries, *Global Economic Review*, vol.40, no.4(2011), pp.385-407.

② Li J, Zhang Q, Fung H-G, China's Social Capital and Financial Performance of Private Enterprises, *Journal of Small Business and Enterprise Development*, vol.13, no.2(2006), pp.198-207.

2014 年，Pan 等针对淘宝用户行为展开了研究，发现社会身份认同、感知独特性是影响新用户使用的重要原因。① 同年，Kim 等研究了 QQ 用户在游戏／购物频道的购物行为，发现用户身份认同对其购买意向有正向作用。②2015 年，Chen & Shen 对豆瓣读书的研究发现，信任、承诺因素对用户在社区中的购买、分享意愿有显著正向影响。③2013 年，刘正源研究了用户在美丽说平台的服装购买行为，发现用户的信任倾向影响其对信息的甄选，用户间的关系强度影响其购买决策的制定。④2014 年，张洪的博士论文《社会化商务环境下顾客的交互行为研究》中三项子研究均涉及社会关系资本。在与新浪微博相关的研究中，社交性通过社会存在影响用户间的交互意向，社会融合价值也被证实对顾客未来参与意向有促进作用。对美丽说社区的研究发现，社交性通过信任这一中介正向影响了用户的购买意向。⑤2015 年，周军杰对国内淘宝、京东、大众点评等社会化商务平台的研究显示，虚拟社区感、信任、自我效能影响着用户粘性。⑥

（二）微商相关研究

1. 微商定义

与微商引发的社会现象相比，微商研究领域滞后性明显。对于微商的概念，学界并没有清晰的界定。广义上说，微商包含移动互联网、社交媒体两大要素，是社会化商务在网络移动化环境下的分支。但与社会化商务外延不同，"微商"不仅指代某种商业模式，亦指这一商业模式的行为主体。换言之，借助微信、微博、QQ、陌陌进行的推广分销均属于微商，从事此类营销活动的企业及个人

---

① Pan Z, Lu Y, Gupta S, How Heterogeneous Community Engage Newcomers? The Effect of Community Diversity on Newcomers' Perception of Inclusion: An Empirical Study in Social Media Service, *Computers in Human Behavior*, vol.39(2014), pp.100-111.

② Haejung Kim, Jiyoung Kim, Ran Huan, Social Capital in the Chinese Virtual Community: Impacts on the Social Shopping Model for Social Media, *Global Economic Review*, vol.43, no.1(March 2014), pp.3-24.

③ Chen J, Shen X-L, Consumers' Decisions in Social Commerce Context: An Empirical Investigation, *Decision Support Systems*, vol.79(2015), pp.55-64.

④ 刘正源，《社会化电子商务中信任影响因素对服装购买决策的影响——以"美丽说"为例》，硕士学位论文，北京服装学院，2013 年。

⑤ 张洪：《社会化商务环境下顾客交互行为研究》，硕士学位论文，华中科技大学，2014 年。

⑥ 周军杰：《社会化商务背景下的用户粘性：用户互动的间接影响及调节作用》，《管理评论》2015 年第 27 期。

也可被称为微商。①②

在这一合集之下，学者们主要从平台、主体两个方面对研究对象进行了聚焦。微商爆发式发展源于微信的广泛应用，据此汪志晓认为微信是微商最具代表性的媒介载体。③翁蠡哲、杨秋进一步指出，微信上的微商分为 B2C 微商与 C2C 微商，B2C 微商的行为主体是企业，通过公众号、订阅号与消费者沟通，C2C 微商行为主体为个人，主要的营销传播渠道是朋友圈广告。④⑤部分学者将微商限定为 C2C 微商，强调从业者对人际关系的利用。张晓霞用"以个人为单位"的表述定义微商行为主体。⑥公衍梅将微商界定为通过社交网络媒体平台的个人账号对好友圈进行营销的电商，并指出微商营销"以人与人之间的关系为纽带"。⑦

面对纷繁的定义，李贺在其硕士论文中另辟蹊径，透过微商野蛮生长的现象，提炼出"碎片化信息""共同经济目的""行动力盈余""类无组织群体""自媒体矩阵传播"等关键词，对微商行业与群体进行了定义。⑧与上述定义相比，这一定义更像是对微商的宏观定性，包容而抽象。

结合研究目的，本文从狭义角度界定微商。就商业模式而言，微商指以微信朋友圈为营销平台的移动社会化电商；就行为主体而言，微商指在朋友圈发布广告进行营销的个人。

2. 微信营销影响因素

目前为止微商营销相关研究在数量与质量上均不够理想。多数文献使用定性研究方法，描述微商特点，总结行业优势与问题，观点同质化程度高，⑨提出

① 郭辰希:《微商文化发展策略研究》,《统计与管理》2015 年第 2 期。
② 纪妙，王明宇:《微商行业分析报告》,《中国商贸》2015 年 Z1 期。
③ 汪志晓:《浅谈移动互联时代的微商创业》,《电子制作》2015 年第 4 期。
④ 翁蠡哲:《基于微商的发展现状管窥微商未来的发展》,《商场现代化》2015 年第 3 期。
⑤ 杨秋:《微商的发展历程以及对微商从业者的建议——以微信平台 C2C 微商为研究对象》,《中国商论》2015 年第 34 期。
⑥ 张晓霞:《关于"微商"购物维权难引发的思考——以微信平台为例》,《江苏商论》2015 年第 2 期。
⑦ 公衍梅:《微商、微商行业发展现状调查分析报告》,《新闻知识》2015 年第 11 期。
⑧ 李贺:《碎片化的商业模式—微商的解析与策略探索》,硕士学位论文，南昌大学，2015 年。
⑨ 孙风佼，马书明:《微信营销对用户购买意愿的影响研究》,《中小企业管理与科技旬刊》2015 年第 34 期。

的营销建议往往缺乏理论基础与数据支持。微商营销属微信营销的子集，① 相比之下，微信营销领域的研究成果较为丰富。这一部分将重点梳理微信营销实证研究。

技术接受模型（TAM）在此类研究中被广泛应用。该模型将感知有用性、感知易用性建构为影响用户接受度的基本因素，并可扩展变量。既有研究中，社会影响类、营销信息感知类、个人特质类因素被研究者引入。

姜欣欣针对微信B2B、O2O类营销展开了研究。结果表明，感知有用性、互动性和感知风险显著影响用户使用意愿与使用行为。感知有用性又受到社会规范、互动性和感知成本的影响。② 冯旭艳研究指出，主观规范对用户态度和采纳意向存在正向影响，感知可靠性/愉悦性/干扰性/精准性等感知类变量对用户态度产生不同程度、不同方向的影响。③ 谢刚等研究发现，感知风险、创新倾向和网络隐私顾虑能够预测与解释用户微信营销接受意向。④ 仇菲菲对大学生微信购买意愿进行研究，结果表明大学生对微信运营商越信任，越倾向于使用微信购买产品，自身隐私关注度越高购买意愿越低。⑤

部分学者使用了其他模型，对影响因素的关注依然集中于社会影响类、营销信息感知类因素上。雍霞以"刺激-反应"为基本思想建立研究模型，对大学生微信营销活动参与度展开了研究，发现企业知名度、互动性、意见领袖意见影响着用户态度、参与度。⑥ 孙凤以期望确认（ECM）模型为基础，对饭店微信公众号用户持续使用意愿的研究显示，感知可靠性、有用性对用户满意度存在正向影响，感知交互性、满意度对持续使用意愿有促进作用。⑦

① 微信营销泛指使用微信平台开展的各类营销活动，包括企业公众号/订阅号推送、微商朋友圈广告、扫描二维码互动，以及漂流瓶广告等。
② 姜欣欣：《基于微信的电子商务模式研究》，硕士学位论文，北京邮电大学，2015年。
③ 冯旭艳：《消费者对微信营销的接受意愿影响因素研究》，硕士学位论文，北京邮电大学，2015年。
④ 谢刚，李治文，戈琪：《消费者微信营销接受度影响因素的实证研究》，《管理现代化》2015年第35期。
⑤ 仇菲菲，《基于大学生购买意愿的微信营销策略研究》，硕士学位论文，新疆财经大学，2014年。
⑥ 雍霞：《大学生群体对微信营销活动的参与度影响研究——以成都地区大学生为例》，硕士学位论文，西南交通大学，2014年。
⑦ 孙凤：《饭店微信用户持续使用意愿影响因素研究——基于EECM-IT模型》，硕士学位论文，浙江大学，2015年。

3. 微商与人际关系营销

"利用关系进行营销"几乎是学界和业界对 C2C 微商特点的共识。刘冠华指出，电商进入微信朋友圈是经济行为受到信任因素影响的表现。[①] 张琰等认为，消费者与微商的关系强度和信任度影响着前者对后者营销信息的接受度。[②] 但这种营销机制如何在朋友圈中落地生效，却鲜有学者详细阐释。本小节将结合中国人际关系理论，解释微商如何利用关系进行营销。

中国文化的集体主义取向，致使人们重视个体在关系网络中的位置，注重对不同的人采取差异化的交往策略。[③] 费孝通在《乡土中国》中将中国特色的人际关系描述为一种"以己为中心"由近及远的"差序格局"，如水波激起的圈子般层层不同。[④] 对于越接近核心的关系，人们越信任、越依赖、越倾向于低回报的付出。[⑤]

中国人在交往中讲人情、讲面子，注重双方精神与物质的礼尚往来——有关系便好办事。当这一社会过程渗透到营销领域，便出现了中国式的关系营销（Guanxi Marketing）。肖舒羽将中国式关系营销定义为依托人际关系谋求支配资源特权的行为。[⑥] 与西方关系营销（Relationship Marketing）不同，中国式关系营销强调先有关系，再有生意。人们借助关系进行商业往来，在商业往来中进一步发展关系。人脉在营销中起到关键作用，营销者通过人脉与目标人群取得联系，与之建立关系或超越原先较低的关系，从而获得回报。[⑦]

博报堂生活综研（上海）发布的《生活者"动"察 2014》调研报告显示，中国消费者在线社交呈"圈子"样态。圈子不仅是相同年龄、爱好等群体的集合，更包含了身份、地位、人脉等诸多象征意义。在可信度高的强关系圈子中，人们信息收发活跃度大大高于日美两国；各种基于兴趣、机缘的弱关系圈子数量也不断增多。[⑧] 微商的营销平台朋友圈比微博、人人网等媒介更封闭、更私

---

① 刘冠华，《从社会网络理论视角解读微信朋友圈》，《新闻采编》2013 年第 4 期。
② 张琰，包小妹，吴凤媛：《微信朋友圈营销的影响因素及策略》，《青年记者》2015 年第 33 期。
③ 杨国枢：《中国人的心理》，北京：中国人民大学出版社，2012 年。
④ 费孝通：《乡土中国》，上海：上海人民出版社，2007 年。
⑤ 杨国枢：《中国人的心理》，北京：中国人民大学出版社，2012 年。
⑥ 肖舒羽：《浅析中国的人际关系营销》，《商场现代化》2006 年第 33 期。
⑦ 李勋姜，法奎：《中国人际关系营销中的关系营销因素分析》，《云南财经大学学报》（社会科学版）2010 年第 25 期。
⑧ 市场营销咨询有限公司博报堂生活综研（上海），《信蜂》，上海：文汇出版社，2014 年。

密，圈子区隔更为明显。从关系营销的视角看，微商面向圈内好友发布广告以策销售，便是对人际关系经济价值的挖掘。信息爆炸的今天，朋友已成为中国消费者的"信息过滤网"。李贺指出，朋友圈平台为其营销带来了前置的用户信任感与高品质的流量资源。① 与陌生人相比，人们较信任"圈内人"，更倾向为其付出，因此更容易促成销售转化。通过口碑发展新好友是微商营销的一大特色，口碑的传播依附的便是层层人脉。从关系营销的角度分析，微商通过"中间人"添加新好友的行为，即是通过关系网建立联系以求回报的过程。

（三）广告回避研究

1. 广告回避定义与分类

20世纪60年代，电视媒介经历了发展的黄金时期。对电视广告效果的关注，使学者们注意到受众躲避广告的现象。[2]90年代起，广告回避逐渐从电视收视行为研究中脱离出来。1997年，Speck & Elliott将广告回避定义为"媒介使用者在不同程度下，减少自身暴露于广告内容中的行为"，[3]并得到后续研究的广泛采用。

广告回避的实现途径很多，学者们对回避策略提出了不同的分类方案。1990年，Abernethy在回顾电视受众研究的基础上，首次提出身体回避、机械回避的划分方式。身体回避指受众在电视广告期间起身离开避免广告接收，机械回避指受众通过遥控器进行换台，或使用录像机录制节目后以快进形式跳过广告。[4]Speck & Elliott在此基础上补充了认知回避，将其描述为受众在场却对广告视而不见。[5]

21世纪网络媒介迅速崛起，广告回避的研究重心开始向网络平台迁移。Cho & Cheon将网络广告回避划分为认知回避、情感回避、行为回避三个类型。认知回避指受众对广告的故意忽略；情感回避指受众对广告的消极、敌对情绪；

---

① 李贺：《碎片化的商业模式——微商的解析与策略探索》，硕士学位论文，南昌大学，2015年。

② 刘荣：《我们为什么"不看"广告——广告回避研究综述》，《中国广告》2011年第6期。

③ Paul Surgi Speck, Michael T. Elliotta, Predictors of Advertising Avoidance in Print and Broadcast Media, *Journal of Advertising*, vol.26,no.3(1997), pp. 61-76.

④ 裴杨：《名人代言人信息与认知需求对广告效果影响的眼动研究》，硕士学位论文，杭州师范大学，2012年。

⑤ Paul Surgi Speck, Michael T. Elliotta, Predictors of Advertising Avoidance in Print and Broadcast Media, *Journal of Advertising*, vol.26, no.3(1997), pp. 61-76.

行为回避类似于传统广告的机械回避，指受众通过回避动作，如滚动屏幕、关闭弹窗、关闭网页等，中断广告接收进程。[①]值得注意的是，在这一划分中，认知、情感、行为三个元素并非递进关系，它们均指代受众对广告的即时反应。

2. 广告认知与广告回避

消费行为领域研究指出，消费者接收商品信息至制定购买决策的一系列心理活动，都属于认知范畴。[②]在广告传播过程中，广告信息作为一种刺激物，引发受众对其进行加工形成认知反应，[③]即广告认知。对回避影响因素的探析是广告回避研究的中心议题。学者们借助实验法、观察法、自我报告法、电子检测法展开研究，[④]所验证的因素大多与广告认知有关。

（1）传统广告回避中的认知因素

1995 年，杨文霞和苏永以定性方法研究了国内受众跳过电视广告的行为，指出广告情报的商业性可限度、内容可信性、广告媒介的不适应性、广告环境的相悖性是受众跳过广告的原因。[⑤]商业可限度指广告画面、文案等的精美程度，内容可信性用以强调广告不能过分夸张，均属于广告认知因素。

1996 年，Stafford 通过定量调研对受众电视广告机械回避行为进行了研究。研究者认为快进、换台属于两种不同的回避形式，厌恶、过量是引发两种回避的共同原因。快进的影响因素还包括受众与媒体是否相关，换台则与受众好奇心有关。[⑥]除了好奇心，以上影响因素都可归类为广告认知因素。

1997 年，Speck & Elliott 将视野扩大到跨媒介领域，对比研究了受众对当时主流媒体（杂志、报纸、电视、收音机）广告的回避，建立了广告回避的第一个经典模型。模型界定的影响因素有四类：人口统计变量、媒介相关变量、广告认知（又译为广告态度）和传播问题。其中，广告认知指受众对广告的判

[①] Chang-Hoan Cho, Hongsik John Cheon, Why do People Avoid Advertising on the Internet? *Journal of Advertising*, vol.33, no.4(2004), pp.89-97.

[②] 冯浩羽：《广告信息的编码存储及提取——广告记忆的心理历程及对策》，《东南传播》2010 年第 10 期。

[③] 裴杨：《名人代言人信息与认知需求对广告效果影响的眼动研究》，硕士学位论文，杭州师范大学，2012 年。

[④] Dix S, Phau I, Television Advertising Avoidance: Advancing Research Methodology, *Journal of Promotion Management*, vol.16, no.1-2(2010), pp.114-133.

[⑤] 杨文霞，苏永：《试析广告情报中 Zapping——广告躲避现象》，《情报杂志》1995 年第 4 期。

[⑥] Stafford M R, Stafford T F, Mechanical Commercial Avoidance: A Uses and Gratifications Perspective, *Journal of Current Issues and Research in Advertising*, vol.18, no.2(1996), pp.27-38.

断，包括积极层面的"是否有趣、有用、可信"，消极层面的"是否过量、烦人、浪费时间"。数据分析显示，广告认知是受众广告回避的最强预测因素。[①]

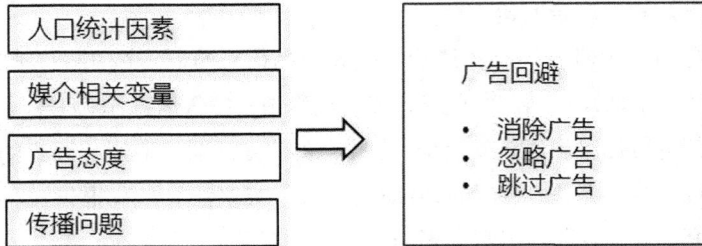

图 1 传统媒体广告回避模型（Speck & Elliott,1997）

（2）网络广告回避中的认知因素

90 年代末期，旗帜广告视盲现象开始受到关注。Benway 发现，网站希望通过旗帜广告吸引受众的做法往往适得其反。人们更倾向于忽略处于网页题头、网站目录页等明显位置的广告。研究还指出，用户上网带有特定工作目的时几乎不会注意到广告。[②]

2002 年，Edwards 等人探索了互联网弹出广告回避的影响因素，提出感知侵扰概念，指受众对广告干扰性的情感认知。研究表明，感知侵扰是触发受众恼怒及广告回避的首要因素，侵扰的判定主要包括广告页面编辑是否存在一致性，广告出现时引发的认知强度等因素。[③]

2004 年，Cho & Cheon 首次对网络广告回避类型进行界定，并验证了三个影响回避的潜变量：感知目标障碍、感知广告杂乱和既往消极经历。[④] 感知目标障碍指广告对用户上网进程的干扰，包括打断页面浏览、干扰搜索任务、分

---

① Paul Surgi Speck, Michael T. Elliotta, Predictors of Advertising Avoidance in Print and Broadcast Media, *Journal of Advertising*, vol.26, no.3(1997), pp. 61-76.

② Benway J P, Banner Blindness: The Irony of Attention Grabbing on the World Wide Web, *Proceedings of the Human Factors and Ergonomics Society Annual Meeting*, vol.42, no.5(1998), pp. 463-467.

③ Edwards S M, Li H, Lee J-H, Forced Exposure and Psychological Reactance: Antecedents and Consequences of the Perceived Intrusiveness of Pop-Up Ads, *Journal of Advertising*, vol.31, no.3(2002), pp.83-95.

④ Chang-Hoan Cho, Hongsik John Cheon, Why do People Avoid Advertising on the Internet? *Journal of Advertising*, vol.33, no.4(2004), pp.89-97.

散注意力；感知广告杂乱主要指广告数量过多，以及由此引发的排他感、恼怒感；既往消极经历包括用户因点击广告引发的不满情绪，以及对网络广告无用、缺乏激励的感知。三个潜变量中的前两个都与广告认知有关，其中感知目标障碍被证明对回避影响效力最强。该研究综合了广告回避领域的既有成果，因对各要素的总结与分类较为精当，其框架被后续研究反复采用。

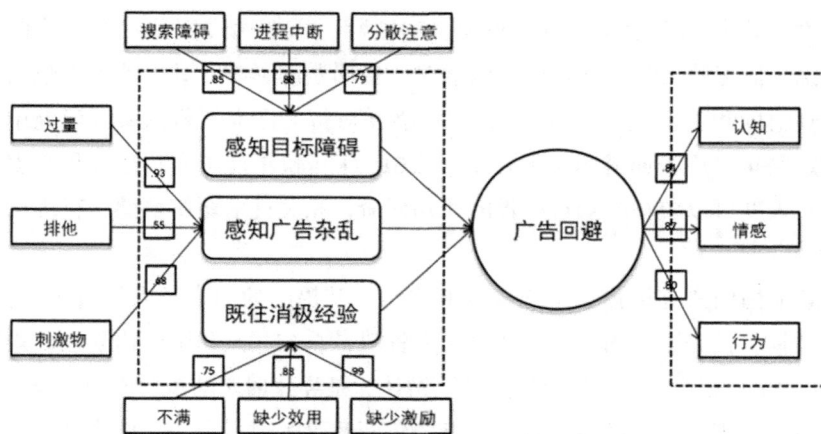

图 2 网络媒体广告回避模型（Cho & Cheon, 2004）

随着社交网站的流行与移动终端的普及，广告回避领域呈现出新的研究趋势。2010 年，Kelly 以焦点小组＋深访的形式探索社交网站广告回避影响因素，对 2004 年的经典模型进行了修正。研究者指出，用户在社交网站的浏览几乎没有任务导向性，影响他们回避的重要因素是广告与自身的相关性。基于使用经验，用户知道社交媒体的内容可以由发布者随意编辑，因此倾向于对社交媒体上的广告信息及"该媒体是否可以作为广告平台"持怀疑态度，这种怀疑可能导致广告回避。[①]模型保留了既往消极经历因素，但在其中添加了网络口碑因素。根据访谈采集的回避策略，情感回避被舍去。

后续研究进一步体现了学界对网络媒体受众兴趣、社交导向的关注。2012 年，Baek 对手机等个性化广告媒介进行了实证研究，结果显示感知个性化和

① Kelly L, Kerr G, Drennan J, Avoidance of Advertising in Social Networking Sites: the Teenage Perspective, *Journal of Interactive Advertising*, vol.10, no.2(2010), pp.16-27.

广告恼怒直接影响广告回避，并可以经由广告怀疑间接导致回避。[①]2015 年，Koshksaray 等根据前人研究，将受众网络生活形态分为 7 种，以实证研究证实不同网络使用动机的用户回避状况存在显著差异。其中，兴趣驱动、社交驱动两类人群均以行为回避为主，前者不关心任何不感兴趣的广告，后者更看重通过人际交往获得的电子口碑。[②]

近年来，国内学者沿袭西方实证范式对本土广告回避影响因素进行了探索，相关性/定制化因素受到极大重视。2011 年，雷攀通过实证建模，验证了任务干扰、恼怒感、涉入度等认知因素对广告回避的影响，其中涉入度包括相关性、吸引度和重要性。[③]2014 年，曹雪静在对行为定向广告的实证研究中，验证了定制化对广告回避的缓解作用。[④]2015 年，翟星使用实验法收集数据，证实了卷入度可以缓解受众对广告的认知回避，相关性对缓解情感、行为回避起作用。[⑤]

其他国内研究聚焦于本土广告业现状，其提出的因素虽未经过实证检验，仍十分具有代表性。孙黎通过搜集文献资料，总结并阐释了国内受众回避网络视频广告的原因。"过去的负面经验"被认为是导致回避的重要原因，与西方实证模型中的既往消极经验不同，这里的负面经验主要是虚假、欺诈性内容，包括引诱点击的虚假承诺、过分夸张的表述、链接的错误跳转等。此外，广告重复次数过多引起的审美疲劳，无关广告引起的忽视也是回避的诱因。[⑥]类似因素，在陈潮《浅析受众的回避心理产生原因及广告发展趋势》中也有提及。该研究将我国受众回避广告的原因总结为广告粗劣且反复播放、虚假广告盛行和广告信息量超过受众承受范围三点（尤其针对网络广告），并呼吁广告科学与艺

---

① Baek T H, Morimoto M, Stay Away From Me, *Journal of Advertising*, 2012, vol.41, no.1(2012), pp.59-76.

② Abedini Koshksaray A, Franklin D, Heidarzadeh Hanzaee K, The Relationship Between E-lifestyle and Internet Advertising Avoidance, *Australasian Marketing Journal*, 2015, vol.23, no.1(2015), pp.38-48.

③ 雷攀：《大学生网络广告回避反应主观影响因素的实证研究》，硕士学位论文，重庆工商大学，2011 年。

④ 曹雪静：《行为定向广告回避影响因素研究》，硕士学位论文，厦门大学，2014 年。

⑤ 翟星：《个人相关性与产品卷入度对网络广告回避的影响研究》，硕士学位论文，厦门大学，2015 年。

⑥ 孙黎：《网络视频广告回避的影响因素研究》，《企业导报》2013 年第 12 期。

术性的提升。[①]

三、研究假设

本文旨在探寻降低微商广告回避的策略与方法，提高微商营销水平。受前人研究启发，拟将社会关系类与广告认知类因素作为缓解回避的突破口。结合文献梳理结果，研究者首先对 13 位在三个月内看到过微商广告的微信用户进行了深度访谈，其中 8 位为普通用户，5 位为活跃微商。对普通用户的访谈围绕用户与微商的关系，对微商广告的评价、回避影响因素，以及对微商产品的购买情况展开。对微商用户的访谈除了以上内容还包括做微商缘由、微商运作模式／广告经验、做微商前后与朋友关系／回避情况变化等。访谈归纳了影响广告回避、促进产品购买的 5 个因素，其中 3 个属于社会关系类，2 个属于广告认知类，具体因素及影响表征见表 2。

表 2 访谈验证因素汇总表

因素性质	影响因素	影响的主要表征
社会关系类	信任（Trust）	认识微商本人、通过熟人推荐／可靠平台推荐的用户对微商广告的信任程度高，转化为客户或代理的可能性大。
	互惠（Reciprocity）	用户将接收微商广告／购买微商商品视为对朋友的一种支持。
	关系强度（Tie Strength）	与微商关系亲密／联系密切的用户不会轻易屏蔽微商朋友圈，且有更强互惠倾向。
广告认知类	相关性（Relevance）	用户是否屏蔽微商／点击微商广告，最主要依据微商广告与自身兴趣是否相关。
	视觉线索（Visual Cues）	微商广告存在图片像素低、广告语粗陋等现象，使用户感觉可信度低、格调不高，而产生排斥心理。

（一）社会关系类因素假设

1. 信任

信任（Trust）的定义纷繁多样，因研究领域的不同而呈现差异性。通常认为，信任基于被信任客体三个方面的特质：正直、能力和善意。在线交易情境

---

① 陈潮：《浅析广告受众的回避心理产生原因及广告发展趋势》，《新闻世界》2010 年第 S2 期。

中，正直指卖方对交易的诚实守信、信守承诺，能力指其相关领域的知识技能，善意指其为客户着想的好意。[①②]

信任是社会化商务相关研究中的核心问题，在用户对电子商务的采纳，尤其是社会化商务的接受上扮演着重要角色。[③]对信任因素的重视基于理性人假设。在线交易相比现实交易存在更多不确定性，作为理性人，用户的感知风险相应提高。随着社交网络技术的发展与网络节点的增加，人们需要某种信任来减少对在线交易的感知风险。[④]多数西方国家是高信任文化社会，交易双方凭书面合同等制度性手段就可以建立起高度互信。[⑤]而中国文化带有低度信任的特性，较高的信任感往往仅限于人际圈子内部。[⑥]换言之，比起制度中国人更愿意相信熟人。利用人际信任弥补制度的缺位，是中国关系型商业模式的一大特色。微商行业缺乏第三方监管以及法律保障，却能够持续高速发展，凸显了人际信任的重要作用。

信任转移理论是关系研究领域最重要的理论之一，该理论指出信任可在不同的信源之间转移，信源的类型包括人和其他实体。[⑦]信任转移的提出基于归因理论，即人们基于既有的知识储备对事物进行推断。Ba 对在线社区的研究表明，当用户不清楚网站的运作与质量时，他们可以借助第三方保证来进行判断。[⑧]中国式关系理论对"中间人"的描述也可以解释信任转移效应。中间人可以使两

① Gefen D, Reflections on the Dimensions of Trust and Trustworthiness Among Online Consumers, *ACM Sigmis Database*, vol.33, no.3(2002), pp.38-53.

② Gefen D, Straub D W, Consumer Trust in B2C e-Commerce and the Importance of Social Presence: Experiments in E-products and E-services, *Omega*, vol.32, no.6(2004), pp.407-424.

③ Aljifri H A., Pons A, Collins D, Global E-commerce: A Framework for Understanding and Overcoming the Trust Barrier, *Information Management & Computer Security*, vol.11, no.3(2003), pp.130-138.

④ Hajli N L X, Exploring the Security of Information Sharing on Social Networking Sites: The Role of Perceived Control of Information, *Journal of Business Ethics*, vol.133, no.1(2016), pp.111-123.

⑤ Atuahene-Gima K, Li H, When does Trust Matter? Antecedents and Contingent Effects of Supervisee Trust on Performance in Selling New Products in China and the United States, *Journal of Marketing*, vol.66, no.3(2002), pp. 61-81.

⑥ Triandis H C, The Self and Social Behavior in Differing Cultural Contexts, *Psychological Review*, vol.96, no.3(1989), pp.506-520.

⑦ Lim K, Sia C, Lee M et al., Do I Trust You Online, and If So, Will I Buy? An Empirical Study of Two Trust-Building Strategies, *Journal of Management Information Systems*, vol.23, no.2(2006), pp.233-266.

⑧ Ba S, Establishing Online Trust Through a Community Responsibility System, *Decision Support Systems*, vol.31, no.3(2001), pp.323-336.

个没有直接关系基础的人建立起关系。[①] 关系的建立，意味着基于关系的信任也随之建立。相比西方而言，这一理论更强调人际信任。

近年来，信任转移现象在社会化商务领域被关注与证实。2015 年，Chen & Shen 对豆瓣社区的实证研究发现，信任可以经由成员转移到社区，最终达成社区承诺，同时信任、承诺分别对成员在社区中的购买、分享意愿有显著正向影响。[②] 同年，Bai，Yao & Dou 对人人网用户购买行为的研究表明，第三方中介的存在显著降低了用户对产品的不确定性，并进一步影响了用户购买意愿。[③]

微商交易被认为是基于熟人之间信任的生意，通过人际口碑发展新客户。访谈显示，微商的有效客户通常是自己相熟的朋友、经由共同朋友推荐的人、公信力较高平台推荐的人，这些人对微商广告接受度较高。因此，本研究提出假设：

H1：微商广告回避过程中存在信任转移现象。

H2：用户对微商越信任，其广告回避程度越低。

2. 互惠

互惠（Reciprocity）被认为是人际关系中的基本特征与普适道德准则。互惠概念源于社会交换理论，该理论指出，人们在得到他人好处时会进行回报。Chan & Li 将在线社区中互惠定义为用户对帮助过自己或其他社区成员的人提供信息、社会支持的行为，这种行为是用户自愿、自由决定的。[④] 互惠的交换物涉及物质 / 非物质。在虚拟社区中，用户的互惠行为包括对知识、情感、信息和关系等的交换。Chang & Chuang 研究发现，虚拟社区用户的知识分享体现了互惠心理，如果分享是公平互利的，用户就倾向于贡献更多。[⑤]

互惠是关系型商业模式运作的核心原则，这在中西方都是一致的。不同的

---

① 陈波：《关系营销与中国关系型商业模式的兼容性研究——社会网络理论的视角》，《北京工商大学学报：社会科学版》2005 年第 20 期。

② Chen J, Shen X-L, Consumers' Decisions in Social Commerce Context: An Empirical Investigation, *Decision Support Systems*, vol.79(2015), pp.55-64.

③ Bai Y, Yao Z, Dou Y-F, Effect of Social Commerce Factors on User Purchase Behavior: An Empirical Investigation from Renren.com, *International Journal of Information Management*, vol.35, no.5(2015), pp.538-550.

④ Chan K W, Li S Y, Understanding Consumer-to-Consumer Interactions in Virtual Communities: The Salience of Reciprocity, *Journal of Business Research*, vol.63, no.9-10(2010), pp.1033-1040.

⑤ Chang H H, Chuang S S, Social Capital and Individual Motivations on Knowledge Sharing: Participant Involvement as a Moderator, *Information and Management*, vol.48, no.1(2011), pp.9-18.

是，西方的互惠强调等价交换[①]，交易双方的投入与收获以契约的形式清楚订立，是否进行互惠在很大程度上取决于人们对公平的感知。在中国式关系经济中，互惠主导着关系的建立与维系。关系的发起方利用礼物、宴请等方式使目标方承担情感、道德上的义务，形成互惠。关系建立后，双方成员以泛家族化（类似家庭成员／亲戚）模式相处，通过持续的情感、物质互惠强化关系。[②] 中国人将互惠视为"做人情"，人情交换与契约无关，[③] 更像是一种隐性法则。人们会基于"攒人情"的考虑主动帮助关系网中的人。但这种帮助往往不带有明确目的，付出人情者并不能确定自己将在何时、以何种方式获得回报。[④]

中国式互惠行为广泛存在于网络社交平台，成为一大特色。博报堂发布的《生活者"动"察2014》调研报告显示，中国消费者通过社交网络与熟人进行频繁的信息、情感交流，以巩固圈子关系。[⑤] 访谈发现，用户将接收微商广告／购买微商产品视为对其的一种支持。被访者称，"别人做微商也挺不容易的，没必要屏蔽他们""反正都是朋友，有合适的（产品）也可以支持（购买）一下"。有被访者表示，熟人微商在推荐产品时会请求自己给予"帮衬"。这说明部分微商已意识到互惠对人际关系营销的作用。据此，本研究假设：

H3：用户与微商互惠水平越高，其广告回避程度越低。

3. 关系强度

关系强度（Tie Strength）指关系网中成员联结的效力。[⑥] 成员间的关系可被归类为强关系或弱关系。强关系成员通常是彼此的家人、好友等，他们之间的交往频繁、私密，互相为对方提供物质与情感支持。弱关系成员的交往大多在非个人层面，他们通常是彼此认识的人、同事之类，相互之间以信息支持为主。[⑦]

---

① 周鑫华：《基于中国文化的关系营销研究》，《商业研究》2011年第3期。

② 陈波：《关系营销与中国关系型商业模式的兼容性研究——社会网络理论的视角》，《北京工商大学学报》（社会科学版）2005年第20期。

③ 周鑫华：《基于中国文化的关系营销研究》，《商业研究》2011年第3期。

④ 陈波：《关系营销与中国关系型商业模式的兼容性研究——社会网络理论的视角》，《北京工商大学学报》（社会科学版）2005年第20期。

⑤ 市场营销咨询有限公司博报堂生活综研（上海）:《信蜂》，上海：文汇出版社，2014年。

⑥ Hwang K, Face and Favor: The Chinese Power Game, *American Journal of Sociology*, vol.92, no.4(1987), pp.944-974.

⑦ Pigg K E, Crank L D, Building Community Social Capital: The Potential and Promise of Information and Communications Technologies, *The Journal of Community Informatics*, vol.1, no.1(2004), pp.58-73.

1987 年，Brown & Reingen 在对社交关系的开创性研究中发现，关系强度影响口碑传播。[①]之后关系强度便被广泛应用于口碑传播研究领域。随着网络的发展，关系强度对电子口碑的作用也得到证实。2011 年，Chu & Kim 在对社交网站研究表明，用户的感知关系强度与其电子口碑行为呈显著正相关。[②]社会化商务属于关系型商业模式，与口碑传播一样基于人际关系。近年来，学者们尝试将关系强度引入社会化商务研究。2013 年，刘正源对美丽说用户行为展开了实证研究，发现关系强度对用户购买有促进作用。[③]2015 年，Kang & Johnson 对 Facebook 的研究显示，关系强度作为调节变量显著影响用户的在线购物意愿。[④]

庄贵军和席酉民指出，关系先于生意而存在是中国式关系营销与西方关系营销的最大差别。[⑤]微信朋友圈被认为是以强关系为主、弱关系为辅的社交圈，[⑥]在开展关系营销上有着得天独厚的优势。但访谈发现，微商为提高广告流量往往会不断添加新好友，添加渠道包括自己的熟人、朋友／平台推荐、附近的人、扫码奖励等形式。弱关系人群的增加，导致了微商营销效率的降低。访谈证实，用户更倾向于屏蔽不相熟的微商。有被访者称"屏蔽自己的（做微商的）姨妈会很尴尬"，还有人表示对不熟的微商"平时都会屏蔽，有需要的时候才会点进他们朋友圈去看"。因此，本研究假设：

H4：用户与微商关系越紧密，其广告回避程度越低。

（二）广告认知类因素假设

1. 相关性

相关性（relevance）概念源于对信息处理机制的研究。当信息呈个人相关

① Brown J J, Reingen P H, Social Ties and Word-of-Mouth Referral Behavior, *Journal of Consumer Research*, vol.14, no.3(1987), pp.350.

② Chu S C, Kim Y, Determinants of Consumer Engagement in Electronic Word-Of-Mouth (EWOM) in Social Networking Sites, *International Journal of Advertising*, vol.30, no.1(2011).

③ 刘正源：《社会化电子商务中信任影响因素对服装购买决策的影响——以"美丽说"为例》，硕士学位论文，北京服装学院，2013 年。

④ Kang J Y M, Johnson K K P, F-Commerce Platform for Apparel Online Social Shopping: Testing a Mowen's 3M Model, *International Journal of Information Management*, vol.35, no.6(2015), pp.691-701.

⑤ 庄贵军，席酉民：《关系营销在中国的文化基础》，《管理世界》2003 年第 10 期。

⑥ 龙亚平：《微信营销——基于 SoLoMo 的应用》，《商场现代化》2013 年第 22 期。

时，受众会对其进行更为精细的加工，记忆也会更为持久。[①] 与受众相关的劝说信息容易激发更强的认知解释，从而导致其态度的巩固或改变。[②③]Wells 等指出广告中也存在个人相关性，这种相关体现在广告内容与受众当前兴趣、需求和行为的关联上。[④]

移动互联网的普及使与受众高度相关的精准广告成为可能。在定制化／个性化广告研究中，相关性对广告态度、行为的积极作用得到证实。Scharl 等对移动广告成功因素进行了探索，发现不相关是导致用户对广告厌烦的最重要原因。[⑤]Xu 对手机广告的研究显示，定制化可有效防止用户在接受广告时产生厌烦与被干扰的情绪。[⑥]Cranor 发现，受众认为符合他们兴趣的定制广告是有价值的而愿意接收。[⑦]Rau 等研究了手机广告回避机制，发现相关性通过减少用户感知侵扰，减少了回避反应的产生，并提高了广告态度及回忆度。[⑧]

国内已有学者将相关性因素引入广告回避研究领域。李雪梅研究发现，个人相关性显著负向影响受众对网络广告的行为回避。[⑨]曹雪静针对行为定向广告的研究显示，广告的定制化对受众认知、情感和行为回避均有显著负向影响。[⑩]

微商质化研究显示，"暴力刷屏"是微商广告引发受众反感的主要原因。所谓"暴力"，指的便是信息与用户的低度相关。访谈得出了类似结论。多数被访者表示，自己屏蔽微商的主要原因是自己对那些产品／服务不感兴趣，或者说

---

① Tam K Y, Ho S Y, Understanding the Impact of Web Personalization on User Information Processing and Decision Outcomes, *MIS Quarterly*, vol.30, no.4(2006), pp.865-890.

② Petty R, Cacioppo J, The Elaboration Likelihood Model of Persuasion, *Advances in Experimental Social Psychology*, vol.19(1986), pp.123-205.

③ Eisenstadt D, Leippe M R, Dissonance and Importance: Attitude Change Effects of Personal Relevance and Race of the Beneficiary of a Counter Attitudinal Advocacy, *The Journal of social psychology*, vol.145, no.4(2005), pp.447-468.

④ Wells W D, Leavitt C, McConville M, A Reaction Profile for TV Commercials, *Journal of Advertising Research*, vol.11, no.6(1971), pp.11-17.

⑤ Scharl A, Dickinger A, Murphy J, Diffusion and Success Factors of Mobile Marketing, *Electronic Commerce Research and Applications*, vol.4, no.2(2005), pp.159-173.

⑥ Xu D J, The Influence of Personalization in Affecting Consumer Attitudes Toward Mobile Advertising in China, *Journal of Computer Information Systems*, vol.47, no.2(2006), pp.9-19.

⑦ Cranor L F, Can users Control Online Behavioral Advertising Effectively? *IEEE Security and Privacy*, vol.10, no.2(2012), pp.93-96.

⑧ Rau P-L P L P, Liao Q, Chen C, Factors Influencing Mobile Advertising Avoidance, *International Journal of Mobile Communications*, vol.11, no.2(2013), pp.123.

⑨ 李雪梅:《网络广告回避反应影响因素研究》，硕士学位论文，西南交通大学，2006 年。

⑩ 曹雪静:《行为定向广告回避影响因素研究》，硕士学位论文，厦门大学，2014 年。

觉得他们不适合自己。因此，本研究假设：

H5：微商广告与用户相关性越高，用户广告回避程度越低。

2. 视觉线索

视觉线索（Visual Cues）指信息本身的视觉特质。经典说服理论指出，信息的特质影响着说服效果。随着网络技术的进步，网络信息由文字转为多媒体信息流，视觉线索对消费者的影响开始受到学界重视。[①]

在电子商务领域，视觉线索的运用让消费者有机会更直观地识记产品，并通过网站营造的视觉氛围产生情感倾向。Pinsky & Wipf 研究发现，动画、视频等视觉线索能显著促进消费者对产品的感知与记忆。[②]Demangeot & Broderick 指出，信息的视觉审美是网络购物环境中被提及与验证最多的影响因素。其研究显示，网站的视觉审美影响消费者对该网站的感官体验，并作为网站的显著特征吸引消费者的注意力。[③]网络口碑相关研究表明，由于视频、图片相对于文字更难以造假的特性，视觉线索通常更容易给消费者带来真实感，从而引发其对产品的认同／排斥。Lurie & Mason 指出，视觉信息能带来强烈的暗示作用，口碑中的视觉线索让消费者生成产品期望，是影响购买决策的因素之一。[④]Davis & Khazanchi 对在线电子商务企业的实证研究表明，网络口碑数量结合视觉线索影响着消费者对产品的认知，从而推动销售。而单纯网络口碑数量的增长，对销售无显著影响。[⑤]

文献回顾显示，国内广告制作水平低、缺乏审美是导致受众回避广告的重要原因，在网络广告上尤为明显。这一特殊情况，与我国广告业整体发展程度不高有关。这类因素虽屡次被提出，却并未经过实证检验。微商广告属于 UGC，发布者营销水平参差不齐致使广告质量波动性大。访谈中不少用户指出，自己讨厌／不相信微商广告的主要原因是因为"文字和配图看起来比较 low（格

---

① Fang X, Salvendy G, Customer-Centered Rules for Design of E-Commerce Web Sites, *Communications of the ACM*, vol.46, no.12(2003), pp.332-336.

② Pinsky L E, Wipf J E, A Picture is Worth a Thousand Words: Practical Use of Videotape in Teaching, *Journal of General Internal Medicine*, vol.15, no.11(2000), pp.805-810.

③ Demangeot C, Broderick A J, Exploring the Experiential Intensity of Online Shopping Environment, *Qualitative Market Reach: An International Journal*, vol.9, no.4(2006), pp.325-351.

④ Lurie N H, Mason C H, Visual Representation: Implications for Decision Making, *Journal of Marketing*, vol.71, no.1(2007), pp.160-177.

⑤ Davis A K D, An Empirical Study of Online Word of Mouth as a Predictor for Multi-Product Category E-Commerce Sales, *Electronic Markets*, vol.18, no.2(2008), pp.130-141.

调低），有点像传销""图片像素好渣（低），看起来就是假的"。因此，本研究假设：

H6：微商广告视觉效果越好，用户广告回避程度越低。

四、研究设计

本文依据研究假设，对各个变量的测量进行设计之后形成调研问卷。问卷分为三部分，第一部分为甄别题，甄别被试者是否为研究对象后，指导其选出自己朋友圈中最具代表性的微商作为关键指标测量依据；第二部分为关键指标测量题（量表均采用里克特 5 点形式），测量研究所需变量；第三部分为基本信息题，统计被试者性别、朋友圈黏性、年龄、受教育程度、收入水平信息。问卷形成后，研究者开展了预调研，根据调研信度及被试者反馈对部分题项进行修正，确定正式调研问卷。本研究量表项目总计 26，整体信度达 0.885，分量表信度均达 0.840 以上，信度较高，部分变量信度达到优秀水准（0.9 以上）。

（一）社会关系类因素测量

本文纳入的社会关系类因素包括信任、互惠、关系强度，对信任因素的研究涉及信任转移理论。用户对微商的信任可由对推荐人、推荐平台的信任转移而来。因此，本研究对信任的测量分为人际信任、平台信任两种。

1. 人际信任

2011 年，Chang & Chuan 在其关于虚拟社区用户分享行为的研究中，将信任定义为"用户对他人依社区规范、准则行事的信念和期待"，使用 5 个题项量表进行测量。[1]2015 年，Chen & Shen 研究了信任转移对社会化商务用户购买与分享的影响，该研究将社区成员间的信任定义为"用户相信他人语言、行动、决定的意愿"，量表包含 3 个题项。[2]本研究在此基础上，结合微信用户人际关系特点，按中文语言习惯修改特定表述，制定量表如表 3。

---

① Chang H H, Chuang S S, Social Capital and Individual Motivations on Knowledge Sharing: Participant Involvement as a Moderator, *Information and Management*, vol.48, no.1(2011), pp.9-18.

② Chen J, Shen X-L, Consumers' Decisions in Social Commerce Context: An Empirical Investigation, *Decision Support Systems*, vol.79(2015), pp.55-64.

表3 人际信任量表

变量	测量语句	主要来源
人际信任	即使有机会，这位微商／推荐人也不会占我的便宜。 我与这位微商／推荐人总能遵守彼此的承诺。 交往中，这位微商／推荐人对我的言行前后保持一致。 如果进行交易，这位微商一定会对我诚实守信。	Chang & Chuan (2011)；Chen & Shen (2015)

2. 平台信任

2011年，Liang等在其社会化商务影响因素的研究中，将平台信任定义为"用户对网站的信念，相信它是诚实与善意的"，研究使用3个题项测量了用户对Plurk.com的信任。[①]2015年，Chen & Shen在信任转移的研究中也使用了同样的3条目量表，测量用户对豆瓣社区的信任。[②]本研究沿用该量表，微调使其适合研究内容，形成如表4的测量表。

表4 平台信任量表

变量	测量语句	主要来源
平台信任	在使用过程中，该平台总是能满足我的期待。 该平台可以称得上是优秀的网站／论坛／虚拟社区等。 该平台是值得信任的信息来源。	Liang等 (2011)；Chen & Shen (2015)

3. 互惠

西方文化中的互惠强调公平。2011年，Chang & Chuan围绕公平与帮助拟定了3条目量表，测量用户在虚拟社区的互惠行为。[③]中国文化中的"人情"涉及一系列社会规范和行为规则的利益交换，与西方"互惠"非常相像。[④]关于人情的实证研究较少，量表也不够成熟。2007年，Qian等开发的人情量表有4

---

① Liang T-P, Turban E, Introduction to the Special Issue Social Commerce: A Research Framework for Social Commerce, *International Journal of Electronic Commerce*, vol.16, no.2(2011), pp.5-14.

② Chen J, Shen X-L, Consumers' Decisions in Social Commerce Context: An Empirical Investigation, *Decision Support Systems*, vol.79(2015), pp.55-64.

③ Chang H H, Chuang S S, Social Capital and Individual Motivations on Knowledge Sharing: Participant Involvement as a Moderator, *Information and Management*, vol.48, no.1(2011), pp.9-18.

④ Hwang K, Face and Favor: The Chinese Power Game, *American Journal of Sociology*, vol.92, no.4(1987), pp.944-974.

个条目，达到了 0.810 的信度。[①] 本研究以前者量表为主，借鉴后者量表对人情的部分表述，形成如表 5 的测量条目。

表 5 互惠量表

变量名称	测量语句	主要来源
互惠	我与这位微商相互支持，这合乎人际交往的常理。	Qian 等 (2007)；Chang & Chuan (2011)
	我不喜欢欠人情，所以我主动支持这位微商。	
	我支持这位微商，或许有一天她／他会在我需要的时候支持我。	

4. 关系强度

1990 年，Frenzen & Davis 在对嵌入市场（Embedded Markets）的研究中引入关系强度变量，在梳理前人测量指标的基础上，研究将关系强度分为亲密度、亲昵度、支持度和关联度四个子变量施测。[②]2010 年，中国学者毕继东在其博士论文中将每个维度分别简化为 1 个测量条目，其中亲密度改用"熟悉度"表示，并根据 Gilly 等的研究，增加了关于同质性的测量题项。[③] 修改后的量表信效度较高，被若干本土研究采用。本研究沿用该量表，但在第一次前测后删除支持题项，形成量表如表 6。

表 6 关系强度量表

变量名称	测量语句	主要来源
关系强度	我与这位微商很熟悉。	Frenzen & Davis (1990)；毕继东（2010）
	我会与这位微商讨论有关个人的话题。	
	如果有需要，我愿意花时间陪伴这位微商。	
	我与这位微商有相似之处（如背景、经历、爱好等）。	

---

① Qian W, Razzaque M A, Keng K A, Chinese Cultural Values and Gift-Giving Behavior, *Journal of Consumer Marketing*, vol.24, no.4(2007), pp.214-228.

② Frenzen J K, Davis H L, Purchasing Behavior in Embedded Markets, *Journal of Consumer Research*, vol.17, no.1(1990), pp.1.

③ 毕继东：《负面网络口碑对消费者行为意愿的影响研究》，硕士学位论文，山东大学，2010年。

（二）广告认知类因素测量

1. 相关性

相关性的测量主要基于网络广告的定制化、精准化特性，量表通常带有定制（Customized/Tailored）、基于 XX 的推荐（Recommendation Based on）类似表述。微商广告并非基于大数据后台的精准广告，不适用该类表述。本研究参考 Zhang, Agarwal & Lucas 制定的量表，围绕多数内容（Most Items）是否符合受众偏好、品位、兴趣测量个人相关性。[①]访谈显示，微商以售卖女性产品为主，男性用户接收到某些广告会产生身份不符的尴尬。因此本文增补身份相关测量条目，形成量表如表 7。

表 7 相关性量表

变量名称	测量语句	主要来源
个人相关	这位微商广告的产品／服务与我的偏好相符合。	Zhang, Agarwal & Lucas (2011)
	这位微商广告的产品／服务与我的品味相符合。	
	这位微商广告的产品／服务与我的身份相符合。	
	这位微商广告的产品／服务让我感兴趣。	

2. 视觉线索

微商营销被认为是基于口碑的营销，微商广告信息形式与电子口碑也存在多种相似之处。西方学者对视觉线索的研究通常基于整体视角，测量网站视觉审美[②]，鲜有对口碑视觉线索的测量。2010 年，毕继东结合平面设计相关文献，从文字、图片、视频以及信息的排版组合等方面，编制了 6 条目的网络口碑视觉线索量表。[③]2012 年，梦非在其博士论文中，基于扎根访谈研究结果，拟定

[①] Zhang T, Agarwal R, Lucas J H C, The Value of IT-Enabled Retailer Learning: Personalized Product Recommendations and Customer Store Loyalty in Electronic Markets, *MIS Quarterly*, vol.35, no.4(2011), pp.859-A7.

[②] Yang K, Li X, Kim H et al., Social Shopping Website Quality Attributes Increasing Consumer Participation, Positive EWOM, and Co-Shopping: The Reciprocating Role of Participation, *Journal of Retailing and Consumer Services*, vol.24, no.C(2015), pp.1-9.

[③] 毕继东：《负面网络口碑对消费者行为意愿的影响研究》，硕士学位论文，山东大学，2010 年。

了 4 条目的电子口碑视觉线索量表。[①] 本文参考这两份量表，依据访谈采集的代表性陈述，进行删减与增补，得出如表 8 题项。

表 8 视觉线索量表

变量名称	测量语句	主要来源
视觉线索	这位微商的广告文字清晰，表述得体。	毕继东 (2010)，梦非 (2012)
	这位微商的广告图片清晰，符合文意。	
	这位微商的广告编排美观，重点突出。	
	这位微商的广告信息中包含直观的视频讲解。	
	这位微商将广告与生活结合，如发布本人、亲朋好友使用产品／服务的日常情景等。	

（三）广告回避程度测量

在经典网络广告回避模型中，Cho & Cheon 将受众对网络广告的回避反应划分为认知、情感和行为回避三个子变量，并指出三类回避均属于受众对广告的实时反应，不存在递进关系。[②] 但实际上，认知、行为回避属于回避策略，情感回避属于回避态度，三者若称平行难免勉强。该模型虽得到后续研究广泛借鉴，但在具体回避反应测量上，西方学者往往根据研究目的选择特定维度。Kelly 在对社交网站广告回避模型的探索中，便将策略视为回避的落脚点，而舍弃了情感回避。[③]

移动互联网的发展使广告与受众如影随形。广告回避作为一种消极的广告反应，已经成为受众媒介接触中的普遍现象。Web2.0 时代受众拥有极大主动权，回避策略趋于丰富。艾媒咨询 2015 年相关调查显示，超过六成（63.5%）的国内手机网民很少主动点击移动广告，27% 的人表示会完全忽略或跳过移动广告。[④] 笔者认为，对回避反应进行平行分类强调回避的有无，在现今媒介环境

---

① 梦非:《社会化商务环境下意见领袖对购买意愿的影响研究》，硕士学位论文，南京大学，2012 年。

② Chang-Hoan Cho, Hongsik John Cheon, Why do People Avoid Advertising on the Internet? *Journal of Advertising*, vol.33, no.4(2004), pp.89-97.

③ Kelly L, Kerr G, Drennan J, Avoidance of Advertising in Social Networking Sites: the Teenage Perspective, *Journal of Interactive Advertising*, vol.10, no.2(2010), pp.16-27.

④ 艾媒咨询:《2014-2015 年中国移动广告行业研究报告》，2015 年 1 月，https://www.iimedia.cn/14303749586438i6l1.pdf，2016 年 3 月 10 日。

下意义已经不大。研究者可基于特定媒介，从回避程度强弱角度对受众反应进行区隔，以反映其抗拒水平的高低，进而探究如何削弱与缓和回避。

访谈显示，用户接到微商广告后可能的行为包括：查看广告、浏览广告、翻动页面忽略广告、屏蔽微商朋友圈、删除微商账号、拉黑微商账号。对被访者不同行为的动因进行详细追问后，笔者合并了最后两项，并按回避程度高低对5种反应进行了赋分。需要说明的是，"查看广告"代表最低度的回避（即不回避），"浏览广告"代表回避了部分广告内容，它们并不属于传统意义上的回避策略，但仍隐含了受众对广告的不同态度。因此，本研究将其一并纳入赋分系统中。被试者以自己对代表性微商广告的反应做出选择（单选），对应分值即为该变量得分。

表 9 广告回避程度测量

变量名称	测量语句	赋分
广告回避程度	查看广告（较仔细阅读文字，点开多数图片／视频）	1
	浏览广告（浏览或忽略文字，点开少数图片／视频）	2
	通过翻动页面等方式将广告忽略	3
	考虑（或已经）屏蔽其朋友圈	4
	考虑（或已经）删除／拉黑其账号	5

五、研究结果

因研究对象特殊，本研究采用线上发放问卷的方式回收数据。访员为广告系研究生，他们依据既定配额，经由微信等手机即时通讯媒介给被试者一对一发送问卷链接与填答说明。问卷自2016年3月11日正式发放，3月14日截止，共收集问卷1054份。经由两个过滤题筛选后问卷数为812份，除去填答时间低于2.5分钟的问卷后，最终用于分析的问卷为708份。使用SPSS22.0对问卷进行分析，描述样本情况、验证研究假设如下。

（一）描述性统计分析

1. 样本基本特征描述

本研究基于性别、年龄、学历、职业情况拟定配额，708份有效问卷基本满足配额要求。研究对象中，女性占比54.8%，男性占比45.2%，接近1：1

的配额目标。女性稍高于男性，更符合微商目标群体性别取向。

企鹅智酷《微信的"影响力"》报告显示，微信用户18岁以下占2.0%，18—25岁占45.4%，26—35岁占40.8%，36—50岁占9.5%，51—60岁占1.4%，60岁以上占0.3%。[①] 样本基本模拟了微信用户年龄段比例。因60岁以上有效样本仅1人，本文将其与上一年龄段合并进行分析。

微信用户学历分布为，初中及以下18%，高中33%，本科37%，硕士2%，博士及以上1%。[②] 本研究样本整体学历较高，与访员自身为研究生有关。本文将初中（以下）与高中／中专合并，统称为低学历群体，硕士与博士（以上）群体合并，统称为高学历群体。

微信用户职业分布为，企业职员31.9%，个体户或自由职业者28.3%，学生19.7%，事业单位员工10.6%，待业人员4.1%，军队或党政机关人员2.5%，农民1.1%，离退休人员0.5%。[③] 本研究将企业职员、事业单位员工、军队或党政机关人员归为上班族，个体户或自由职业者、待业人员归为个体经营者，农民、离退休人员等归为其他。样本基本满足分布要求，突破了微信实证研究以学生为主要样本的局限。

此外，本研究对样本月收入、微信朋友圈使用黏性也进行了统计，根据样本分布，笔者将月收入划分为低收入、较低收入、中等收入、较高收入、高收入5个等级。《微信的"影响力"》报告显示，平均每天打开微信10次以上的用户达55.2%，微信用户黏性较高。[④] 本研究采用相同调查方式，用点开／刷新朋友圈次数界定用户黏性。根据样本分布，笔者将用户黏性分为低黏性、较低黏性、中等黏性、较高黏性、高黏性5级。

---

① 企鹅智酷：《解密微信：微信平台首份数据研究报告》，2015年1月，http://tech.qq.com/a/20150127/018482.htm#p=1，2015年1月27日。

② 企鹅智酷：《解密微信：微信平台首份数据研究报告》，2015年1月，http://tech.qq.com/a/20150127/018482.htm#p=1，2015年1月27日。

③ 企鹅智酷：《解密微信：微信平台首份数据研究报告》，2015年1月，http://tech.qq.com/a/20150127/018482.htm#p=1，2015年1月27日。

④ 企鹅智酷：《解密微信：微信平台首份数据研究报告》，2015年1月，http://tech.qq.com/a/20150127/018482.htm#p=1，2015年1月27日。

表 10 样本基本特征

性别	频率	百分比	年龄	频率	百分比
女	388	54.8%	18 岁以下	8	1.1%
男	320	45.2%	18-25 岁	297	41.9%
—	—	—	26-35 岁	288	40.7%
—	—	—	36-50 岁	106	15.0%
—	—	—	51 岁以上	8	1.3%
学历	频率	百分比	职业	频率	百分比
高中／中专及以下	70	9.9%	学生	154	21.8%
专科	103	14.5%	上班族	436	61.6%
本科	404	57.1%	个体经营者	108	15.3%
硕士及以上	131	18.5%	其他	10	1.4%
月收入	频率	百分比	朋友圈黏性	频率	百分比
低收入（1000 元以下）	68	9.6%	低黏性（并非每天点开）	72	10.2%
较低收入（1000—1999 元）	116	16.4%	较低黏性（10 次及以下）	218	30.8%
中等收入（2000—3999 元）	225	31.8%	中等黏性（11—20 次）	207	29.2%
较高收入（4000—5999 元）	155	21.9%	较高黏性（21—30 次）	100	14.1%
高收入（6000 元及以上）	144	20.3%	高黏性（31 次及以上）	111	15.7%

2. 关键指标描述性分析

甄别题以数量判定被试者最主要的微商来源，并指导被试者在该来源中选择最具有代表性的一名微商填答关键指标类问题。可以认为，这名微商在一定程度上代表了被试者对微商相关问题的认知。

由表 11 可知，被试者对微商的信任在 3.5 分左右，并且有 61.9% 的人对微商的信任达到了 4 分及以上。可见基于以熟人为主的社交平台，用户对朋友圈中的微商有前置的信任感。对微商推荐人／平台的信任也高于 3 分，其中对推荐人的信任尤其值得注意，不但均值高于微商整体信任水平，而且有 77.8% 的填答值在 4 分及以上。可初步推断，熟人推荐好友是微商优质的客户来源。互惠、关系强度的均值都在 3 分左右，百分比接近 50%。这说明整体上，微商并没有与用户进行较为深入的沟通与交往。

相关性的均值低于 3 分，并且只有 41.8% 的被试者认为微商广告与自己相关，说明微商目前"广撒网、乱撒网"的现象比较严重。视觉线索均值略高于 3 分，有 64.7% 的被试者认为微商广告的视觉体验较好，但仍存在较大改善空间。

表 11　量表描述性分析

指标名称	样本量	均值	标准差	百分比
微商信任	708	3.48	0.94	61.9%
推荐人信任	99	3.57	0.90	77.8%
推荐平台信任	25	3.23	0.94	44.0%
互惠	708	3.02	1.03	45.6%
关系强度	708	2.99	1.07	44.9%
相关性	708	2.89	1.11	41.8%
视觉线索	708	3.35	0.94	64.7%

* 本表格中百分比表示大于 3 分的样本占比。

问卷概括了用户在微商广告出现时的五种不同行为。统计表明，完全不回避的用户只有 15.0%，回避所有广告信息的用户超过半数（52.0%），其中采用屏蔽／删除／拉黑等方式回避的用户比例高达 27.5%。可见用户对微商广告的整体回避程度较重，缓解回避是提高微商营销效果的重要命题。

（二）回归分析

1. 信任转移验证

描述性统计显示，代表性微商来自熟人推荐的被试者有 99 名。根据信任转移假设，研究针对这些样本进行"推荐人信任"到"微商信任"的回归分析。结果表明，推荐人信任可以解释微商信任总变异量的 40.9%，影响关系为正向，F 值与影响系数均达 0.01 水平显著。"推荐人信任—微商信任"路径成立，可建立标准化回归方程如下：

微商信任 = 0.644* 推荐人信任

表 12 推荐人信任转移模型摘要

预测变量	非标准化系数		标准化系数	t 值	显著性
	B	标准误	Beta（β）		
常量	1.046	0.312	——	3.349	0.001
推荐人信任	0.649	0.078	0.644	8.292	0.000
R=0.644 R²=0.415 调整后 R²=0.409 F=68.765（P=0.000）					

因变量：微商信任

代表性微商来自熟悉平台推荐的被试者有 25 名。本文对这部分样本进行"推荐平台信任"到"微商信任"的回归分析。数据显示，推荐平台信任可以解释微商信任总变异量的 31.1%，影响关系为正向，F 值与影响系数均达 0.01 水平显著。"推荐平台信任—微商信任"路径成立，可建立标准化回归方程如下：

微商信任 = 0.583* 推荐平台信任

表 13 推荐平台信任转移模型摘要

预测变量	非标准化系数		标准化系数	t 值	显著性
	B	标准误	Beta（β）		
常量	1.697	0.472	——	3.595	0.002
推荐平台信任	0.489	0.142	0.583	3.438	0.002
R=0.583 R²=0.339 调整后 R²=0.311 F=11.821（P=0.002）					

因变量：微商信任

综合以上两个回归方程可知，用户对微商推荐人／平台的信任程度越高，就越倾向于信任其推荐的微商，影响关系明显（系数均在 0.6 左右）。其中熟人推荐的影响力更大，这一推荐渠道下，用户对微商信任的 40.9% 来自推荐人。假设 1 成立。

2. 广告回避影响因素验证

本文通过多元回归分析验证社会关系类、广告认知类因素对微商广告回避的影响。在多元回归中，需要注意模型的自我相关及多重共线性问题。Durbin-Watson 值用于检验自我相关程度，当 D-W 值越接近 2 时，表示相关系数越接近 0，残差项间项无自我相关。方差膨胀系数（VIF）可用于判断是否存在多重共线性，当 VIF 大于 10，则表示变量间存在线性重合。[①] 本模型中，D-W 值 =1.963，各项 VIF 均小于 3，可认为满足要求。

回归分析显示，这两类因素共可以解释广告回避总变异量的 41.9%，除开关系强度外，其余四个影响因素均达到 0.01 的显著性水平，对回避的影响为负向，与假设相符。可建立标准化回归方程如下：

广告回避 = -0.114* 微商信任 -0.155* 互惠 -0.137* 视觉线索 -0.410* 相关性

表 14 广告回避多元回归模型摘要

预测变量	非标准化系数		标准化系数	t 值	显著性	VIF
	B	标准误	Beta（β）			
常量	5.146	0.135	—	38.092	0.000	—
微商信任	-0.133	0.045	-0.114	-2.980	0.003	1.768
互惠	-0.165	0.049	-0.155	-3.38	0.001	2.548
关系强度	0.07	0.041	0.068	1.735	0.083	1.883
相关性	-0.407	0.038	-0.41	-10.803	0.000	1.757
视觉线索	-0.161	0.047	-0.137	-3.43	0.001	1.954
R=0.651 R²=0.423 调整后 R²=0.419 F=103.039（P=0.000）D-W 值 =1.963						

因变量：广告回避

经回归分析未达显著水平的自变量不一定与因变量没有关系。有可能是因为自变量间存在中高度相关，而导致某些变量被排除于回归模型之外。如果两个自变量相关程度较高，还可能导致参数符号与理论不符合的现象。[②] 因此在多元回归分析中，一般要求自变量彼此之间相关系数不超过 0.7。上述回归模型中未达到显著水平的关系强度变量，其影响系数为正，与理论预期不符。经相关矩阵检验后，发现关系强度与互惠呈中高度相关，相关系数为 0.656（P=0.000），接近 0.7。

基于这一情况，本文将关系强度作为自变量、广告回避作为因变量，进行了单变量回归分析，以确认两者之间是否存在关系。结果显示，关系强度对广告回避有显著影响，影响方向与理论相符合，但影响力低，仅能解释回避 9.8%

---

① 吴明隆：《问卷统计分析实务 :SPSS 操作与应用》，重庆：重庆大学出版社，2010 年。
② 吴明隆：《问卷统计分析实务 :SPSS 操作与应用》，重庆：重庆大学出版社，2010 年。

的变异量。可建立标准化回归模型如下：

广告回避 = -0.315* 关系强度

表 15 关系强度影响回避模型摘要

预测变量	非标准化系数		标准化系数	t 值	显著性
	B	标准误	Beta（β）		
常量	3.651	0.117	—	31.256	0.000
关系强度	-0.324	0.037	-0.315	-8.820	0.000
R=0.315 R²=0.099 调整后 R²=0.098 F=77.787（P=0.000）					

因变量：广告回避

由此可见，关系强度对广告回避具有一定影响力，但由于该因素与互惠相关度较高，并且互惠对广告回避的影响力更大，[①] 导致在整体回归模型中，关系强度因素被排除在外。综上，假设2、3、5、6成立，假设4部分成立。

（三）方差分析

微商朋友圈广告是极具中国特色的营销手段，探索人口统计因素对广告回避及回避影响因素的作用，对行业的发展有一定现实意义。因此，本文在检验既有假设的基础上，将人口统计因素作为自变量，广告回避及各影响因素作为因变量进行方差分析。结果发现，性别、学历、职业、收入对部分因变量存在显著影响。

1. 性别

独立样本 T 检验表明，性别对微商广告回避程度、微商信任、视觉线索、相关性均存在显著影响。男性回避程度高于女性，女性对微商的信任、微商广告视觉体验与相关性评价均高于男性。尤其在相关性评价上，女性是中立偏积极的，男性却是明显消极。这侧面说明，微商把女性作为主要目标群体进行营销具有一定成效。

---

① 注：以互惠作为自变量、广告回避作为因变量建立的回归模型可以解释变异量的24.8%。回归方程为，广告回避 = -0.499* 互惠。

表 16 性别差异 T 检验

检验变量	平均数	标准差	t 值	显著性	性别	样本量
广告回避程度	2.55	1.0930	-3.539	0.000	女	388
	2.84	1.0900			男	320
微商信任	3.56	0.8726	2.515	0.012	女	388
	3.38	1.0097			男	320
视觉线索	3.46	0.8647	3.418	0.001	女	388
	3.22	1.0069			男	320
相关性	3.10	1.0646	5.682	0.000	女	388
	2.63	1.1094			男	320

2. 学历

方差分析基于因素方差同质的假定，因此在进行分析前首先要对各因素方差进行同质性检验。如果方差异质，则需先进行校正工作或选用其他比较方法。

方差同质性检验显示，广告回避、关系强度、相关性方差同质，信任、互惠、视觉线索方差异质。因此，本研究先分别使用 F 统计量（见表 17）和 Brown-Forsythe 统计量（见表 18）判断方差同质 / 异质因素均值是否存在显著差异，再分别使用 LSD 和 Tamhane 对差异显著的因素进行事后比较，确认差异来源（见表 19）。①

表 17 学历 ANOVA

		平方和	df	均方	F	显著性
广告回避程度	组之间	16.855	3	5.618	4.714	0.003
	组内	839.004	704	1.192	—	—
	总计	855.859	707	—	—	—
关系强度	组之间	9.223	3	3.074	2.713	0.044
	组内	797.842	704	1.133	—	—
	总计	807.065	707	—	—	—

---

① 注：因篇幅限制，方差分析章节表格仅列入检验达到显著的因素。

相关性	组之间	10.034	3	3.345	2.740	0.042
	组内	859.200	704	1.220	—	—
	总计	869.233	707	—	—	—

表 18 学历健壮性检验

		统计量 a	df1	df2	显著性
互惠	Brown-Forsythe	6.450	3	304.039	0.000
视觉线索	Brown-Forsythe	3.021	3	331.442	0.030

a. 渐近 F 分布。

结合均值与多重比较可知，学历低群体对微商广告接受度较高，他们与微商的关系强度、互惠水平更高，对微商广告的感知相关性更强，对视觉线索的评价也更高。

具体表现为，高中及以下群体广告回避程度低于本科、硕士及以上群体，关系强度、相关性、视觉线索评价则高于后者（关系强度均值：高中 3.27、专科 3.08、本科 2.97、硕士 2.85；相关性均值：高中 3.16、专科 2.95、本科 2.88、硕士 2.70；视觉线索均值：高中 3.66、专科 3.39、本科 3.31、硕士 3.28）。

学历在互惠上导致的差异更为明显。高中及以下群体在该指标上的均值显著高于本科、硕士及以上群体，同时，专科群体对该指标的评价也显著高于硕士及以上群体（互惠均值：高中 3.44、专科 3.16、本科 2.98、硕士 2.79）。

表 19 学历多重比较 LSD ∕ Tamhane

因变量	(I) 学历	(J) 学历	平均差 (I-J)	标准误	显著性	95% 置信区间	
						下限值	上限
广告回避程度（LSD）	高中及以下	本科	-0.462*	0.141	0.001	-0.740	-0.180
		硕士及以上	-0.516*	0.162	0.001	-0.830	-0.200
关系强度（LSD）	高中及以下	本科	0.305*	0.138	0.027	0.034	0.575
		硕士及以上	0.424*	0.158	0.007	0.115	0.734

续表

相关性（LSD）	高中及以下	本科	0.280	0.143	0.051	-0.001	0.561
		硕士及以上	0.456*	0.164	0.005	0.135	0.778
互惠（LSD）	高中及以下	本科	0.460*	0.153	0.02	0.049	0.871
		硕士及以上	0.649*	0.166	0.001	0.204	1.094
	专科	硕士及以上	0.361*	0.130	0.035	0.017	0.706
视觉线索（Tamhane）	高中及以下	本科	0.353*	0.129	0.044	0.006	0.701
		硕士及以上	0.385*	0.142	0.045	0.006	0.764

3. 职业

方差同质性检验显示，除相关性外，剩余 5 个变量均符合方差同质性假定。经过 F 统计量和 Brown-Forsythe 统计量判断后，仅互惠因素显著（见表 20）。使用 LSD 对互惠因素进行事后比较，发现学生与个体经营者、其他群体存在显著差异（见表 21）。

表 20 职业 ANOVA

		平方和	df	均方	F	显著性
互惠	组之间	8.756	3	2.919	2.769	0.041
	组内	742.005	704	1.054	—	—
	总计	750.761	707	—	—	—

对比 LSD 分析与互惠均值可知，互惠程度随群体社会化程度的提高而增加。在互惠均值上，学生为 2.87，低于 3 分的中间值；上班族为 3.02；个体经营为 3.16；其他（主要是离退休人员）为 3.60。

148

表 21 职业多重比较 LSD

因变量	(I) 职业	(J) 职业	平均差 (I-J)	标准误	显著性	95% 置信区间	
						下限值	上限值
互惠（LSD）	学生	个体经营者	-0.28603*	0.12885	0.027	-0.539	-0.0331
		其他	-0.72554*	0.33503	0.031	-1.3833	-0.0678

4. 收入

基于收入的方差分析中，所有变量都通过了方差同质性检验。进行 ANOVA 检验后，3 个变量达到显著（见表 22），分别为微商信任、互惠、视觉线索。

表 22 收入 ANOVA

		平方和	df	均方	F	显著性
微商信任	组之间	11.624	4	2.906	3.327	0.01
	组内	613.994	703	0.873	—	—
	总计	625.618	707	—	—	—
互惠	组之间	13.524	4	3.381	3.224	0.012
	组内	737.238	703	1.049	—	—
	总计	750.761	707	—	—	—
视觉线索	组之间	15.788	4	3.947	4.568	0.001
	组内	607.402	703	0.864	—	—
	总计	623.19	707	—	—	—

结合 LSD 分析与均值统计可知，收入高群体具有较大特异性，他们对微商的信任显著低于其他人群（信任均值：低收入 3.50、较低收入 3.59、中等收入 3.53、较高收入 3.54、高收入 3.23）。并且，相对较低收入、中等收入、较高收入人群，高收入群体互惠、视觉线索评分较低。

值得注意的是，低收入群体在互惠和视觉线索上的均分与高收入群体接近，两者不存在显著差异（互惠均值：低收入 2.77、较低收入 3.11、中等收入 3.11、较高收入 3.10、高收入 2.83；视觉线索均值：低收入 3.12、较低收入 3.43、中等收入 3.45、较高收入 3.46、高收入 3.12）。

六、研究结论与建议

（一）假设验证情况

上一部分通过数据分析对假设进行了检验，现将情况汇总如表 23。

表 23 假设验证情况

假设	假设内容	研究结果
H1	微商广告回避过程中存在信任转移现象。	成立
H2	用户对微商越信任，其广告回避程度越低。	成立
H3	用户与微商互惠水平越高，其广告回避程度越低。	成立
H4	用户与微商关系越紧密，其广告回避程度越低。	部分成立
H5	微商广告与用户相关性越高，用户广告回避程度越低。	成立
H6	微商广告视觉效果越好，用户广告回避程度越低。	成立

（二）主要研究结论

1. 三个社会关系因素对微商广告回避有显著影响

三个社会关系因素均能显著降低用户对微商广告的回避度，显示了人际关系在微商营销中的重要作用。综合两次回归分析结果，三个因素影响效力从强至弱排序为互惠、信任、关系强度。

互惠是关系网络运行的最重要原则，在关系营销中被广泛应用。互惠因素被证明为影响回避的最强社会类因素，证实了"关系"对微商营销重要性。本文对互惠的测量工具以西方量表为基础，结合中国人情理论修改而成，强调了互惠中的人情交换。西方互惠的前提是公平，在中国文化语境下，互惠则被称为"做人情"，有着更为复杂的心理预设。中国人不喜欢欠人情，并且倾向于主动付出人情以备不时之需。研究结果表明，用户将接收微商广告、购买微商产品视为一种人情付出，与微商互惠倾向越高的用户广告回避程度越低。虽然互惠因素对微商广告回避影响力较大，但整体而言，被试者与微商的互惠水平并不高。708 个样本互惠指标的均值为 3.02，并且只有 45.6% 的被试者对互惠的评分为 4 分及以上。可见，微商并没有充分利用互惠因素展开营销。

信任是在社会化商务领域的核心研究问题。现有质化研究认为，微商销售的达成主要基于熟人间的信任，其核心客户群的建立主要依赖熟人口碑传播。本文使用实证方式，描摹出了这一机制的生效过程，即用户对微商越信任，对其广告回避程度越低；并且，这种信任可以经由熟人／熟悉的平台传递到其推荐的微商身上。微商朋友圈属于自媒体，人们对微商广告的信任度实际是媒体公信力的体现。迟林晨指出，社交网络真实的人脉基础带来的是更高的媒介公信力，也是该媒介作为广告平台的价值所在。[①] 在微商行业整体口碑走低的情况下，被试者对代表性微商的信任均值依然达到了 3.48 分，且评分为 4 分及以上人群占比 61.9%。人脉对微商营销的价值可见一斑。

微商交易被认为是熟人间的买卖。本文试图探索关系强度与微商广告回避的关系，结果发现，关系强度对广告回避影响力甚弱，影响系数也比较小。这一结果的出现可能有两方面原因。第一，关系强度对广告回避的影响有可能是间接的。访谈显示，关系强度的不同可能导致互惠倾向不同，从而引发不同程度的广告回避。在既有文献中，关系强度对在线行为的作用主要在电子口碑传播方面，或者作为调节变量影响用户行为，不如互惠、信任对交易的影响直接。第二，本文对关系强度的测量过于西化，对中国特色人际关系把握不够。中国人际关系呈差序格局，经过繁杂的指标划分出各类圈子，并不适合以强／弱关系笼统界定。通过分类的方式探索关系程度对回避的影响，可能会得到更有价值的结论。

2. 广告认知类因素对微商广告回避有显著影响

广告认知类因素对微商广告回避有显著影响，积极的广告认知可显著降低用户广告回避程度。在本研究选定的两个因素中，相关性比视觉效果影响力更大。

将相关性与广告效果相联系的研究热潮出现于手机等个性化媒介的普及。微信朋友圈属于去中心化的移动社交媒介，用户倾向于回避任何不感兴趣的信息。实证分析表明，广告产品／服务与用户的不相关是导致其回避广告的最重要原因。目前，微商"广撒网、乱撒网"的现象严重。被试者在微商广告相关性题项上的均值为 2.89 分，且近 60% 的被试者评分低于 3 分。这样的结果与前

---

① 迟林晨：《社交网络的广告传播模式》，《新闻界》2012 年第 20 期。

期访谈相符合。大部分被访者表示，屏蔽微商的主要原因是对其广告产品"完全不感兴趣／不需要"。微商朋友圈是将社交与营销相结合的特殊平台。每个处于社会中的人同时拥有若干圈子，不同圈子内好友的身份与喜好不尽相同，微商推广的产品不可能是所有人感兴趣与需要的。盲目营销导致朋友反感，不但达不到广告效果，反而影响正常社交。

网络媒介对视觉感官的调动程度高于传统媒介，视觉线索在电子商务，尤其是电子口碑传播上的作用广受研究者重视。微商广告属于 UGC，相比传统媒体广告或主流网络广告而言"把关人"缺失，导致广告质量参差不齐。制作精良的广告容易吸引受众注意力，而粗制滥造的广告则可能导致排斥。本研究对微商广告视觉线索的测量包括文字、图片、排版、视频和生活化 5 个方面。实证结果显示，微商广告视觉效果越好，用户广告回避程度越低。视觉线索均值为 3.35 分，64.7% 的被试者对其评分高于 3 分。广告粗制滥造现象在一定程度上得到改善，但仍存在提升空间。

3. 微商把女性作为主要目标群体进行营销具有一定成效

在验证既有假设的基础上，本文还探索了人口统计因素对各变量的影响，得出以下结论：性别对微商广告回避程度、微商信任、视觉线索、相关性有显著影响，女性在各指标上积极程度均高于男性。微商起源于海外化妆品、奶粉代购，最初的目标群体便是女性，目前微商专供产品以化妆品、内衣裤、保健食品为代表，主要从业者与目标客户仍是女性。缔元信 2013 年下半年发布的《社会化媒体用户分群及因素研究》报告指出，女性成为社交媒体发展的主要推动力，近 1—2 年其新增用户比例超过男性，且女性对社交媒介上的广告推送接受程度更高。[①] 微商行业可以说是瞄准了这一发展契机，吸收女性代理、打动女性客户，取得了一定成效。

4. 中低学历群体广告回避程度低

学历是影响研究变量的重要因素。低学历（高中及以下）群体比其他人群更看重与微商的关系（在互惠、关系强度上的得分显著高于他人），对微商广告的认知更为积极（对广告相关性、视觉线索的评价显著高于他人），对广告的回避程度也显著低于其他人群。此外，中等学历（专科）群体对微商的互惠倾向显著优于高学历（硕士及以上）群体。在人际交往中，人们倾向于同比自己资

---

① 缔元信：《微信、微博用户分群对比分析》，2016 年 3 月，http://www.199it.com/archives/130507.html.，2016 年 3 月 26 日。

源丰富的人建立联系。低学历群体更看重与微商的关系，间接表明微商群体整体学历不高。访谈显示，代理式微商从业人群以大专、本科学历为主，其主要客户学历比他们稍低，大专及以下居多。从广告认知评价差异上可知，微商广告制作水准基本符合中低学历人群评鉴层次，较难打动高学历群体。

5. 个体经营者、其他职业者更倾向与微商互惠交往

职业对互惠因素的影响凸显了微商关系营销的特性。学生处于简单的校园环境中，互惠意识不强，上班族工作性质较为单纯，不需要卷入太多人际关系。个体经营者则不同，其工作成效与关系网息息相关，具有更强的互惠交往驱动力，并且他们自己也有可能是微商的一员，出于同理心对其他微商予以支持。其他（主要是离退休人员）拥有更多社交的时间，也更重视与微商的互惠交往。

6. 高收入群体对微商信任程度较低，收入的两个极端群体与微商互惠倾向较低，对微商视觉线索评价较低

研究表明，被试者对微商整体信任程度高于中立值，除开高收入群体外，其余收入群体对微商的信任均值均达到或超过了 3.5 分。高收入群体对微商的信任得分为 3.23，显著低于其他群体。高收入群体经济实力较强，其购物标准相对更高。微商代理产品通常为国内小品牌，达不到该群体的购物标准。

与研究预期不太相符的是，低收入、高收入群体在互惠、视觉线索上的评分趋同。两个极端收入群体对互惠、视觉线索的评分均低于中立值，而其他收入群体对互惠的评分在 3.11 左右，对视觉线索的评分已接近 3.5。针对这一情况，笔者曾对不同收入群体的学历、性别等因素进行检查，以查证差异是否由其他因素导致，结果并未发现低收入与高收入群体在其他人口统计变量上的特殊性。因此笔者推断，低收入群体因客观收入限制，没有能力购买微商产品，进而限制了其与微商互惠的倾向，并在一定程度上衍生出对微商广告的负面认知。高收入群体的人际圈子倾向于向更高层次伸延，因而不太看重与微商的互惠，微商广告视觉线索亦达不到该群体评鉴标准。

（三）理论贡献

本文对微商广告回避现象展开了实证研究，确认了两大类因素对回避的缓和作用，构建出微商广告回避模型。其理论贡献主要有以下三点。

第一，促进了学科理论的交汇。近年社会化商务的崛起备受瞩目，在学界相关研究中，社会资本对用户信息分享/购买意愿的影响得到证实。广告回避

研究领域亦呈现出对移动社交媒介的关注,经典网络广告回避模型对新现象解释乏力,具有针对性的模型仍未被提出。本研究探索性地将社会关系资本类因素引入广告回避研究,并成功验证其对微商广告回避的缓解效力,促进了不同学科的理论交汇,为社交网络广告回避模型的建立提供了新思路。

第二,实现了研究视角的创新。本研究针对微信广告特点,引入社会关系资本、广告认知两类可能缓解回避的因素并加以验证。结果表明,信任、互惠、关系强度、相关性、视觉线索均可以削弱受众对微商广告的回避。信息爆炸时代,广告看似无孔不入却更难到达受众的心智,广告回避现象已成为营销人不得不面对的问题。对回避缓解因素的关注,是对广告效果研究本质的回归,为后续研究提供了一定参考。

第三,丰富了研究方法的运用。现有对微商的研究以质化分析为主,提出的观点缺乏实证检验。本文基于研究假设进行问卷调查(N=708),结合多种分析方法验证微商广告回避模型,确认了两类影响因素的作用,并探索了人口统计因素对各研究变量的影响。既有的微信营销实证研究均未进行样本配额,且样本多为学生。本研究通过配额模拟微信用户结构,突破了以往研究样本单一、配比不科学的限制。

(四)实践建议

1. 社会关系类因素应用建议

本研究证实,积极的社会关系能降低受众对广告的回避。但三个关系类因素中,仅有信任因素得到被试者积极评价,互惠、关系强度两个因素评分趋于中立,且持积极/消极评价人数大致持平。这说明,微商对人际关系的运用还处于初级阶段。在今后的营销实践中,微商可继续推进对信任因素的运用,并进一步挖掘人际关系的价值。

本研究证实,微商利用熟人信任,以及熟悉信源的信任转移,为自己发布的信息增加了可信度,降低了广告回避。微商添加新好友主要应从人脉入手,以老客带动新客,实现品牌/产品在关系网络中的口口相传,提高营销效率。

互惠是对广告回避缓和效力最大的关系类因素。中国特殊的文化语境使互惠拥有较西方更高的营销价值,但超过半数的微商没有很好利用互惠因素。访谈显示,赠送样品是"做人情"的一种有效方式,微商可以通过赠送试用品挖掘潜在客户。被访者在接收试用品前对微商广告产品并不关注,但发现试用效果不错之后，便开始留意该微商的广告进行咨询与购买，有的被访者甚至因此转化为其下级代理。

虽然关系强度对广告回避的直接作用有限，但要通过互惠提高营销效果，却绕不开强化关系这一步。丰富朋友圈表现可以让用户感受到微商是有血有肉的人，增加双方关系强度。朋友圈本身是社交圈，一味发布广告容易引起用户反感，微商可以尝试多发布自己的生活状态，多关注／评论好友的消息，本着真诚的心态与潜在客户交流，或许会有意想不到的收获。

2.广告认知类因素应用建议

积极的广告认知能显著降低用户广告回避程度，相关性的影响效力尤为明显。反观微商营销现状，"广撒网、乱撒网"现象严重，无关广告成为引发受众回避的罪魁祸首。微商添加好友应先瞄准身边与产品相关的人群，再通过这些人进一步搜罗同质群体。发布广告可利用朋友圈分组功能，将特定产品信息送达相关人群，不侵扰无关好友，避免社交尴尬。部分微商代理了多种产品，从产品性质上看目标受众差异性较大，更需注意广告信息的分组问题，避免潜在客户流失。

用户对微商广告视觉线索的评价比预期乐观，近65%的被试者给予视觉线索好评。值得注意的是，较高／高学历群体对视觉线索的评价显著低于低学历群体。微商广告对鉴赏力较高的人群缺乏吸引力，侧面说明其制作上还比较粗糙。强化微商从业者专业素养，对提高微商广告制作水平，提升行业品质有重要意义。

（五）局限和展望

本文用实证方法对微商广告回避影响因素进行了探索。虽力求规范、严谨，但受时间、精力以及个人能力限制，研究难免存在不足。现将未尽之处总结如下。

第一，社会关系类变量划分不够清晰。本研究将社会关系资本因素列为重点考察因素，选取具体研究变量时考虑却不够周详。信任、互惠来自同一划分方式，关系强度则源于另一种划分方法，导致因素界定间存在一定重合。数据分析显示，互惠与关系强度相关性过高，影响了整体模型的有效性。

研究发现，中国式的人际关系不适合进行简单的强弱区隔。后续研究可对社会化商务中混合性关系交往行为进行深入探索，提炼出更有价值的研究变量，

155

编制更适合中国受众的社会关系类量表。

第二，样本整体学历偏高。微信用户以中低学历人群为主。本研究通过人脉完成问卷配额，由于访员本身为研究生，加之收集样本时间较为仓促，高学历样本比例明显高于微信用户相关数据。方差分析表明，学历对多数研究变量存在显著影响，低学历人群对各因素评价较为积极。样本学历偏高，可能降低描述性统计数据的参考价值。建议后续研究在扩大样本量的基础上，进一步增加样本代表性，使结论更为准确。

第三，数据解读深度不足。微商作为极具中国特色的在线关系营销模式，涉及受众微妙的心理过程。本研究属于探索性研究，在借鉴相近领域研究的基础上使用访谈辅助，抽取部分重要因素建立实证模型，并进行数据解读。研究仅能勾勒出微商广告回避的概貌，结论不免浅显片面，营销建议也略显机械生硬。

未来研究可综合多种研究方法，对此议题进行更全面的探讨。如通过焦点小组访谈，搜集不同受众对微商广告的看法与建议；通过网络民族志，与微商交往并对其营销情况进行观察记录，等等。透过翔实、丰富的感性资料洞察微商广告回避的本质，提出更有价值的营销建议。

研究心得

2014年微商成为一种新的社会商业现象，舆论褒贬不一。微商广告霸屏微信朋友圈，广告质量参差不齐，有的遭到屏蔽，有的却发展出忠实客群。微信朋友圈是中国式人际关系圈的外延，微商营销与"关系"似乎有着千丝万缕的联系，让这一商业模式更值得玩味。广告回避研究课题在微商语境里算是一个处女地，探究哪些因素会影响微商广告回避引发了我的兴趣。

研究中遇到的困难，一是当时微商广告研究仍处于较为浅显的阶段，实证研究尤其匮乏，我所期望涉足的中国式关系营销领域，同样是质化研究为主。这样的背景，给本研究回避因素的提炼以及问卷量表的设计带了较大的困难，我参考了大量相关领域的中英文文献，进行筛选和总结，结合前期深度访谈提取了回避影响因素，并通过两次问卷前测最终完善研究量表。二是本研究将微商广告回避与关系营销进行创新性结合，由于我的能力与时间所限，研究模型的架构较为简单，未对中国式关系进行深度挖掘，且广告回避程度量表采用简单排序法，达不到等距量表的要求，研究的精密性有所折扣。但总的来说，不失为一个抛砖引玉的过程，或许能引发后续更深入完备的研究。

广告回避现象是广告从业者难以忽视的现实问题，这个领域的研究既要有"钉钉子"的学术精神，更要注重紧跟广告行业发展实际。大胆假设，小心求证，付诸实践。让我们期待广告变得越来越科学、有趣、有效！

原生广告回避研究：基于心流体验的视角

崔笑宁

【摘要】近几年，随着智能手机的飞速普及和互联网的移动化发展，原生广告被越来越广泛地使用和接受。原生广告最大的特点便是它强调广告的"原生"化，能够改善用户的体验，提高广告的传播效果。"心流体验"理论是心理学中用来衡量用户体验的一个重要理论，也被用于互联网体验的研究中。本文将立足于心理学中的"心流体验"理论，对原生广告的特征、心流体验和广告回避三者之间的关系进行探讨。

经过量表编订和数据分析之后，本研究发现原生广告的三个重要特征："趣味性""新奇性"和"优质性"对用户在接触广告时产生的心流体验有着正向显著的影响。同时，心流体验又对广告回避中的"认知回避""情感回避"和"行为回避"有着显著负向的影响。

本研究的结论表明，要想提高原生广告的传播效果，改善广告回避现象，广告从业人员应该以"提高原生广告的心流体验"为广告设计的核心，从提高广告的"趣味性""优质性"和"有趣性"三个维度出发，改善用户的体验。另外，提高广告的营销效果不能以牺牲原生广告的"心流体验"为代价，这是改善原生广告回避现象的重要认知。

【关键词】心流体验；原生广告；广告回避

一、研究背景

根据艾瑞咨询 2016 年发布的《中国网络广告市场行业报告 2015》，截止到 2016 年 4 月，中国的网络广告市场规模已经突破 2000 亿元人民币，而同期电视广告的收入为 1060 亿元。[①] 艾瑞咨询数据显示，2015 年，网络广告同比增长 36.0%，较 2014 年的增长有所放缓，但是仍然处于高位。[②] 随着智能化手机设备不断普及，网络环境与用户体验持续提升，移动广告以飞快的速度发展起来，在网络广告中异军突起，尤其是众多的互联网广告巨头纷纷布局移动原生广告，发力移动营销。2016 年可以说是中国互联网原生广告的初始之年，综合各大社交平台财报我们也可以看出，全球各个社交媒体的寡头们的营收和利润都呈现快速增长态势，其中最大的驱动力就是基于平台开发的相一致的移动社交原生广告。

随着移动广告的迅猛发展和移动设备的日常化，原生广告对普通网民的生活入侵是显而易见的。相比电视广告，网络广告具有更强的干扰性，同时也有着更低的可信度。原生广告作为互联网广告的一种崭新姿态出现在了公众的视野，不同于以往的传统广告的隐蔽式劝服，原生广告通过为受众提供有价值的信息，从而能够达到"去广告化的目的"，进而能够降低广告回避效应，提高广告的传播和营销效果。而这种手段是是否有效，有待研究考证。

另外，学界有关原生广告的用户体验方面的研究，尤其是实证研究比较匮乏。对于原生广告而言，究竟哪些因素能够影响到用户的心流体验，目前还没有一个明确的认识，这也是本文试图解决的问题之一。本文的亮点就是将从用户与原生广告进行接触时的"心流体验"的角度，重新审视用户的广告回避行为，并试图探究原生广告的哪些特性会影响到用户的体验，进而能够影响广告回避行为。故本研究将通过实证研究方法对原生广告的特征、用户接触原生广告时的"心流体验"（Flow）、原生广告的广告回避三者的关系进行重点探讨。

有鉴于上述的讨论，本文的研究目的在于：

第一，对以往有关心流体验和广告回避方面的国内外文献进行综述，明确目前的研究现状，寻找研究的切入点。

第二，通过对原生广告相关文献的梳理，以及深度访谈，编制出适合原生广告特征的问卷。

第三，立足于心流体验理论，基于实证研究的研究方法，提出研究假设，

---

① 艾瑞咨询：《2016—2017 中国移动广告行业研究报告》，2017 年 1 月 20 日，https://www.iimedia.cn/c400/47938.html，2017 年 4 月 3 日。

② 艾瑞咨询：《中国网络广告市场行业报告 2015》，2016 年 04 月 7 日，http://report.iresearch.cn/content/2016/04/259999.shtml，2017 年 4 月 3 日。

探讨用户体验与原生广告之间的关系。

第四，针对上述的研究成果，并且结合当下的原生广告市场环境，对广告主、广告媒体和营销人员提出富有成效、切实可行的建议。

二、文献综述

（一）原生广告

1.原生广告的定义及特征

在 2011 年 Fred Willison 提出了原生的概念后，原生广告（Native Adverting）逐渐成为业内最受追捧，同时也是争议性最大的广告形式之一。许多学者和专家认为，未来原生广告将逐渐取代展示性质的广告，成为互联网广告的主要形式。而另有学者认为，原生广告其实还是"新瓶装旧酒"，它与之前的互联网广告并没有本质上的区别。目前，学界对于原生广告这一概念仍然没有形成一个统一、明确的定义。因此，本研究决定暂将原生广告视为互联网广告在内容营销上的一个变种，而非一种全新的广告形式。

对于原生广告的特点，国内的学者做了一系列的总结。张庆园认为，区别于以前传统的展示性广告，原生广告在四个方面有着明显的特征：创意驱动的流动式内容、融入信息流的优质的用户体验、基于聚合媒体状态下进行全方位传播和连续动态化的故事传播。[1]喻国明认为，镶嵌、创意和内容这三点能够很好地概括原生广告最主要的几个特征。[2]余袁媛的文章认为，原生广告能够有别于以往传统形式的互联网广告，具有与互联网传媒环境的融合、内容具有渗透性、广告投放具有准确性三个重要的特征。[3]

2.原生广告效果的影响因素

研究者经过文献阅读，梳理出以下六大原生广告效果的影响因素。

（1）认知与认可

消费者关于是否意识到自己处于原生广告的环境下是影响广告效果的重要因素。Steigrad 在 2013 年的研究指出，超过 50% 的受访者不能准确识别出原生

---

[1]　张庆园，姜博：《原生广告内涵与特征探析》，《华南理工大学学报》（社会科学版）2015年第 4 期。

[2]　喻国明：《镶嵌、创意、内容：移动互联广告的三个关键词——以原生广告的操作路线为例》，《新闻与写作》2014 年第 3 期。

[3]　余袁媛：《基于新媒体的原生广告特征分析》，《科技传播》2016 年第 18 期。

广告，也不知道这种广告形式是什么。[①]Thompson, Hamilton & Petrova 认为当广告形式与消费者的认知处理模式兼容时，消费者的信息处理能力提高，广告的说服力提高，品牌会获得较高评价，消费者的购买意向增加。[②] 因此，广告商一直在寻找能够提高消费者对广告内容认可度的办法，比如幽默性和互动性。

（2）使用与满足

原生广告的说服效率问题也受到了一些学者的关注，这方面研究的主要核心是受众的使用与满足理论框架，这个框架主要聚焦受众的个体本身与媒介之间的接触，比如当受众在与媒体接触时，这些涵盖说服性内容的广告，是否更好地满足了受众的初始需求和动机。

Ruggiero 研究了使用和满足理论在当代媒体消费者中的应用情况。他指出，对于寻求娱乐的受众来说，说服性内容的有趣性和互动性比较重要。而对于任务在身的受众来说，说服性内容能否满足他们的任务需求则更加重要。[③]Papacharissi & Ruben 则提出，随着电子邮件和聊天室的兴起，互联网受众中寻找人际沟通的需求越来越重要。网络媒体中如何设置交互性内容也就成了一个崭新的使用与满足框架。[④]

（3）消费者参与度

建立起衡量产品广告和品牌广告有效性的指标至关重要，以往的研究十分看重受众的参与度。在互联网媒体中，参与度通常是衡量该媒体传播效率的重要因素。Calder 认为广告受众的参与可以通过两种方式来实现：首先是参与媒体本身，或者是消费媒体的内容；其次是与品牌和产品之间的互动。原生广告旨在通过改变广告中品牌内容的结构，从而动态地增加与受众需求切合的能力。[⑤]

内容的相关性（Content Relevance）对广告的参与度和受众的购买意向有着

① Steigrad A, Bobbi Brown Enters Eyewear, February 2013, https://wwd.com/accessories-news/eyewear/bobbi-brown-inks-eyewear-deal-6736826/, April 2017.

② Debbora Viana Thompson, Rebecca W. Hamilton, Petia K. Petrova, When Mental Simulation Hinders Behavior: The Effects of Process-Oriented Thinking on Decision Difficulty and Performance, *Journal of Consumer Research*, vol.4（2009），pp.562-574.

③ Thomas E. Ruggiero, Uses and Gratifications Theory in the 21st Century, *Mass Communication and Society*, vol.3, no.1（November 2000），pp.3-37.

④ Zizi Papacharissi, Alan M. Rubin, Predictors of Internet Use, *Journal of Broadcasting & Electronic Media*, vol.44, no2,（June 2000），pp.175-196.

⑤ Calder B J, Malthouse E C, Media Engagement and Advertising Effectiveness, *Kellogg on Advertising and Media*, (2008), pp.1-36.

很强的影响。Wang 提出，参与度主要被广告的上下文相关性驱动。他认为更高的上下文相关性，能够增加广告回忆度，信息参与度和信息传递效率。[①] 这种相关性是原生广告通过内容的个性化来提高广告参与度和受众购买意图的基础。

（4）广告态度

消费者的广告态度对于原生广告效果的考察十分重要。在消费者接触广告之前，他们已经有了对产品和媒介的态度，这些先于广告存在的认识态度，会影响到广告的接触效果。这些态度会决定他们如何回应广告，同时也会在产品的购买阶段产生至关重要的作用。[②] 在此基础上，还有一些学者认为，原生广告的优点在于找到了广告形式与人们的购买意图增加之间的关系。广告形式的变化可以改变受众的消费动机，同样，也可以影响受众潜在的品牌态度和购买意向。

（5）用户生成内容

用户生成内容的快速发展是原生广告迅速增长的背后驱动力之一。Berthon等学者研究了 Web2.0 的发展，他们认为媒体的注意力已经逐步从公司转移到了消费者的创意上，这也为广告传播另辟蹊径：社交媒体和用户生成内容更能为品牌的口碑积累和传播提供驱动力。他们还认为用户生成内容可以促进信息的快速传播，信息的快速聚合和阐释，促使用户迅速对信息采取行动。因此，以用户生成内容为广告形式和框架的原生广告，能够更加有效地促进品牌的传播，更加有效地促进受众与品牌之间的互动。[③]

（6）信息隐私关注

原生广告的投放要求尽量精准，也就是以受众的个人信息为依据进行广告投放，这就必然会引起受众对个人隐私的担忧。Simonson 指出由于行为定向广告对受众隐私领域的入侵，个性化广告（Persionalized Advertising）可能会使受众感知到个人隐私被侵犯，进而激发受众的反抗，比如反对那些追踪他们行为

① Wang A, Advertising Engagement: A Driver of Message Involvement on Message Effects, *Journal of Advertising Research*, vol.46, no.2（2006）, pp.355-368.

② Biehal G J, Stephens D, Curlo E，Attitude Toward the Ad and Brand Choice, *Journal of Advertising*, vol.21, no.3（1922）, pp.19-36.

③ Berthon P R, Pitt L F, Plangger K, et al., Marketing Meets Web 2.0, Social Media, and Creative Consumers: Implications for International Marketing Strategy, *Business Horizons*, vol.55, no.3（2012），pp.261-271.

或者存储个人偏好的广告行为。[①]Malhotra 等人在 2004 年开发了互联网用户信息隐私关注模型（IUIPC）量表，该量表更加聚焦于具有互联网特色的隐私维度划分。基于社会契约理论，将互联网隐私关注分为收集、控制和知情三个维度。[②]2012 年，Okazaki 等人基于 IUIPC 量表，通过问卷调查的方式，证实了信息隐私关注与信任呈负相关，与感知风险则呈正相关；信息隐私关注与广告态度以及删除广告意向之间存在间接关系。[③]

（二）广告回避研究
1. 广告回避的定义

对于广告回避的研究开始于 20 世纪 60 年代，当时正是电视媒体的黄金年代，广告回避的相关研究也主要集中在电视的受众行为研究的领域。到了 20 世纪 90 年代，以 Abernethy 的研究为代表，广告回避的研究逐渐从电视观看行为的研究中脱离开来，独立成为体系。此后的许多学者开始关注电视广告的回避行为，有关广告回避的研究也开始逐渐丰富起来。

Abernethy 最早开始进行电视广告回避的研究。他将广告回避分为身体回避和机械回避，其中身体回避主要是指观众看到广告时离开座位，机械回避是指观看电视时换台，关闭电视机。[④]

而后，美国的学者 Speck & Elliott 在 1997 年经过研究，又提出一个新的广告回避模式，即认知回避：在场但不看广告或者边看边活动，比如读书或者看杂志。并且也提出了广告回避的定义：广告回避是指媒体使用者在不同的程度下，减少自身在广告内容中暴露的所有行动。从引用频次和开创性上来讲，这一定义受到了广泛认可。[⑤]

在互联网媒体开始逐步普及后，关于广告回避的研究也开始逐渐落脚在互

---

① Alexander Simonson, 'Unfair' Advertising and the FTC: Structural Evolution of the Law and Implications, *Marketing and Public Policy*, vol.14, no.2（1995），pp.321-327.

② Malhotra N K, Kim S S, Agarwal J, Internet Users' Information Privacy Concerns (IUIPC): The Construct, the Scale, and a Causal Model，*Information Systems Research*, vol.15, no.4（2004），pp.336-355.

③ Shintaro Okazaki, Francisco José Molina, Morikazu Hirose, Mobile Advertising Avoidance: Exploring the Role of Ubiquity, *Electronic Markets*, vol.22, no.3（September 2012），pp.169-183.

④ Avery M. Abernethy, Television Exposure: Programs VS. Advertising, *Current Issues & Research in Advertising*, vol.13, no.1（May 2012），pp.61-77.

⑤ Speck, P. S., Elliott, M. T., Predictors of Advertising Avoidance in Print and Broadcast Media, *Journal of Advertising*, vol.26, no.3（1997），pp.61-67.

联网广告之上。**Vakratsas & Ambler** 的研究认为，广告是一种刺激物，会给受众带来认知、情感和行为三种反应。[①]Cho & Cheon 则以互联网广告作为考察对象，对其广告回避的理论和模型进行重新的研究和考量，将互联网广告回避划分为认知回避、情感回避和行为回避三个部分。[②]

2. 广告回避的影响因素

有关广告回避影响因素的研究一直是这一研究领域研究的核心主题，学者们通过实验、调查、电子检测等各种方法，来进行广告回避的理论构建。从各个角度对影响广告回避的因素进行解析，从而为缓解广告回避的现象、提高广告的传播效率提供一些建议。

（1）传统媒体的广告回避

在互联网媒体蓬勃发展之前，传统媒体尤其是电视媒体，是广告回避研究的主要媒介。杨文霞和苏永两位学者对跳过电视广告的相关行为进行研究，指出造成这种现象的原因有广告内容是否可信、广告商业性是否有限、广告的环境相悖性以及广告媒介是否适应。[③]Stafford 使用问卷调查的研究方法，将电视广告的回避行为划分为"快进"和"换台"两种，并发现导致"快进"电视广告这一行为的因素有厌恶、超负荷和与媒体的相关性；导致"换台"的电视广告回避行为的因素有厌恶、超负荷和好奇心[④]。

Speck & Elliott 对几类传统媒体（电视、广播、报纸、杂志）的广告回避程度及其影响的因素进行考察，探索性地提出适用于全传统媒体的广告回避现象解释模型。在模型中，传统媒介的广告回避影响因素被归为人口统计学变量、媒介相关变量、广告观念和传播问题等。其中，人口统计学变量主要是指广告消费者的性别和年龄等相关因素。媒介相关变量是指与媒体相关的一些变量，比如媒体的特征类别、用户对媒体的态度等。广告观念主要指受众自己在过去的经历中，对广告的整体看法以及态度。比如有的消费者会因为讨厌广告，一遇到广告就不看。而传播问题中广告被受众们认为是受众信息环境中的噪

① Vakratsas D., Ambler T., How Advertising Works: What do We Really Know? *Journal of Marketing*, vol.63, no.1(1999), pp.26-43.

② Chang-Hoan Cho, Hongsik John Cheon, Why do People Avoid Advertising on the Internet, *Journal of Advertising*, vol.33, no.4(2004), pp.89-97.

③ 杨文霞，苏永：《试析广告情报中 Zapping——广告躲避现象》，《情报杂志》1995 年第 4 期。

④ Stafford M R, Stafford T F, Mechanical Commercial Avoidance: A Uses and Gratifications Perspective, *Journal of Current Issues & Research in Advertising*, vol.18, no.2(1996), pp.27-38.

音，它会对整个受众的信息传播活动产生干扰、中断和妨碍。比如，广告会中断电视和视频节目的收看，这种后果可能就是用户采取换台和离开电视等一些方式进行广告回避。研究发现，广告观念是广告回避最强的预测变量。除此之外，这个研究的另一大贡献在于首次确认了有关广告回避的一些传播问题，包括搜索障碍、注意力分散以及进程中断，其中搜索障碍对与广告回避的影响最显著。①

（2）互联网媒体的广告回避

在互联网媒体上存在着大量的广告形式，比如按钮广告、旗帜广告和视频广告等。与以往的媒介形式不同的是，互联网媒体集视听看等多种形式于一体，互联网广告形式则比以往更加多样，有关互联网广告回避的研究也就比传统媒体时代更为复杂。2004年，Cho & Cheon的研究针对网络广告的回避现象提供了一个经典模型，如图1所示。

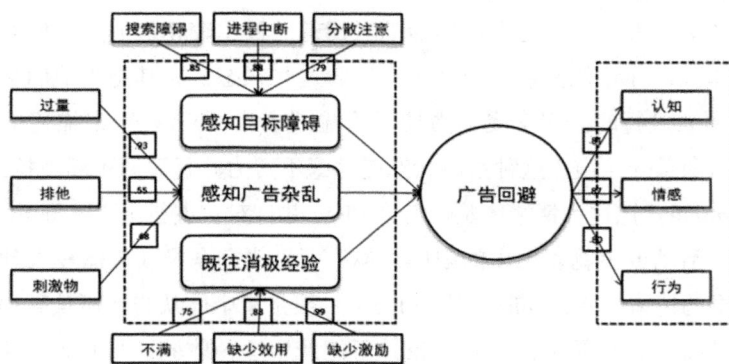

图 1 互联网广告回避模型（Cho & Cheon，2004）

在该研究中，Cho & Cheon 将互联网的广告回避行为主要划分为认知、情感和行为三种。并且指出，感知目标障碍、感知广告杂乱和既往消极体验是影响网络广告回避的最重要的三个前因变量。②"感知目标障碍"主要是指当网络

---

① Speck P. S., Elliott M. T., Predictors of Advertising Avoidance in Print and Broadcast Media, *Journal of Advertising*, vol.26, no.3(1997), pp.61-76.

② Chang-Hoan Cho, Hongsik John Cheon, Why do People Avoid Advertising on the Internet, *Journal of Advertising*, vol.33, no.4(2004), pp.89-97.

广告成为噪音时，用户会对其产生厌恶的心理，这其中包括三个因素：用户对广告在线搜索信息产生了障碍；被分散了注意视线；被中断了任务进程。其中任务进程的中断是产生感知目标障碍的主要原因。"感知广告杂乱"则是媒介中的广告水平，产生杂乱的主要原因是广告的数量太多，虽然很多受众会点击自己想要的产品的广告，但是有更多的受众会因为厌恶广告而回避广告。"既往消极经验"主要指过去点击和观看广告时的消极体验，主要表现为不满的情绪、缺乏效用、激励，而缺乏激励是受众产生不良体验的主要因素。过去的消极经验使受众很容易对广告这一消极来源回避。

（三）心流体验

1. 心流体验的起源

心流体验（Flow）是一种比较积极的情绪，心流体验这一概念最早由芝加哥大学的 Csikszentimihalyi 于 20 世纪 60 年代在其博士论文中提出。当时他主要对几百名攀岩爱好者、象棋选手、运动员以及艺术家进行了深度访谈。这些不同职业的受访者认为自己在从事活动时都有一种比较相似的、让他们十分兴奋的情绪体验，导致他们愿意很多次去体验这些状态，尤其是当他们从事的活动能够顺利地进行时。很多受访者使用隐喻"水流（Flow）"来描述他们当时的这种情绪和感受，声称这种情绪状态能够毫不费力并且源源不断地持续出现。Csikszentimihalyi 把这种情绪体验命名为 Flow 并且对它进行定义，即 Flow 是指人们对某一活动或事物表现出的浓厚兴趣，而且能完全推动个体投入到某项活动和事物中的情绪体验，同时他认为 Flow 一般是指个体从当前所从事的活动中能够直接获得的，然而回忆或者想象并不能产生这种体验。[①] 本文将其翻译为心流体验。

2. 心流体验的特征

Csikszentimihalyi 在其研究中进一步指出心流体验的九大特征，分别是：有明确的活动目标、直接的反馈、个人技能与任务挑战之间能够平衡、行动与知觉能够相互融合、专注于所做的事物、具有潜在的控制感、失去自我的意识、对时间感的丧失、自身具有目的的体验。

Novak 等依据心流体验产生的过程，又把这九个特征归纳为三类因素：第

---

① Csikszentimihalyi M, Abuhamdeh S, Nakamura J, *Handbook of Competence and Motivation*, Guilford：Guilford Publications, A. J. Elliot，C. S. Dweck, 2005, pp.598-608.

一类是条件因素，包括个体感知的清晰目标、即时反馈和挑战与技能匹配，只有这三个条件都具备了，才会激发心流体验的产生；第二类是体验因素，即个体处于心流体验状态时的感觉，包括行动与知觉的融合、注意力集中和潜在的控制感；第三类是结果因素，是个体处于心流体验时内心的感受，包括失去自我意识、时间失真（即人们忘掉了时间压力）和体验本身的目的性。[①]

Webster, Trevino & Ryan 在 1993 年的研究中提出，在人机交互当中，用户的心流体验主要由控制感、专注、好奇和兴趣四种感觉构成。[②]Zhou & Lu 等人认为用户在使用移动手机终端时的心流体验主要由控制感、专注和愉悦感构成。[③]

3. 关于心流体验的研究

（1）心流体验理论研究

有关心流体验的理论研究主要围绕心流体验的性质、作用和潜在影响进行探索。心流体验的性质一直是人们进行研究的主要方面，因为很多人意识到了心流体验的存在，但是却不清楚这种体验与其他类型的情绪究竟有什么区别。如 Bloch 对心流体验进行了实证调查和现象学分析，结果表明心流体验具有 3 种结构，包括成就结构（The Structure of Achievement）、联合 / 统一结构（The Structure of Unity/Totality）和意义结构（Other Spheres of Meaning），不同的结构组合揭示了心流体验的不同意义。[④]Moneta 对香港中文大学的 269 名大学生和 533 名美国学生进行了实证研究，[⑤]结果揭示心流体验存在一定的文化变异性：中国人倾向于在低挑战、高技能的掌控条件下体验更高的内在动机水平；而在高挑战、高技能的心流体验条件下感受到的内在动机水平较低，内在的集体主义价值观可部分解释这种现象。根据心流体验理论，由于心流体验与活动本身的内在奖励相关联，因此我们可以用心流体验来促使个体坚持某项活动或再次回到某项活动中来，从而不断提高其自身的技能水平来获得积极的结果。Shin 以心流理论为基础而提出了一个大学教学情境中的虚拟课程模型，这一模型包

---

① Novak T P, Hoffman D L, Yung Y F, Measuring the Customer Experience in Online Environments: A Structural Modeling Approach, *Marketing Science*, vol.19, no.1（2000），pp.22-42.

② Webster J, Trevino L K, Ryan L, The Dimensionality and Correlates of Flow in Human-Computer Interactions, *Computers in Human Behavior*, vol.9, no.4（1993），pp.411-426.

③ Zhou T, Lu Y, The Effect of Interactivity on the Flow Experience of Mobile Commerce User, *International Journal of Mobile Communications*, vol.9, no.3（2011），pp.225-242.

④ Bloch C, Flow: Beyond Fluidity and Rigidity. *Human Studies*, vol.23, no.1（2000），pp.43-61.

⑤ Moneta G B, The Flow Model of Intrinsic Motivation in Chinese: Cultural and Personal Moderators, *Journal of Happiness Studies*, vol.5, no.2（2004），pp.181-217.

括 Flow 前兆、Flow 体验和 Flow 结果。他们以 525 名参加 23 门虚拟课程的本科生为研究对象，检验了这一模型。结果显示：①学生所感知到的课程挑战水平和技能水平是确定他们的心流水平的重要因素；②心流体验是课程满意的一个重要预测指标；③性别差异对学生的心流体验水平无显著影响；④强烈的学习动机对心流体验水平有着相当大的影响。[①]

心理学在心流体验的影响因素方面也进行了一些研究，如 Russell 访谈了42 名大学运动员，他们参加的运动包括足球、棒球、排球、垒球、游泳、摔跤和三项全能运动，结果显示性别、运动类型或交互作用都不显著。因此，他认为只要活动具有结构性，不论所参加的运动或参加者的性别有没有差异，参加者都会有相类似的心流体验。[②]

（2）心流体验应用研究

从心流体验的概念提出至今，学者们对它进行了大量的后续研究。在过去的十几年里，学者们一直致力于将心流体验理论引入到其他学科。目前来说，研究主要集中于心流体验与其他心理特质、计算机网络应用等方面相结合的研究。

这其中，最受关注的便是心流体验与互联网人机交互领域相结合的研究。Choi, Kim & Kim 在 2007 年的研究中指出，心流体验会使网络用户产生更多在线学习行为、更多探索性行为和更加积极的心理体验。[③]也有些学者研究线上购物中的心流体验，指出心流体验与用户在使用网络时的体验质量有着十分密切的关系。[④]中国传媒大学教授康瑾在 2016 年的研究中将原生广告与心流体验相结合，认为原生广告通过影响用户的心流体验来影响最终的广告效果。[⑤]

本研究参考前人有关心流体验和广告回避的研究结果，将原生广告特征（趣味性、优质性和新颖性）作为本研究的前因变量，并提出假设：

---

① Shin N, Online Learner's 'Flow' Experience: an Empirical Study, *British Journal of Educational Technology*, vol.37, no.5（2006），pp.705-720.

② Russell W D, An Examination of Flow State Occurrence in College Athletes, *Journal of Sport Behavior*, vol.24, no.1（March 2001），pp.25-38.

③ Choi D H, Kim J, Kim S H, ERP Training with a Web-Based Electronic Learning System: The Flow Theory Perspective, *International Journal of Human-Computer Studies*, vol.65, no.3（2007），pp.223-243.

④ 陈洁，丛芳，康枫：《基于心流体验视角的在线消费者购买行为影响因素研究》，《南开管理评论》2009 年第 2 期。

⑤ 康瑾：《原生广告的概念、属性与问题》，《现代传播》2015 年第 3 期。

H1：原生广告的趣味性与原生广告心流体验呈正相关，即广告的趣味性越强，心流体验作用越明显。

H2：原生广告的广告质量与原生广告心流体验呈正相关，即原生广告的质量越高，心流体验作用越明显。

H3：原生广告的新颖性与原生广告心流体验呈正相关，即原生广告的新颖性越强，心流体验作用越明显。

本文将广告回避作为本研究的结果变量。根据 Cho & Cheon 在 2004 年有关广告回避的重要研究，他们在前人的基础上重新考察了互联网媒体的广告回避，将广告回避的类型重新划分为认知回避（Cognitive Avoidance）、情感回避（Affect Avoidance）和行为回避（Behavior Avoidance）三部分。① 本文借用此划分方法，提出研究假设：

H4：心流体验作用与原生广告认知回避呈负相关，即心流体验作用越大，原生广告认知回避越少。

H5：心流体验作用与原生广告情感回避呈负相关，即心流体验作用越大，原生广告情感回避越少。

H6：心流体验作用与原生广告行为回避呈负相关，即心流体验作用越大，原生广告行为回避越少。

基于上述的讨论，本文的研究模型如图 2。

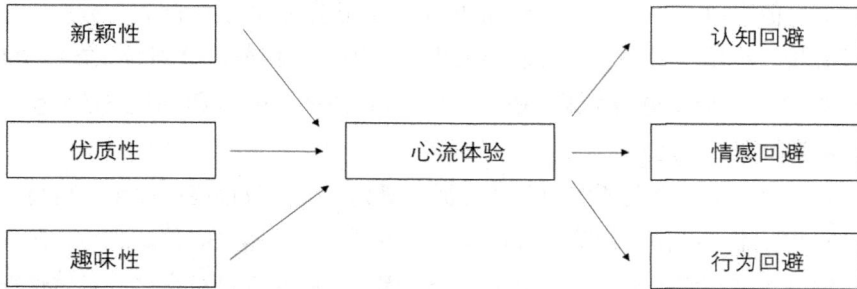

图 2 基于心流体验的广告回避研究模型

① Chang-Hoan Cho, Hongsik John Cheon, Why do People Avoid Advertising on the Internet, *Journal of Advertising*, vol.33, no.4(2004), pp.89-97.

三、研究方法

（一）量表条目修订与编制

本研究共涉及三个量表的修订，其中原生广告特征量表的编制采用深度访谈和问卷调查的方法进行。心流体验量表和广告回避量表的修订，主要采用文献回顾的方式，选择以往学者研究中的成熟量表进行修订。

1.原生广告特征量表

研究人员针对原生广告效果和特征，分别与6名受访对象进行了一对一的半结构式访谈，旨在通过与受访者一对一的访谈，挖掘其与原生广告的接触细节，抽取条目进行原生广告特征量表的制定。

为了得到典型的样本，研究人员通过便利样本的方式，邀请不同年龄、职业和性别的受访者进行深度访谈，在访谈完第六名受访者后，访谈信息基本达到饱和，因此停止深访。受访者被询问了有关原生广告的接触问题，包括但不限于：对原生广告的认知、对原生广告的评价和喜好、对不同类型的原生广告的处理态度等。访谈采用半结构式访谈，尽量不加以引导，以得到尽可能多的信息，避免观点片面的情况。

结合之前的文献梳理和个人见解，对访谈的结果进行整合、修订和归类，研究者初步得出原生广告特征量表，共14个题项。之后研究人员利用网络平台发放量表，回收到有效样本143份。因子分析结果较为理想，KMO值为0.914，球形卡方值为2065.910（在 $\alpha=0.00$ 的水平上显著），说明该问卷十分适合进行因子分析。采用主轴分析法最后提取出三个因子，特征值分别为0.751、0.853和0.896。根据因子分析结果，研究人员对题项进行删改，得到最终的原生广告特征量表，共9个题项。

为了提取出9个题项中的公共特征，研究人员发放最终的原生广告特征量表，回收样本501份，剔除无效样本后，得到有效样本436份。之后，研究人员通过再次进行因子分析，提取出三个公因子，并对其进行命名，具体情况如表1。

表 1 原生广告特征量表公因子负荷及命名

公因子	题项	因子负荷
原生广告趣味性	原生广告中经常出现我喜欢的内容 原生广告中经常出现我喜欢的人物 原生广告中经常出现我喜欢的产品	0.824 0.860 0.848
原生广告新颖性	相比其他广告，原生广告的形式更加新颖 相比其他广告，原生广告的创意更加新颖 相比其他广告，原生广告的产品更加新颖	0.839 0.815 0.652
原生广告优质性	相比其他广告，原生广告通常比较精美 相比其他广告，原生广告的质量较高 相比其他广告，原生广告的设计比较巧妙	0.855 0.858 0.777

综上所述，研究人员将趣味性、新颖性和优质性作为本研究的前因变量，进行后续的研究和讨论。

2. 心流体验量表

控制感是衡量心流体验的重要变量。控制感是人们采取某种行动，或者做出某种行为时对难易程度的感知，它来自于人们对过去经验和预期障碍的判断。它体现着人们在行动时的自我效能，对人们的行动有十分深刻的影响。同时，互联网广告所处的环境，也为用户提供了控制感形成的基础。用户在原生广告的接触过程之中被赋权，成为了整个广告传播过程中真正的把控者，能够自由地把控是否看广告，看什么样的广告。

乐趣是衡量用户心流体验的又一重要因素。如果说控制感是心流体验中的有关认知的部分，那么乐趣就是心流体验中有关情感的部分。对于每个接触广告的人来说，心流体验中的情感部分主要包括满足、开心和自我激励等部分，乐趣是用户在产生心流体验时最能直接感知的部分，用户的行为是为了追求乐趣，而不是因为其他比较功利的原因。

专注感是比较容易理解的概念，人们将足够的注意力集中到自己的广告接触行为上，才不容易被其他事情分心和打扰，才能够产生心流体验。对于互联网的使用者来说，当他们有目的性地带着任务采取行动时，专注感能够帮助用户更好地完成任务；如果他们没有明确的目的，仅仅是轻松地浏览网页时，专注感能够帮助他们在杂乱无章和庞杂的信息流中不断地进行判断和筛选，从而保持自己在互联网浏览行为中的方向感。而原生广告中的乐趣性和新颖性，能够很好地吸引用户进行广告接触，提高他们在原生广告接触过程中的专注感。

本研究中，心流体验的控制感、乐趣和专注感三个维度的量表均来自Novak, Hoffman & Yung 三位学者在 1998 年编制的经典量表，[1] 具体条目如表 2所示。

表 2 心流体验控制感量表

变量名称	测量语句	主要来源
控制感	担忧的 VS 平和的	Novak, Hoffman & Yung (1998)
	困惑的 VS 心里有数的	
	独自的 VS 社交的	
乐趣	难过的 VS 快乐的	
	急躁的 VS 欢欣鼓舞的	
	有敌意的 VS 友好的	
专注	我的脑海中总是想着其他的事情	
	我总是分心	

3. 广告回避量表

广告回避量表的制定主要参考自 Cho 和 Cheon 的研究，该将广告回避主要分为"认知回避""情感回避"和"行为回避"三个部分。这一设定被广告回避的学者们多次引用和使用，具有一定的权威性和可靠性。本研究结合原生广告的特性和之前的深度访谈，对量表进行了一定的调整，具体的条目如表 3。

---

① Thomas P. Novak, Donna L. Hoffman, Yiu-Fai Yung, Modeling the Structure of the Flow Experience Among Web Users, *Abstract for the INFORMS Marketing Science and the Internet Mini-Conference*, MIT, March 1998.

表 3 原生广告回避量表

变量名称	测量语句	主要来源
认知回避	当我上网时，我会有意地忽略所有的原生广告	Cho & Cheon (2004)
	当我打开微博时，我会有意地忽略给我推送的原生广告	
	当我打开朋友圈时，我会有意地忽略给我推送的原生广告	
情感回避	我会被网络上的原生广告打扰	
	我对网络上的原生广告感到厌烦	
	我对网络上的原生广告感到怀疑	
行为回避	我会点击原生广告来了解具体信息	
	我会与原生广告进行互动	

（二）问卷调查

1. 预调查

前因变量原生广告特征量表已经经过表面效度评测和探索性因子分析，在这一阶段会对因子分析形成的三个前因变量进行信度检测。

第一步，研究人员邀请 5 位新闻传播学专业研究生，3 名男性和 2 名女性，对原生广告特征量表、心流体验量表和广告回避量表进行表面效度评测。经过讨论和分析，修订了问卷的个别词汇表述，形成前测问卷。

第二步，研究人员使用问卷星进行问卷发放，采集数据进行预调研。最终共收集 102 份预调研问卷，其中有效问卷 101 份。随后使用 SPSS19.0 软件对问卷进行信度检验，结果表示，三个量表中所有的变量的 Cronbach's α 系数均在 0.790 以上，具有很好的信度，结果如表 4 所示。

表 4 问卷前测效度

变量	项数	Cronbach's α
趣味性	3	0.844
新颖性	3	0.833
优质性	3	0.897
心流体验	8	0.793
认知回避	3	0.789

变量	项数	Cronbach's α
情感回避	3	0.841
行为回避	2	0.790

2. 正式调查

正式调查采取线上发布问卷的方式。问卷包括原生广告特征量表、心流体验量表、广告回避量表和人口统计学量表四大部分。共采集到了样本 501 份，剔除了无效样本后获得有效样本 436 份，问卷有效率为 87.0%。

四、数据分析

（一）样本分布

在本次调查中，共计收集问卷 436 份，其中男性样本 164 份，占总体样本数的 37.6%；女性样本 272 份，占总体样本数的 62.4%。在样本的年龄段分布中，18—25 岁的年轻人样本数占比最大，共 295 份，占据总体样本数的 67.7%；26—30 岁的样本数为 105 份，占总体样本数的 24.1%；其他的年龄段的样本为 36 份，占总体样本数的 7.2%，这样的分布也与我国的网民年龄结构比较年轻有关。其他样本分布数据如表 5 所示。

表 5　样本分布

		频率	百分比	有效百分比	累积百分比
性别	男	164	37.6	37.6	37.6
	女	272	62.4	62.4	100.0
年龄	18 岁以下	5	1.1	1.1	1.1
	18—25 岁	295	67.7	67.7	68.8
	26—30 岁	105	24.1	24.1	92.9
	31—35 岁	8	1.8	1.8	94.7
	36—40 岁	6	1.4	1.4	96.1
	41—50 岁	15	3.4	3.4	99.5
	50 岁以上	2	0.5	0.5	100.0

续表

		频率	百分比	有效百分比	累积百分比
学历	高中及以下	17	3.9	3.9	3.9
	大专	41	9.4	9.4	13.3
	大学本科	220	50.5	50.5	63.8
	硕士研究生	146	33.5	33.5	97.2
	博士研究生	8	1.8	1.8	99.1
	其他	4	0.9	0.9	100.0
职业	在校学生	224	51.4	51.4	51.4
	政府/事业单位职员	42	9.6	9.6	61.0
	企业/公司职员	110	25.2	25.2	86.2
	私营业主/个体户	11	2.5	2.5	88.8
	自由职业者	25	5.7	5.7	94.5
	其他	24	5.5	5.5	100.0

（二）信度、效度检验

1. 信度

信度是指研究人员所使用的问卷量表在衡量某些变量时，用来代表同一个变量的题项之间所体现出的一致性和稳定性。所使用的量表的信度越大，越能够说明该量表测量的标准误差越小。本研究拟定采用 Cronbach's α 值来进行整个量表的信度测量。一般来说，量表的整体和各个部分的 Cronbach's α 值在0.7 以上，说明量表具有比较好的一致性和稳定性，在 0.6—0.7 之间的量表也可以接受。本研究使用 SPSS19.0 软件对量表进行信度分析，结果显示量表的整体信度为 0.762，其他各部分题项均在 0.7 以上，说明该量表具有较好的信度，具体的分析结果见表 6。

表 6 量表的各变量信度

变量		Cron-bach's α 系数	项数	问题项	校正的项总计相关性	项已删除的 Cronbach's α 值
趣味性		0.888	3	Q1.1	0.817	0.808
				Q1.2	0.749	0.867
				Q1.3	0.777	0.844
新颖性		0.873	3	Q1.4	0.774	0.806
				Q1.5	0.798	0.783
				Q1.6	0.701	0.869
优质性		0.912	3	Q1.7	0.843	0.856
				Q1.8	0.831	0.867
				Q1.9	0.796	0.897
心流体验	乐趣	0.867	3	Q2.1	0.757	0.804
				Q2.2	0.778	0.785
				Q2.3	0.712	0.851
	控制感	0.754	3	Q2.4	0.718	0.747
				Q2.5	0.732	0.717
				Q2.6	0.704	0.748
	专注	0.722	2	Q2.7	0.664	0.712
				Q2.8	0.665	0.716
认知回避		0.853	3	Q3.1	0.738	0.780
				Q3.2	0.737	0.781
				Q3.3	0.695	0.821
情感回避		0.824	3	Q3.4	0.636	0.803
				Q3.5	0.709	0.740
				Q3.6	0.808	0.730
行为回避		0.830	2	Q3.7	0.723	0.810
				Q3.8	0.743	0.834

2. 效度

效度指的是问卷的正确性，也就是问卷是否能够表达出这个问卷想要探讨的内容重点。一般来说，问卷的效度主要由内容效度和建构效度两部分构成。

（1）内容效度

内容效度又称逻辑效度，是指项目对欲测的内容或行为范围取样的适当程度，即测量内容的适当性和相符性。也就是说该问卷能够在多大程度上包含这一概念的意义。对于本研究来说，整个问卷量表由三部分构成。第一部分的原生广告量表由深度访谈形成初始条目，经过专家讨论修订，再通过因子分析和信度检验得出；第二部分的心流体验量表和广告回避量表均为经过学界多次验证的成熟量表，本研究也进行了充分的分析和文献挖掘后修改而成。因此，本研究的问卷已经具备了相当的内容效度。

（2）建构效度

建构效度指的是测量工具是否能够测量出想要测量的理论或者行为和特质等要素的程度。本研究将采用因子分析对该问卷的建构效度进行测量。

因子分析是研究一系列观察变量之间的相互关系的统计方法，也是检测问卷建构效度的有效统计工具之一。本研究将对原生广告特征量表，心流体验量表和广告回避量表进行因子分析，分析使用主成分分析法提取相关因子，并使用正交旋转法对各因子进行旋转。另外，在进行因子旋转之前，本研究将使用Bartlett 球形检验和 KMO 值来检测该问卷是否适合进行因子分析。一般来说，当 KMO 值大于 0.8，则说明该问卷题项之间的关系是良好的，适合进行因子分析。

分析结果显示，原生广告特征量表的 KMO 值为 0.896，Bartlett 球形检测为 2939.478，自由度 df=36，P=0.000 < 0.05，因此原生广告量表十分适合做因子分析。经过主成分分析法共提取出了 3 个公因子，分别可以解释 61%、56% 和 52% 的总方差，说明该量表具有较好的建构效度。该量表的解释总方差和旋转成分矩阵如表 7。

表 7　原生广告特征量表因子分析结果

题项	因子负载	特征值和解释方差
Q1.1	0.824	
Q1.2	0.860	5.569（61%）
Q1.3	0.848	
Q1.4	0.839	
Q1.5	0.815	4.204（56%）
Q1.6	0.652	
Q1.7	0.855	
Q1.8	0.858	3.678（52%）
Q1.9	0.777	
KMO=0.896，Bartlett's-test=2939.478，df=36，sig=0.00		

心流体验量表的 KMO 值为 0.837，Bartlett 球形检测为 1468.248，自由度 df=28，P=0.000 < 0.05，因此原生广告量表十分适合做因子分析。主成分析法共提取出 3 个公因子，分别可以解释 47%、29% 和 18% 的总方差，说明该量表具有较好的建构效度。该量表的解释总方差和旋转成分矩阵如表 8。

表 8　心流体验量表因子分析结果

题项	因子负载	特征值和解释方差
Q2.1	0.848	
Q2.2	0.866	3.780（47%）
Q2.3	0.752	
Q2.4	0.818	
Q2.5	0.676	2.556（29%）
Q2.6	0.718	
Q2.7	0.893	1.661（18%）
Q2.8	0.867	
KMO=0.837，Bartlett's-test=1468.248，df=28，sig=0.000		

广告回避表的 KMO 值为 0.786，Bartlett 球形检测为 1583.150，自由度 df=28，P=0.000 < 0.05，因此原生广告量表十分适合做因子分析。经过主成分析法共提取出 3 个公因子，分别可以解释 46%、20% 和 17% 的总方差，说明该量表具有较好的建构效度。该量表的解释总方差和旋转成分矩阵如表 9。

表 9 原生广告回避量表因子分析结果

题项	因子负载	特征值和解释方差
Q3.1	0.848	
Q3.2	0.855	3.688（46%）
Q3.3	0.804	
Q3.4	0.744	
Q3.5	0.866	1.623（20%）
Q3.6	0.836	
Q3.7	0.927	
Q3.8	0.919	1.269（17%）
KMO=0.786，Bartlett's-test=1583.150，df=28，sig=0.00		

（三）回归分析

回归分析是用来检测两种或者两种以上变量之间关系的统计学方法，它以观测数据为依据，建立起两个变量之间的相互关系。根据我们前文的研究假设，本研究拟定采用回归分析对研究假设 H1、H2、H3、H4、H5、H6 进行验证。

1. 原生广告趣味性与心流体验

根据前文的研究假设，我们假定原生广告的趣味性对用户在接触原生广告时的心流体验具有显著正向影响。研究人员使用 SPSS19.0 软件，首先通过因子分析对趣味性和心流体验的各个题项计算得分，然后进行线性回归分析。经过数据分析，趣味性 & 心流体验模型可以解释总变异量的 24.6%；R 值 =0.498，拟合度可以接受；F 值 =143.030，sig=0.00，显著。也就是说，原生广告的趣味性与用户在接触原生广告时产生的心流体验呈正相关，广告的趣味性越强，用户的心流体验作用越明显。求得的回归方程为：

心流体验 =-7.593+0.498* 趣味性

表 10 趣味性 & 心流体验模型概要

	预测变量	B	标准误	t 值	p 值
常量	—	-7.593	—	0.000	1.000
—	趣味性	0.498	0.042	11.960	0.00
R=0.498，R 方 =0.248，F=143.030，sig=0.00					

2. 原生广告新颖性与心流体验

根据前文的研究假设，研究人员假设原生广告的新颖性对消费者在接触原生广告时所产生的心流体验具有显著正向作用。研究人员对新颖性和心流体量两个变量进行回归分析。经过线性回归分析，新颖性 & 心流体验模型可以解释总变异量的 19.7%；R 值 =0.443，拟合度可以接受；F 值 =106.198，sig=0.00，显著。因此，从数据分析的结果来看，原生广告的新颖性与用户在接触原生广告时所产生的心流体验呈正相关，也就是，广告越是新颖，心流体验越明显。求得的回归方程为：

心流体验 =-1.036+0.443* 新颖性

表 11 新颖性 & 心流体验模型概要

	预测变量	B	标准误	t 值	p 值
常量	—	-1.036	—	0.000	1.000
—	新颖性	0.443	0.043	10.305	0.00
R=0.443，R 方 =0.197，F=106.198，sig=0.00					

3. 原生广告优质性与心流体验

根据前文的研究假设，研究人员假设原生广告的优质性对消费者在接触原生广告时所产生的心流体验具有正向的显著作用。研究人员对优质性和心流体验两个变量进行回归分析。经过线性回归分析，优质性 & 心流体验模型可以解释总变异量的 19.7%；R 值 =0.443，拟合度可以接受；F 值 =106.198，sig=0.00，显著。因此，从数据分析的结果来看，原生广告的优质性与用户在接触原生广告时所产生的心流体验呈正相关，也就是，广告越是优质，心流体验越明显。求得的回归方程为：

心流体验 =3.686+0.464* 优质性

表 12 优质性 & 心流体验模型概要

	预测变量	B	标准误	t 值	p 值
常量	—	3.686	0.042	0.000	1.000
—	优质性	0.464	0.043	10.915	0.00
R=0.464，R 方 =0.215，F=119.145，sig=0.00					

总的来说，广告趣味性、新颖性和优质性三个变量均与心流体验正相关，影响的程度相差不大，其中趣味性对心流体验的影响最大。

4.心流体验与原生广告认知回避

根据前文的研究假设，我们将广告认知回避作为心流体验的结果变量，假设心流体验与广告认知回避之间呈负相关。研究人员使用 SPSS19.0 软件对心流体验和认知回避进行线性回归分析，首先使用因子分析计算两个变量的总体得分，然后再进行回归分析。经过数据分析之后，得出的结果如下：心流体验 & 认知回避模型可以解释总体变异量的 21%；R 值 =0.412，拟合度处在可以接受的范围；F 值 =7.195，sig=0.008，显著。从以上数据的分析结果来看，心流体验与原生广告的认知回避呈负相关，也就是说，心流体验作用越强，原生广告的认知回避就越弱。求得的回归方程为：

认知回避 =5.893–0.128* 心流体验

表 13 认知回避 & 心流体验模型概要

	预测变量	B	标准误	t 值	p 值
常量	—	5.893	0.048	0.000	1.000
—	心流体验	-0.412	0.048	-9.682	0.00
R=0.412，R 方 =0.211，F=7.195，sig=0.008					

5.心流体验与原生广告情感回避

根据前文的研究假设，我们将广告情感回避作为心流体验的结果变量，并且假定用户在接触原生广告时所产生的心流体验与原生广告情感回避呈负相关。

研究人员对两个变量进行回归分析，得出的结果如下：心流体验＆情感回避模型可以解释总体变异量的 16.9%；R 值 =0.411，R 方 =0.169；F 值 =32.118，sig=0.01，显著。从以上数据可以看出，心流体验与原生广告的情感回避呈负相关，也就是说，用户在接触原生广告时所产生的心流体验越强，原生广告的情感回避就越弱。求得的回归方程为：

情感回避 =4.058-0.411* 心流体验

表 14 情感回避 & 心流体验模型概要

	预测变量	B	标准误	t 值	p 值
常量	—	4.058	0.042	0.000	1.000
—	心流体验	-0.411	0.042	-10.667	0.00
R=0.411，R 方 =0.169，F=32.118，sig=0.01					

6. 心流体验与原生广告行为回避

根据前文的研究假设，我们将原生广告的行为回避作为心流体验的结果变量进行考察，并且假设行为回避与心流体验之间呈负相关。研究人员对心流体验与行为回避之间进行线性回归分析，得出的结果如下：心流体验＆行为回避模型可以解释总体变异度的 22.7%；其中 R 值 =0.476，R 方 =0.227；F 值 =127.155，sig=0.00，显著。因此，经过以上的数据分析，我们可以看出，心流体验与原生广告的行为回避之间呈负相关，也就是说，用户在接触原生广告时产生的心流体验越强，用户的原生广告行为回避越弱。求得的回归方程为：

行为回避 =1.241-0.476* 心流体验

表 15 行为回避 & 心流体验模型概要

	预测变量	B	标准误	t 值	p 值
常量	—	1.241	0.042	0.000	1.000
—	心流体验	-0.476	0.042	-11.276	0.00
R=0.476，R 方 =0.227，F=127.155，sig=0.00					

总体来说，心流体验对原生广告的认知回避、情感回避和行为回避呈负相

关。三个结果变量的影响程度相差不多，其中心流体验对行为回避的影响最大。

五、研究结论与讨论

（一）研究假设验证

本研究假设原生广告的趣味性、新颖性和优质性为心流体验的前因变量，原生广告回避中的认知回避、情感回避和行为回避作为心流体验的结果变量，一共提出了 6 个研究假设。经过前文的数据分析之后，所有的研究假设均被证实。

表 16 假设验证情况

假设	假设内容	研究结果
H1	原生广告的趣味性与原生广告心流体验呈正相关，即广告的趣味性越强，心流体验作用越明显。	成立
H2	原生广告的广告质量与原生广告心流体验呈正相关，即原生广告的质量越高，心流体验作用越明显。	成立
H3	原生广告的新颖性与原生广告心流体验呈正相关，即原生广告的新颖性越强，心流体验作用越明显。	成立
H4	心流体验作用与原生广告认知回避呈负相关，即心流体验作用越大，原生广告认知回避越少。	成立
H5	心流体验作用与原生广告情感回避呈负相关，即心流体验作用越大，原生广告情感回避越少。	成立
H6	心流体验作用与原生广告行为回避呈负相关，即心流体验作用越大，原生广告行为回避越少。	成立

（二）研究结论

根据访谈和以往的文献梳理，研究者一共提出了四个研究问题，分别是：

第一，原生广告的哪些因素影响着用户的心流体验。

第二，原生广告的这些因素与用户的心流体验之间的正负、强弱关系如何。

第三，心流体验与原生广告回避之间的强弱、正负关系如何。

第四，如何利用这些因素缓和用户对原生广告的回避，提高广告效果。

经过复杂且严谨的论证和数据分析之后，针对以上四个研究问题，本研究得出了以下结论。

1. 趣味性、新颖性和优质性对原生广告的心流体验产生显著影响

本研究通过深度访谈和探索性因子分析编制了原生广告特征量表，并通过因子分析从中提取出三个有关原生广告特征的公因子：原生广告趣味性、原生广告新颖性和原生广告优质性。经过回归分析后，本研究发现趣味性、新颖性和优质性均与原生广告用户接触的心流体验显著相关，且均为正向关系。也就是说，一个原生广告，越是有趣、越是有新意、质量越好，那么用户在与广告接触时越能产生心流体验。但是这三个变量与心流体验之间的强弱关系是不同的，具体见下表 17。

表 17 心流体验解释效应表

原生广告特征量表维度	心流体验（R）
趣味性	0.498
新颖性	0.443
优质性	0.464

具体来看，趣味性对心流体验的影响最大。原生广告是在移动互联网的大背景之下诞生的广告形式，并且以多种姿态出现在用户的眼前。就目前的原生广告形式来看，SNS 广告、信息流广告和瀑布流广告是目前的主流形式。而日新月异的互联网技术也为原生广告的实现模式提供了多种多样的可能性，比如 H5 技术大大提高了用户在与原生广告接触时的互动感，进而提高了原生广告的趣味性。比如在 2016 年十分火爆的"腾讯动漫联手薛之谦"的微信朋友圈 H5 广告，就将这一点体现得淋漓尽致。对于用户而言，这种广告形式无疑比以往的说服性广告有趣得多。原生广告的趣味性高，那么用户在接触原生广告时的投入度也越高，从而产生了心流体验，能够更好地提高原生广告的传播效果。

另外，原生广告的新颖性也是正向影响心流体验的重要因素。在调查中，原生广告新颖性的条目的平均得分为 3.40，也就是说，调查中有相当一部分网友认为，原生广告比其他广告更加新颖。而本研究后续的数据分析显示，新颖性与心流体验呈正相关，广告越是新颖，用户越能够产生心流体验。这是因为在移动互联时代下的原生广告，不光广告形式比以往的广告新颖，广告的产品和创意也与传统广告有着很大不同。目前流行的原生广告中，不光包括传统的

商品广告，还有游戏广告、服务广告、电商广告等多种形式，产品更加新颖的同时广告形式也更加新颖，这是毋庸置疑的。

此外，原生广告的质量也与用户在接触广告时产生的心流体验呈正相关。本研究表明，广告的质量越好，用户越能够产生心流体验。研究者认为，广告质量的好坏与心流体验中的"乐趣"和"投入"两个条目有着密切的关系：广告的质量好，才能够给用户带来积极的广告态度，才能够提高用户的投入度，进而促使用户产生心流体验。

2. 心流体验与原生广告认知回避、情感回避和行为回避呈负相关

本研究借鉴了 Cho 和 Cheon 在 2004 年的研究，将网络广告回避分为认知回避、情感回避和行为回避三部分，并对 Cho 和 Cheon 提出的广告回避量表进行了调整和修订，使其更加适合原生广告研究。经过数据分析之后，本研究证实心流体验与原生广告的认知回避、情感回避和行为回避均具有显著的负相关作用。也就是说，用户在接触原生广告时所产生的心流体验越强，用户的认知回避、情感回避和行为回避就越弱。这一结论对缓解原生广告的广告回避效应具有一定的指导作用。具体见表 17。

表 17 广告回避 & 心流体验解释效应表

原生广告回避量表维度	心流体验（R）
认知回避	-0.412
情感回避	-0.411
行为回避	-0.476

首先，用户在接触原生广告时产生的心流体验与认知回避显著相关。认知回避指受众对于网络广告的基本信念，认知越负面，越容易对广告产生认知回避，它主要表现为受众对广告的视而不见或故意回避。从心流体验的角度来讲，用户在平时接触广告过程中产生了心流体验，就很容易对原生广告产生积极的态度，影响用户对广告的认知，进而削弱广告回避作用。

另外，用户在接触原生广告时产生的心流体验与情感回避也有着显著的关系。情感回避是用户对广告的主观感受或情感反应，表现为受众对广告的负面情绪和消极感受。这一点很好理解，心流体验本就与用户的情绪密切相关，心流体验量表中也有"乐趣"这一专门的条目来进行测量。用户在平时的广告接触中产生了心流体验，也就对广告产生了积极的情感，增强了广告接触中的乐趣，进而削弱原生广告的情感回避。

最后，用户在接触原生广告时产生的心流体验与行为回避有着显著的关系。行为回避指在互联网媒介接触中，消费者产生回避动作，如向下滚动网页以回避网络广告、点击关闭广告等动作。具体来说，用户在接触原生广告时产生了心流体验，使得用户对广告产生了兴趣，从而愿意完成广告接触的过程，削弱了原生广告的行为回避。

3. 原生广告发展建议

本研究站在用户体验的视角，对原生广告的回避现象进行了分析。作为新兴的广告形式，原生广告与以往其他类型广告最大的区别在于它更加注重用户的体验。它试图通过改善用户体验的方式，提高广告与用户的互动性，提高广告的传播效果，改善广告回避的现象。本研究经过数据分析，证实广告的趣味性、新颖性和优质性可以影响用户的心流体验，进而影响广告回避。从实践的角度来说，原生广告要想真正改善自己的用户体验，走出人们厌恶广告、回避广告的泥淖，提高广告的趣味性、新颖度和广告质量至关重要。

（1）处理好广告趣味性、新颖度、广告质量与营销要求之间的关系

对于众多的广告公司来说，将原生广告做得好玩有趣、质量高并不是一件很困难的事情，麻烦的是较高的广告质量有时会与广告主的营销要求产生冲突。对于广告主来说，他们追求更多的是广告的点击率、转化率等指标，然而这些指标与广告的好坏并没有十分必然的联系，反而是一些低俗和恶俗的广告素材能够带来更高的点击，然而这些质量低下的广告无疑破坏了整个广告市场的大环境，破坏了用户的心流体验，使用户很容易对广告产生厌烦的情绪，从而增加广告回避现象。

（2）精准投放是增加用户心流体验的有效途径

对于大多数投放到用户眼前的广告来说，能不能恰好符合用户的需求是决定用户愿不愿意看广告、能不能产生心流体验的关键原因。原生广告的产品大部分是一些游戏下载、电商、素材的广告，它要求在最短的时间唤起用户的兴趣，点击广告，下单购买。用户是否愿意点击广告，从根本上来讲，还是看用户是否需要这个产品，那么广告在设计的时候，进行人群定位，对某一类市场和人群进行精准投放是十分必要的。

（3）广告的质量、趣味和创意改善心流体验，是缓解广告回避的有效途径

在量表制定之前的访谈中，我们在有些受访者口中获知，他们并不是讨厌广告，而是讨厌质量低下、强制绑定、病毒洗脑的垃圾广告。原生广告的出现，其实是在试图改变互联网广告当前这一尴尬境地。比如一些微博广告，文案十分简单粗暴，有时仅仅是换一个地名，就可以作为其他产品的广告文案来用，这恐怕是广告人黄金时代的大卫·奥格威和李奥·贝纳等人预料不到的。这些无趣又频次极多的广告，不仅破坏了用户的广告体验，也破坏了整个互联网的生态环境，是互联网广告生态圈的毒瘤。广告的创意与质量，是广告从业人员永远需要关注的问题，对于原生广告乃至整个互联网广告行业的发展也是至关重要的。

4. 研究局限和展望

（1）研究局限

对于广告回避研究来说，本研究是站在心流体验的视角下进行有关原生广告用户体验的一次探索性研究，也是用实证分析进行此研究的初步尝试，存在着一些局限之处：

首先，原生广告特征量表的制定在最初包含了很多条目，后续研究因为信效度的原因删除了很多，最终保留了9个条目。这并不意味其他条目对心流体验就没有影响，量表的开发受到很多因素的影响，本研究构建的量表也不可能囊括原生广告的所有关键的特点，这是毋庸置疑的。因此在有关原生广告特征和概念的研究方向上，还有很多值得去做的空白点。

另外，广告回避量表主要采用了 Cho & Cheon 在 2004 年的量表，这一量表是针对网页浏览行为来制定的，本研究根据原生广告和移动广告的特征，对这一量表进行了修订。虽然修订后的量表具有比较高的信效度，但是也难免会有一定的偏差，这也是本研究的局限性之一。

（2）研究展望

本研究对原生广告、心流体验和广告回避之间进行了实证分析，是一次探索性的研究。经过前期制定量表时对用户的访谈后，研究人员发现，除了本研究所验证的三个前因变量外，还有很多细节的变量值得探讨。后续的学者可以采用实验法，控制好某些变量进行测试，相信会有进一步的发现。

研究心得

本文成文于 2017 年，当时原生广告还是一个相对比较新颖的概念，广告主们希望通过广告表现形式的优化，提高广告的用户体验，进而提高广告的传播效果。因而本文从心流体验的视角出发，来探讨互联网新形势下的原生广告能否通过改善体验来减少广告的回避效应，提升广告效果。

喻国明曾在《电视广告视觉模型建构：基于眼动》中提出：商业特征越是淡的广告，越能够捕捉更多的视觉注意；表现形式越是新异的广告，越容易捕捉更多的视觉注意；越是新颖的广告，越能够捕捉到更多的视觉注意；感性诉求程度越是高者，越能够捕捉到更多的视觉注意。从某些层面上来说，希望广告主能够通过提高广告质量，从而提升广告的传播效果，是这篇文章撰写的初衷。

然而在时下 2021 年的今天，笔者正处于"双十一"期间被无穷无尽无孔不入的电商广告打扰的状态中。从广告效果上看，广告商们与其选择耗费时间成本和人力成本提高广告质量，不如利用垄断优势向用户推送更加洗脑劣质的广告，挤占用户的视觉和隐私空间。这也让本文在时下有了新的意义：从伦理上讲，广告商是否有权力无穷无尽地推送广告？从效用上讲，这种模式下的推广是否行之有效，是否又会引起新的广告回避行为？这也许是时下更有现实意义的讨论方向。

手机视频广告回避影响因素研究

李盼盼

【摘要】移动互联网的快速发展，使手机视频在人们的娱乐生活中占有重要的一席之地。本文以手机视频广告为研究对象，通过问卷调查法（N=562）进行实证分析，证实了感知目标妨碍、既往消极经验、广告相关因素和接收情景会对手机视频广告回避反应产生显著影响，同时提出手机视频广告回避反应的理论模型。研究发现，手机视频所具有的移动性的特点并没有缓解用户对广告的回避倾向，这是本研究最大的贡献。同时，实证分析发现，既往消极经验对手机视频用户的广告回避反应影响最大，用户既往的手机视频广告接触经验越消极，其广告回避倾向就越强烈。其次是广告相关因素，广告与用户的相关性越小、广告表现越差、广告越是繁杂，越容易引起用户的广告回避。当用户感知到手机视频广告影响其收看视频，就越有可能产生广告回避反应。

【关键词】手机视频广告；广告回避；广告回避影响因素

一、研究背景

信息通信技术的发展进入了新一轮质的飞跃，这其中，以移动性和个性化为特点的移动互联网和移动终端的发展最为引人注目。CNNIC（中国互联网络信息中心）最新发布的第 39 次《中国互联网络发展状况统计报告》显示，截至2016 年 12 月，中国网民规模已达 7.31 亿，普及率达 53.2%。其中，中国手机网民规模达 6.95 亿，增长率连续三年超过 10%。① 使用手机上网网民规模保持快速增长，笔记本、台式电脑的上网比例则继续呈下降趋势，截至 2016 年 12

---

① 中国互联网信息中心：《第 39 次中国互联网络发展状况统计报告》，2017 年 1 月，http://www.cac.gov.cn/cnnic39/，2017 年 3 月 12 日。

月，我国网民使用手机上网的比例为 95.1%，较 2015 年底提升了 5 个百分点；而使用台式电脑上网比例为 60.1%，笔记本电脑上网比例为 36.8%，较 2015 年底均有所下降。① 可以看出，当前手机作为上网的终端设备占据了主流地位。不同于电脑的工作属性，手机的娱乐属性更加突出。在诸多的娱乐选择中，观看视频成为手机用户主要的娱乐方式，是仅次于音乐应用的第二大手机娱乐应用。科技发展的助推、传统互联网视频企业的推动以及消费者随时随地收看视频的需求驱动，使手机视频用户得以快速增长。

庞大的手机视频用户基础和使用需求推动着手机视频广告的发展。2015 年视频贴片广告已经有 172.1 亿元的市场规模，并仍处于快速增长阶段，预计 2018 年将达到 387.2 亿元。② 目前移动端广告收入在各大视频网站收入中的占比达到 50% 左右。③ 不同于图片、文字类型的广告，手机视频广告因为具有声画结合等多种优势，更有利于展示产品或者服务的特点和形象，因此，更容易得到优质品牌广告主的青睐，可以预见的是，手机视频广告具有巨大的发展潜力。

在手机视频广告迅速发展的同时，用户的广告回避现象依然存在。广告回避研究自 20 世纪六七十年代由西方学者开启，④ 其研究的焦点始终紧跟广告媒介和社会发展步伐，目前已有对手机广告回避现象的研究，但是针对颇具市场价值且具有一定特殊性的手机视频广告的研究还较少。本研究旨在通过对手机视频广告的回避现象进行更有针对性的研究，一方面丰富广告回避研究的理论内涵，另一方面助力业界采取措施缓解广告回避现象，从而提升广告效果。

本研究将以定性和定量相结合的方式来探究手机视频广告回避的影响因素，构建出手机视频广告回避的理论模型，并结合访谈内容和数据分析结果为手机视频营销提供理论性的建议，以期为手机视频广告行业的健康发展贡献一份力量。

---

① 中国互联网信息中心：《第 39 次中国互联网络发展状况统计报告》，2017 年 1 月，http://www.cac.gov.cn/cnnic39/，2017 年 3 月 12 日。

② 艾瑞咨询：《2016 中国网络广告行业报告》，2016 年 4 月，http://www.199it.com/archives/458503.html，2017 年 3 月 12 日。

③ 中国网络视听节目服务协会：《2016 年中国网络视听发展研究报告》，2016 年 12 月，http://www.199it.com/archives/544813.html，2017 年 3 月 12 日。

④ 刘荣：《我们为什么"不看"广告——广告回避研究综述》，《中国广告》2011 年第 6 期。

二、文献综述

（一）手机视频广告

1. 手机视频的定义

笔者通过梳理文献中关于手机视频的定义，并结合我国现阶段的现实情况，将通过手机终端开展视频业务根据主体的不同分为三类：

第一类是广播电视系统主导的"广播式手机电视"，这类手机电视基于数字多媒体广播技术，通过数字电视广播网络直接为用户提供在手机上观看视频的服务。第二类是电信运营商主导的"流媒体式手机电视"，这类手机电视基于流媒体技术，通过移动运营商的蜂窝无线网络来实现流媒体多点对多点的传送。第三类是包括视频网站在内的商业性组织为手机用户提供的视频业务，通过 3G、4G、WIFI 等移动通信网络来实现数据传输。事实上，前两类基于手机终端的视频服务形式更多地被称为"手机电视"，这两类业务由于各种内部或外部的原因，市场表现不佳，在用户规模、盈利能力、用户体验、市场占有率等等各个方面都不如尽人意，不具备充分的研究价值。

本研究将聚焦于第三类手机视频业务，即通过智能手机终端，主要基于 3G、4G、WIFI 等移动通信网络，用户可以点播在线收看、下载离线观看的影视、娱乐、可视新闻、体育和原创等各类的视频内容，并且赋予用户互动、分享、上传等控制权利。用户可以通过智能手机软件或浏览器访问移动互联网两种形式享受视频内容，也可以将已经下载好的视频通过手机软件进行播放。诸如通过优酷、腾讯、乐视等视频客户端，在微博、微信、网易新闻、美拍等社交类、新闻类、拍摄类客户端上以及手机浏览器访问视频网站收看的视频等都属于本研究中的手机视频。同时，考虑到本研究的研究重点是考察手机视频的广告回避，因此，暂且不将直播类手机视频考虑在内。

2. 手机视频广告的定义

手机视频广告作为一种新兴的广告类型，目前尚未获得广泛认同的定义。许波将手机视频广告定义为：通过手机移动媒体传播的付费视频信息，旨在通过这些商业信息影响受传者的态度、意图和行为。[①] 此定义揭示出了手机视频广告的三个主要特征：借助于手机终端的、广告主付费刊播的和有商业目的的。结合现阶段手机视频广告发展的现状，笔者认为手机视频广告是指用户通过智

---

① 许波：《3G 时代手机视频广告发展初探》，《新闻爱好者》2010 年第 24 期。

能手机观看各类视频内容时出现的商业性信息，这些信息旨在改变手机视频用户的认知、态度或行为。典型的手机视频广告是手机视频客户端或者网页上视频播放前、播放中出现的视频广告和暂停时出现的图片广告，此外，还包括在其他手机软件，如微信、微博、新闻客户端、短视频软件等社交类、新闻类和拍摄类的手机软件上收看视频内容时出现的广告信息。

（二）广告回避研究

1. 广告回避研究起源与发展

对于媒介受众的广告回避的研究最早可追溯到 19 世纪六七十年代，经过数十年的研究发展，国外关于广告回避的研究已形成了一定的研究规模和派系脉络。其中有几项研究成果开创了广告回避研究的新时代，具有里程碑的意义。

1990 年，Abernethy 在回顾电视受众研究的基础上归纳了广告回避的两大类别，分别是身体回避和机械回避。[①] 这是学术界首次尝试对广告回避进行分类，被后继的学者多次引用。1997 年，Speck & Elliott 对电视、报纸、杂志和广播四种传统媒体进行了研究，归纳出人口统计变量、广告观念、媒介相关变量和广告沟通问题四种影响因素，并提出媒体受众有三种回避行为：消除广告、忽略广告和跳过广告，[②] 这是广告回避研究领域首次尝试对印刷媒体和电波媒体进行对比研究，并总结归纳出适用于全媒体的广告回避影响因素。互联网的发展使网络广告逐渐受到学界和业界的重视，部分学者开始关注其互联网广告的广告回避现象，其中，Cho & Cheon 在 2004 年建构出网络广告回避的假设模型，并验证了其合理性。他们提出感知目标妨碍、感知广告杂乱和既往消极经验是导致网络广告回避的重要影响因素，并且较完整地归纳出三种广告回避类型，即认知回避、情感回避和行为回避。[③] Cho & Cheon 对于互联网广告回避的研究堪称经典，他们提出的广告回避分类方法获得了广泛认可。

相比国外，国内对广告回避的研究起步较晚。国内最早发表的与广告回避相关的文章是 1994 年发表于《广告文法》杂志的《躲避"广告躲避"》，作者在

---

① Avery Abernethy, Television Exposure: Programs VS. Advertising, *Journal of Current Issues and Research in Advertising*, vol.13(1990), pp.61-77.

② Paul Surgi Speck, Michael T. Elliott, Predictors of Advertising Avoidance in Print and Broadcast Media, *Journal of Advertising*, vol.26, no.3(1997), pp.61-76.

③ Chang-Hoan Cho, Hongsik John Cheon, Why do People Avoid Advertising on the Internet? *Journal of Advertising*, vol.33, no.4(2004), pp.89-97.

文中将国外文献中的 Zapping 翻译为"广告躲避",即指以转换频道的方式躲避电视广告。文中指出我国广告实践中的广告躲避现象不容忽视,并号召广告代理人和广告客户采取对策来"躲避'广告躲避'"。[①]随后,《情报杂志》也发表了一篇关于广告躲避(Zapping)的文章,分析了造成广告躲避现象的原因并针对性地提出了一些减少该现象的建议。[②]

而国内学者严格意义上对广告回避现象进行研究的是李雪梅和叶乃沂于2006年发表于《商场现代化》上的《网络广告回避反应影响因素研究》一文。在这篇文章里,作者通过相关文献和理论探讨,建构出网络广告回避反应关系模型,提出影响广告回避的七个具体因素——广告混乱、刺激强度不够、可信度低、感知目标阻拦、负面知觉、无兴趣需求和设施影响,并提出了相应的假设,不过没有进行验证。[③]同年,李雪梅在其硕士毕业论文中对影响网络广告回避的因素重新归纳为任务干扰、恼怒感、个人效用、网络广告激励和个人相关性,并提出网络广告反应包含三方面:认知、情感和行为,以此建立起网络广告回避反应关系模型,并通过问卷方式进行了验证。[④]

2011年,《中国广告》杂志广告研究栏目发表了一篇综述性文章,在这篇文章中,作者刘荣总结了国外学者对广告回避研究的成果,系统地介绍了广告回避的定义、研究概况、受众描述、数据监测和不同媒体类型广告回避的解释模型,对国外广告回避研究进行了较完整的概括。[⑤]此后,国内学者对广告回避的关注逐渐增多,并开始尝试采用不同的研究方法对不同类型的媒体进行研究,如探究大学生网络广告回避反应的主观因素;[⑥]以央视一套4月9日收视率的变化数据为基础,来分析电视观众广告回避现象的文章;[⑦]针对网络视频广告回避

---

① 吕湘戎:《躲避"广告躲避"》,《销售与市场》1994年第5期。

② 杨文霞,苏永:《试析广告情报中 Zapping——广告躲避现象》,《情报杂志》1995年第4期。

③ 李雪梅,叶乃沂:《网络广告回避反应影响因素研究》,《商场现代化》2006第13期。

④ 李雪梅:《网络广告回避反应影响因素研究》,硕士学位论文,西南交通大学,2006年。

⑤ 刘荣:《我们为什么"不看"广告——广告回避研究综述》,《中国广告》2011年第6期。

⑥ 雷攀:《大学生网络广告回避反应主观影响因素的实证研究》,硕士学位论文,重庆工商大学,2011年。

⑦ 丁汉青:《从收视率看观众的广告回避现象——以央视一套4月9日收视率为例》,《青年记者》2012年第22期。

影响因素的研究;[①] 以热点事件为背景分析网络广告回避影响因素的研究;[②] 针对特殊群体和特殊媒体类型中的广告回避行为的原因分析;[③] 对新的广告形式如社交媒体广告的回避研究。[④] 在研究的发展过程中,"广告躲避"和"广告回避"的概念逐渐趋同,都可以视为对英文中"Advertising Avoidance"的中文翻译。

2. 广告回避的定义与分类

(1) 广告回避的定义

关于广告回避的定义,最经典也是被引用频次最多的是 Speck & Elliott 在1997 年所提出的:媒体使用者为了不同程度地减少自身暴露在广告内容之中而采取的所有行动。[⑤] 这一定义具有较高的理论价值,也获得了学界的广泛认同,因此本文也将沿用这一定义。在这一概念的引领下,电视观看行为中,针对广告而产生的换台、跳过、静音、快进等;报纸、杂志阅读行为中,针对广告而产生的忽略、翻动、丢弃等;以及互联网使用过程中,对横幅广告视而不见等各种媒体使用者为减少广告接收而产生的行为,都包含在广告回避这一概念范畴之中。[⑥]

具体到本研究中,对手机视频广告的视而不见、静音、离开手机前去做其他事情、将手机移出自己的视线、购买会员等均属于广告回避这一概念范畴内。这些行为是随着新的媒体广告形式出现而产生的新的广告回避行为表现,也丰富了广告回避概念的内涵。

(2) 广告回避的分类

早期的广告回避研究始终围绕着传统媒体进行,尤其聚焦于电视观看行为的研究。直到 20 世纪 90 年代,广告回避逐渐从电视观看行为的研究跳脱出来,开始形成体系。关于广告回避行为研究也从最初的描述广告回避行为表现,慢慢过渡到尝试对这些行为表现进行分类。

---

① 孙黎:《网络视频广告回避的影响因素研究》,《企业导报》2013 年第 12 期。

② 陈素白,曹雪静:《网络广告回避影响因素研究——基于 2012 伦敦奥运网络广告投放的实证分析》,《新闻与传播研究》2013 年第 12 期。

③ 柴欣,闫星宇:《女大学生网络视频广告回避行为原因分析》,《科技传播》2015 年第 11 期。

④ 杨莉明,徐智:《社交媒体广告效果研究综述:个性化、互动性和广告回避》,《新闻界》2016 年第 21 期。

⑤ Paul Surgi Speck, Michael T. Elliott, Predictors of Advertising Avoidance in Print and Broadcast Media, *Journal of Advertising*, vol.26, no.3(1997), pp.61-76.

⑥ 徐艳,刘荣:《1962—2012 五十年来广告回避研究概貌》,《广告大观》(理论版)2013 年第 1 期。

20 世纪 70 年代左右有学者开始通过调查法、观察法等研究方法发掘传统广告回避的行为表现，以及这些行为能够对广告接收程度造成怎样的影响。Wright 对广播广告的研究发现：转换广播频道与广告回避呈正相关，同时与该媒体的曝光程度呈负相关，而频繁地频道转换可以造成广告的曝光率降低近 50% 的后果。[①]Kaatz 指出 "Physical Zapping" 是一种常见的媒体现象，播放广告时诸如离开房间、打盹、翻动杂志以及与家人或者朋友交谈都属于这一范畴；而 "Electronic Zipping" 是技术的产物，商业广告播出期间转到其他电视频道就属于这一范畴，这是随着遥控器和录像机的出现才有的现象。[②]Moriarty & Sandra 发现电视广告播放时，观众对广告的关注度会下降近 47%，完全关注电视广告的观众仅有 7%，同时 53% 的观众会是处在注意力分散的状态下。[③]

随着早期关于广告回避研究成果的不断积累，一些学者开始尝试对各种广告回避行为表现进行分类，其中，Abernethy 和 Speck & Elliott 的研究成果获得了较为广泛的认同。

1990 年 Abernethy 针对电视广告归纳出了广告回避的两大类别：身体回避和机械回避。身体回避是指在电视广告播放时，观众起身离开，直接回避广告接触，如离开房间、上洗手间等；机械回避是指在电视播放时，观众通过换台、快进等方式回避广告接触，这是基于遥控、录像机等技术产品在家庭的普及。[④]Abernethy 提出的身体回避和机械回避的分类与 Kaatz 提出的 Physical Zapping 和 Electronic Zipping 有异曲同工之妙。1997 年，Speck & Elliott 两位学者在 Abernethy 研究的基础上增加了第三类广告回避行为：认知回避，即在场却对广告视而不见或者边看边活动，例如阅读报纸、与周围的人聊天等。[⑤]1999 年，Vakratsas & Ambler 在研究广告是如何发生作用时指出，广告作为刺激物会

---

① Wright P L, The Cognitive Processes Mediating Acceptance of Advertising, *Journal of Marketing Research*, vol.10, No.1(February 1973), pp. 53-62.

② Ronald B. Kaatz, Media Connections in a Changing Consumer Environment, *Journal of Advertising Research*, vol.26, no.2(1986), pp.3-7.

③ Sandra E. Moriarty, Mark N. Popovich, News Magazine Visuals and the 1988 Presidential-Election, *Journalism Quarterly*, vol.68, no.3(1991), pp.371-380.

④ Avery Abernethy, Television Exposure: Programs VS. Advertising, *Journal of Current Issues and Research in Advertising*, vol.13(1990), pp.61-77.

⑤ Paul Surgi Speck, Michael T. Elliott, Predictors of Advertising Avoidance in Print and Broadcast Media, *Journal of Advertising*, vol.26, no.3(1997), pp.61-76.

给广告受众带来认知、情感和行为三种反应。[①]2004 年，Cho & Cheon 在研究互联网广告回避时引用了 Vakratsas & Ambler 这一观点，进而发展出互联网广告回避的三种类型：认知回避、情感回避和行为回避。[②]

"认知回避"中的"认知"是指消费者对某一可评估对象物的信念，对某一对象物的信念越消极，认知就越消极，进而导致广告回避反应，这主要表现为受众对广告视而不见或故意忽略。"情感回避"中的"情感"是指消费者对某一对象物的感觉或情绪的反应，消费者如果对广告有强烈的厌恶情绪，就会增加其对广告的消极态度，进而引起广告回避，可见，"情感回避"更多的是指广告受众对广告的消极感受和负面情绪。[③]"行为回避"中的"行为"是指消费者为回避广告而采取的行动。行为回避是最直接有效的回避，因为广告受众不仅对广告信息的传播无动于衷，并且还会主动攻击广告，具有中断广告信息传播过程的明确目的。

Cho & Cheon 两位学者在其研究中对网络广告回避反应的分类进行了验证，显示了充分的有效性与可靠性。这一分类也得到了后续学者广泛的认可，被多次引用并作为理论基础。本文研究的对象是手机视频广告，鉴于广告受众对这一类型的广告刺激也同样会产生认知、情感和行为的三种反应，因此，本研究将继续沿用这一分类方法。

3. 广告回避的影响因素

理论源于实践，同时反哺于实践。广告回避研究起源于学者对这一现象的关注，而这一项研究也自带使命：认识广告回避现象以缓解广告回避。因此广告回避的影响因素的探析一直以来都是广告回避研究的中心议题之一。研究者通过实验、各种形式的观察、自我报告、电子监测等方法尝试构建完整的广告回避理论模型，以明确广告回避的各种影响因素及其与广告回避的正负强弱关系，在此基础上为业界提供针对性的策略建议，以期缓解广告回避反应，提升广告效果。

---

① Demetrios Vakratsas, Tim Ambler, How Advertising Works: What do We Really Know? *Journal of Advertising*, vol.26, no.3(1997), pp.61-67.

② Chang-Hoan Cho, Hongsik John Cheon, Why do People Avoid Advertising on the Internet? *Journal of Advertising*, vol.33, no.4(2004), pp.89-97.

③ Brittany R. L. Duff, Ronald J. Faber, Missing the Mark: Advertising Avoidance and Distractor Devaluation, *Journal of Advertising*, vol.40, no.2(2011), pp.51-62.

（1）传统媒体

Healey & Kassarjian 运用传播学理论，通过问卷调查的方法对电视广告回避反应进行了相关研究。研究发现，广告过量、厌恶的情绪、广告与媒体的相关性等因素会导致广告受众快进；广告过量、厌恶的情绪以及好奇心等因素会导致广告受众换台。[①] 广告受众表示，他们回避电视广告是因为觉得广告具有干扰性，而且令人生厌，特别是当受众觉得自己是被迫观看广告时，会更容易回避广告。[②] 杨文霞等人认为广告情报商业性的可限度、广告情报内容的可信性、广告媒介的不适性和广告环境的相悖性是导致跳过广告的主要原因。[③]Obermiller, Spangenberg & MacLachlan 研究发现，越来越多的消费者对广告持有怀疑态度，而越是持有怀疑态度的消费者就越不喜欢广告，越不会依赖广告，越不会关注广告，这在客观上回避了广告。[④] 传统媒体广告回避的研究对象以电视广告为主，对其他传统媒体如广播、杂志、报纸等研究较少。

有别于前人在广告回避研究中对电视广告的关注，Speck & Elliott 对电视、广播、报纸和杂志四种传统媒体的广告回避程度及影响因素进行了跨媒体对比研究，在借鉴前人研究成果的基础上，发展出了适用于四种传统媒体的广告回避的综合性解释模型。在这个模型中，他们将传统媒体的广告回避的影响因素归纳为：人口统计变量、广告观念、媒介相关变量和广告沟通问题四种。并经过实证研究发现，广告观念是广告回避最强的预测变量，同时研究结果表明年龄和收入水平是人口统计变量中影响广告回避的最佳指标。此外，在广告沟通问题变量中，搜索障碍对传统媒体广告回避具有最明显的影响。[⑤]

[①]　John S. Healey, Harold H. Kassarjian, Advertising Substantiation and Advertising's Social and Economic Effects, *The Journal of Marketing*, (1961), pp.59-62.

[②]　Seonsu Lee，James R. Lumpkin, Differences in Attitudes toward TV Advertising: VCR Usage as a Moderator, *International Journal of Advertising*, vol.11, no.4(1992), pp.333-342.

[③]　杨文霞，苏永:《试析广告情报中 Zapping——广告躲避现象》,《情报杂志》1995 年第 4 期。

[④]　Carl Obermiller, Eric Spangenberg, Douglas L. MacLachlan, Ad Skepticism: The Consequences of Disbelief, *Journal of Advertising*, vol.34, no.3(2005), pp.7-17.

[⑤]　Paul Surgi Speck, Michael T. Elliott, Predictors of Advertising Avoidance in Print and Broadcast Media, *Journal of Advertising*, vol.26, no.3(1997), pp.61-76.

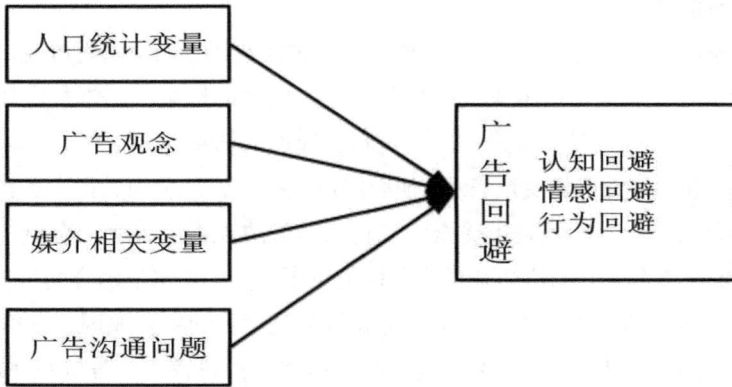

图 1 传统媒体广告回避理论模型（Speck & Elliott, 1997）

（2）互联网媒体

对互联网媒体广告回避的研究与互联网的发展如影随形。1998 年，Benway & lane 通过两组控制实验证明了网络用户常常忽视网页上的旗帜广告，并将这种现象称为"旗帜广告盲视（Banner Blindness）"，[①] 这是最早对互联网广告回避现象进行的研究。2002 年，Edwards 等人重点对一种互联网广告的形式——弹出式广告进行了研究，发现感知侵扰是此类广告回避反应发生的首要原因。[②]

2004 年，Cho & Cheon 构建并验证了比较完整的网络广告回避理论模型，成为网络广告回避研究领域的极具代表性的研究。该研究在前人研究的基础上将广告回避反应具体划分为认知、情感和行为回避三种，并提出感知目标妨碍、感知广告杂乱和既往消极经验是导致网络广告回避的重要影响因素。感知目标妨碍是指网络用户在上网时更具目标导向的情况下，网络广告作为噪音和侵扰的来源，妨碍了消费者目标的达成，这就有可能导致不好的结果，如愤怒、消极的态度和广告回避；感知广告杂乱被界定为消费者认定某一媒体上的广告数量过多，在互联网广告上表现为单一网页中出现大量的弹窗广告、旗帜广告、社论式广告、文字广告链接等；既往的消极经验是指消费者点击广告所带来的

[①] Jan Panero Benway, Banner Blindness: The Irony of Attention Grabbing on the World Wide Web, *Proceedings of the Human Factors & Ergonomics Society Annual Meeting*, vol.42, no.5(1998), pp.463-467.

[②] Steven M. Edwards，Hairong Li，Joo-Hyun Lee, Forced Exposure and Psychological Reactance: Antecedents and Consequences of the Perceived Intrusiveness of Pop-Up Ads, *Journal of Advertising*, vol.31, no.3(2002), pp.83-95.

消极体验或经历，这主要表现为不满的情绪和缺乏预期中的效用或刺激。[①]

后续学者在对互联网广告进行研究时大多借鉴 Cho & Cheon 的理论框架，或根据研究需要在其基础上进行修正，构建新的理论模型，如李雪梅将网络广告回避的影响因素归纳为广告混乱、感知目标阻拦、可信度低、负面感知、刺激强度不够、无兴趣需求、设备影响七种；[②]李影提出网络广告回避的理论模型，在感知目标妨碍、感知广告杂乱和即往消极经验的基础上，增加了网络广告的激励和受众的卷入度两个新的影响因素；[③]雷攀将大学生的网络广告回避的影响因素总结为任务干扰、恼怒感、个人效用、网络广告激励、涉入度和消极态度六种；[④]陈素白和曹雪静借助 2012 年伦敦奥运热点事件将网络用户对奥运网络广告回避的影响因素分为感知目标妨碍、感知广告杂乱、即往消极经验、奥运态度和人口统计五种。[⑤]

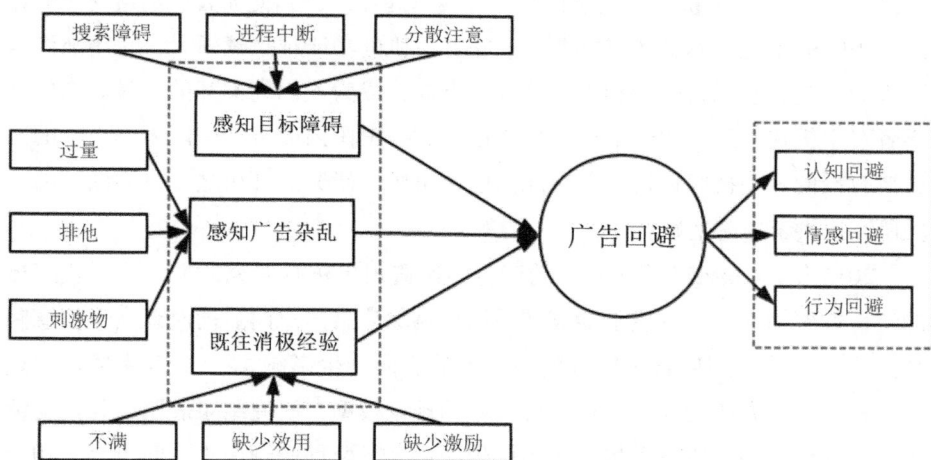

图2 网络广告回避理论模型（Cho & Cheon，2004）

① Chang-Hoan Cho, Hongsik John Cheon, Why do People Avoid Advertising on the Internet? *Journal of Advertising*, vol.33, no.4(2004), pp.89-97.

② 李雪梅：《网络广告回避反应影响因素研究》，硕士学位论文，西南交通大学，2006年。

③ 李影：《网络广告躲避反应的影响因素研究》，硕士学位论文，大连理工大学，2010年。

④ 雷攀：《大学生网络广告回避反应主观影响因素的实证研究》，硕士学位论文，重庆工商大学，2011年。

⑤ 陈素白，曹雪静：《网络广告回避影响因素研究——基于2012伦敦奥运网络广告投放的实证分析》，《新闻与传播研究》2013年第12期。

随着互联网广告形式的多样化和互联网广告实践的发展，一些学者开始关注特定的互联网广告形式的广告回避，如 Kelly 等人选择了 SNS（Social Network Sites，社交网站）广告作为研究对象，提出 SNS 广告回避的影响因素为预期的负面经验、广告信息相关、对于广告信息的怀疑、对于 SNS 网站作为广告媒介的怀疑；[①] 孙黎对网络视频广告回避机制的研究发现，感知目标妨碍、过去的负面经验、广告的频繁重复和无关的广告信息是影响网络视频广告回避的主要因素。[②]

（3）手机媒体

保罗·莱文森在其著作《手机：挡不住的呼唤》中说道："在手机之前的所有媒介，即使是最神奇的电脑也能把正在说话或者走路，生产、经营、消费分割开来。唯独只有手机能够使人一边走路一边说话，一边走路一边发短信，当然得注意安全。于是，人类就从机器跟前和禁闭的室内解放出来，进入大自然、漫游全世界。"[③] 手机最初只是作为一种通信终端，起到便捷人们沟通交流的作用，当时的手机还不具备媒体属性。随着手机的功能越来越强大，它逐渐渗入到人们社交、娱乐、生活和工作等各个方面，成为人们离不开的工具。国内外学者对手机这一新兴媒体的研究也逐渐兴起，就国内而言，中国人民大学的匡文波教授的《手机媒体概论》应属国内手机媒体研究的开山之作，为国内的相关研究提供了理论基础。

2012 年，Okazaki 等人对移动广告的回避现象进行研究，证实了手机媒体的便在性感知在一定程度上能够削弱用户删除广告的意向。同时证实了信息隐私关注会对受众的广告态度及删除广告的意向产生影响。[④]Rau 等人通过焦点小组和实验的方法构建了手机广告回避的理论模型，研究结果表明广告接受情景和个人化策略会影响手机广告的广告回避，且两种影响因素之间也会互相影响。[⑤]

[①] Louise Kelly, Gayle Kerr, Judy Drennan, Avoidance of Advertising in Social Networking Sites: The Teenage Perspective, *Journal of Interactive Advertising*, vol.10, no.2(2010), pp.16-27.

[②] 孙黎：《网络视频广告回避的影响因素研究》，《企业导报》2013 年第 12 期。

[③] 保罗·莱文森：《手机：挡不住的呼唤》，何道宽译，北京：中国人民大学出版社，2004 年。

[④] Shintaro Okazaki, Francisco José Molina, Morikazu Hirose, Mobile Advertising Avoidance: Exploring the Role of Ubiquity, *Electronic Markets*, vol.22, no.3(2012), pp.169-183.

[⑤] Pei-Luen Patrick Rau, Qingzi Liao, Cuiling Chen, Factors Influencing Mobile Advertising Avoidance, *International Journal of Mobile Communications*, vol.11 no.2(2013), pp.123-139.

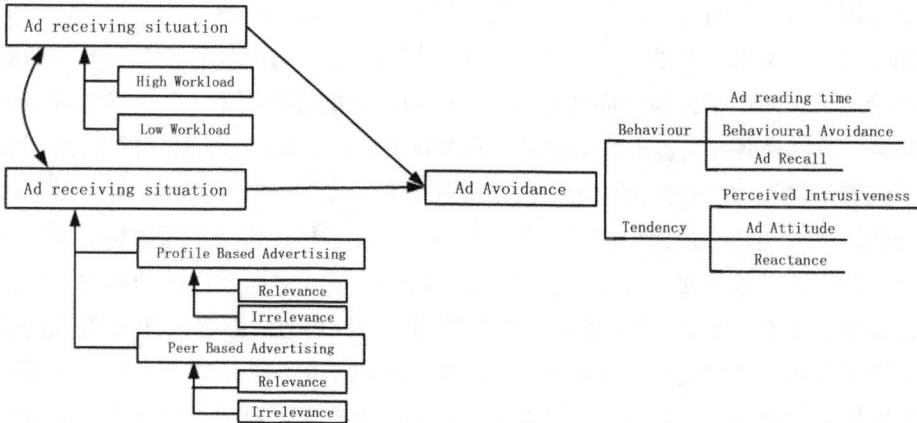

图3 手机广告回避理论模型（Rau, Liao & Chen, 2013）

对于手机广告的影响因素的探讨和研究在逐渐丰富过程中，不仅包括对手机广告回避反应的分类、影响模型的构建等，还需要对手机广告中某些具有理论价值和市场价值的广告类型的回避现象进行研究。而本研究就是针对手机广告的特定广告类型——手机视频广告进行探究。

三、理论模型和研究假设

（一）手机视频广告回避的类型

Vakratsas & Ambler 在研究中指出，广告作为刺激物会给广告受众带来认知、情感和行为三种反应。[①]Cho & Cheon 的研究中，将互联网广告回避划分为三种类型：认知回避、情感回避和行为回避，[②] 这一分类方法得到了后续研究广告回避现象的学者的认同，并被多次引用。因此本研究也将采用这一理论模型，将手机视频广告回避的类型划分为认知回避、情感回避和行为回避。

（二）手机视频广告回避的影响因素

对广告回避影响因素的研究是广告回避研究中的重要课题，诸多学者都在

---

① Sandra E. Moriarty, Mark N. Popovich, News Magazine Visuals and the 1988 Presidential-Election, *Journalism Quarterly*, vol.68, no.3(1991), pp.371-380.

② Chang-Hoan Cho, Hongsik John Cheon, Why do People Avoid Advertising on the Internet? *Journal of Advertising*, vol.33, no.4(2004), pp.89-97.

试图探究出广告回避影响因素的集合，其中，最具代表性的是 Cho & Cheon 于 2004 年研究互联网广告回避时提出的感知目标妨碍、感知广告杂乱和既往消极经验三种影响因素，较全面地概括了互联网广告的影响因素。[1]后续学者关于网络广告回避研究而提出的影响因素大部分源自 Cho & Cheon 总结的理论模型。不同媒体类型的广告回避的影响因素因其媒介特点的不同而有所差异。以手机为代表的移动终端快速发展，一些学者开始关注手机广告回避的影响因素。一些新的影响因素被提出并得到验证，如 Okazaki 等人对移动广告的回避现象进行研究，证实了手机媒体的便在性感知能对广告回避造成影响；[2]Rau 等人的研究结果表明，广告接受情景和个人化策略会影响手机广告的广告回避，且两种影响因素之间也会互相影响。[3]综上所述，因为研究对象的不同以及其他条件的变化，在对新的广告类型的回避现象进行研究时，应具体问题具体分析。本研究就是在借鉴前人研究成果的基础上，以手机视频广告这一新的广告类型为研究对象，采用定性和定量相结合的研究方法，探讨手机视频广告的影响因素，研究问题如下：

RQ1：用户是否对手机视频广告存在广告回避反应。

RQ2：影响手机视频广告回避的因素有哪些。

RQ3：影响因素与用户的广告回避之间的关系。

1. 感知目标妨碍

手机视频观看行为是一种具有明确目的性的娱乐行为。在手机上观看视频，用户具有很强的自主性。而伴随手机视频出现的广告并非用户想要收看的内容，它的出现势必会对用户收看视频这一目标产生妨碍或干扰。Cho & Cheon 的研究指出，消费者对互联网的使用更具有目标导向性，相比于其他媒体类型的广告，互联网广告更容易被认为是干扰性的，并在研究中证实了感知目标妨碍是影响互联网广告回避的重要因素。[4]李影等的研究也得出了相似的结论。[5]手机

①　Chang-Hoan Cho, Hongsik John Cheon, Why do People Avoid Advertising on the Internet? *Journal of Advertising*, vol.33, no.4(2004), pp.89-97.

②　Shintaro Okazaki, Francisco José Molina, Morikazu Hirose, Mobile Advertising Avoidance: Exploring the Role of Ubiquity, *Electronic Markets*, vol.22, no.3(2012), pp.169-183.

③　Pei-Luen Patrick Rau, Qingzi Liao, Cuiling Chen, Factors Influencing Mobile Advertising Avoidance, *International Journal of Mobile Communications*, vol.11 no.2(2013), pp.123-139.

④　Chang-Hoan Cho, Hongsik John Cheon, Why do People Avoid Advertising on the Internet? *Journal of Advertising*, vol.33, no.4(2004), pp.89-97.

⑤　李影：《网络广告躲避反应的影响因素研究》，硕士学位论文，大连理工大学，2010 年。

视频的收看行为同样具有目标导向性，手机视频广告的出现可能会妨碍用户收看特定视频这一目标的达成。因此本研究提出研究假设一：

H1：感知目标妨碍和手机视频广告回避正相关。

H1a：感知目标妨碍和手机视频广告认知回避正相关。

H1b：感知目标妨碍和手机视频广告情感回避正相关。

H1c：感知目标妨碍和手机视频广告行为回避正相关。

2. 既往消极经验

Bettman & Park 的研究表明，消费者既往的知识能够影响消费者决定对所接收到的信息进行何种程度以及何种类型的处理，例如对于品牌的对比和评价以及购买行为。[1]Fazio & Zanna 以及 Smith & Swinyard 研究发现，从自身经历中获得的经验能够对人们的态度和行为产生直接且强烈的影响。[2][3] 因此，消费者既往的知识经验能够在一定程度上预测其对当下以及将来接触到的信息的反应。在用户既往的经验中，如果手机视频广告对用户来说是没有用的、点击手机视频广告没有任何收获、点击手机视频广告的经历是不好的、接收或者点击手机视频广告造成了一定的风险，这些经验或知识就会被用户保留下来，在下次遇到相似的信息或者对象物时，将产生直接且强有力的影响。既往的经验可以分为感知有用性和感知风险。感知有用性是 Davis 在理性行为理论的基础上构建的技术接受模型中提出的概念，是指用户主观认为使用该系统能提高其工作绩效的程度。[4] 感知风险是指消费者主观确定对损失的预期，[5]Taylor 指出，消费者曾经的不愉快经历能够形成负面记忆，当意识到风险存在时，消费者就会变得焦虑不安，进而寻求减少风险的方法，如规避风险。[6] 如果手机视频用户

---

① James R. Bettman, C. Whan Park, Effects of Prior Knowledge and Experience and Phase of the Choice Process on Consumer Decision Processes: A Protocol Analysis, *Journal of Consumer Research*, vol.7, no.3(1980), pp.234-248.

② Robert E. Smith, William R. Swinyard, Information Response Models: An Integrated Approach, *Journal of Marketing*, vol.46, no.1(1982), pp.81-93.

③ Russell H. Fazio, Mark P. Zanna, Direct Experience and Attitude-Behavior Consistency, *Advances in Experimental Social Psychology*, vol.14, no.1(1981), pp161-202.

④ 黄婷：《社交网络服务（SNS）的用户接受影响因素研究》，硕士毕业论文，浙江大学，2010 年。

⑤ Vincent-Wayne Mitchell, Consumer Perceived Risk: Conceptualisations and Models，*European Journal of Marketing*, vol.33, no.1/2(1999), pp.163-195.

⑥ James W. Taylor, The Role of Risk in Consumer Behavior, *Journal of Marketing*, vol.38, no.2(1974), pp.54-60.

感知手机视频广告是无用的，同时因过去不愉快的经历而将其视为一种风险的存在，那么这样的消极经验会促使用户选择回避手机视频广告。因此，本研究提出研究假设二：

H2：既往消极经验与手机视频广告回避正相关。

H2a：既往消极经验与手机视频广告认知回避正相关。

H2b：既往消极经验与手机视频广告情感回避正相关。

H2c：既往消极经验与手机视频广告行为回避正相关。

3. 广告相关因素

手机视频用户对手机视频广告的反应，直接的对象物就是手机视频广告本身，根据巴普洛夫的刺激－反应理论，手机视频广告作为外部刺激可以直接引发用户的反应，这种反应既可能是积极的，如关注广告内容、收看广告产生愉悦感或者产生点击的行为；也可能是消极的，如反感、生气、不去看广告、离开。因此，手机视频广告本身会对手机视频用户的广告回避反应产生影响。既有的研究表明，广告过多、广告频繁重复会使用户产生厌烦、不满等消极的情绪，[①] 这种消极的情绪是广告态度不佳的一种表现，而不佳的广告态度会对广告回避产生直接的影响。[②]Wells, Clark & Mcconvile 提出广告个人相关性概念，并将其定义为"广告内容与受众当前行为、兴趣和需求的关联程度"。[③] 传播学中"使用与满足理论"认为，媒介受众是有着特定需求的个人，其媒介接触活动是基于特定需求动机来使用媒介，从而使这些需求得到满足的过程。这些需求多种多样，包括信息需求、娱乐需求、安全需求等。手机视频用户通过手机收看视频内容，更多的是为了满足自己的娱乐需求，广告若与用户当时的兴趣、需求等不相关，就成为一种干扰，妨碍这一需求得到满足。与此同时，若手机视频广告的表现能够给用户带来视觉或心理上的享受，替代性地满足了用户的娱乐需求，这也许能够在一定程度上缓和用户的广告回避反应。综上所述，广告与手机视频用户的相关性、广告的表现以及广告的数量和重复程度会影响用户的广告回避反应。因此，本研究提出研究假设三：

H3：广告相关因素会对手机视频广告回避产生显著影响。

---

① 孙黎:《网络视频广告回避的影响因素研究》,《企业导报》2013 年第 12 期。

② Paul Surgi Speck, Michael T. Elliott, Predictors of Advertising Avoidance in Print and Broadcast Media, *Journal of Advertising*, vol.26, no.3(1997), pp.61-76.

③ William D. Wells, Clark Leavitt, Maureen Mcconville, A Reaction Profile for TV Commercials, *Journal of Advertising Research*, vol.11, no.6(1971), pp.11-18.

H3a：广告相关因素会对手机视频广告认知回避产生显著影响。

H3b：广告相关因素会对手机视频广告情感回避产生显著影响。

H3c：广告相关因素会对手机视频广告行为回避产生显著影响。

4. 接收情景

手机用户可以在任何时间和任何地点自主地使用手机媒体，这一特点决定了手机媒体的使用场景是多种多样的。Rau 等人在对手机广告的研究中发现，广告接受情况会对广告回避产生重要影响。不同的广告接受情况导致受众处于高认知负载或低认知负载的情景中，而高认知负载的情景更容易引发广告回避。① 根据用户当前的任务性质可以将用户观看手机视频的情景划分为任务伴随和任务指向两类。所谓"任务伴随"是指用户是在完成某项任务的过程中同时在收看手机视频，此时收看行为是一种伴随状态，具有不稳定性，面临着随时间断的可能性。而任务指向是指用户当前的任务就是收看手机视频，这种行为具有单一的指向性。任务伴随状态下的手机视频收看行为面临着一定的时间压力、无法专注的精神状态以及随时中断的不确定性，这样的情况下，用户对获得满足会有更强烈的急迫感，手机视频广告的出现使这种急迫感无法实现，这会导致受众的广告回避。另一种情况下，用户当前的行为单一地指向收看手机视频，这样的状态下用户具有更加明确的收视目的和收视需要，手机视频广告的出现依然会使得用户的需要无法得到及时的满足，这会引起用户的不满，引起广告回避的反应。因此，本研究提出研究假设四：

H4：接收情景会对手机视频广告回避产生显著影响。

H4a：接收情景会对手机视频广告认知回避产生显著影响。

H4b：接收情景会对手机视频广告情感回避产生显著影响。

H4c：接收情景会对手机视频广告行为回避产生显著影响。

（三）研究模型

综上所述，结合广告回避已有的研究成果，并针对手机视频广告的特殊性，笔者归纳出本文的研究模型，如图 4 所示。感知目标妨碍、既往消极经验、广告相关因素和接受情景四个因素是研究的自变量，因变量是广告回避，包括认知回避、情感回避和行为回避。

---

① Pei-Luen Patrick Rau, Qingzi Liao, Cuiling Chen, Factors Influencing Mobile Advertising Avoidance, *International Journal of Mobile Communications*, vol.11, no.2(2013), pp.123-139.

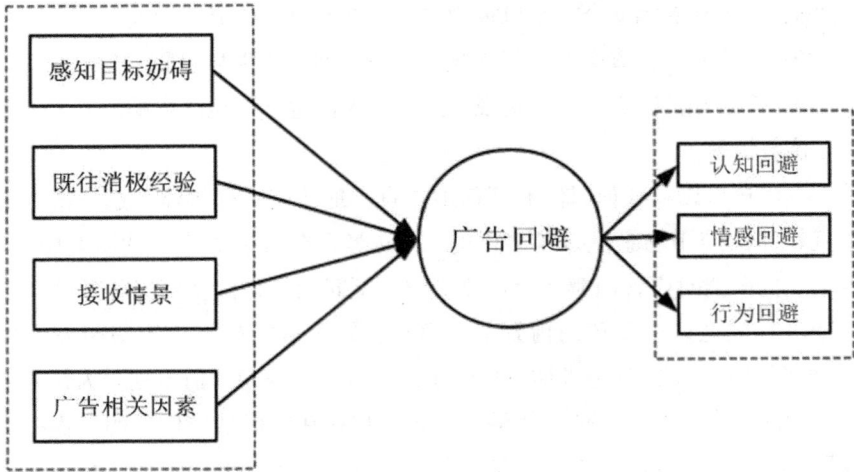

图 4 理论假设模型

四、研究设计

本章节将根据上一章中提出的研究假设和理论模型，对各个研究变量进行量表设计，然后根据专家评审和预测试结果对问卷进行修正，形成最终问卷。

（一）变量测量

1. 手机视频广告回避反应

本研究中关于因变量手机视频广告回避反应的测量量表参考 Cho & Cheon 提出的网络广告回避量表，这一量表在诸多的广告回避研究中被反复引用并加以证实，具有较高的信效度。笔者针对研究对象的特点及问卷设计前的访谈，对具体的描述进行了调整。

表 1 广告回避量表

测量变量	测量语句	主要来源
认知回避	收看手机视频时，我会有意忽略所有的手机视频广告。	Cho & Cheon (2004)
	出现手机视频广告时，我虽然看着广告，心里却在想着其他的事情。	
	出现手机视频广告时，我故意不会关注广告的具体内容。	
情感回避	我对手机视频广告感到厌烦。	
	我讨厌手机视频广告。	
	我收看手机视频时，没有广告会更好。	
行为回避	我会采取行动以回避手机视频广告，如会将手机屏幕移出我的视线；离开手机屏幕。	
	我会使用 APP 或视频网站的功能以回避手机视频广告，如静音、跳过或关闭广告。	
	我会采取其他措施以回避手机视频广告，如选择其他途径（迅雷下载、其他视频软件）观看该视频；安装广告过滤软件；购买会员。	

2. 感知目标妨碍

Cho & Cheon 研究网络广告时将接近障碍、分散注意和进程中断作为感知目标妨碍的三个测量维度，并通过实证研究证明有效。因此，本研究沿用 Cho & Cheon 对感知目标妨碍这一变量的测量量表，同时针对研究对象的特点，并根据问卷设计前的访谈对具体的描述进行了相应的调整。

表 2 感知目标妨碍量表

测量变量	变量维度	测量语句	主要来源
感知目标妨碍	接近障碍	手机视频广告使我不能立刻收看视频内容。	Cho & Cheon （2004）
	进程中断	手机视频广告中断了我对视频内容的收看。	
	分散注意	手机视频广告分散了我对视频内容的注意力。	

3. 即往消极经验

本研究关于自变量既往消极经验的测量参考了 Davis[1] 和万君等[2] 对感知有用性和感知风险的测量量表，同时根据前期的用户访谈，形成了以下既往消极经验的测量量表。

表 3 既往消极经验量表

测量变量	变量维度	测量语句	主要来源
既往消极经验	有用性	手机视频广告使我更加了解广告中的商品或服务。	Davis(1986)；万君（2015）；本研究开发
		手机视频广告提高了我进行消费决策（包括品牌选择、直接购买等）的效率。	
		手机视频广告给我带来了娱乐享受。	
		总的来说，手机视频广告对我来说是有用的。	
	风险	点击手机视频广告的结果达不到我的期望。	
		点击手机视频广告影响了我收看视频内容。	
		点击手机视频广告的体验是不好的。	
		总的来说，接触手机视频广告的经历是不愉快的。	

4. 广告相关因素

本研究关于自变量广告相关因素的测量参考了 Cho & Cheon[3] 和孙黎[4] 的研究，同时结合了前期的用户访谈，将从广告相关性、广告表现（内容、形式、任务）、广告的繁杂程度三个维度进行测量。

---

[1] Fred D. Davis, Viswanath Venkatesh, A Critical Assessment of Potential Measurement Biases in the Technology Acceptance Model: Three Experiments, *International Journal of Human-Computer Studies*, vol.45, no.1(1996), pp.19-45.

[2] 万君，秦宇，赵宏霞：《消费者对网络视频关联广告的躲避行为研究——基于逆反心理视角》，《财经论丛》2015 年第 2 期。

[3] Chang-Hoan Cho, Hongsik John Cheon, Why do People Avoid Advertising on the Internet? *Journal of Advertising*, vol.33, no.4(2004), pp.89-97.

[4] 孙黎：《网络视频广告回避的影响因素研究》，《企业导报》2013 年第 12 期。

表 4 广告相关因素量表

测量变量	变量维度	测量语句	主要来源
广告相关因素	相关	手机视频广告与我无关。	Cho & Cheon (2004); 孙黎（2013）; 本研究开发
		我对手机视频广告中的产品或服务不感兴趣。	
		我对手机视频广告中的产品或服务没有需求。	
	表现	若我喜欢手机视频广告的内容，我会观看该广告。	
		若我喜欢手机视频广告的形式，我会观看该广告。	
		若我喜欢手机视频广告中的人物，我会观看该广告。	
	繁杂	手机视频广告的数量太多。	
		手机视频广告的时长过长。	
		手机视频广告频繁重复。	

5. 接收情景

本研究对自变量接收情景的测量参考了 Okazaki & Molina[1] 和 Rau, Liao & Chen[2] 的研究，同时结合了前期的用户访谈，从任务伴随和任务指向两个维度对接收情景进行测量。

表 5 接收情景量表

测量变量	变量维度	测量语句	主要来源
接受情景	伴随	我在移动状态下（如乘坐公交、地铁、火车等）收看手机视频时，可以有广告。	Okazaki & Molina (2012); Rau, Liao & Chen (2013); 本研究开发
		我在等待状态下（如等人、等车、排队）收看手机视频时，可以有广告。	
		我边看手机视频边做其他事情的时候，可以有广告。	
	指向	我没有其他事情只是在看手机视频时，可以有广告。	
		我通过手机收看自己想看的视频内容时，可以有广告。	
		我专注于看手机视频时，可以有广告。	

---

① Shintaro Okazaki, Francisco José Molina, Morikazu Hirose, Mobile Advertising Avoidance: Exploring the Role of Ubiquity, *Electronic Markets*, vol.22, no.3(2012), pp.169-183.

② Pei-Luen Patrick Rau, Qingzi Liao, Cuiling Chen, Factors Influencing Mobile Advertising Avoidance, *International Journal of Mobile Communications*, vol.11, no.2(2013), pp.123-139.

（二）问卷前测

为了保证问卷的题项能够被受调查对象准确理解，笔者首先采用了小组讨论的方法，邀请广告学专业的研究生，他（她）们同时是手机视频用户，对问卷的语句进行检查。根据讨论结果，将"手机视频广告使我不能立刻收看视频内容"改为"手机视频广告妨碍了我立刻看到想看的视频内容"。将"手机视频广告与我无关"修改为"手机视频广告与我收看的手机视频是无关的"。

问卷修改完成后，通过网络问卷进行预调研，共收回 61 份问卷，其中在第一题筛选题中选择接触过手机视频广告的为 51 个，是为有效样本，经过信效度分析，问卷的前测信度较高，各维度均超过 0.80，整体量表信度超过 0.90。

表 6　前测问卷信度

变量	Cronbach's Alpha	项数
感知目标妨碍	0.854	3
既往消极经验	0.829	8
广告相关因素	0.845	9
接收情景	0.906	6
广告回避	0.910	9
整体	0.913	35

五、数据分析

正式问卷分为三个部分，第一部分是筛选题，对是否收看手机视频时看到手机视频广告的受调查者进行区分。第二部分为量表题，用来测试受调查者对手机视频广告的反应情况以及对影响因素的评价。第三部分为人口统计学题项，用来了解受调查者的基本信息。

本次研究的目标调查对象是手机视频用户，有鉴于此，笔者选择通过问卷星进行在线问卷调查。问卷采用滚雪球抽样方法，发放时间为 2017 年 3 月 6 日至 3 月 17 日，共计收回问卷 633 份。对问卷第一题选择未接触过手机视频广告的样本进行删除，同时剔除掉一些无效样本，最终得到 562 份有效问卷，问卷有效率为 88.8%。样本的具体情况分布见表 7。

表 7 问卷样本基本特征

基本信息	样本分类	样本频率	百分比
性别	男	293	52.1%
	女	269	47.9%
年龄	18 岁及以下	4	0.7%
	19—25 岁	372	66.2%
	26—30 岁	125	22.2%
	31—36 岁	22	3.9%
	37 岁及以上	39	7.0%
学历	高中及以下	28	5.0%
	大专	64	11.4%
	本科	300	53.4%
	研究生及以上	160	25.8%
职业	在校学生	261	46.4%
	企业 / 公司员工	173	30.8%
	政府 / 事业单位职员	54	9.6%
	自由职业者 / 个体户 / 私营主	67	11.9%

通过与第 39 次《中国互联网络发展状况统计报告》和《2016 年中国网络视听发展研究报告》中的数据进行对比，本次调查样本的人口统计学特征与中国互联网用户在性别结构上基本一致，但是在年龄结构、受教育水平、职业结构和月度可支配金额上存在一定的差异。这样的样本结果是由两方面的原因造成的，一方面是客观条件上的限制，笔者受限于时间、精力、资源等，选择了现实中更容易获取的年龄在 19—31 岁、学历为本科或研究生的在校学生群体的样本。另一方面也是主观上的有意为之。易观智库《2015 年中国网络视频市场及用户研究报告》指出，30 岁以下的移动视频（包括手机终端和平板电脑终端）用户占比 72.5%，其中 25—30 岁的用户占比达到 30.9%，24 岁以下的用户占

比 38.6%，占比最高，^① 可见移动视频用户具有年轻化特征。这个年轻化的群体消费需求旺盛，勇于尝试新鲜事物，既是广告主和视频企业纷纷看好的目标消费群体或用户，同时也是带动整个社会逐渐接受移动视频这种新事物的先行者。在时间、精力、资源等方面存在限制而无法完整地与我国网民或视频用户结构保持一致的情况下，选择手机视频用户中占比最大、消费能力较强的核心群体进行研究，得出的研究结论也将具有一定的参考价值。

在正式测试阶段，采用 SPSS19.0 对数据进行描述统计分析、信效度分析、因子分析、相关分析和回归分析。

（一）描述统计分析

关键指标的描述性分析详见表 8。根据表格中的数据，感知目标妨碍均值为 3.90，接近 4 分，说明总体上用户认为手机视频广告的存在对其手机视频收看这一目标造成了妨碍。即往消极经验均值为 3.85，同样接近 4 分，这说明，手机视频用户在与手机视频广告接触的经验是偏消极的。广告相关因素的均值为 3.84，说明手机视频用户对广告本身的表现并不满意。接收情景的均值为 1.92 分，低于于 2 分，说明在不同的情境下收看手机视频广告，用户都不希望有广告，对手机视频广告的接受度偏低。

在广告回避的各个维度中，认知回避的均值为 3.73，情感回避的均值为 3.95，行为回避的均值为 3.75，均接近 4 分，这说明，手机视频用户在对手机视频广告反应中，存在明显的广告回避。其中，情感回避均值最高，可见手机视频用户对手机视频广告存在明显的厌烦情绪。3 分以上所占百分比，认知回避为 77.6%，情感回避为 84.2%，行为回避为 75.6%，皆高于 3/4 的比例。综上可见，手机视频用户对手机视频广告存在明显的广告回避反应。

---

① 易观国际：《2015 年中国网络视频市场及用户研究》，2015 年 12 月 24 日，http://www.199it. com/archives/421466.html，2017 年 3 月 12 日。

表 8 关键指标的描述性分析

关键性指标		N	均值	标准差	百分比*
影响因素	感知目标妨碍	562	3.90	0.99	83.1%
	既往消极经验	562	3.85	0.72	92.9%
	广告相关因素	562	3.84	0.71	92.4%
	接收情景	562	1.92	0.67	0.0%
广告回避	认知回避	562	3.73	0.89	77.6%
	情感回避	562	3.95	0.91	84.2%
	行为回避	562	3.75	0.89	75.6%

* 百分比表示大于 3 分的样本在总体中占据的比例

（二）信度和效度的分析

1. 信度分析

本研究采用 Cronbach's α 系数对正式测试回收问卷进行量表信度检验。分别计算整体量表的 α 系数及各个因子的 α 系数，结果如表 9 所示。量表总体内部一致性系数为 0.955，各变量的信度均达到了 0.8 以上，说明具有良好的信度。

表 9 各变量信度

	Cronbach's α	项数
整体量表	0.955	35
感知目标妨碍	0.817	3
既往消极经验	0.864	8
广告相关因素	0.826	9
接收情景	0.936	6
广告回避	0.919	9
认知回避	0.830	3
情感回避	0.895	3
行为回避	0.828	3

2. 效度分析

本研究采用结构效度检验方法。在统计学上，检验结构效度最常用的方法是因素分析，以因素分析检验测验工具的效度，并有效地抽取共同因素，如果此共同因素与理论架构的心理特质甚为接近，那么可以说此量表具有结构效度。在进行因素分析前，量表首先要通过 KMO 和 Bartlett 球形度检验。KMO 检验用于研究变量之间的偏相关性，一般 KMO 值大于 0.9 时效果最佳，0.7 以上可以接受，0.5 以下不宜做因子分析。Bartlett 球形度检验值较大，且相伴概率显著时，则可认为相关数据不可能是单位阵，适合进行因素分析。

本研究中，除了感知目标妨碍 KMO 值稍低外（在接受范围内），其他变量 KMO 值均在 0.8 以上，并且所有变量的 Bartlett 球形度检验均达到了显著，符合因素分析条件。

本文采用主成分分析法对手机视频广告回避影响因素模型进行因子分析，利用相关矩阵，原则上对特征值大于或等于 1 的因子进行抽取，对特殊情况进行灵活设置。其中感知目标妨碍分析得出 1 个共同因子；既往消极经验分析得出 2 个共同因子；广告相关因素分析得出 3 个共同因子；接收情景分析得出 2 个共同因子；广告回避分析得出 3 个共同因子。因子载荷、解释方差比率较高，可认为满足结构效度要求。具体分析结果如表 10。

表 10 分量表效度

变量	题号	因子载荷	特征值（解释方差）	KMO 值	Bartlett 球形度检验	显著性
感知目标妨碍（N = 562）	妨碍 Q2.1	0.902	73.585%	0.682	640.745	0.000
	妨碍 Q2.2	0.862				
	妨碍 Q2.3	0.807				

变量	题号	因子载荷	特征值 （解释方差）	KMO 值	Bartlett 球 形度检验	显著性
既往消极经验 （N = 562）	有用性 Q3.1	0.812	69.084%	0.849	2312.636	0.000
	有用性 Q3.2	0.853				
	有用性 Q3.3	0.696				
	有用性 Q3.4	0.791				
	风险 Q3.5	0.621				
	风险 Q3.6	0.838				
	风险 Q3.7	0.872				
	风险 Q3.8	0.843				
广告相关因素 （N = 562）	相关性 Q4.1	0.806	78.265%	0.838	2919.074	0.000
	相关性 Q4.2	0.743				
	相关性 Q4.3	0.817				
	表现 Q4.4	0.893				
	表现 Q4.5	0.879				
	表现 Q4.6	0.810				
	繁杂 Q4.7	0.871				
	繁杂 Q4.8	0.827				
	繁杂 Q4.9	0.840				
接收情景 （N = 562）	伴随 Q5.1	0.766	83.391%	0.906	2798.412	0.000
	伴随 Q5.2	0.796				
	伴随 Q5.3	0.828				
	指向 Q5.4	0.760				
	指向 Q5.5	0.810				
	指向 Q5.6	0.860				

变量	题号	因子载荷	特征值 （解释方差）	KMO 值	Bartlett 球 形度检验	显著性
广告回避 （N = 562）	认知 Q6.1	0.777	78.349%	0.897	3466.820	0.000
	认知 Q6.2	0.848				
	认知 Q6.3	0.742				
	情感 Q7.1	0.861				
	情感 Q7.2	0.866				
	情感 Q7.3	0.667				
	行为 Q8.1	0.619				
	行为 Q8.2	0.671				
	行为 Q8.3	0.877				

（三）相关性分析

相关性分析主要研究的是变量之间的相关关系。本文运用 Pearson 相关系数来检验各影响因素与手机视频广告回避之间的相关关系，系数越大，则说明相关性越强。

1.广告回避与各个维度之间的相关关系

将广告回避与认知回避、情感回避以及行为回避进行相关分析，设置 0.01 的显著水平，可得它们之间的相关关系（见表 11）。

表 11　广告回避与其维度间的相关关系

		广告回避	认知回避	情感回避	行为回避
广告 回避	Pearson 相关性	1	.864**	.901**	.893**
	显著性（双侧）		.000	.000	.000
	N	562	562	562	562

**.在 0.01 水平（双侧）上显著相关。

2.各影响因素与广告回避之间的相关关系

将各个影响因素与广告回避进行相关分析，在 0.01 的显著水平上，各个影响因素与广告回避呈显著相关，具体见表 12。感知目标妨碍、既往消极经验、广告相关因素、接收情景与广告回避均存在着显著的相关关系，相关系数分别为 0.529、0.734、0.681 和 0.656。同时，各影响因素彼此之间的相关系数均小于 0.70，并未达到高度相关的程度。各个影响因素与广告回避具体的影响关系将使用多元回归分析法进行进一步的检验。

表 12 各个影响因素与广告回避间的相关关系

		广告回避	感知目标妨碍	既往消极经验	广告相关因素	接收情景
广告回避	Pearson 相关性	1	.529**	.734**	.681**	.656**
	显著性（双侧）	—	.000	.000	.000	.000
	N	562	562	562	562	562
感知目标妨碍	Pearson 相关性	.529**	1	.509**	.457**	.412**
	显著性（双侧）	.000	—	.000	.000	.000
	N	562	562	562	562	562
既往消极经验	Pearson 相关性	.734**	.509**	1	.635**	.693**
	显著性（双侧）	.000	.000	—	.000	.000
	N	562	562	562	562	562
广告相关因素	Pearson 相关性	.681**	.457**	.635**	1	.586**
	显著性（双侧）	.000	.000	.000	—	.000
	N	562	562	562	562	562
接收情景	Pearson 相关性	.656**	.412**	.693**	.586**	1
	显著性（双侧）	.000	.000	.000	.000	—
	N	562	562	562	562	562

**. 在 0.01 水平（双侧）上显著相关。

3. 各影响因素与各维度之间的相关关系

将各个影响因素中包含的维度与对应的影响因素进行相关分析，见表 13。

表 13 各个影响因素与其维度间的相关关系

影响因素	维度	Pearson 相关性	显著性（双侧）
既往消极经验	感知有用性	.840**	.000
	感知风险	.902**	.000
广告相关因素	广告相关性	.785**	.000
	广告表现	.624**	.000
	广告繁杂	.823**	.000
接收情景	任务伴随	.952**	.000
	任务指向	.958**	.000

**. 在 0.01 水平（双侧）上显著相关。

（四）回归分析

1. 广告回避

根据研究假设，感知目标妨碍、既往消极经验与广告回避正相关，广告相关因素和接收情景会对广告回避产生显著影响。采用强制进入法进行回归分析后发现，广告回避模型可以解释总变异量的 64.7%，F 值为 285.221，P=0.000<0.05。容差全部大于 0.1 的检验指标，VIF(方差膨胀因素) 的值全部小于 10 的检验指标，说明自变量间不存在多元共线性问题。手机视频用户的感知目标妨碍、既往消极经验与广告回避正相关，也就是说，当用户感知手机视频广告妨碍了其收看手机视频目标的达成，既往与手机视频接触的经验越消极，都可能引起用户对手机视频广告的回避反应。同时，广告相关因素和接收情景会对广告回避产生显著影响，在不同的接收情景下，当手机视频广告与用户不相关、广告表现差，且广告过于繁杂的情况下，更可能引起用户的广告回避反应。

广告回避 =0.143* 感知目标妨碍 +0.351* 既往消极经验 +0.283* 广告相关因素 +0.188* 接收情景。

表 14 广告回避模型结构摘要

	非标准化系数			t	P 值	共线性统计量	
	B	标准误差	标准 Beta			容差	VIF
常量	-.286	.131	—	-2.175	.030	—	—
感知目标妨碍	.115	.024	.143	4.816	.001	.709	1.410
既往消极经验	.398	.044	.351	8.985	.000	.411	2.431
广告相关因素	.340	.041	.283	8.273	.000	.537	1.861
接收情景	.202	.039	.188	5.201	.000	.484	2.068
R=.806,R^2=.650, 调整后 R^2=.647,F=285.221,P=.000							

因变量：广告回避

2. 认知回避

同样采用强制进入法进行回归分析，认知回避模型可以解释总变异量的 45.9%，F 值为 119.974，P=0.000<0.05。容差全部大于 0.1 的检验指标，VIF（方差膨胀因素）的值皆小于 10 的检验指标，说明自变量间不存在多元共线性问题。感知目标妨碍、既往消极经验与认知回避正相关，也就是说，当手机视频用户感知到广告会妨碍其收看手机视频目标的达成、既往的经验越消极，其认知回避越高。广告相关因素和接收情景会对认知回避产生显著影响，在不同的接收情景下，广告与用户越不相关、广告表现越差、广告越是繁杂，认知回避越高。

认知回避 =0.125* 感知目标妨碍 +0.365* 既往消极经验 +0.207* 广告相关因素 +0.110* 接收情景。

表 15 认知回避模型结构摘要

	非标准化系数			t	P 值	共线性统计量	
	B	标准误差	标准 Beta			容差	VIF
常量	-.088	.182	—	-.484	.629	—	—
感知目标妨碍	.112	.033	.125	3.395	.001	.709	1.410
既往消极经验	.462	.061	.365	7.533	.000	.411	2.431
广告相关因素	.277	.057	.207	4.875	.000	.537	1.861

	非标准化系数			t	P 值	共线性统计量	
	B	标准误差	标准 Beta			容差	VIF
接收情景	.132	.054	.110	2.463	.014	.484	2.068

R=.680,R²=.463, 调整后 R²=.459,F=119.974, P=.000

因变量：认知回避

3. 情感回避

情感回避模型可以解释总变异量的 60.9%，F 值为 219.322，P=0.000<0.05。容差全部大于 0.1 的检验指标，VIF（方差膨胀因素）的值皆小于 10 的检验指标，说明自变量间不存在多元共线性问题。感知目标妨碍、既往消极经验与认知回避正相关，广告相关因素和接收情景会对认知回避产生显著影响，在影响情感回避的各个因素中，既往消极经验影响最大，其次分别为接收情景、广告相关因素和感知目标妨碍。

情感回避 =0.145* 感知目标妨碍 +0.348* 既往消极经验 +0.015* 广告相关因素 +0.230* 接收情景。

表 16 情感回避模型结构摘要

	非标准化系数			t	Sig.	共线性统计量	
	B	标准误差	标准 Beta			容差	VIF
常量	-.570	.158	—	-3.607	.000	—	—
感知目标妨碍	.133	.029	.145	4.616	.000	.709	1.410
既往消极经验	.451	.053	.348	8.452	.000	.411	2.431
广告相关因素	.295	.050	.215	5.959	.000	.537	1.861
接收情景	.283	.047	.230	6.058	.000	.484	2.068

R=.782,R²=.612, 调整后 R²=.609,F=219.322, P=.000

因变量：情感回避

4. 行为回避

行为回避模型可以解释总变异量的 46.7%，F 值为 123.945，P=0.000<0.05。

容差全部大于 0.1 的检验指标，VIF（方差膨胀因素）皆小于 10 的检验指标，说明自变量间不存在多元共线性问题。四个影响因素与手机视频广告行为回避正向相关。

行为回避 =0.111* 感知目标妨碍 +0.221* 既往消极经验 +0.332* 广告相关因素 +0.157* 接收情景。

表 17 行为回避模型结构摘要

	非标准化系数		标准	t	P 值	共线性统计量	
	B	标准误差	Beta			容差	VIF
常量	-.198	.181	—	-1.094	.274	—	—
感知目标妨碍	.100	.033	.111	3.034	.003	.709	1.410
既往消极经验	.282	.061	.221	4.599	.000	.411	2.431
广告相关因素	.448	.057	.332	7.886	.000	.537	1.861
接收情景	.190	.054	.157	3.545	.000	.484	2.068
R=.686,R^2=.471, 调整后 R^2=.467,F=123.945, P=.000							

因变量：行为回避

（五）方差分析

1. 性别

独立样本 T 检验表明，性别在既往消极经验和接收情景两个影响因素上存在显著影响，对感知目标妨碍、广告相关因素和广告回避的影响都不显著。男性既往的经验比女性更消极，在不同的接收情景中对手机视频广告的接受度更低。

表 18 性别差异 T 检验结果

检验变量	平均数	标准差	T 值	显著性（双尾）	性别	样本量
既往消极经验	3.99	0.94	3.827	0.000	男	293
	3.77	1.04	3.786	0.000	女	269
接收情景	4.12	0.64	2.421	0.016	男	293
	3.96	0.82	2.396	0.017	女	269

2. 年龄

通过方差齐性检验发现，既往消极经验和接收情景异质，感知目标妨碍、广告相关因素和广告回避同质，同时进行 ANOVA 检验（见表 19）。

表 19 年龄 ANOVA

		平方和	df	均方	F	显著性
感知目标妨碍	组间	11.623	5	2.325	2.406	0.036
	组内	537.113	556	0.966	—	—
	总数	548.736	561	—	—	—
广告相关因素	组间	11.594	5	2.319	5.558	0.000
	组内	231.965	556	0.417	—	—
	总数	243.559	561	—	—	—
广告回避	组间	8.535	5	1.707	2.764	0.018
	组内	343.339	556	0.618	—	—
	总数	351.874	561	—	—	—

通过 ANOVA 检验发现，各个因素均差异显著。将满足方差齐性检验的因素用 LSD 方法、将不满足方差齐性检验的因素用 Tamhane's T2 方法进行事后比较（表 20），结论显示：就感知目标妨碍而言，37 岁及以上的群体显著高于 19—25 岁的群体，37—46 岁的群体显著高于 26—30 岁的群体；就广告相关因素而言，26—30 岁、37 岁及以上的群体显著高于 19—25 岁的群体，37—40 岁的群体显著高于 26—30 岁的群体；就广告回避而言，37—46 岁的群体显著高于 19—25 岁和 30—36 岁的群体。

表 20 年龄多重 LSD

	（I）年龄	（J）年龄	均值差（I-J）	标准误	显著性	95% 置信区间 下限	上限
感知目标妨碍	19—25 岁	37—46 岁	0.60412*	0.22561	0.008	0.1610	1.0473
		47 岁及以上	0.51377*	0.23177	0.027	0.597	0.9678
	26—30 岁	37—46 岁	0.48333*	0.23671	0.042	0.0184	0.9483

	（I）年龄	（J）年龄	均值差（I-J）	标准误	显著性	95% 置信区间	
						下限	上限
广告相关因素	19—25 岁	26—30 岁	0.17366*	0.06678	0.010	0.0425	0.3048
		37—46 岁	0.58566*	0.14826	0.000	0.2944	0.8769
		47 岁及以上	0.31022*	0.15192	0.042	0.0118	0.6086
	26—30 岁	37—40 岁	0.41200*	0.15556	0.008	0.1064	0.7176
广告回避	19—25 岁	37—46 岁	0.42244*	0.18925	0.026	0.0507	0.7942
	31—36 岁	37—46 岁	0.57121*	0.24279	0.019	0.0943	1.0481

*. 均值差的显著性水平为 0.05。

3. 学历

通过方差齐性检验发现，既往消极经验、接收情景和广告回避异质，感知目标妨碍和广告相关因素同质，同时进行 ANOVA 检验，结果发现各个检测因素均显著差异，仅将同质因素显示，见表 21。

表 21 学历 ANOVA

		平方和	df	均方	F	显著性
感知目标妨碍	组间	23.823	5	4.765	5.047	0.000
	组内	524.913	556	0.944	—	—
	总数	548.736	561	—	—	—
广告相关因素	组间	9.691	5	1.938	4.608	0.000
	组内	233.869	556	0.421	—	—
	总数	243.559	561	—	—	—

将满足方差齐性检验的因素用 LSD 方法、将不满足方差齐性检验的因素用 Tamhane's T2 方法进行事后比较（表 22），结论显示：就感知目标妨碍和广告相关因素而言，高中以下群体显著高于大专以上学历；就广告相关因素而言，大专学历群体显著高于本科学历群体；就接收情景而言，大专学历群体显著高于本科和硕士学历；就广告回避而言，大专学历群体显著高于本科学历。

表 22 学历多重比较 LSD/Tamhane

	（I）学历	（J）学历	均值差（I-J）	标准误	显著性	95% 置信区间	
						下限	上限
感知目标妨碍	大专	高中及以下	0.68378*	0.22016	0.002	0.2513	1.1162
	本科	高中及以下	0.80302*	0.19200	0.000	0.4259	1.1802
	硕士	高中及以下	0.87972*	0.20057	0.000	0.4858	1.2737
	博士	高中及以下	1.00079*	0.31090	0.001	0.3901	1.6115
广告相关因素	大专	高中及以下	0.31820*	0.14695	0.031	0.0296	0.6069
	本科	高中及以下	0.52989*	0.12816	0.000	0.2782	0.7816
		大专	0.21169*	0.08930	0.018	0.0363	0.3871
	硕士	高中及以下	0.49171*	0.13388	0.000	0.2287	0.7547
	博士	高中及以下	0.41508*	0.20752	0.046	0.0075	0.8227
接收情景	本科	大专	0.29160*	0.08633	0.015	0.0332	0.5500
	硕士	大专	0.27662*	0.08805	0.032	0.0133	0.5399
广告回避	本科	大专	0.32456*	0.09135	0.008	0.0511	0.5980

*. 均值差的显著性水平为 0.05。

4. 职业

通过方差齐性检验发现，感知目标妨碍、既往消极经验、广告相关因素、接收情景和广告回避皆同质，同时进行 ANOVA 检验，结果发现除了广告回避，其他检测因素均显著差异（表 23）。

表 23 职业 ANOVA

		平方和	df	均方	F	显著性
既往消极经验	组间	8.313	5	1.663	3.483	0.004
	组内	265.387	556	0.477	—	—
	总数	273.700	561	—	—	—

续表

		平方和	df	均方	F	显著性
接收情景	组间	9.429	5	1.886	3.562	0.004
	组内	294.352	556	0.529	—	—
	总数	303.781	561	—	—	—
广告回避	组间	5.595	5	1.119	1.797	0.112
	组内	346.279	556	0.623	—	—
	总数	351.874	561	—	—	—
感知目标妨碍	组间	13.426	5	2.685	2.789	0.017
	组内	535.310	556	0.963	—	—
	总数	548.736	561	—	—	—
广告相关因素	组间	14.147	5	2.829	6.857	0.000
	组内	229.413	556	0.413	—	—
	总数	243.559	561	—	—	—

运用 LSD 方法进行比较，得出以下结论：就因变量感知目标妨碍而言，自由职业者、个体户和私营业主群体显著高于在校学生群体；就因变量既往消极经验而言，政府 / 事业单位职员群体显著高于在校学生和企业 / 公司员工群体；就因变量广告相关因素和接收情景而言，政府 / 事业单位职员群体显著高于在校学生、企业 / 公司员工和自由职业者（表 24）。

表 24 职业多重比较 LSD

	（I）职业	（J）职业	均值差（I-J）	标准误	显著性	95% 置信区间	
						下限	上限
感知目标妨碍	在校学生	自由职业者	0.34652*	0.15690	0.028	0.0383	0.6547
		个体户 / 私营业主	0.48075*	0.22257	0.031	0.0436	0.9179
既往消极经验	在校学生	政府 / 事业单位职员	0.21863*	0.10329	0.035	0.0158	0.4215
	企业 / 公司员工	政府 / 事业单位职员	0.25108*	0.10769	0.020	0.0395	0.4626

续表

	（I）职业	（J）职业	均值差（I-J）	标准误	显著性	95% 置信区间	
						下限	上限
广告相关因素	在校学生	政府 / 事业单位职员	0.30807*	0.09603	0.001	0.1194	0.4967
	企业 / 公司员工	政府 / 事业单位职员	0.22948*	0.10013	0.022	0.0328	0.4262
	自由职业者	政府 / 事业单位职员	0.29021*	0.12888	0.025	0.0371	0.5434
接收情景	在校学生	政府 / 事业单位职员	0.28491*	0.10878	0.009	0.0712	0.4986
	企业 / 公司员工	政府 / 事业单位职员	0.22930*	0.11342	0.044	0.0065	0.4521
	自由职业者	政府 / 事业单位职员	0.30166*	0.14599	0.039	0.0149	0.5884

*. 均值差的显著性水平为 0.05。

5. 月度可支配金额

通过方差齐性检验发现，感知目标妨碍、既往消极经验、广告相关因素、接收情景和广告回避皆异质，同时进行 ANOVA 检验，结果发现仅接收情景显著差异（表 25）。

表 25 月度可支配金额 ANOVA

		平方和	df	均方	F	显著性
接收情景	组间	6.698	4	1.674	3.139	0.014
	组内	297.083	556	0.533	—	—
	总数	303.781	561	—	—	—

由于检测因素都违反方差同质性假定，故运用用 Tamhane's T2 方法进行事后比较，可得仅仅接收情景上存在显著差异（表 26）。就接收情景而言，月度可支配金额在 2001—4000 元的群体显著大于 1000 元及以下的群体。

表 26 月度可支配金额多重比较 Tamhane

	（I）月度可支配金额	（J）月度可支配金额	均值差（I-J）	标准误	显著性	95% 置信区间	
						下限	上限
接收情景	1000 元及以下	2001—4000 元	0.33501*	0.10059	0.011	0.0498	0.6206

*. 均值差的显著性水平为 0.05。

六、研究结论和建议

（一）研究假设验证情况

通过第五部分的数据分析对研究假设进行了检验，具体结果如下：

表 27 假设验证结果汇总

假设	假设内容	结论
H1	感知目标妨碍和手机视频广告回避正相关。	成立
	H1a：感知目标妨碍和手机视频广告认知回避正相关。	成立
	H1b：感知目标妨碍和手机视频广告情感回避正相关。	成立
	H1c：感知目标妨碍和手机视频广告行为回避正相关。	成立
H2	既往消极经验与手机视频广告回避正相关。	成立
	H2a：既往消极经验与手机视频广告认知回避正相关。	成立
	H2b：既往消极经验与手机视频广告情感回避正相关。	成立
	H2c：既往消极经验与手机视频广告行为回避正相关。	成立
H3	广告相关因素会对手机视频广告回避产生显著影响。	成立
	H3a：广告相关因素会对手机视频广告认知回避产生显著影响。	成立
	H3b：广告相关因素会对手机视频广告情感回避产生显著影响。	成立
	H3c：广告相关因素会对手机视频广告行为回避产生显著影响。	成立
H4	接收情景会对手机视频广告回避产生显著影响。	成立
	H4a：接收情景会对手机视频广告认知回避产生显著影响。	成立
	H4b：接收情景会对手机视频广告情感回避产生显著影响。	成立
	H4c：接收情景会对手机视频广告行为回避产生显著影响。	成立

（二）研究结论

通过实证分析，本研究证实了感知目标妨碍、既往消极经验、广告相关因素和接受情景对手机视频广告回避反应具有显著影响，以及它们和广告回避之间的强弱关系。

1. 感知目标妨碍

研究发现，感知目标妨碍与认知回避、情感回避和行为回避显著正相关，说明当用户感知到手机视频广告妨碍了其收看手机视频这一目标的达成，就极有可能引发广告回避反应。手机视频广告对于用户目标妨碍的表现形式主要有三种：视频播放前插播广告妨碍了用户即刻看到视频内容；视频中插播的广告中断了用户对视频内容的收看；视频播放过程中弹出的广告分散了用户对视频内容的注意。

就分析结果来看，相较于其他影响因素，感知目标妨碍因素对广告回避的影响是最小的。

2. 既往消极经验

研究发现，既往消极经验与认知回避、情感回避和行为回避呈显著正相关，这说明，手机视频用户在与手机视频广告接触过程中积累下来的经验越是消极，在遇到手机视频广告时，其广告回避反应越是强烈。既往消极经验包括两个方面的内容，其一是手机视频广告无法让用户主观上认为是有用的，其二是手机视频广告已经被用户视为风险的所在，会使其遭受一定的损失。

就分析结果来看，四个影响因素中，既往消极经验对广告回避的影响是最大的。其中，在认知回避维度上，既往消极经验的影响程度远超其他影响因素。

3. 广告相关因素

研究发现，广告相关因素对认知回避、情感回避和行为回避均会产生显著的影响，刊播的手机视频广告与手机视频用户当前的行为、需求和兴趣不相关，广告表现差，广告数量过多、时间过长且频繁重复，很有可能引起手机视频用户的广告回避反应。

在认知回避、情感回避和行为回避不同的维度中，广告相关因素在情感回避和行为回避上影响最大。

4. 接收情景

研究发现，无论是处于任务伴随还是任务指向状态下的用户对手机视频广告的接受度都偏低，都存在一定程度上的广告回避反应。甚至，在情感回避和行为回避维度上，接收情景的影响要大于感知目标妨碍。可见，伴随着手机视频的移动化而来的并非用户对广告接受度的增加，而是更为消极的接收倾向。

5. 人口统计学因素

在本研究中，年龄和学历对广告回避产生显著影响，性别和收入水平并没有对广告回避产生显著影响。

笔者认为，因为手机视频用户的男女占比几乎相当，男女在手机视频的接触过程中，逐渐习惯广告的存在，因此在对广告回避上不存在性别的差异。性别的影响因素集中在既往消极经验上，其中男性既往的手机视频接触经验更消极，这可能是因为女性更感性一些，并且有更强的消费欲望，因此对广告有用性的评价更高，同时将广告视为风险的感知程度更低。

在学历因素中，相较于本科、研究生学历，高中以下及大专学历的群体对广告回避倾向更明显，同时在影响广告回避的因素上也显著偏高。本研究中的高中及大专学历的群体，更多的是在读的学生群体，这个群体作为"手机原住民"，对手机的使用和通过手机获取各种内容比其他群体更加熟练，对满足自己需求更加迫切，因此，对广告的容忍度偏低，这也许是本研究呈现出学历对广告回避有显著影响的一种可能的解释。

本研究发现，37岁以上的用户在感知目标妨碍、广告相关因素上要显著高于19—25岁的群体，这一方面是因为37岁以上的用户面临一定的生活和工作上的压力，因而在手机视频内容获取上对手机视频广告的容忍度更低。另一方面，19—25岁的群体是手机视频原生的用户群体，对手机视频广告的有更强的适应性，同时更容易接受不同的广告信息。

在职业因素方面，政府/事业单位的群体在影响广告回避的四个因素上都显著高于在校学生、企业/公司员工和自由职业者，这反向说明了作为手机视频用户核心群体的在校学生、企业员工和自由职业者，在影响广告回避的四个因素上具有良好的改善空间。

在收入因素方面，手机视频用户逐渐普及化，向着低收入群体和更高收入群体渗透，低收入群体在适应"免费＋广告"的手机视频模式，高收入群体拥有付费购买会员的消费能力和意愿，不同收入群体在广告处理方式上的不同可能是导致广告回避在收入水平上没有显著差异的原因。

6.手机视频广告回避验证模型

经过以上实证分析，形成了本研究关于手机视频广告影响因素的理论模型，如图 5 所示。

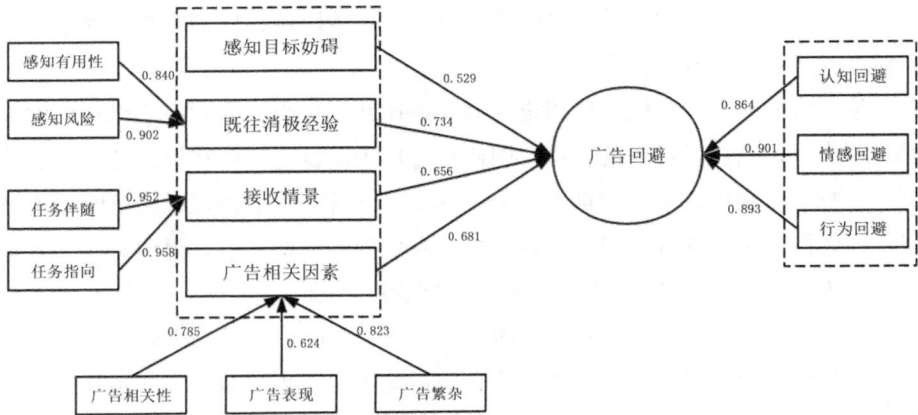

图 5 手机视频广告回避假设验证模型

（三）实践建议

伴随着移动互联网的深入发展，中国的移动广告市场规模也将水涨船高。手机视频广告占据了移动性的媒体优势和声画结合的形式优势，在移动广告市场中表现抢眼。然而，手机视频广告虽占据"天时"和"地利"，却仍然有失"民心"，手机视频用户对其仍然是排斥的，表现在认知、情感或者行为上的回避。

我国经济社会不断发展，人们的娱乐休闲需求不断释放，收看网络视频成为人们主要的一种娱乐方式，网络视频用户规模将持续增加。作为网络视频中拥趸最多的手机视频，其未来的发展也将不可限量。在手机视频用户的付费习惯还未养成的当下，广告收入是手机视频最主要的收入来源。而用户广告回避反应将会影响广告效果与广告收入。因此，如何缓解手机视频用户的广告回避反应，充分发挥广告独有的功能和作用，不仅具有理论上的意义，在实践中也是很有价值的。基于本研究的结果，笔者尝试提供几点建议以供参考。

1.战略措施

第一，加强用户数据的收集与分析。本研究发现，由于手机视频广告缺乏有用性以及广告内容与用户不相关，导致用户将广告视为冗杂信息，视为一种干扰。可以加强对用户的点播、浏览行为以及点播内容的兴趣等数据的收集，利用庞大的数据库资源进行分析，使目标用户的形象更加具体和真实。在此基础上，投放用户最有可能感兴趣、有需求的商品或服务，这样的广告与用户相关性很大，用户的接受度将会更高。基于用户数据分析的结果，不仅利于投放与用户相关性更高的产品或服务的广告，还有利于选择更有针对性的广告诉求方式、说服方法、广告表现以打动用户，这都将有利于缓解用户的广告回避反应。

第二，开发新技术，创新广告投放形式。本研究表明，手机视频广告的出现对用户收看视频的目的产生妨碍是引发广告回避的重要因素。同时，广告数量过多、时长过长以及频繁的广告重复极易引起用户的不满和厌烦，进而引发广告回避。由于如今手机视频广告的投放沿用互联网视频的模式，主要是以视频前贴片广告、中间插播广告和暂停广告为主，且在盈利的驱动下这些形式的广告数量越来越多、广告时间越来越长，严重影响了用户体验。手机终端与电脑终端有着本质的区别，将电脑终端的模式生搬硬套在手机终端上，其效果将大打折扣。因此，应该针对手机终端的特点，加强技术研发，开发出适合手机终端的广告形式，这样既能充分发挥手机终端的优势来提升广告效果，又能保证良好的用户体验，这才是手机视频广告模式的长久之计。

2. 具体措施

第一，减少感知目标妨碍。用户的手机视频收看行为伴随着具体的目标，广告的出现妨碍了这一目标的实现，这容易引起用户的不满和反感，进而引发广告回避。目标妨碍主要表现在视频播放前出现的广告和视频播放过程中插播的广告对视频收看的妨碍。视频播放前广告时间过长反而有利于用户利用这段固定的时间去做其他事情，这时广告是没有效果的。因此，可以适当减少视频前播放的广告时长，将其控制在用户为了避免错过视频内容而必须留在手机屏幕前的时长内，这样广告效果就具备了最基本的保证。视频播放中插播的广告最易引起用户的不满，因此，在条件允许的情况下，建议去除中间插播广告。最后，视频播放中弹出的广告，要以不影响视频内容的收看为原则，不能过多地分散用户的注意力。

第二，提高手机视频广告的感知有用性。广告的有用性大致体现在三个方面，一是广告增加用户对商品或服务的知识，包括知晓某个品牌、了解某个产

231

品或服务的功能等；二是提高用户消费决策的效率，比如广告引起了用户的品牌抉择或者直接导致购买行动；三是广告本身给用户带来娱乐享受，这种享受可以是视听的享受、创意的感叹和美的体验等。因此，手机视频广告应该提高自身的有用性以减少用户的广告回避反应，如在广告中重点对产品或服务的功能进行介绍，新的产品或品牌的推出，促销或让利政策的强调，刊播制作精良、创意满分的广告大片。

第三，减少感知风险，改善用户经验。用户对手机视频广告的风险感知源于既往的广告接触经验。由于手机屏幕尺寸的限制，视频 APP 或者浏览器功能的限制，点击手机视频广告常常会直接中断对视频内容的收看，使用户必须付出更多的等待时间，这种既往经验使用户越来越不愿意点击手机视频广告。因此，可以通过技术将点击广告进一步了解广告产品或服务的行为与收看视频内容的行为独立开来，互不影响，使用户可以随时返回继续收看视频，同时又可以自主地选择了解广告中产品或服务的详细内容或者是直接购买。

第四，增强广告相关性。如今的视频网站大多采用"免费 + 广告"或者付费免广告的模式，也就是说用户有两种选择：要想免费看视频，就必须看广告；不想看广告的话，就花钱购买会员。不可否认，这种模式的存在有其合理性，然而，免费用户一般不登录即可收看视频，其个人资料不完善，导致广告投放针对性较差。而会员模式仅仅止步于收取会员费用。视频网站应该采取有效的措施来鼓励用户完善自己的个人资料，同时收集更多、更丰富的用户数据，在此前提下，广告投放将更有针对性，用户对手机视频广告的回避反应也将随之缓解。

第五，改善广告表现。手机视频广告的内容、形式和运用的人物形象对用户的反应具有直接的影响，若用户第一眼就被广告的形式、内容或者其中的人物形象所吸引，那么他们不仅不会回避广告，而且会参与到对广告的认知加工和情绪感受中，甚至引发分享行为和病毒传播。数据分析和访谈的结果都印证了广告的表现是影响用户怎么对待广告的重要因素。因此，无论是对广告主还是对广告代理商而言，制作精良、创意满满、能够吸引眼球的手机视频广告会有更好的广告效果，这不仅要求内容上安排适当，形式上是用户喜爱的，在人物形象的选择和塑造上也要充分满足用户的喜好。

第六，减少广告繁杂。广告繁杂主要体现在广告数量过多、广告时长过长和同一广告的频繁重复。对手机视频企业来说，增加广告数量和广告时长可以增加广告收入，对广告主而言，频繁重复广告可以增加用户的品牌认知。然而，数据分析的结果和访谈的内容都证明了这些行为的效果是适得其反的，过长的广告时长和频繁的重复会引起用户的不满情绪，甚至将这种情绪转移到对视频提供商以及广告中的商品或服务的品牌上，从而形成不良印象。减少广告繁杂可以从两个方面入手：一方面，手机视频提供商可以创新广告形式，开发出更多新的广告形式，同时减少视频前贴片广告、插播广告这种传统形式广告的数量和时长，这有利于打造更好的体验，增加用户的满意度，虽然广告的数量并没有实质性的减少，却有利于取得更好的效果；另一方面，广告主可以制作出针对同一产品或服务的系列广告，使系列广告的刊播遵循一定的认知规律，这样既达到了增加品牌认知的目的，也不会引起用户的不满情绪。

第七，广告的刊播针对不同群体进行适当调整。本研究的数据分析结果表明，不同的性别、年龄、学历、职业和收入水平群体在广告回避上存在着显著的差异，或是在感知目标妨碍、既往消极经验、接收情景和广告相关因素上存在显著差异，这会间接地影响广告回避反应。因此，基于用户的注册资料，可以对广告的刊播进行适当的调整，如针对37岁以上的群体适当减少广告刊播的数量，对于年轻的在校学生、公司白领等刊播更有"趣味性"的广告。

（四）研究贡献

第一，拓展了广告回避研究的对象范围。笔者通过文献资料搜集发现，国内还没有专门针对手机视频广告回避反应的实证研究，本研究以手机视频广告为研究对象，尝试对手机视频广告回避反应的影响因素进行探究，将广告回避研究的对象范围拓展到了具体的手机广告类型。

第二，丰富了广告回避的影响因素。本研究结合手机移动性的特点，运用实证的方法，对手机视频广告回避的影响因素进行了深入的分析，并提出接收情景这一新的影响因素，将这一影响因素分为任务伴随和任务指向两个维度，这是在移动化、碎片化的移动互联网的大背景下，符合实际并经过实证验证的影响因素。

第三，为手机视频广告回避提供具有实践价值的理论模型。手机视频广告市场已经初具规模，而且具有极大的价值潜力，手机视频广告回避现象的存在不利于这个行业的健康长远发展，因此需要对手机视频广告回避现象进行研究。本研究针对手机视频广告这一新兴的广告类型，理论研究紧跟广告实践，提出并验证了手机视频广告影响理论模型，并基于这一模型为业界提供了一些具体可行的实践建议，具有一定的实践价值。

（五）局限与展望

受限于时间、精力、个人能力以及其他客观条件，本研究存在一定的不足之处，具体如下：

第一，在问卷调查的过程中，搜集到的样本以高学历、年轻的在校大学生和白领为主，虽然这一部分人群是手机视频的主要用户，但依然在样本的代表性方面存在不足，对占比更大的10—19岁的用户以及更具消费能力的37岁以上的高收入人群覆盖不佳，因此，不能完全反映实际情况。

第二，本研究提出了接收情景这一新的影响因素，并经过实证分析进行了验证。然而，笔者仅仅是将接收情景划分为任务伴随和任务指向两种情况，手机视频用户在移动状态下收看视频面临的是更加多样化和复杂的情景，本研究这一划分不够具体和细致。

未来研究可综合多种研究方法，对此议题进行更全面的探讨。如问卷调查法、实验法等。另外未来对移动类型广告回避的研究应该更加重视移动性，将接收情景视为重要的影响因素。可以针对接收情景这一影响因素进行更具体的划分，对移动互联网时代下手机视频用户的接收状态进行更实际、更全面的概括，这将有利于丰富广告回避研究的理论内涵，同时为广告实践带来有益的启发。

研究心得

当时选择这一研究主题的原因，一是师门连续做了多年广告回避相关的研究，因此想承接师门传统，继续深化广告回避研究；二是广告学本来就是说服的科学，在说服的过程中，有哪些因素影响说服的效果，这一直是学界关注的，是值得好好研究的领域。在论文的完成过程中最难的就是理论框架搭建和数据收集。理论框架搭建要站在前人的肩膀上，确保严谨性，但是又要比前人看得更远，保证价值性。我与导师以及师门的同学深入探讨多次，才终于有了相对客观和科学的框架结构；而数据收集方面既要保证样本的广度，又要保证数据的深度，过程也是比较辛苦的。

论文完成过程中比较大的感触就是与以往的本科毕业论文或研究生时的阶

段性学术研究不同，硕士毕业论文需要扎实的理论和学术研究方法的积累，以及客观认真的研究态度，是一次高标准、高水平的学术研究和思考。

关于研究的不足，我认为最开始设计的研究视角太宽泛了，以至于结论不够有针对性。以后想要进行相关研究的学者，我建议从小的切入点着手，比如研究单一或者单类广告媒介的广告回避，这样在框架搭建等方面就可以更有针对性，也更有趣味性。

大众体育群体 APP 虚拟社区广告回避研究

安子龙

【摘要】借助移动智能设备的普及和移动通讯技术快速发展的东风，人们进入了移动互联网时代。大众体育运动作为新的经济增长点，抓住这一契机，以"互联网＋体育"模式，迎来井喷发展，在各运动 APP 中汇聚了海量用户，建构起一个个虚拟的体育"社区"，重构着人们的运动场景。这种虚拟的体育"社区"日益凸显的营销价值逐渐被广告主所关注，但同时碎片化、注意力不足、使用场景等都会使广告效果受到影响，产生广告回避行为。了解影响大众体育虚拟社区的广告效果影响因素、减缓广告回避行为成为进一步发挥其营销价值的应有之义。本文以虚拟社区为切入点，结合虚拟社区特征和小范围访谈，确定了三个关键影响因素：社区归属感、社区互动和广告相关性，试图构建大众体育群体虚拟社区 APP 广告回避的理论模型。研究采用问卷调查法（N=483）进行实证分析，数据显示，社区归属感、社区互动、广告相关性与广告回避存在显著相关，其中广告相关性对广告回避的减缓作用较大，广告相关性越强，广告回避越弱；社区归属感和社区互动也具有一定影响，将二者同时进行考虑时，对广告回避的影响解释力偏低，间接反映了社区相关因素的多层次和复杂性，需要进行具体且有针对的探讨。

【关键词】大众体育；社区归属感；广告回避

一、研究背景

伴随移动通讯技术发展及移动网络接入速度的提升，手机 APP（Appliance，应用程序）市场获得前所未有的增长。CNNIC（中国互联网络信息中心）发布的第 41 次《中国互联网络发展状况统计报告》显示目前的中国手机网民规模已

236

经达到了 7.53 亿，用手机上网的人群较 2016 年上升了 2.4%，达到 97.5%。① 正如加拿大传播学者麦克卢汉所说，技术进步让我们进入了"地球村落"社会。同时智能手机 APP 的便捷化、智能化、社交化趋势越发明显，重构了人们生活的方方面面，人们在应用中可以选择多种场景：社交场景、消费场景、娱乐场景……正如李普曼的"拟态环境"所言，对现实的东西加工，呈现在虚拟应用里，通过应用来实现现实场景和虚拟场景的互动。需求的不断膨胀，催化手机 APP 的数量不断增长，满足需求的同时也在创造需求。与此同时，手机 APP 在移动营销方面也显现出巨大价值，其成本低、碎片化、精准、互动的天然优势，可以将用户的有限精力和闲散时间整合，可以结合大数据开展精准营销，提升用户体验，在培养品牌忠诚上具有无可比拟的优势，因此广告主越来越将移动端作为营销首选渠道。

但由于屏幕大小的限制和碎片时间的特性，移动广告无法像传统广告一样常驻，也无法像电脑端广告般大且密集。移动广告时代同样有着广告回避现象存在，无时无刻的广告侵扰了用户渴望不被打扰、流畅的体验，也使广告效果大打折扣。研究发现，只有 44% 的网络广告被看到，9% 的广告获得超过 1 秒钟的注意时长，仅 4% 的广告获得 2 秒钟的互动。② 移动广告时代，随着日益高涨的广告营销费用和无效的广告投放浪费矛盾愈发突出，研究 APP 用户的使用习惯，改善用户体验，做到从 APP 使用的源头开始就减少广告回避，提升广告积极刺激，任重而道远。

"互联网 +"概念的深入推进，众多行业实现了"互联网 + 产业"的模式并迎来快速发展。体育服务行业伴随着"互联网 +"迎来重大变革，与社交媒体、大数据、广告的关联愈加密切，并由此诞生出更多新型的体育服务模式。这些新兴的体育服务模式通过政策带动、技术支持、产业升级的方式，从社会层面进行消费升级，通过互联网 + 体育的方式来满足最广大消费者对健康、对体育休闲的需求，这其中最主要的方式就是移动体育 APP。根据《2015 年中国互联网 + 体育报告》，2015 年，体育 APP 在互联网体育用户中渗透率为 26.0%。③ 互

① 中国互联网信息中心：《第 41 次中国互联网络发展状况统计报告》，2018 年 1 月 31 日，http://www.cac.gov.cn/2018-01/31/c_1122346138.htm，2018 年 3 月 1 日。
② 搜狐：《研究发现只有 44% 能被看到！网络广告，你真的投放对了吗？》，2016 年 9 月 26 日，https://www.sohu.com/a/115099020_498697，2018 年 3 月 1 日。
③ 艾瑞咨询：《2015 中国互联网 + 体育报告》，2015 年 8 月 6 日，http://report.iresearch.cn/report_pdf.aspx?id=2423，2018 年 3 月 1 日。

联网在信息沟通、社交、数据采集上的先天优势，使各体育社区论坛的信息传播互动积极，信息流通和存储近乎零成本，进一步促进着中国大众体育的发展。2017 年，中国 APP 排行榜前十名当中，keep、咕咚运动、悦跑圈等运动健身类APP 榜上有名。[①] 这类 APP 特殊的使用场景、新型的人际交往模式和移动端强互动的特性是在开展营销活动应该被充分考虑的。同时由于移动端逐渐成为广告主营销的首选渠道，理应做到消费者体验和营销效果的最大化。

因此，本研究将在新媒体环境下从群体和情境使用角度探寻 APP 广告回避影响因素，既是对网络广告回避研究的延续，亦是对广告回避研究理论内涵的丰富。

二、文献综述与概念界定

（一）大众体育相关概念

大众体育概念最早出现于联邦德国奥委会公布的发展大众体育有关的全国居民区兴建体育设施的"黄金计划"，我国在 1995 年也出台了《全民健身计划纲要》。[②] 但是关于大众体育的定义，至今未形成较为一致的说法。因此本文首先对与大众体育相关的概念进行梳理，以便定义大众体育。

1. 非正式体育群体

关于大众体育的研究尚无统一定义，非正式体育、群众体育、草根体育等均是与其相似的概念。群众体育是大众在闲暇时间自愿开展的丰富体育活动形式，以娱乐、健美、医疗、健身、消遣和社交为目的。[③] 焦琪在其硕士论文中将群众体育定义为在社会中除去武装力量军警部队之外开展的余暇体育活动。[④] 掌玉宏认为草根体育是自发的群众性体育活动，通过自下而上形成，满足其自身体育需求的内在动力，这也是其合法性的源泉所在。[⑤]

相较于群众体育和草根体育，非正式体育相关的研究则更为深入。最早的非正式群体概念是哈佛大学的霍桑实验组织者 Etion Mayo 在 20 世纪 30 年代提

---

① eNET 研究院：《2017 中国 APP 分类排行榜》，2017 年 7 月 25 日，http://www.sohu.com/a/159820394_820218，2018 年 3 月 1 日。

② 卢元镇：《体育社会学第 3 版》，北京：高等教育出版社，2010 年。

③ 掌玉宏：《草根体育达人体育文化因子及传承》，《体育文化导刊》2014 年第 7 期。

④ 焦琪：《群众体育开展的班杜拉效应分析》，硕士学位论文，山西大学，2015 年。

⑤ 掌玉宏：《草根体育达人体育文化因子及传承》，《体育文化导刊》2014 年第 7 期。

出，他认为非正式群体存在于组织中，并决定着群体成员的态度和表现。[1] 李峰将自发性群众体育群体纳入非正式体育组织。[2] 许多学者分别对非正式体育群体下了定义，刘一民认为非正式体育群体是自然形成的一种无正式规定，无稳定和明确的组织形式的体育群体。[3] 王学增等则认为在此种体育群体内，主要是以体育为手段进行交际活动，社会关系结构相对比较松散，是以非正式的人际关系形成的，以私人感情为纽带、人数弹性较大的参与体育活动的群体。[4] 吕树庭和卢元镇认为非正式体育群体是自然形成的，基于体育活动人群共同的爱好、利益、感情、友谊建立的群体。[5] 陈明学认为非正式体育群体是一种无组织形式、名称、规章制度，通过自觉遵守的不成文群体规范，达到成员间的彼此制约。[6] 刘鑫娟认为此类基层体育群体自发形成、结构松散。靠体育为共同的活动基石，不进行登记注册、无法人资格，无明确的权利义务，管理机构和相应章程都较为缺乏。[7]

2. 大众体育

在我国大众体育也被称为群众体育。[8]20 世纪 80 年代，受西方体育学术思想影响，本土相关研究者为了便于国际交流与合作，开始使用大众体育、社会体育的概念。[9] 在国外，Mass Sport 和 Sport for All 经常被使用，主要指为了娱乐、健身而在闲暇时间开展的身体运动。艾瑞咨询 2017《中国互联网体育服务业研究报告》对大众体育的定义是：大众体育活动又指群众体育，指社会成员以强身健体为目的的体育活动，与竞技赛事有明显区分，但随着水平的提高和

---

① 迈克尔·L. 瓦休，黛布拉·W. 斯图尔特：《组织行为与公共管理》，刘铮，张斌涛译，北京：经济科学出版社，2004 年。

② 李峰：《自发性群众体育群体领导者内涵及其特征》，《唐山师范学院学报》2017 年 5 月。

③ 刘一民：《体育行为学》，北京：人民体育出版社，1993 年。

④ 王学增，张春燕，吴衍忠：《体育群体概念的思辨与非正式体育群体的社会学意义》，《聊城大学学报》（自然科学版），2005 年第 18 期。

⑤ 吕树庭，卢元镇：《体育社会学教程》，北京：高等教育出版社，1995 年。

⑥ 陈明学：《体育群体对培养大学生体育意识和能力的互动探究》，《当代体育科技》2012 年第 2 期。

⑦ 刘鑫娟：《90 年代以来我国城市非正式体育群体发展研究》，硕士学位论文，北京体育大学，2011 年。

⑧ 吕品：《北京大众体育电子商务平台的构建研究》，硕士学位论文，北京体育大学，2013 年。

⑨ 徐佶：《新的体育视角：休闲体育——兼论休闲体育与群众体育、大众体育、社会体育的关系》，《广州体育学院学报》2006 年第 26 期。

群众赛事的增多,二者之间并无绝对壁垒。[①]

结合以上分析,本文将大众体育定义为:拥有广泛群众基础,自发形成的,有形或无形的组织,以体育实践为共同基础,从而达到健身、娱乐、消遣和社交等目的的体育活动。

(二)虚拟社区相关概念

1. 虚拟社区定义

虚拟社区是相对于传统社区而言的一个概念,伴随着互联网的崛起而出现,受到业界和学界的广泛关注。学术界对于社区(Community)的概念界定存在争议,关于虚拟社区(Virtual Community)的定义也存在多种解释。国外相似的说法还有 Electronic Community、Online Community 等,国内相似的说法有虚拟社群、在线社区、网络社区等。总体上而言,外国学者习惯使用 Virtual Community,本土学者多采用虚拟社区这一名称。[②]

Rheingold 在其 1993 年的著作 *Virtual Community* 中最早给出虚拟社区的定义,他认为,虚拟社区是网络中的社会群体就某个话题的讨论,持续足够长的时间,拥有相当的人气,是一种个人关系的集合。Reid 认为虚拟社区是一个虚拟空间,在这样环境中的人们,会用具有文化意义和传播价值的方式,通过想象力和创造力进行沟通、交流。[③]1997 年,Armstrong 和 Hagel 在其发表的 *Net Gain: Expanding Markets through Virtual Communities* 中指出在虚拟社区中,人们的兴趣、想象、人际关系及交易等需求,通过社区的集聚以及在网络中建立的互动来实现,这才是虚拟社区的意义所在,并且通过在线的方式能够为企业带来商业价值。[④]Yucheng Wang 从地点、标志和形态三个角度分析了虚拟社区,认为虚拟社区通过地点的方式来呈现,其内在是一种标志,形态是虚拟的。[⑤]Wang 等定义虚拟社区为一种网络交流方式,这种新型的方式通过拥有共

---

① 艾瑞咨询:《2017 年中国互联网体育服务行业研究报告》,2017 年 7 月 29 日,https://www.iresearch.com.cn/Detail/report?id=3033&isfree=0,2018 年 3 月 1 日。

② 徐芒芒:《虚拟品牌社区归属感对消费者品牌忠诚的影响研究》,硕士学位论文,中南大学,2011 年。

③ Howard Rheingold, *The Virtual Community: Homesteading on the Electronic Frontier*, Harper's Perennial, (1993).

④ Hagel J, Armstrong A, *Net Gain: Expanding Markets through Virtual Communities*, Massachusetts: Harvard Business Sehool Press, 1997.

⑤ Wang Y C, Yu Q, Fesenmaier D R, Defining the Virtual Tourist Community: Implications for Tourism Marketing, *Tourism Management*, vol.23, no.4(2002), pp.407-417.

同兴趣和能力的人交换分享信息获得。[①] 除此之外，大部分学者都关注了虚拟社区在虚拟的网络环境中，提供社会大众基于特定需求、兴趣进行意见表达和交流互动的特性。国内学者王方华和徐小龙认为虚拟社区是网民交流和获取知识的重要平台，知识共享能够使虚拟社区充满活力和生命力，这种知识共享活动是一种社会交换行为。[②]

笔者认为，就适应条件而言，虚拟社区应聚焦在网络环境下，就主体而言，虚拟社区的主体应该是有着共同兴趣和需求，有意愿同他人进行交流的个人和集合。

2. 虚拟社区的分类

在网络出现之前，人们进行的人际交流受到交流者本身和现实社会条件的制约，不可避免地受到时间、地域、身份、等级，甚至相貌等种种因素的限制。[③] 网络的出现以其及时、平等、互动、匿名等特性提高了人们沟通交流的效率和积极性，在网络时代诞生的虚拟社区又给沟通交流提供了新的场所。随着时间的推移，对虚拟社区分类根据成员需要也产生了不同的分类方式。Hagel & Armstrong 根据成员需求把虚拟社区分为四类，分别是：兴趣需求类社区、人际关系需求类社区、想象需求类社区（如在线游戏）、交易需求类社区。[④]Katarina 在 Hagel & Armstrong 的基础上根据社区的目标和互动类型，将虚拟社区划分为：讨论型社区、目的型社区、虚幻时空型社区、混合型社区。[⑤]Ridings 等学者根据虚拟社区成员的不同需求将虚拟社区分为六类：信息交流虚拟社区、寻求社区支持虚拟社区、寻求友谊虚拟社区、娱乐虚拟社区、兴趣共享虚拟社区、技术原因虚拟社区。[⑥]

上述分类均是从用户需求角度进行划分，另外还有学者从其他角度进行划分，如范晓屏就分别探讨了虚拟社区商业性质分类、虚拟社区技术支持分类、

---

① Lin F, Wang J, Proceedings of the First international conference on Knowledge Science, Engineering and Management, *International Conference on Knowledge Science,* Springer-Verlag, (2006).

② 徐小龙，王方华：《虚拟社区的知识共享机制研究》，《自然辩证法研究》2007 年第 23 期。

③ 孟魁：《虚拟社区环境下信任机制的研究》，硕士毕业论文，复旦大学，2005 年。

④ Hagel J, Armstrong A, Net Gain: Expanding Markets through Virtual Communities, *Massachusetts : Harvard Sehool Press,* 1997.

⑤ Stanoevska-Slabeva K, Schmid B, A Typology of Online Communities and Community Supporting Platforms, *Hawaii International Conference on System Sciences,* IEEE, (2001), pp.10.

⑥ Ridings C M, Gefen D, Arinze B, Some Antecedents and Effects of Trust in Virtual Communities, *The Journal of Strategic Information Systems,* vol.11, no.3(2002), pp.271-295.

以及其他不同分类标准的分类。① 根据本文研究目的，本文研究的社区是以兴趣需求为导向的讨论型社区。

3. 虚拟社区的价值

Hagel 和 Armstrong 认为虚拟社区通过满足成员的兴趣、关系、幻想和交易四种需求，为成员带来了更多的利益。通过沟通和互动，虚拟社区中内容和信息会越来越多，利用这些信息，社区成员可以找出满足他们需要的、质量和价格最好的卖家。当虚拟社区成长到一定规模时，经济价值就会显现出来。

Hagel 和 Armstrong 进一步从消费者的角度讨论了虚拟社区的价值，具体来说，有以下几点：①聚集购买力。虚拟社区由拥有共同的需求和兴趣的人聚集而成，在这里，社区成员可以较为便利地找到他们需要的相关信息，以及一些他们感兴趣的产品和商家信息。通过信息的整合，就加速了虚拟社区中顾客的购买力凝聚。②提升顾客获取信息的能力。通过内容生产和互动，顾客可以获取更多购买信息，帮助他们在交易过程中拥有更大的议价和谈判能力。这样的运行机制也可以帮助商家形成口碑传播。③提供更多的商家选择。有别于线下购物，虚拟社区中的产品展示不受场地空间限制，商家数量更多，价格信息更加透明，顾客可以自由选择最实惠的产品。②

对于企业而言，可以通过虚拟社区来建设自身的新产品和新服务。Wang 等通过研究旅游虚拟社区，指出虚拟社区对于企业而言具有品牌建设、与消费者建立联系、进行产品和消费类别建设、降低成本等价值。③

（三）社区归属感

1. 归属感

归属感，是一种复杂的心理过程，是个体对自己有所隶属的心理体验。④ 它是由美国心理学家亚伯拉罕·马斯洛最早提出，用来形容对相关事物和现象相关联的密切程度，不仅包括个体，同时还包括集体，它客观无形但却影响着个

---

① 范晓屏：《基于虚拟社区的网络互动对网络购买行为的影响研究》，硕士学位论文，浙江大学，2007年。

② Hagel J, Armstrong A, Net Gain: Expanding Markets through Virtual Communities, *Massachusetts: Harvard Business Sehool Press*, 1997.

③ Wang Y C, Yu Q, Fesenmaier D R, Defining the Virtual Tourist Community: Implications for Tourism Marketing, *Tourism Management*, vol.23, no.4(2002), pp.407-417.

④ 王锦：《归属感探析》，《西安文理学院学报》（社会科学版）2011年第14期。

体的行为表现。[①] 简单地说，就是人是社会的动物，他们害怕个体的孤寂，所以非常期待获得情感依附，寻求归属感。

Mcmillan 和 Chavis 给出了归属感四个重要的组成部分：①成员身份：人际关系的共享；②影响力：个人在群体中的重要地位能够对他人产生影响；③需求的整合和满足：群体成员能够从群体提供的信息中获得自身满足；④动力元素：共同的信念、地域接近共同的地区、共同的时间、相似的经历等。[②]

Hagerty 等发现归属感对于参与社区活动有明显的影响。Wilkinson 等证实了归属感会随着参与社区和相关经验的增长而增强。[③]Roberts 认为，归属感越强的人，花费在在线参与活动的精力和时间越多。[④]Teo，Chan 和 Wei 等学者认为归属感对虚拟学习型社区的使用有影响，提高归属感可以增加对所在社区的使用，同时指出易用性和有用性会鼓励成员参与使用系统，并获得较强的成员归属感，同时较强的归属感又会唤起在未来参与社区的意向。[⑤]

2. 社区归属感

不同的学者对社区归属感的定义不同，Mcmillan 和 Chavis 将社区归属感定义为人们作为社区成员之一的归属感，包含了自身对其他人和社区整体的重要感以及他们需要得到满足的踏实感。[⑥]Roberts 认为归属感是个体确定某种关系的心理承诺。[⑦]Anderson 以及 Morgan & Hunt 则认为归属感是彼此之间建立的长期稳定关系，这种关系可以通过牺牲短期利益来维持。[⑧⑨]Hummon 认为社区

---

① 张旭，丁凤琴：《社区心理意识研究述评》，《湖北第二师范学院学报》2009 年第 26 期。

② Mcmillan D W, Chavis D M, Sense of Community: A Definition and Theory, *Journal of Community Psychology*, vol.14, no.1(1986), pp.6-23.

③ Hagerty B M, Williams R A, Coyne J C, et al., Sense of Belonging and Indicators of Social and Psychological Functioning, *Archives of Psychiatric Nursing*, vol.10, no.4(1996), pp.235.

④ Roberts T L, Are Newsgroups Virtual Communities, *Proceeding of the Chi 98 Conference on Human Factors in Computing Systems*, DBLP, (1998), pp.360-367.

⑤ Teo H H, Chan H C, Wei K K, et al., Evaluating Information Accessibility and Community Adaptivity Features for Sustaining Virtual Learning Communities, *International Journal of Human-Computer Studies*, vol.59, no.5(2003), pp.671-697.

⑥ Mcmillan D W, Chavis D M, Sense of Community: A Definition and Theory, *Journal of Community Psychology*, vol.14, no.1(1986), pp.6-23.

⑦ Robert Dwyer F., Paul H. Schurr, Sejo Oh, Developing Buyer-Seller Relationship, *Journal of Marketing*, vol.51, no.2(April 1987), pp.11-27.

⑧ Anderson Erin, Barton Weitz, Determinants of Continuity in Conventions! Industrial Channel Dyads, *Marketing Science*, vol.18, no.4(1989), pp.310-324.

⑨ Morgan Robert M, Shelby D. Hunt, The Commitment-Trust Theory of Relationship Marketing, *Journal of Marketing*, vol.58, no.7(1994), pp.20-38.

归属感是情感投入，个体认为自己属于所立足的地方，并对这个地方产生情感投入。[①]Cross 认为人与所在社区情感联系即是社区归属感，个体呈现了对社区的亲密感，他还归纳了归属感提高的因素：满意度、认知因素、情感因素、身份认同、依赖感等。[②]

中国大百科全书中总结社区归属感为一种心理状态，它是社区居民把自己归入某一地域人群集合体，包括对自身社区身份的确认和感情色彩，这些情感主要有对社区投入、喜欢和依附感等。刘少杰和孙立平将归属感定义为社区成员主观上对自己、其他成员及社区的感觉，不仅有对社区环境和社区人群的认同还包括其喜爱和依附感等。[③]胡凡刚等研究了影响教育虚拟社区归属感形成的因素，认为社区成员积极参与活动，是由于社区归属感极大地满足了他们从低到高层次的需要，包括生理、心理和自我实现需要。[④]刘风霄在其研究中指出，社区归属感是一种心理状态，存在于居民对所生活的社区地域和群体的认同、喜爱和依恋，意愿归属群体并愿意加入社区建设。[⑤]

综上本文认为，社区归属感是个体在社区中，产生的对社区环境、文化以及社区其他成员的感情投入，这使成员更积极地参与社区。大众体育虚拟社区归属感有共同的兴趣（以体育实践为共同兴趣基础），充分的感情投入（对社区其他成员以及服务、文化、氛围等产生），获得自我实现及尊重（通过信息共享、积极参与社区活动等获得），从而在心理和情感上产生喜爱、依恋的感情，进而促使社区成员更积极地参与虚拟社区活动。

（四）广告回避

1.广告回避的定义

20 世纪 60 年代，电视媒体发展迅猛，伴随着学者们对电视广告效果的关注，广告回避现象开始进入人们的视野。20 世纪 90 年代起，广告回避逐渐从

① David M, Hummon Community Attachment: Local Sentiment and Sense of Place in Place Attachment, *Human Behavior & Environment Advances in Theory & Research*, vol.12, (1992), pp.253-278.
② Cross J E, Conceptualizing Community Attachment, *Proceedings of the Rural Sociological Society Annual Meeting*, (2003), pp.1-19.
③ 刘少杰，孙立平：《东北老工业基地社会发展基础与战略研究笔谈》，《吉林大学社会科学学报》2004 年第 2 期。
④ 胡凡刚，李广艳：《影响教育虚拟社区归属感形成因素的实证分析》，《中国电化教育》2011 年第 1 期。
⑤ 刘风霄：《城市商品房社区居民归属感现状的个案研究——以潍坊市 Y 社区为例》，硕士学位论文，浙江大学，2010 年。

电视收视行为研究中脱离出来。①1997 年，Speck & Elliott 通过对印刷和广播媒体的研究给出了广告回避的定义：广告回避是指媒体使用者在不同程度下，减少自身在广告内容暴露中的所有行为，② 这一定义颇为经典，被后续很多学者的研究沿用。

国内学者杨文霞在其研究中认为，广告回避是广告受众对大众传播工具（包括电视、电台、报刊等）的广告内容表示抵触和拒绝的现象。③ 这一定义与 Speck & Elliott 的定义相差不大。

2. 广告回避分类

Abernethy 通过电视受众研究的总结了两大类别广告回避：身体回避和机械回避。身体回避指观众起身离开，不观看电视广告；机械回避指观众切换频道、跳过、快进等方式拒绝观看广告。④Speck & Elliott 在此基础上提出了第三种回避方式——认知回避，指观众对广告视而不见（不观看）。⑤Vakratsas 和 Ambler 在其研究中指出了广告会给受众带来三个方面的反应：认知、情感和行为反应。⑥

互联网的迅速崛起使营销活动转战网络媒体，广告回避的研究也随之转向网络广告。Cho & Cheon 在研究网络广告回避现象时借鉴了 Vakratsas 和 Ambler 的观点，总结出网络广告回避的三种形式：认知回避、情感回避和行为回避。认知回避是指受众对广告的故意忽略；情感回避是指受众对广告强烈的负面情绪而导致的消极感受；行为回避指受众具体的回避动作而不是起身离开，目的在于中断广告，比如跳过横幅广告、关闭弹窗广告、关闭广告相关网页等。⑦ 在这一分类中，要特别注意认知、情感、行为三者之间并非是递进关系，而是受众在观看广告时同时发生的。

---

① 刘荣：《我们为什么"不看"广告——广告回避研究综述》，《中国广告》2011 年第 6 期。

② Paul Surgi Speck, Michael T, Elliott, Predictors of Advertising Avoidance in Print and Broadcast Media, *Journal of Advertising*, vol.26, no.3(1997), pp.61-76.

③ 杨文霞，苏永：《试析广告情报中 Zapping——广告躲避现象》，《情报杂志》1995 年第 4 期。

④ Avery M. Abernethy, Television Exposure: Programs VS. Advertising, *Current Issues & Research in Advertising*, vol.13, no.1-2(1991), pp.61-77.

⑤ Paul Surgi Speck, Michael T. Elliott, Predictors of Advertising Avoidance in Print and Broadcast Media, *Journal of Advertising*, vol.26, no.3(1997), pp.61-76.

⑥ Demetrios Vakratsas, Tim Ambler, How Advertising Works: What do We Really Know, *Journal of Marketing*, vol.63, no.1(1999), pp.26-43.

⑦ Chang-Hoan Cho, Hongsik John Cheon, Why do People Avoid Advertising on the Internet? *Journal of Advertising*, vol.33, no.4(2004), pp.89-97.

随着移动端上网的人数逐渐超越了传统 PC 端，广告回避研究的视角开始向移动互联网转移。Rau 等在研究影响手机广告回避的影响因素时，将广告回避归纳为两类：回避行为和回避倾向。[①]回避行为包括广告阅读时间、行为回避、广告再忆效果；回避倾向则包括感知侵扰、广告态度和抵触情绪。高诗劼在其对手机广告回避的研究中，根据回避动作发生的时间，将手机广告回避分为预先回避和实时回避两类。[②]熊烨通过微信朋友圈微商广告回避的研究，从回避的强弱程度将广告回避划分为：查看广告、浏览广告、翻动页面忽略广告、屏蔽微商朋友圈、删除或拉黑微商账号五个等级。[③]

3. 广告回避影响因素

国外文献对广告回避领域的研究相较于国内更为细化和深入，起步于 20 世纪 60 年代初的电视媒体黄金时代，研究的媒体涵盖报纸、广播、电视、直邮、户外等传统媒体。[④]Speck & Elliott 开创性地建立几乎适用于全传统媒体的广告回避模型，将传统媒介的广告回避现象归为：人口统计变量、媒介相关变量、广告观念和传播问题。[⑤]

互联网时代，学者们的广告回避研究纷纷聚焦于网络广告。Benway 和 Lane 研究了用户浏览网页时总是忽视网页上的旗帜广告，并且开创性地提出了"旗帜盲点"（Banner Blindness）的概念。[⑥]Edwards & Lee 通过研究网络弹窗广告回避影响因素，认为感知侵扰性是引起回避的首要因素。广告是否被视为侵入物，与广告内容和当前任务的一致性以及接受广告时的认知强度有关。广告的娱乐性和信息性也会对受众造成感知侵扰，从而进一步产生广告回避。[⑦]

---

① Pei-Luen Patrick Rau, Qingzi Liao, Cuiling Chen, Factors Influencing Mobile Advertising Avoidance, *International Journal of Mobile Communications*, vol.11, no.2(2013), pp.123-139.

② 高诗劼：《手机广告回避机制研究——基于扎根理论》，硕士学位论文，厦门大学，2016年。

③ 熊烨：《微商广告回避影响因素研究》，硕士学位论文，厦门大学，2016 年。

④ 徐艳，刘荣：《1962—2012 五十年来广告回避研究概貌》，《广告大观》（理论版）2013 年第 1 期。

⑤ Paul Surgi Speck, Michael T. Elliott, Predictors of Advertising Avoidance in Print and Broadcast Media, *Journal of Advertising*, vol.26, no.3(1997), pp.61-76.

⑥ Benway J P, Banner Blindness: The Irony of Attention Grabbing on the World Wide Web, *Proceedings of the Human Factors & Ergonomics Society Annual Meeting*, vol.42, no.5(1998), pp.463-467.

⑦ Steven M. Edwards, Hairong Li, Joo-Hyun Lee, Forced Exposure and Psychological Reactance: Antecedents and Consequences of the Perceived Intrusiveness of Pop-Up Ads, *Journal of Advertising*, vol.31, no.3(2002), pp.83-95.

Cho & Cheon 构建并验证了网络广告回避的理论模型，提出了网络广告回避的三个主要影响因素：感知目标障碍、感知广告杂乱和既往消极经验。感知目标障碍是指在受众使用互联网更具目标导向型时，广告作为噪音和侵扰，妨碍了受众上网过程；感知广告杂乱是指媒体上广告过多，表现为单一网页中大量的旗帜广告、弹窗广告、社论式广告、文字广告链接等；既往消极经验是指消费者点击广告所带来的不满的消极体验，这种消极经验很容易使得用户回避广告。这一模型也成为网络广告回避的经典模型。①

Mariko 通过研究直邮广告，从感知广告侵扰、心理抗拒、直销传播引起的刺激三方面验证了电子邮件广告比传统广告更具干扰性。②Kim 通过对在线视频网站的研究，认为广告干扰性、广告态度、信息的娱乐性和信息性对广告回避有重要影响，其中广告干扰性的影响最大。③Kelly 对社交网站的研究中指出影响用户广告回避的重要因素是广告与用户的相关性，因为社交网站内容发布的随意性，用户会怀疑广告信息以及平台是否可以作为广告媒体，这种怀疑可能导致广告回避。④ 在这一研究中 Kelly 提出了社交网站广告回避的模型，对Cho & Cheon 的模型进行了修改，加入了用户口碑因素，并将广告的情感回避舍去。

国内学者对网络广告回避亦有建树。李雪梅将网络广告回避影响因素归纳为广告混乱、感知目标阻拦、可信度低、负面感知、刺激强度不够、无兴趣需求、设备影响七种。⑤ 李影在感知目标障碍、感知广告杂乱和既往消极经验的基础上增加了广告激励和受众卷入度两个因素。⑥ 雷攀研究了大学生的网络广告回避，并总结出任务干扰、愤怒感、个人效用、网络广告激励、涉入度和消

① Chang-Hoan Cho, Hongsik John Cheon, Why do People Avoid Advertising on the Internet? *Journal of Advertising*, vol.33, no.4(2004), pp.89-97.

② Morimoto M, Chang S, Consumers' Attitudes Toward Unsolicited Commercial E-mail and Postal Direct Mail Marketing Methods: Intrusiveness, Perceived Loss of Control, and Irritation, *Journal of Interactive Advertising*, vol.7, no.1(2006), pp.1-11.

③ Kim E, Kim S, Yeh Y H, et al., Exploring the Antecedents of Advertising Avoidance on Online Video Sites, *American Academy of Advertising. Conference. Proceedings (Online), American Academy of Advertising*, (2011), pp.153.

④ Kelly L, Kerr G, Drennan J, Avoidance of Advertising in Social Networking Sites: The Teenage Perspective, *Journal of interactive advertising*, vol.10, no.2(2010), pp.16-27.

⑤ 李雪梅，叶乃沂：《网络广告回避反应影响因素研究》，《商场现代化》2006 年第 10 期。

⑥ 李影：《网络广告躲避反应的影响因素研究》，硕士学位论文，大连理工大学，2010 年。

极态度六类。①陈素白和曹雪静通过实证研究伦敦奥运会网络广告的回避现象，并归纳了影响因素为：感知目标障碍、感知广告杂乱、既往消极经验、奥运态度和人口统计五种，并提出除认知、情感和行为回避之外的另外一种方式——预防。②曹雪静通过研究行为定向广告，验证了定制化会减缓广告回避。③翟星通过实验证明了高卷入度可以缓解广告认知回避，相关性则减缓情感和行为回避。④

随着手机"第五媒体"地位的崛起，越来越多的人通过手机上网，所以使传统的营销活动也开始向移动端转移，手机媒体的广告回避研究也应运而生。Okazaki 通过研究移动广告回避，形成了移动广告回避的模型，验证了手机的遍在性会对受众的广告态度产生积极影响，同时，信息隐私关注也是影响受众删除广告及其广告态度的重要因素。⑤Baek 通过对手机等个性化媒介进行研究，发现个性化感知和广告愤怒对广告回避产生直接影响，并且二者可以通过广告怀疑间接产生广告回避。⑥Rau 通过焦点小组及实验的方法，构建了手机广告回避的模型，包含了广告接受情境和个性化策略（相关性），证明了高工作负荷下，用户花更少的时间阅读广告，感受到更多的广告侵扰，产生更多的广告回避；低工作负荷下，相关性会减少广告的认知和行为回避，但是在高工作负荷下，相关性并不能减轻广告回避。⑦

综上，本文将广告回避的模型发展路径进行整理，结果如表1。

① 雷攀:《大学生网络广告回避反应主观影响因素的实证研究》，硕士学位论文，重庆工商大学，2011年。
② 陈素白，曹雪静:《网络广告回避影响因素研究——基于2012伦敦奥运网络广告投放的实证分析》，《新闻与传播研究》2013年第12期。
③ 曹雪静:《行为定向广告回避影响因素研究》，硕士学位论文，厦门大学，2015年。
④ 翟星:《个人相关性与产品卷入度对网络广告回避的影响研究》，硕士学位论文，厦门大学，2015年。
⑤ Okazaki S, Molina F J, Hirose M, Mobile Advertising Avoidance: Exploring the Role of Ubiquity, *Electronic Markets*, vol.22, no.3(2012), pp.169-183.
⑥ Baek T H, Morimoto M, Stay Away from Me, *Journal of Advertising*, vol.41, no.1(2012), pp.59-76.
⑦ Pei-Luen Patrick Rau, Qingzi Liao, Cuiling Chen, Factors Influencing Mobile Advertising avoidance, *International Journal of Mobile Communications*, vol.11, no.2(2013), pp.123-139.

表 1 广告回避的模型发展路径

学者	研究对象	影响因素	回避类型	研究贡献
Speck& Elliott (1997)	传统媒体广告	人口统计变量 广告观念 媒介相关变量 广告沟通问题	身体回避 机械回避 认知回避	区分搜索障碍、广告兴趣、广告侵扰、搜索广度、年龄、收入对不同媒体广告回避的影响强弱
Cho& Hoan (2004)	网络广告	感知目标障碍 感知广告杂乱 既往消极经验	认知回避 情感回避 行为回避	在更具任务、目标导向的互联网中，感知目标障碍是广告回避最重要因素
Kelly 等 (2010)	社交网站广告	消极经验的认知 广告信息不相关 广告信息怀疑 对社交网站能否作为广告中介的怀疑	认知回避 行为回避	解释了相关性和可信度是影响社交网站广告回避的重要原因
Okazaki 等 (2012)	移动广告	信息隐私关注 感知遍在性	认知回避（广告态度）行为回避（删除广告）	隐私关注会对广告态度及删除广告产生影响，感知遍在性会对广告态度产生积极影响
Rau 等 (2013)	手机广告	广告接受情境 个性化策略	回避行为 回避倾向	高工作负荷，用户感知更多广告侵扰，更倾向于广告回避；低工作负荷，相关性会减轻广告回避

资料来源：本研究整理

总的来说，开始于20世纪60年代的广告回避研究，从传统媒体到网络媒体，从国内到国外，学者们不断为这一研究领域添砖加瓦。通过对不同媒体、不同主体、不同使用情境的验证，将广告效果中的广告回避研究不断推向新的高潮。随着手机等移动端的崛起，网络营销开始越来越向移动端倾斜，特别是移动端的 APP 广告开始增多，但现实关于 APP 广告回避现象的研究相对薄弱。

首先，广告回避的研究沿着媒介变迁的轨迹层层推进，虽然成就显著，但学术研究仍然落后于业界发展。移动应用广告端越来越成为移动网络广告的主体，但关于 APP 广告的研究寥寥，前人的研究建立了关于传统和 PC 网络的广告回避模型，对影响广告回避的相关因素进行了深入探讨，面对瞬息万变的互联网，这些研究成果不能简单地嵌套在 APP 广告回避上，因此必须针对 APP

广告进行有针对性的研究。

其次，随着"互联网＋"概念的深入推进以及大众体育的蓬勃发展，"互联网＋体育"成为新的经济增长极，各种运动 APP 在发展中也是使出浑身解数，大众体育群体除了运动中使用 APP 服务外，还会使用 APP 的社区交流功能，将自己的情感寄于这些虚拟社区，并在社区交流互动中得到尊重和满足，作为营销载体的 APP 自然无法避免受众的广告回避问题。通过梳理文献发现，过去的广告回避研究或是针对某一特定媒体属性，或是针对某一类受众特征，尚无学者将广告回避研究放置于虚拟社区中，对虚拟社区中广告回避的相关因素进行探讨。

因此本文从虚拟社区这一角度切入探讨，具有创新意义。通过研究虚拟社区中社区互动、社区归属感以及广告相关性对广告回避的影响，来探讨移动广告时代虚拟社区 APP 广告回避的相关议题。

三、研究假设与模型建构

（一）研究问题

关于网络广告回避的研究，最具开创性的是 Cho & Hoan 提出的网络广告回避模型，创造性地将网络广告回避行为归纳为认知回避、情感回避和行为回避，并指出这三类回避属于受众对广告的实时反映，并非递进关系。[1]后续中国学者的研究中多借鉴了该模型并有所发展。一般认为，认知、行为回避属于回避策略，情感回避属于回避态度，Kelly 在研究社交网站广告回避时，根据用户的主动性选择及对社交网站广告的低可信性的厌恶，舍弃了情感回避。[2]伴随着移动互联网的兴起，Rau 在研究手机广告时，将广告回避归纳为两类：回避行为和回避倾向。[3]高诗劼在研究手机广告回避机制时将回避归纳为：事先回避和实时回避。[4]学者们针对不同研究对象，对广告回避方式的研究做出了不同调整。

---

① Chang-Hoan Cho, Hongsik John Cheon, Why do People Avoid Advertising on the Internet? *Journal of Advertising*, vol.33, no.4(2004), pp.89-97.

② Kelly L, Kerr G, Drennan J, Avoidance of Advertising in Social Networking Sites: The Teenage Perspective, *Journal of Interactive Advertising*, vol.10, no.2(2010), pp.16-27.

③ Rau, Pei-Luen Patrick, Liao, Qingzi, Chen, Cuiling, Factors Influencing Mobile Advertising Avoidance, *International Journal of Mobile Communications*, vol.11, no.2(2013), pp.123-139.

④ 高诗劼：《手机广告回避机制研究——基于扎根理论》，硕士学位论文，厦门大学，2016年。

　　笔者认为，在不断变迁的移动互联网时代，由于信息沟通渠道的多样化和沟通效率的提升，受众的主动权有了极大提升，广告回避方式更趋多样化，继续采用经典网络广告回避模型的平行分类，已经无法适应媒介环境的迅速变化，因此有必要针对特定媒介，从广告回避的强弱程度来对受众反应进行区分，进而采取减缓回避的措施。

　　APP 广告作为移动互联网广告的一种，一般以手机等移动设备为载体，因此，探讨 APP 广告之前，手机广告回避的影响因素具有参照意义。Okazaki 通过研究手机的广告回避，指出了手机接收信息的遍在性以及信息的隐私关注度是影响受众删除广告及改变广告态度的重要因素。[①]同样，Baek 的研究也发现了手机的个性化感知和广告愤怒会对广告回避产生直接影响，并且这两个因素还会通过广告怀疑对广告回避产生间接影响。[②]Rau 构建了手机广告回避的模型，指出广告接受情境和个性化策略两部分会对广告回避产生影响，同时证明了二者间不存在交互作用。[③]综上，由于研究对象的不同，新媒介环境下，特别是在虚拟社区中，受众的互动行为增加，并且会受社区归属感的影响，可能表现出与以往不同的广告回避现象。据此，本文提出研究问题如下：

　　RQ1：大众体育群体虚拟社区 APP 是否存在广告回避现象。

　　RQ2：哪些因素影响大众体育群体虚拟社区 APP 广告回避。

　　RQ3：各影响因素如何影响用户的广告回避。

　　RQ4：如何利用这些因素减缓虚拟社区内用户的广告回避，并提供营销建议。

（二）研究假设

1. 社区互动

互动是一个多维度的概念，不同的学者对于互动的定义不同。三个主要的

---

① Okazaki S, Molina F J, Hirose M, Mobile Advertising Avoidance: Exploring the Role of Ubiquity, *Electronic Markets*, vol.22, no.3(2012), pp.169-183.

② Baek T H, Morimoto M, Stay Away from Me, *Journal of Advertising*, vol.41,no.1(2012), pp.59-76.

③ Pei-Luen Patrick Rau, Qingzi Liao, Cuiling Chen, Factors Influencing Mobile Advertising Avoidance, *International Journal of Mobile Communications*, vol.11, no.2(2013), pp.123-139.

维度是：任何机器之间的互动，[①] 信息发送者和接收者之间的互动，[②] 信息和使用者之间的互动。[③] 曹维总结学者们对一般环境和网络环境下的互动定义，进行归纳概括：互动是网络使用者将信息处理后，互相传递并交换意见，以求能得到符合使用者需求的回应。[④]

虚拟社区中的互动是以社会交换理论中的"互惠规范"为基础的。[⑤] 根据社会交换理论，用户在网上与企业或其他用户的互动过程可以被理解成一个社会交换的过程，在虚拟社区中，分别形成了用户和企业间的互动，用户和用户之间的互动。[⑥][⑦]Kozinets 在其关于消费的虚拟社区战略应用研究中，在对消费者进行细分的基础上，将虚拟社区的互动模式进行划分，其中关系型模式的成员交流目标明确，带有很强的社交性，所以关系型模式的成员与社区及社区同类成员保持长期的互动关系。[⑧]

专业社区中的成员不仅仅传播和创造知识，同时还具有强烈的社区归属感，成员间形成了很强的人际互动关系。[⑨] 张杰盛等认为虚拟社区中的人际互动过程中，更高水平的人际互动可以帮助企业快速聚焦用户体验过程中具有共性的问题。[⑩]Brodie 等提出，虚拟社区中的用户在社区中互动行为越多，对虚拟社区

---

① Weiner B, An Attributional Theory of Achievement Motivation and Emotion, *Psychological Review*, vol.92, no.4(1985), pp.548-573.

② Rovai, Alfred P, Building Sense of Community at a Distance, *International Review of Research in Open and Distance Learning*, vol.3, no.1(April 2002).

③ Steuer J, Defining Virtual Reality: Dimensions Determining Telepresence, *Journal of communication*, vol.42, no.4(1992), pp.73-93.

④ 曹维：《基于虚拟社区的关系型互动对网络购物影响的研究》，硕士毕业论文，浙江大学，2007 年。

⑤ 张杰盛，李海刚，韩丽川：《虚拟社区互动性对迭代创新绩效影响的实证研究》，《工业工程与管理》2017 年第 22 期。

⑥ Souder W E, Song X M, Analyses of U.S. and Japanese Management Processes Associated with New Product Success and Failure in High and Low Familiarity Markets, *Journal of Product Innovation Management*, vol.15, no.3(1998), pp.208-223.

⑦ Thomas Novak, P, Donna Hoffman L, Yiu-Fai Yung, Measuring the Customer Experience in Online Environments: A Structural Modeling Approach, *Marketing Science*, vol.19, no.1(2000), pp.22-42.

⑧ Kozinets R V, E-tribalized Marketing? the Strategic Implications of Virtual Communities of Consumption, *European Management Journal*, vol.17, no.3(1999), pp.252-264.

⑨ 李国鑫，李一军，陈易思：《虚拟社区成员线下互动对线上知识贡献的影响》，《科学学研究》2010 年第 28 期。

⑩ 张杰盛，李海刚，韩丽川：《虚拟社区互动性对迭代创新绩效影响的实证研究》，《工业工程与管理》2017 年第 22 期。

的忠诚度、满意度和信任度就会更高。①Rovai 认为互动过程是提升归属感的重要因素。②曹维验证了虚拟社区关系型互动对网络购物行为的影响，社区互动关系品质与社区成员购物行为存在正相关。③而在虚拟社区中广告回避行为是前置于社区成员购物行为的活动之一。

综上，本研究提出假设一、二、三：

H1：大众体育虚拟社区互动性越强，社区归属感越强。

H2：大众体育虚拟社区互动性越强，社区广告回避程度越低。

H3：大众体育虚拟社区归属感在社区互动与广告回避程度间起中介作用。

2. 虚拟社区归属感

虚拟社区归属感是凝聚社区的重要因素。黎静指出，在进行社区研究的时候要把心理要素作为分析的重要一环。④社区归属感作为心理要素之一，把人和所处的环境连接，通过环境作用于心理，再影响人们的行为，最后人的行为对环境产生反作用。龚艳萍和徐芒芒通过综合社会学对归属感的描述，把社区归属感定义为社区成员在主观上对社区环境和社区人群的认同、喜爱和依恋，从而产生出一种归属于该社区的心理情感。⑤作为脱离了地理限制的虚拟社区来说，社区成员则更需要心理要素来调节其与社区相关的行为。

Tino 通过其研究指出归属感被认为是影响社区参与的重要因素。⑥Roberts 认为虚拟社区归属感非常重要，社区的表现力可以通过归属感来衡量，归属感越强，花在在线参与方面的精力和时间越多。⑦曹维证明了虚拟社区成员对社区的归属感会正向影响成员在社区的网络购物行为。⑧郑秋婵在其研究中指出，

① Brodie R J, Ilic A, Juric B, et al., Consumer Engagement in a Virtual Brand Community: An Exploratory Analysis, *Journal of Business Research*, vol.66, no.1(2013), pp.105-114.

② Alfred P, Rovai Building Sense of Community at a Distance, *International Review of Research in Open and Distance Learning*, vol.3, no.1(2002).

③ 曹维：《基于虚拟社区的关系型互动对网络购物影响的研究》，硕士毕业论文，浙江大学，2007 年。

④ 黎静：《社区归属感研究评述》，《大众文艺》2008 年第 10 期。

⑤ 龚艳萍，徐芒芒：《虚拟品牌社区对消费者品牌忠诚的影响：归属感视角下的研究》，《时代经贸》2011 年第 20 期。

⑥ Tinto V, *Leaving College: Rethinking the Causes and Cures of Student Attrition, Second Edition*, Chicago: University of Chicago Press, 1993.

⑦ Roberts T L, Are Newsgroups Virtual Communities, Proceedings of the SIGCHI Conference on Human Factors in Computing Systems, ACM Press/Addison-Wesley Publishing Co, 1998, pp.360-367.

⑧ 曹维：《基于虚拟社区的关系型互动对网络购物影响的研究》，硕士毕业论文，浙江大学，2007 年。

旅游虚拟社区中，归属感与社区成员的行为存在正相关：归属感越高，对于社区建议的采纳和相关产品的购买意愿越强，更愿意在社区中显露和推荐他人购买相关产品。[①] 徐芒芒验证了社区归属感能够对品牌忠诚产生直接的促进作用。[②] 侯晓晔通过研究知识共享虚拟社群，证明了虚拟社区中成员的归属感越强，消费者的购买决策越强。[③] 当用户拥有很强的社区归属感时，他们可能花费更多时间和精力来处理相关信息，同时更加深层次地卷入社区，进而强化社区黏性。[④] 翟星从卷入度入手，证明产品卷入对受众的网络广告认知回避存在影响。[⑤] 综合以上学者对虚拟社区归属感和用户相关行为的研究，笔者认为广告回避作为受众行为的一种，与虚拟社区归属感存在联系。

因此，本研究提出研究假设四：

H4：大众体育虚拟社区归属感越强，社区成员广告回避程度越低。

3. 广告相关性

学者通过研究网络信息处理机制，发现内容的相关性会影响到网络用户的注意力、认知过程和决策。个性化沟通能够减少信息过载，为决策提供帮助。[⑥]Wells 等指出了广告与受众的相关性，这种相关性是建立在受众的活动、兴趣和需求的基础上的。[⑦]Scharl 等对移动广告因素的验证发现不相关是导致用户厌烦广告最重要的原因。[⑧]Xu 通过研究手机广告，指出个性化的广告内容能防止用户在接受广告时感到干扰和厌烦。[⑨]Kelly 等在研究社交网站广告时，指

---

① 郑秋婵，张红：《旅游虚拟社区成员感知、归属感及行为意向研究》，《江西农业学报》2009 年第 21 期。

② 徐芒芒：《虚拟品牌社区归属感对消费者品牌忠诚的影响研究》，硕士学位论文，中南大学，2011 年。

③ 侯晓晔：《虚拟社区知识共享对消费者购买决策的影响研究》，硕士学位论文，北京邮电大学，2013 年。

④ Mcmillan D W, Chavis D M, Sense of Community: A Definition and Theory, *Journal of Community Psychology*, vol.14, no.1(1986), pp.6-23.

⑤ 翟星：《个人相关性与产品卷入度对网络广告回避的影响研究》，硕士学位论文，厦门大学，2015 年。

⑥ Tam K Y, Ho S Y, Understanding the Impact of Web Personalization on User Information Processing and Decision Outcomes, *MIS quarterly*, vol.30, no.4 (2006), pp.865-890.

⑦ Wells W D, Leavitt C, Mcconville M, A Reaction Profile for TV Commercials, *Journal of Advertising Research*, vol.11, no.6(1971), pp.11-18.

⑧ Scharl A, Dickinger A, Murphy J, Diffusion and Success Factors of Mobile Marketing, *Electronic Commerce Research and Applications*, vol.4, no.2(2005), pp.159-173.

⑨ Xu D J, The Influence of Personalization in Affecting Consumer Attitudes Toward Mobile Advertising in China, *Journal of Computer Information Systems*, vol.47, no.2(2006), pp.9-19.

出如果广告信息与用户无关或者用户不感兴趣，那么他们倾向于回避广告。[①]Rau 等人构建了手机广告的回避机制，认为个人定制化策略中的相关性能够减少用户感知侵扰，进而减少广告回避。[②]国内学者李雪梅、翟星、熊烨、李盼盼均验证了相关性对于网络广告回避的负向作用。

大众体育虚拟社区 APP 满足了社区成员运动和交流体育信息的需求，社区的专业性较强，如果社区内出现的广告能够与用户的兴趣、需求相关联，一定程度上会减缓受众的广告回避反应。

因此，本研究提出研究假设五：

H5：大众体育虚拟社区广告相关性越高，社区成员广告回避程度越低。

（三）研究模型

本研究以社区归属感、社区互动、广告相关性为自变量，广告回避作为因变量，并且讨论社区归属感的中介作用，构建理论假设模型如图 1。

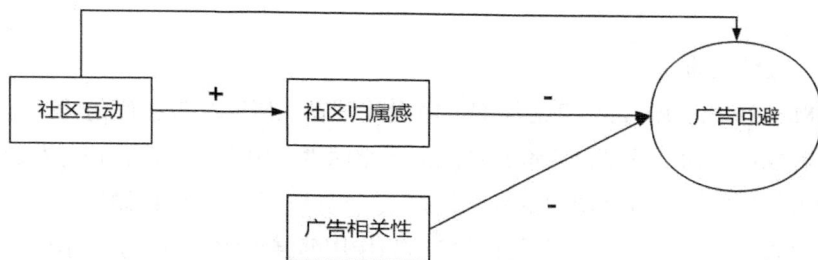

图 1 理论假设模型

四、研究设计

本文根据研究假设和研究模型进行各个变量的量表设计，通过专家评审和预调研的方式对问卷进行修订，形成最终问卷。问卷分为三部分，第一部分为甄别题，在于筛选被调查者是否是调查所需的目标对象；第二部分为量表题

---

① Kelly L, Kerr G, Drennan J, Avoidance of Advertising in Social Networking Sites: The Teenage Perspective, *Journal of Interactive Advertising*, vol.10, no.2(2010), pp.16-27.

② Pei-Luen Patrick Rau, Qingzi Liao, Cuiling Chen, Factors Influencing Mobile Advertising Avoidance, *International Journal of Mobile Communications*, vol.11, no.2(2013), pp.123-139.

（采用李克特五点式），测试相关变量；第三部分为基本信息题，了解被调查者的个人基本信息。

（一）虚拟社区相关因素测量

1. 社区归属感

本文借鉴了 Mcmillan、董子凡、杨伟文和刘新等学者对社区意识进行的研究，并依据胡凡刚和李广艳编制的教育虚拟社区归属感的测量量表，[①]结合本文的研究对象做出适应性调整，最终形成社区归属感量表如表2。

表 2　社区归属感量表

变量名称	测量语句	参考来源
社区归属感	使用 APP 时我感觉自己是此运动健身 APP 中的一分子	杨伟文和刘新（2010）；胡凡刚和李广艳（2011）
	我很荣幸能够参与 APP 中的活动	
	我希望能一直在此 APP 中进行交流	

2. 社区互动

Mcwilliam、Rovai、曹维等不少国内外学者在研究虚拟社区的时候，都认为社区成员互动关系是社区情感形成的关键因素。国内学者徐芒芒借鉴西方经典量表，形成了成员互动的量表，并验证了成员互动和激励机制对于虚拟品牌社区归属感有正向影响，成员互动的影响作用略强于激励机制。[②]本研究针对研究对象，通过问卷前访谈对量表进行适应性调整（如表3）。

---

① 胡凡刚，李广艳：《影响教育虚拟社区归属感形成因素的实证分析》，《中国电化教育》2011年第1期。

② 徐芒芒：《虚拟品牌社区归属感对消费者品牌忠诚的影响研究》，硕士学位论文，中南大学，2011年。

表 3 社区互动量表

变量名称	测量语句	参考来源
社区互动	我希望此 APP 内的其他成员能够接纳我的意见	Mcwilliam(2000); 曹维（2007）; 徐芒芒（2011）
	我支持 APP 内的其他使用者，或许有一天他 / 她会在需要的时候支持我	
	此 APP 中成员间的信息交换程度较高	
	此 APP 中我提出的问题获得回应的时间很短	
	此 APP 中官方账号和 APP 普通使用者间的互动程度高	
	我经常帮助此 APP 其他成员解答关于 APP 使用或运动相关的疑问	
	我经常到此 APP 中浏览相关运动信息	
	我会经常访问此运动 APP 内不同的栏目区块内容	

（二）广告相关因素测量

1. 广告相关性

广告相关性的测量主要应用于网络广告的定制化、精准化推送等。大众体育群体虚拟社区是基于兴趣建立的，通过访谈显示，用户对于社区内推荐的产品、服务等与兴趣高度相关。本文借鉴 Zhang，Agarwal & Lucas，熊烨等学者的相关量表，并做出适应性调整，形成量表如表 4。

表 4 广告相关性量表

变量名称	测量语句	参考来源
广告相关性	此运动健身 APP 推荐的广告 / 服务（产品、品牌等）会让我感兴趣	Zhang, Agarwal & Lucas (2011); 熊烨 (2016)
	此运动健身 APP 推荐的广告 / 服务（产品、品牌等）与我的品位相符合	
	此运动健身 APP 推荐的广告 / 服务（产品、品牌等）与我的身份相符合	
	此运动健身 APP 推荐的广告 / 服务（产品、品牌等）与我的偏好相符合	

2. 广告回避程度

关于网络广告的回避研究中，最具代表性的当属 Cho & Cheon 建立的网络广告回避模型，这一模型包含认知回避、情感回避、行为回避三个层次，得到中外学者的反复参考和验证。[①] 针对具体研究，学者们参考的维度不同。Kelly 在研究社交网站广告回避模型时，把回避策略作为回避落脚点，从而舍弃了情感回避。[②]

互联网时代，特别是移动互联网时代，受众的广告回避策略复杂而丰富。虽然移动广告的点击率很高（达到 65.8%），但也有 30.0% 的手机网民是为了消除广告页面而主动点击广告。[③] 在大众体育虚拟社区中的用户往往以"行动派"自称，他们使用 APP 最主要的行为是进行体育活动。通过访谈，笔者认为，大众体育虚拟社区虽然可能存在三种回避行为，但在新的虚拟社区环境下，从回避程度来探讨其广告抗拒水平的高低，似乎更合时宜。广告回避探讨的路径应该是：广告回避程度—广告回避策略—如何削弱与缓和回避。

通过访谈归纳，大众体育虚拟社区用户接触广告后的行为分为：阅读广告、忽视广告、关闭广告、屏蔽广告、关闭 APP。其中阅读广告不属于广告回避，根据不同的回避行为，让被访者对后四者进行严重程度排序，结果显示出了较高的一致性，关闭 APP 严重程度最高，屏蔽广告行为最为普遍。本文将广告的回避程度纳入赋分系统进行赋值（表 5）。

表 5 广告回避程度测量

变量名称	测量语句	赋分
广告回避程度	阅读广告（感兴趣的广告进行阅读）	2.82
	忽视广告（将手机放置等待广告播放完毕）	8.00
	关闭广告（点击广告的"x"按钮关闭广告）	13.88
	屏蔽广告（关闭 APP 的推送功能）	18.29
	关闭 APP（广告出现后将软件关闭）	21.88

---

① Chang-Hoan Cho, Hongsik John Cheon, Why do People Avoid Advertising on the Internet? *Journal of Advertising*, vol.33, no.4(2004), pp.89-97.

② Kelly L, Kerr G, Drennan J, Avoidance of Advertising in Social Networking Sites: The Teenage Perspective, *Journal of Interactive Advertising*, vol.10, no.2(2010), pp.16-27.

③ 掌玉宏：《草根体育达人体育文化因子及传承》，《体育文化导刊》2014 年第 7 期。

（三）问卷前测

在正式发放问卷之前，笔者对设计问卷进行了前测。首先采取焦点小组的方式，邀请新闻传播学硕士研究生参与，他（她）们同时是相关 APP 的使用者，让其对问卷语句进行修改。修改部分包括将"此 APP 中官方账号和普通使用者间的互动程度高"，对其中的"互动"进行了具体说明，修改为"在此运动健身 APP 中官方账号和普通使用者间的互动程度高（互动指互相的点赞评论等）"，修改后参与者表示问题容易理解。其他方面，调整了相关题项的顺序，将"此运动健身 APP 推荐的广告 / 服务（产品、品牌等）会让我感兴趣一项"调整到"此运动健身 APP 推荐的广告 / 服务（产品、品牌等）与我的品位 / 与我的身份 / 与我的偏好相符合"之前。确定最终问卷后，通过网络进行预调研，回收 87 份问卷，经过第一题过滤题项，收到有效样本 82 份，经过信效度分析，前测信度较为理想，各维度信度均超过 0.85，整体量表信度超过 0.90，前测信度列表如表 6。

表 6 前测信度表

变量	项数	Cronbach's α
社区归属感	3	0.863
社区互动	8	0.922
广告相关性	4	0.943
整体	15	0.949

五、研究结果

本研究采用线上发放问卷回收数据，通过问卷星编辑问卷，问卷回收时间为 2018 年 3 月 3 日 -3 月 5 日。主要选择在大众体育运动相关的垂直微信、QQ 群以及一对一等渠道进行问卷发放。共计回收问卷 670 份，通过第一题筛选及剔除作答时间低于 90 秒答卷，最终有效问卷为 483 份，有效率为 81%。本文采用 SPSS21.0 对问卷进行分析，通过数据的描述统计来验证研究假设，对数据分析结果进行论述。

（一）描述性统计分析

1. 样本基本特征描述

本研究基于性别、年龄、职业、月可支配收入、学历情况进行调查，共计483份有效问卷符合调查要求，各项频率与百分比详见表7。根据样本的分析，可以看出，调查样本的人口统计学特征在性别结构上与中国互联网用户的性别结构基本一致，但是在年龄分布、职业分布、月度收入、学历分布方面存在一定的差异。造成差异的结果有一定的客观原因。一方面，笔者在时间、精力、资源方面有一定的限度，在样本选择上更容易接触到专科以上的中高等学历者，另外在样本选择的时候由于体育群体的差异，年龄、职业等分布上也难以做到和中国互联网用户人口统计学特征保持一致。另一方面，跑步、健身等大众体育类运动参与者与总体网民在人口统计学特征存在差异。鉴于本研究的研究对象为大众体育虚拟社区用户，选择其中占比最大的群体进行研究，结论具有一定参考价值。

表 7　问卷样本基本特征

基本信息	样本分类	频率	百分比
性别	男	260	53.8%
	女	223	46.2%
年龄	18 岁以下	3	0.6%
	18—25	100	20.7%
	26—30	115	23.8%
	31—40	115	23.8%
	41—50	120	24.8%
	51—60	27	5.6%
	60 岁以上	3	0.6%
职业	上班族	302	62.5%
	个体经营者	78	16.1%
	学生	73	15.1%
	其他	30	6.2%

月支配收入	1000 元以下	30	6.2%
	1001—2000 元	82	17.0%
	2001—4000 元	150	31.1%
	4001—6000 元	110	22.8%
	6001—8000 元	43	8.9%
	8000 元以上	68	14.1%
学历	高中 / 中专及以下	97	20.1%
	专科	91	18.8%
	本科	200	41.4%
	硕士及以上	95	19.7%

2. 关键性指标描述性分析

关键性指标的描述分析详见表 8。由表中数据可知，社区归属感均值为 3.82，并且有 71.1% 的用户打分超过了 3 分，说明总体上用户对大众体育虚拟社区存在较强的归属感。在社区互动方面，均值达到了 3.56，并且有 67.9% 的用户打分超过 3 分，说明大家在社区内拥有较好的互动情况，但仍有提升空间。广告相关性方面，均值为 3.29，只有 48.0% 的用户认为社区内的广告与自己相关，说明大众体育虚拟社区目前在广告营销方面还是"广撒网"的阶段，广告投放方面有较大改善的空间。

表 8 量表描述性分析

指标名称	样本量	均值	标准差	百分比 *
社区归属感	483	3.82	0.96	71.1%
社区互动	483	3.56	0.87	67.9%
广告相关性	483	3.29	0.96	48.0%

* 百分比表示大于 3 分的样本在总体中占据的比例

问卷还概括了用户在看到社区内出现广告时的不同行为。表 9 显示，不回避广告的用户占 38.1%，回避广告信息的用户超过半数达到了 61.9%，其中采用关闭广告 / 屏蔽广告 / 关闭 APP 等方式回避的用户比例高达 37.7%。以上结果显示大众体育虚拟社区用户对社区内广告的回避程度较重，如何提高营销效果、减缓广告回避是大众体育虚拟社区营销亟待解决的问题。

表 9　回避情况描述性分析

回避情况（N=483）	频数	百分比
阅读广告	184	38.1%
忽略广告	117	24.2%
关闭广告	123	25.5%
屏蔽广告	49	10.1%
关闭 APP	10	2.1%

（二）量表信效度分析

1. 量表信度

信度是指测验或其他任何测量工具所得结果的稳定性及一致性。[①]信度代表了问卷的可信度，信度越高表示问卷测量的准确性越高。信度有多种测量方法，在新闻传播领域较常应用到的信度检验方法为内部一致性信度。内部一致性信度又称同质性信度，它是指量表内部所有题项间的一致性程度。它的计算方法有多种，最常用的是 Cronbach's α 系数。一般认为总量表的信度最好在 0.80 以上，在 0.70 至 0.80 之间为可以接受。分量表信度系数最好在 0.70 以上，0.60 至 0.70 之间为可以接受使用。

本文通过 SPSS21.0 对问卷的内部一致性进行测量，项目总计 15，问卷整体信度达 0.949。分量表信度详见表 10，信度均在 0.850 以上，信度较高，部分变量信度达到优秀（0.900 以上）。

表 10　分量表信度

变量	Cronbach's α	项数
社区归属感	0.863	3
社区互动	0.922	8
广告相关性	0.943	4

---

① 曾秀芹，张楠：《新闻传播统计学基础》，厦门：厦门大学出版社，2015 年。

2. 量表效度

效度是指一个工具实际能够测出所要测的内容的程度。有效的工具就是要探测出研究者期待测量的内容。[①] 量表的效度检验一般针对的是结构效度。结构效度指测量分数能够依据某种心理学的理论构念加以解释的程度，可以用因素分析法检验。[②] 在进行因素分析前，量表首先要通过 KMO 和 Bartlett 球形度检验。KMO 检验用于研究变量之间的偏相关性，一般 KMO 值大于 0.9 时效果最佳，0.7 以上可以接受，0.5 以下不宜做因子分析。Bartlett 球形度检验值较大，且伴随概率显著时，则可以认为数据不可能是单位阵，适合进行因素分析。[③]

本研究中，除社区归属感 KMO 值 0.724 外，其余变量 KMO 值均在 0.9 左右，变量 Bartlett 球形度检验均达到了显著，表明适合进行因素分析。

因素分析时，可对总量表分析，亦可采用对分量表逐一分析。若量表编制过程中参考过文献及相关理论，各层面构念明确，且经过专家效度检验与调整，可从分量表着手结构效度检验。[④]

本研究通过主成分分析法，综合特征值大于 1，碎石图等标准抽取共同因素。各分量表在构念上均为单维度，因子载荷、解释方差比率较高，说明问卷具有良好的结构效度，详见表 11。

表 11 分量表效度

变量（N=483）	题号	因子载荷	特征值（解释方差）	KOM 值	Bartlett 球形度检验	显著性
社区归属感	归属感 a1	0.912	2.360（78.667%）	0.724	699.277	0.000
	归属感 a2	0.875				
	归属感 a3	0.873				

---

① 曾秀芹，张楠：《新闻传播统计学基础》，厦门：厦门大学出版社，2015 年。

② 吴明隆：《问卷统计分析实务：SPSS 统计分析标准教程》，重庆：重庆大学出版社，2010 年。

③ 吴明隆：《问卷统计分析实务：SPSS 统计分析标准教程》，重庆：重庆大学出版社，2010 年。

④ 贾丽艳，杜强：《SPSS 统计分析标准教程》，北京：人民邮电出版社，2010 年。

变量	题号	因子载荷	特征值（解释方差）	KOM 值	Bartlett 球形度检验	显著性
社区互动	互动 b1	0.849	5.198（64.978%）	0.911	2551.910	0.000
	互动 b2	0.833				
	互动 b3	0.829				
	互动 b4	0.812				
	互动 b5	0.797				
	互动 b6	0.779				
	互动 b7	0.779				
	互动 b8	0.767				
广告相关性	相关性 c1	0.947	3.423（85.574%）	0.861	1831.103	0.000
	相关性 c2	0.927				
	相关性 c3	0.920				
	相关性 c4	0.906				

提取方法：主成分分析

（三）相关分析

相关系数是变量间关系的量化指标，相关系数的绝对值越大，相关关系就越强。将各个影响因素与广告回避进行相关分析，在 0.01 的显著水平上，各个影响因素与广告回避呈显著相关，相关汇总表见 12。可以看出，社区归属感、社区互动、广告相关性和广告回避均存在显著相关关系，相关系数分别为 -0.286、-0.316、-0.337。

表 12 各个影响因素与广告回避间的相关关系

变量		社区归属感	社区互动	广告相关性	广告回避
社区归属感	Pearson 相关性	1	0.739**	0.538**	-0.286**
	显著性（双侧）	—	0.000	0.000	0.000
	N	483	483	483	483

续表

变量		社区归属感	社区互动	广告相关性	广告回避
社区互动	Pearson 相关性	0.739**	1	0.689**	-0.316**
	显著性（双侧）	0.000	—	0.000	0.000
	N	483	483	483	483
广告相关性	Pearson 相关性	0.538**	0.689**	1	-0.337**
	显著性（双侧）	0.000	0.000	—	0.000
	N	483	483	483	483
广告回避	Pearson 相关性	-0.286**	-0.316**	-0.337**	1
	显著性（双侧）	0.000	0.000	0.000	—
	N	483	483	483	483

**. 在 .01 水平（双侧）上显著相关

（四）回归分析

1. 中介效应检验

Bootstrap 方法在国际期刊中已经被越来越多的学者用来进行中介效应分析，但是国内对于 Bootstrap 的讨论并不多。Bootstrap 方法的步骤和原理是：（1）对于样本量为 n 的样本进行放回抽样，抽取 n 个样本（每个样本被抽到的概率为 1/n，抽取的样本可重复）；（2）计算出抽取的 n 个样本的中介效应估值 a'b'；（3）重复若干次（记为 B，一般设定 B=5000），将 B 个 a'b' 的均值作为中介效应的点估计值，将 B 个中介效应估值 a'b' 按数值大小排列，那么从 2.5 个百分点至 97.5 个百分位点，构成了中介效应的置信区间。[1][2] 而判定中介效应是否显著的标准是置信区间是否包含 0，不包含 0 则系数乘积显著。

本文用 SPSS21.0 在回归分析中用 Boostrap 插件 Process 将广告回避置于因变量，将社区互动置于自变量，将社区归属感置于中介变量，按照 Zhao[3] 提出的中介效应分析程序，参照 Preacher & Hayes 和 Hayes 提出的 Boostrap 方法进

---

[1] Preacher K J, Hayes A F, SPSS and SAS Procedures for Estimating Indirect Effects in Simple Mediation Models, *Behavior Research Methods Instruments & Computers*, vol.36, no.4(2004), pp.717-731.

[2] Hayes A F, Introduction to Mediation, Moderation, and Conditional Process Analysis: A Regression-Based Approach, *Journal of Educational Measurement*, vol.51, no.3(2013), pp.335-337.

[3] Zhao X, Lynch J G, Chen Q, Reconsidering Baron and Kenny, Myths and Truths about Mediation Analysis, *Journal of Consumer Research*, vol.37, no.2(2010), pp.197-206.

行中介效应检验，样本量选择 5000，模型选择 4，置信区间设置为 95%，详见表 13。中介检验结果包含了 0（LLCI=-0.2230，ULCI=0.0046），表明社区归属感的中介效应不显著。在控制了中介变量社区归属感后，自变量社区互动对因变量广告回避的影响显著，置信区间为（LLCI=-0.4519，ULCI=-0.1132），不包含 0。因此社区归属感在社区互动和广告回避之间没有发挥中介作用，社区互动对广告回避仅有直接的作用。假设三不成立。

表 13　Boostrap 中介效应检验表

社区互动对广告回避的直接影响（控制中介后）c'					
Effect	SE	Z	p	LLCI	ULCI
-0.2926	0.0811	-3.6076	0.0003	-0.4519	-0.1332
社区互动对广告回避的间接影响（中介路径的作用）a×b					
	Effect	Boot SE	BootLLCI	BootULCI	—
社区归属感	-0.1079	0.0582	-0.2230	0.0046	—

2. 社区互动对社区归属感影响验证

根据研究假设社区互动会对社区归属感产生影响，虚拟社区互动性越强，社区归属感则越强。针对社区互动对社区归属感的影响进行回归分析，结果显示，社区互动可以解释大众体育群体虚拟社区归属感总变异量的 54.5%，影响关系为正向，F 值与影响系数均达 0.01 水平显著。可建立标准化回归方程如下：

社区归属感 =0.739* 社区互动

表 14　社区互动对社区归属感影响模型摘要

	非标准化系数		标准化系数	t 值	显著性
	B	标准误	Beta（β）		
常量	0.921	0.124	—	7.422	0.000
社区互动	0.815	0.034	0.739	24.047	0.000
R=0.739 R²=0.546 调整后 R²=0.545 F=578.246（P=0.000）					

因变量：社区归属感

综合上述回归方程，虚拟社区内用户社区互动程度越高，就拥有更强的社区归属感，二者关系密切（系数为 0.739 左右，P=0.000 < 0.05）。假设一成立。

3. 广告回避影响因素验证

根据研究假设，本文通过阶层回归分析验证社区归属感、社区互动、广告相关性对广告回避的影响。将广告回避置于因变量，依次将广告相关性、社区归属感、社区互动分层放入自变量。回归分析结果显示，如未投入社区互动自变量时，则广告相关性和社区归属感两个层面共可解释因变量广告回避 12.9% 的变异量。多元线性回归整体检验的 F 值为 35.475（p=0.000），达到 0.05 的显著水平。表示广告相关性、社区归属感两个预测变量中至少有一个自变量的回归系数达到显著或全部的回归系数均达显著，这两个变量的标准化回归系数 β 值分别为 -0.257（p=0.05）、-0.148（p=0.05），均达显著水平。

但当社区互动的预测自变量也投入回归模型中后（阶层三的回归模型），社区归属感自变量则被排除于回归方程外，亦即社区归属感的预测力（p=0.110）未达 0.05 显著水平。因而如未考虑社区互动变量时，社区归属感变量对广告回避有显著的解释力；但如果同时考虑到社区互动时，社区归属感自变量的解释力就很低，同时，社区互动自变量的影响也很小（p=0.224），未达 0.05 显著水平。因此假设五成立，假设四部分成立。

未达显著水平的自变量不一定与因变量没有关系，有可能是因为自变量存在高度相关，导致某些变量被排除于回归模型之外。经观察相关矩阵发现社区互动和社区归属相关系数为 0.739（p=0.000），大于 0.7，社区互动与广告相关性的相关系数为 0.689（p=0.000），接近 0.7。因此针对这一情况，笔者以社区互动为自变量，广告回避为因变量，进行单变量回归分析。结果显示，社区互动对广告回避有显著负向影响，但是影响力较低，仅能解释广告回避 9.8% 的变异量。

由此，社区互动对广告回避有影响，由于社区互动与广告相关性的相关度较高，并且广告相关性对广告回避的影响力更大，导致在整体回归模型中，社区归属感因素被排除在外。假设二部分成立。

（四）方差分析

为探索人口统计学因素的影响，本文将人口统计学因素作为自变量，将各影响因素和广告回避作为因变量进行了方差分析，以求对日益兴起的 APP 虚拟社区营销起到推动作用。

1. 性别

独立样本 T 检验表明，性别对社区归属感、社区互动、广告相关性和广告回避的影响并不显著。详见表 15。

表 15　性别差异 T 检验

检验变量	平均数	标准差	t 值	显著性	性别	样本量
社区归属感	3.88	0.919	1.476	0.141	男	260
	3.75	0.999			女	223
社区互动	3.62	0.833	1.645	0.101	男	260
	3.49	0.906			女	223
广告相关性	3.30	0.962	0.262	0.794	男	260
	3.27	0.957			女	223
广告回避	2.11	1.096	-0.669	0.504	男	260
	2.17	1.107			女	223

2. 年龄

通过方差齐性检验发现，社区归属感异质，社区互动、广告相关性、广告回避同质。同时进行 ANOVA 检验（见表 16）。

表 16　年龄 ANOVA

变量		平方和	df	均方	F	显著性
社区归属感	组间	61.058	6	10.176	12.701	0.000
	组内	381.399	476	0.801	—	—
	总数	442.457	482	—	—	—
社区互动	组间	42.845	6	7.141	10.583	0.000
	组内	321.164	476	0.675	—	—
	总数	364.009	482	—	—	—
广告相关性	组间	8.774	6	1.462	1.602	0.145
	组内	434.564	476	0.913	—	—
	总数	443.338	482	—	—	—

续表

广告回避	组间	25.210	6	4.202	3.581	0.002
	组内	558.496	476	1.173	—	—
	总数	583.706	482	—	—	—

通过 ANOVA 检验发现，社区归属感、社区互动、广告回避因素均差异显著。对差异显著因素进行 LSD 事后检验，详见表 17，结果得出：就"社区归属感"因变量而言，31—40 岁组群体、41—50 岁组群体、51—60 岁组群体显著高于 18—25 岁组群体；就"社区互动"因变量而言，31-40 岁组群体、41—50 岁组群体显著高于 18—25 岁组群体；就"广告回避"因变量而言，18—25 岁组群体、26—30 岁组群体显著高于 51—60 岁组群体，由于 60 岁以上组样本数量较少（N=3）可能引起均值差较大，在此不做比较。

表 17 年龄多重 LSD

变量	(I) 年龄	(J) 年龄	均值差 (I-J)	标准误	显著性	95% 置信区间	
						下限	上限
社区归属感	26—30	18—25	0.27638*	0.12239	0.024	0.0359	0.5169
	31—40	18—25	0.81551*	0.12239	0.000	0.5750	1.0560
		26—30	0.53913*	0.11805	0.000	0.3072	0.7711
	41—50	18—25	0.83833*	0.12120	0.000	0.6002	1.0765
		26—30	0.56196*	0.11681	0.000	0.3324	0.7915
	51—60	18—25	0.67198*	0.19414	0.001	0.2905	1.0534
		26—30	0.39560*	0.19143	0.039	0.0195	0.7717
社区互动	26—30	18—25	0.27668*	0.11231	0.014	0.0560	0.4974
	31—40	18—25	0.72560*	0.11231	0.000	0.5049	0.9463
		26—30	0.44891*	0.10832	0.000	0.2361	0.6618
	41—50	18—25	0.74104*	0.11122	0.000	0.5225	0.9596
		26—30	0.46436*	0.10719	0.000	0.2537	0.6750
	51—60	18—25	0.47495*	0.17815	0.008	0.1249	0.8250

广告回避	18—25	31—40	0.34304*	0.14811	0.021	0.0520	0.6341
		41—50	0.52167*	0.14667	0.000	0.2335	0.8099
		51—60	0.65222*	0.23492	0.006	0.1906	1.1138
		60 以上	1.43000*	0.63469	0.025	0.1829	2.6771
	26—30	41—50	0.37862*	0.14135	0.008	0.1009	0.6564
		51—60	0.50918*	0.23164	0.028	0.0540	0.9643
		60 以上	1.28696*	0.63349	0.043	0.0422	2.5317

*. 均值差的显著性水平为 0.05

3. 职业

通过方差同质性检验发现，社区归属感异质，社区互动、广告相关性、广告回避同质。经过 ANOVA 检验发现社区归属感、社区互动、广告回避均差异显著，详见表 18。

表 18 职业 ANOVA

变量		平方和	df	均方	F	显著性
社区归属感	组间	39.410	3	13.137	15.612	0.000
	组内	403.048	479	0.841	—	—
	总数	442.457	482	—	—	—
社区互动	组间	35.785	3	11.928	17.408	0.000
	组内	328.224	479	0.685	—	—
	总数	364.009	482	—	—	—
广告相关性	组间	6.341	3	2.114	2.317	0.075
	组内	436.996	479	0.912	—	—
	总数	443.338	482	—	—	—
广告回避	组间	28.550	3	9.517	8.211	0.000
	组内	555.156	479	1.159	—	—
	总数	583.706	482	—	—	—

对差异显著因素进行 LSD 事后检验。详见表 19，结果显示：就"社区归

属感"因变量而言，上班族、个体经营者、其他（农民／离退休人员等）组群体相较于学生组群体拥有更高的社区归属感；"社区互动"因变量方面，上班族、个体经营和其他组群体相较于学生组群体拥有较高的社区互动；"广告回避"因变量方面，上班族、个体经营组群体相较于其他（农民／离退休人员等）组群体拥有更高的广告回避，同时学生群体相较于上班族、个体经营、其他组群体拥有较高的广告回避程度，与其他组群体（农民／离退休人员）的差异最为显著。

表 19 职业多重 LSD

变量	(I) 职业	(J) 职业	均值差 (I-J)	标准误	显著性	95% 置信区间	
						下限	上限
社区归属感	上班族	学生	0.76764*	0.11964	0.000	0.5326	1.0027
	个体经营		0.82795*	0.14938	0.000	0.5344	1.1215
	其他		0.91598*	0.19893	0.000	0.5251	1.3069
社区互动	上班族	学生	0.74823*	0.10796	0.000	0.5361	0.9604
	个体经营		0.78583*	0.13480	0.000	0.5210	1.0507
	其他		0.79224*	0.17952	0.000	0.4395	1.1450
广告回避	上班族	其他	0.59603*	0.20608	0.004	0.1911	1.0010
	个体经营		0.61538*	0.23128	0.008	0.1609	1.0698
	学生	上班族	0.50671*	0.14041	0.000	0.2308	0.7826
		个体经营	0.48736*	0.17532	0.006	0.1429	0.8318
		其他	1.10274*	0.23347	0.000	0.6440	1.5615

*. 均值差的显著性水平为 0.05

4. 月度可支配收入

通过方差齐性检验发现，社区归属感、社区互动、广告相关性、广告回避均同质，同时 ANOVA 检验发现社区归属感、社区互动、广告回避存在显著差异，见表 21。

表21 月度可支配收入 ANOVA

变量		平方和	df	均方	F	显著性
社区归属感	组间	20.490	5	4.098	4.632	0.000
	组内	421.968	477	0.885	—	—
	总数	442.457	482	—	—	—
社区互动	组间	9.423	5	1.885	2.535	0.028
	组内	354.586	477	0.743	—	—
	总数	364.009	482	—	—	—
广告相关性	组间	4.920	5	0.984	1.070	0.376
	组内	438.418	477	0.919	—	—
	总数	443.338	482	—	—	—
广告回避	组间	21.855	5	4.371	3.711	0.003
	组内	561.851	477	1.178	—	—
	总数	583.706	482	—	—	—

　　结合LSD分析和描述性统计量均值对比（表22），结果表明：针对"社区归属感"因变量2001-4000元组群体相比较1000元以下组群体社区归属感更强，4001-6000元组群体相较于1000元以下组群体拥有更多的社区归属感，4001-6000元组群体社区归属感强于1000元以下群体；就"社区互动"因变量而言，4001-6000元组群体、2001-4000元组群体相较于1000元以下组群体拥有更强的社区互动；就"广告回避"因变量而言，1000元以下、8000元以上组群体相较于其他组群体广告回避现象显著，1000元以下组群体尤甚。

表 22 月度可支配收入多重 LSD

变量	(I) 收入	(J) 收入	均值差 (I-J)	标准误	显著性	95% 置信区间	
						下限	上限
社区归属感	2001—4000	1000 以下	0.58444*	0.18811	0.002	0.2148	0.9541
		8000 以上	0.37987*	0.13750	0.006	0.1097	0.6501
	4001—6000	1000 以下	0.71313*	0.19373	0.000	0.3325	1.0938
		1001—2000	0.32587*	0.13722	0.018	0.0562	0.5955
		8000 以上	0.50856*	0.14509	0.000	0.2235	0.7937
社区互动	2001—4000	1000 以下	0.37833*	0.17244	0.029	0.0395	0.7172
		8000 以上	0.25750*	0.12605	0.042	0.0098	0.5052
	4001—6000	1000 以下	0.46288*	0.17759	0.009	0.1139	0.8118
		1001-2000	0.25211*	0.12579	0.046	0.0049	0.4993
		8000 以上	0.34205*	0.13300	0.010	0.0807	0.6034
广告回避	1000 以下	1001-2000	0.71789*	0.23158	0.002	0.2629	1.1729
		2001-4000	0.74000*	0.21706	0.001	0.3135	1.1665
		4001-6000	0.75758*	0.22354	0.001	0.3183	1.1968
		6001-8000	0.62713*	0.25818	0.016	0.1198	1.1344
	8000 以上	1001-2000	0.37769*	0.17801	0.034	0.0279	0.7275
		2001-4000	0.39980*	0.15866	0.012	0.0880	0.7116
		4001-6000	0.41738*	0.16742	0.013	0.0884	0.7464

*. 均值差的显著性水平为 0.05

5. 学历

通过方差齐性检验发现社区归属感、社区互动、广告相关性、广告回避均同质，通过 ANOVA 检验后发现四者均存在显著的差异性（表 23）。

表 23 学历 ANOVA

变量		平方和	df	均方	F	显著性
社区归属感	组间	52.599	5	10.520	12.871	0.000
	组内	389.859	477	0.817	—	—
	总数	442.457	482	—	—	—
社区互动	组间	40.680	5	8.136	12.003	0.000
	组内	323.329	477	0.678	—	—
	总数	364.009	482	—	—	—
广告相关性	组间	16.116	5	3.223	3.599	0.003
	组内	427.222	477	0.896	—	—
	总数	443.338	482	—	—	—
广告回避	组间	25.899	5	5.180	4.429	0.001
	组内	557.807	477	1.169	—	—
	总数	583.706	482	—	—	—

　　因通过方差齐性检验，所以对差异因素进行描述统计量中的均值对比和LSD分析（表24）。结果显示，就"社区归属感"因变量而言，高中/中专组群体显著高于硕士、初中及以下群体；就"社区互动"因变量而言，高中/中专和专科组群体显著高于硕士及以上群体；就"广告相关性"因变量而言，高中/中专和专科组群体要显著高于初中及以下组群体；就"广告回避"因变量而言，博士及以上群体的广告回避程度更高，显著高于高中/中专、专科以及本科组群体。

表 24 学历多重 LSD

变量	(I) 学历	(J) 学历	均值差 (I-J)	标准误	显著性	95% 置信区间	
						下限	上限
社区归属感	高中/中专	初中及以下	0.85447*	0.25388	0.001	0.3556	1.3533
		本科	0.57780*	0.11855	0.000	0.3449	0.8107
		硕士	0.99547*	0.13915	0.000	0.7221	1.2689
		博士	0.77947*	0.33486	0.020	0.1215	1.4375
	专科	初中及以下	0.63223*	0.25193	0.012	0.1372	1.1273
		本科	0.35557*	0.11432	0.002	0.1309	0.5802
		硕士	0.77323*	0.13556	0.000	0.5069	1.0396
	本科	硕士	0.41766*	0.11611	0.000	0.1895	0.6458
社区互动	高中/中专	初中及以下	0.54146*	0.23120	0.020	0.0872	0.9958
		本科	0.47021*	0.10796	0.000	0.2581	0.6824
		硕士	0.84146*	0.12672	0.000	0.5925	1.0905
		博士	1.02896*	0.30495	0.001	0.4297	1.6282
	专科	本科	0.33067*	0.10411	0.002	0.1261	0.5352
		硕士	0.70192*	0.12345	0.000	0.4593	0.9445
		博士	0.88942*	0.30361	0.004	0.2928	1.4860
	本科	硕士	0.37125*	0.10574	0.000	0.1635	0.5790
广告相关性	高中/中专	初中及以下	0.59573*	0.26577	0.025	0.0735	1.1180
		本科	0.35573*	0.12410	0.004	0.1119	0.5996
		硕士	0.40780*	0.14566	0.005	0.1216	0.6940
	专科	初中及以下	0.55824*	0.26373	0.035	0.0400	1.0765
		本科	0.31824*	0.11967	0.008	0.0831	0.5534
		硕士	0.37031*	0.14190	0.009	0.0915	0.6491

续表

变量	(I) 学历	(J) 学历	均值差 (I-J)	标准误	显著性	95% 置信区间	
						下限	上限
广告回避	本科	高中 / 中专	0.29976*	0.14180	0.035	0.0211	0.5784
		专科	0.32187*	0.13674	0.019	0.0532	0.5906
	硕士	高中 / 中专	0.53504*	0.16644	0.001	0.2080	0.8621
		专科	0.55716*	0.16215	0.001	0.2385	0.8758
	博士	高中 / 中专	1.10976*	0.40055	0.006	0.3227	1.8968
		专科	1.13187*	0.39878	0.005	0.3483	1.9155
		本科	0.81000*	0.38990	0.038	0.0439	1.5761

*. 均值差的显著性水平为 0.05

六、研究结果与讨论

（一）研究假设检验结果

通过数据分析发现，广告相关性对社区成员广告回避存在显著负向影响，假设五被证实。同时考虑社区互动和社区归属感时，假设二、四仅能够被部分证实。研究证实了社区归属感在社区互动和广告回避之间不存在中介作用，但社区互动对社区归属感存在显著影响，假设三不成立，假设一成立。具体见表25。

表 25 假设验证结果汇总

假设	假设内容	研究结果
H1	大众体育虚拟社区互动性越强，社区归属感越强。	成立
H2	大众体育虚拟社区互动性越强，社区广告回避程度越低。	部分成立
H3	大众体育虚拟社区归属感在社区互动与广告回避程度间起中介作用。	不成立
H4	大众体育虚拟社区归属感越强，社区成员广告回避程度越低。	部分成立
H5	大众体育虚拟社区广告相关性越高，社区成员广告回避程度越低。	成立

（二）研究讨论

通过实证分析，本研究证实了社区归属感、社区互动、广告相关性对大众体育群体虚拟社区广告回避的显著影响，并验证了他们对广告回避的影响状况和强弱关系。

1. 社区归属感和社区互动与广告回避存在显著相关

研究发现，社区归属感和社区互动与广告回避存在显著负相关，社区归属感、社区互动均能在一定程度上减缓广告回避。

社区互动作为虚拟社区重要的社区特征，不同互动类型、互动结构都对社区成员产生不同的影响。本文试图找到社区互动与广告回避间的关系，结果显示，社区互动对广告回避影响甚微，影响回避的变异系数也较小。影响结果的原因可能包含以下方面：第一，虽然互动以社会交换理论中的互惠为基础，但是相对于互惠的范畴更宽泛，既有文献显示，互动包括了人机互动、信息发送接收双方以及信息接收者之间的互动，虚拟社区内包含了个人与社区拥有者、社区成员之间的互动，这种互动可以是互惠层面的回报或者帮助，也可以是负面口碑的传播。通过笔者在体育 APP 中多年的观察及与社区成员的交流互动来看，社区中的活动、售卖的产品负面信息的传播、交流互动越多，负面评价就越高，可能导致的广告回避越严重。第二，互动是多方面的，不同的虚拟社区在互动结构、层面都有所不同，研究使用的量表虽然经过程序严谨的修订，但无法做到面面俱到。移动虚拟社区中的互动更是复杂烦冗，把握某一层面的互动，对互动进行细分，可能会发现更具价值的答案。第三，研究证实了社区互动并非通过社区归属感的中介起作用，是否存在其他间接影响因素不得而知，需进行深入讨论。

社区归属感是凝聚社区的重要因素，在研究品牌态度和品牌购买意愿等方面得到反复探讨。本研究发现，社区归属感与广告回避呈显著负相关关系，但是贡献率偏低，在不纳入社区互动因素时，社区归属感的解释效用为 14.8%，纳入社区互动因素后，社区归属感的影响力则不显著。已有文献显示广告更多是作为感知侵扰出现，虽然社区归属感表达了社区用户对社区、社区成员的喜爱和依恋，但广告打乱了他们在社区内的目标导向进程。尤其在大众体育群体虚拟社区中，目标导向较为单一，成员在社区内进行运动健身或参与运动相关问题的讨论，一旦受到广告的打扰，任务则暂时中断，广告回避就会产生。在此情况下，社区成员对社区归属感越强，则有可能对广告回避越严重。

但虚拟社区的先天优势在于大数据技术的应用，社区可以将用户活动的数据进行汇总，针对用户的社区使用行为，来描绘不同用户画像，基于用户画像选择最恰当的时机和最能提升用户体验的服务及产品。广告投放方面，广告应照顾到用户社区使用的时间限制，采用最符合此类用户的广告诉求，有的放矢的说服更容易赢得用户的好感。其次，收集用户广告态度回馈，提升技术支持，改变广告形式。同时，社区内的积极互动能够提升社区成员归属感。虽然互动对广告回避的影响作用有限，但是广告投放可以采用社区用户喜爱的互动方式，比如游戏、竞赛、抽奖等方式，当用户在社区内的互动及广告活动参与成为习惯，正向的社区归属感及广告态度势必会得到相应提升。与此同时，社区内还可以针对不同层次的用户从社区归属感以及社区互动方式进行细分，广告投放也应该针对具体层次而分门别类。

2. 广告的相关性对大众体育群体虚拟社区的广告回避有显著性影响

研究发现，广告的相关性对大众体育群体虚拟社区的广告回避有显著性影响，广告相关性强能够显著降低广告回避。

广告回避作为广告效果的一环，与相关性共同被广泛研究出现于大数据技术以及手机等移动个性媒体的普及后。在大众体育群体虚拟社区中，当广告与社区成员的兴趣、品位等相关时，有接近 40% 的受访者表示他们会选择阅读广告，甚至购买产品。作为功能相对单一的虚拟社区，如果广告与社区以及社区成员兴趣、品位不相关，社区成员则会采取忽视、关闭、屏蔽广告更甚者会直接关闭 APP 退出社区而产生广告回避。这验证了已有文献的研究结果，受众会对与自身需求相关的信息更感兴趣。所以在展开社区营销时，要尽量结合社区特点，推送社区成员感兴趣与需要的信息，盲目地推送不相关信息会给社区成员带来侵扰，从而影响到广告营销效果。因此，针对已经投放的广告可以采用信息回馈的方式，比如信息流广告可以提示用户选择对广告不同的态度，植入类广告可以在文末以投票的方式搜集用户广告态度。针对用户反馈，通过技术手段，改善广告形式，多增加用户感兴趣和喜爱的方式，增加互动，努力提升用户对广告的好感度。

3. 人口统计因素对广告回避的影响

在本研究中，性别并未对广告回避程度、社区归属感、社区互动产生显著影响。根据近年来的参与虚拟社区的经验来看，笔者认为，随着大众体育男女参与人数的比例不断趋于平衡，智能手机的普及和参与门槛的降低，大众体育群体虚拟社区中，男女比例也趋于平衡，在使用感受上不存在显著差异。社区内广告多采用信息流或者植入式广告，广告与社区成员相关性较高，成员对其防御性降低，因而群体间的差异较小。

此次研究中，年龄对广告回避有显著影响。研究中显示，年轻群体相较于中年及以上群体有更强的广告回避。其中18—25岁、26—30岁群体较30岁以上群体，广告回避程度更强。笔者认为，年轻群体无论在生活和事业都处于人生的上升期，个人工作和时间压力相较于中年及以上群体更大，为了排解压力调剂生活，他们选择在社区内进行运动交流，目标导向性更强，从而对广告的容忍度较低，中年及以上群体各方面都趋于稳定，参与运动更多的是为了锻炼身体，享受运动乐趣，对广告的态度也更积极。

职业方面，上班族、个体经营者、学生相较于农民和离退休人员拥有更高的广告回避意向，这三者的时间压力较大，参与体育运动是为了排解生活、工作、学习压力，通过参与运动跟上当前社会的运动潮流。社区广告投放需考虑三类人群的特点，尽量简短有说服力，把握他们锻炼的痛点开展营销。

特别值得注意的是收入差异，低于1000元的低群体和高于8000元的高收入群体相比较其他收入群体拥有更高的广告回避，从访谈得知，对于高收入群体而言，他们在社区中拥有更高的任务导向，目的明确就是参加运动和交流，广告的出现对于他们来说造成了侵扰，从而导致广告回避。对于低收入群体而言，由于经济能力的限制，广告虽然能够刺激他们的欲望，但是广告的不断呈现造成了他们的心理压力（购买力不足和欲望的膨胀形成的巨大反差）。

除此之外，学历水平是影响广告回避的重要因素，高学历群体对广告回避行为有显著影响，硕士、博士及以上群体相比较高中、专科等群体拥有较高的广告回避，验证了既有研究的结论。在社区内，广告信息多以定制化信息流以及软文植入广告为主，高学历群体能够更容易地辨别出此类广告信息，将广告信息和社区互动知识性信息区分开来，产生戒备心理，因此他们的广告回避较其他群体也就更为显著。

人口统计学同时就影响广告回避的社区归属感、社区互动、广告相关性也具有一定解释力。年龄对社区归属感、社区互动有显著影响，30岁以上组群体的社区归属感、社区互动强于30岁以下组，职业影响方面，上班族、个体经营者、农民及离退休人员的社区归属感及社区互动显著强于学生群体。对比收入，中高收入（2000—6000）群体在社区归属感和社区互动方面相较低收入（2000及以下）及高收入（8000及以上）群体有更高的显著性。受教育水平方面，针对社区归属感，高中／中专及专科相较于其他组群体，社区归属感、社区互动方面表现更为积极，在广告相关性方面也拥有较好表现。

总的来说，通过人口统计学差异可以看出不同的群体针对社区内的广告回避程度不同，虽然内容经过定制，但是由于时间压力以及收入差距，不同群体表现在广告回避方面的差异仍然明显，所以对广告相关性的改善不应局限于内容和形式方面，更应该考虑到差异个体在自身条件限制下的广告回避反应程度的不同。

（三）研究贡献

本文对大众体育群体虚拟社区广告回避现象进行实证研究，确认了社区相关因素及广告相关性对此类社区广告回避的影响。一方面拓宽了研究对象和研究视角，通过文献回顾及资料搜索发现国内并没有针对虚拟社区内广告回避的实证研究，因此本文探索性地将虚拟社区相关因素纳入广告回避领域讨论，跳脱以往研究中针对广告用户特征及广告自身属性的研究范畴，是基于特定情境下的研究。虽然有学者尝试从情境角度去讨论广告回避，但对于情境使用对象选择过于概括和笼统，本文选取大众体育群体虚拟社区广告为研究对象，尝试研究虚拟社区内影响广告回避的因素，将广告回避的研究范围拓展到了具体的虚拟社区，丰富了研究视野。

另一方面，本研究还突破单一学科理论限制。虚拟社区作为特定的网络空间，在国内外学术界都有广泛讨论，就其类型、作用、影响研究较为深入，在影响品牌态度、品牌购买意愿方面得到了广泛证实。随着移动互联网发展和APP的迅速普及，越来越多的广告主开始关注 APP 广告，这里汇聚了形形色色的人，组成了一个个的虚拟社区，在虚拟社区内开展广告营销，势必不能忽视虚拟社区的广告回避问题。本研究通过将社区相关因素与广告回避研究相结合，突破了单一学科理论发展的瓶颈，为今后纵深研究提供新的思路。

最后，本研究突破了样本的地域限制，通过网络问卷方式发放。从填答 IP来看，基本涵盖了除西藏、台湾外的所有省份，并对样本性别、年龄分布进行配额，使其尽量与调查对象的群体较为接近，改善了以往研究忽略人口统计学因素的调整，弥补了研究的不足。

（四）研究局限和展望

本文以大众体育虚拟社区广告为研究对象，通过实证方法探究影响广告回避的因素。但囿于笔者本身的研究水平及现实条件的限制，本文的研究还存在以下不足之处。

1. 社区相关因素变量抽取相对较少。本文只对访谈中涉及的社区互动、社区归属感两个关键因素进行讨论，在变量选择研究时缜密度不够，应有更多的因素被纳入讨论。同时，二者应该在具体层次上有更明确的划分，不同的细分可能会导致不同的研究效果。社区归属感与社区互动相关性过高，同时考虑时难免影响整体架构的有效性。

2. 本文采用网络问卷调查，虽然照顾到了样本的地域分布及性别年龄的配比，但是大众体育群体种类纷繁复杂，很难做到面面俱到，所以样本并不能够概括大众体育的所有群体，建议未来研究中照顾到样本的覆盖性，或者选取某一类大众体育群体进行深入研究。

3. 虽然虚拟社区广告作为本文的研究对象，但是社区广告的形式众多，包括了信息流、植入、赞助等广告方式，不同的广告形式可能导致回避效果的差异。

针对既往的经典广告回避研究和本文的研究不足，未来研究可从如下方面展开：第一，研究方法上，未来可采用焦点小组、浸润等方式深入了解社区用户对于广告的真正看法，可从社区、广告、个人特质三方面综合展开，通过深入地洞察找到真正影响虚拟社区广告回避的关键因素。第二，在未来研究中，样本选取要具有广泛覆盖性或者较强的针对性，可从某一人口统计学角度展开，也可以针对某一类群体的特定广告形式进行考察，不一而足。

研究心得

选择这个题目首先是基于我对于大众体育运动尤其是马拉松的热爱，我长期坚持这项运动并且每年都会参加相关的活动，也加入了很多相关社群。其次是 2015 年后，大众体育运动呈现出了井喷式的发展，相应的一些 APP 也开始兴起，我在看论文的时候就发现针对这种大众体育社群 APP 中的广告效果研究是比较少的，这就是当时选题的思路。在完成论文的过程中遇到的最大问题应该是数据收集，因为在收集样本时我是以滚雪球的方式进行的，大部分是参与马拉松运动的群体，虽然具有一定代表性，但还是存在一些欠缺。另外一个是在理论框架的建构上，有一些过于简单，虚拟社区中其实还存在其他一些影响广告回避的因素，比如说人际关系、参照群体、互惠等等。另外，我觉得广告回避主题还是有很多可以拓展的研究领域，尤其是可以结合当前新媒体的发展趋势，比如网络购物中的广告回避、社交媒体平台的精准广告的广告回避等。

情境好感度与广告 情境一致性对广告回避的影响

——基于信息流广告形态

郑星妍

【摘要】随着移动互联网的发展，手机广告新形态层出不穷，其中信息流广告受到格外推崇，而用户面对新型广告的回避行为也产生了新的变化。

信息流广告以镶嵌于媒介内容之间为特色，因此媒介环境对原生广告效果有重要影响。目前学界探讨的媒介环境对广告效果的影响，主要是针对电视、杂志等传统媒介。本研究针对手机媒介中的信息流广告，从媒介环境中选择了"情境好感度"和"广告—情境一致性"两个代表性的变量作为自变量，探究其对于广告回避这一因变量的影响。同时选择"幽默""农人"两个主题进行共同检验，以减少情景主题的干扰。实验回收有效样本211个，均为非新闻传播学院人士。

实验结果表明：1.情境好感度对信息流广告回避的倾向层面产生显著影响，情境好感度越高，用户的广告态度越好，但不同主题下影响的显著水平不同。2.广告—情境一致性对认知回避产生显著影响。广告与情境主题的一致性水平越高，用户对广告的记忆水平也会越高。3.情境好感度和广告—情境一致性对广告的感知侵扰存在一定的交互作用。在广告与情境主题不一致的情况下，情境好感度越高，对广告的感知侵扰程度也会越高。在情境好感度低的情况下，广告与情境主题的一致性越高，感知侵扰也会越高。

【关键词】广告回避；情境好感度；广告—情境一致性

一、引言

随着移动互联网的快速发展，人们在移动端的注意力持续增加。根据 eMarketer 的最新预测，2017 年，中国成年人平均每天花 1 小时 38 分钟使用智能手机。[①] 用户注意力向移动端转移使广告市场也呈移动化态势。艾媒咨询调查数据显示，移动广告逐渐成为广告市场主力军，占比达 21.7%。2016 年中国移动广告市场规模 1340.8 亿元，较 2015 年增长 126.3%。[②] 艾瑞咨询预计移动广告未来将继续保持相对可观的增长速度。[③]

其中，原生移动广告可谓一条杀出重围的黑马。原生广告在 2012 年由投资人 Fred Wilson 提出，被凤凰网的李亚率首次引入中国。2013 年，Twitter 推出实时信息流；同年，新浪正式推出信息流广告产品。艾媒咨询数据显示，在企业投放的移动广告形式方面，超过五成的广告主更青睐于投放信息流形式的广告，领先其他广告形式。[②] 目前，信息流广告已成为各大媒体平台流量变现的主要模式，从传统巨头到垂直行业纷纷加入了信息流广告大战。

艾媒咨询数据显示，在移动广告投资回报率上，超六成受访企业表示效果不明显，即使移动端广告投放规模不断增加，但投资回报率总体低于预期设想。[②] 由此可见，移动端广告回避现象正在凸显。具体到原生信息流广告领域，喻国明提出"镶嵌"是原生广告最为独一无二的特征，即广告营销过程嵌入在互联网社交网络中，广告本身镶嵌入网络页面的设计与浏览体验之中。[④] 信息流广告作为原生广告的代表，其广告融入浏览体验，并与周边环境相一致的这种特点，看似可以减轻对用户的侵扰程度，但也有学者指出信息流广告原生性存在的问题，信息流广告非常注重用户体验和互动性，用户体验的提升或许能够降低广告的侵入度，但也可能被用户忽视。

广告回避作为受众媒介接触行为中的一种普遍现象，广泛存在于各种媒介接触行为中。作为一种新型的广告类型，信息流广告具有极高的广告价值，而广告所处的媒介情境对广告效果的作用不可忽视。因此，考察其中是否存在广

---

① eMarketer：《今年中国成年人每天花 1 小时 38 分钟使用智能手机》，2017 年 5 月 7 日，http://www.199it.com/archives/585522.html，2018 年 1 月 19 日。

② 艾媒报告：《2016 上半年中国移动营销市场专题研究报告》，2016 年 9 月 25 日，http://www.iimedia.cn/45682.html，2018 年 1 月 19 日。

③ 艾瑞咨询：《中国移动广告将在 2016 年底全面超越 PC》，2016 年 7 月 13 日，http://report.iresearch.cn/content/2016/07/262414.shtml，2018 年 1 月 19 日。

④ 喻国明：《镶嵌、创意、内容：移动互联广告的三个关键词——以原生广告的操作路线为例》，《新闻与写作》2014 年第 3 期。

告回避现象，并分析信息流广告周边的媒介环境对广告回避的影响，对于优化信息流广告具有重要意义。

二、文献回顾与概念界定

（一）广告回避

广告回避的研究随着媒介的变革而不断变迁，最早可追溯到 20 世纪 60 年代初期，在电视媒体的黄金时代，学者开始关注人们通过换台、快进等形式来回避广告的行为。Bernethy 于 1990 年开创性地依照是否使用机械工具将广告回避归纳为身体回避（Physical Avoidance）和机械回避（Mechanical Avoidance）。身体回避是指在电视播放广告时，观众离开房间回避广告接触；机械回避则是指随着遥控、录像机等技术渗透率的提高，观众通过换台或者快进等方式回避广告。[①] 这一研究是广告回避主题自成体系的分水岭，推动了广告回避研究从行为观察走向系统建构。随着媒体形态的发展，研究者关于广告回避影响因素与模型探究也在与时俱进。

1. 传统媒体

Speck & Elliott 构建了传统媒介广告回避现象的综合解释模型，将传统媒介广告回避的影响因素归纳为：人口统计特征、媒介相关变量、广告感知、传播问题，其中传播问题被首次提及，包括搜索障碍、注意力分散和进程中断。研究结果显示，广告感知是广告回避最强的预测变量，对印刷媒介而言，如果用户感知到广告有趣且有用会减轻其对广告的回避，感知到的广告过多会增强广告回避，感知恼怒也是影响广告回避的重要因素。媒介相关变量中有显著影响的是广告态度，广告态度会通过反映广告感知从而影响广告回避。年龄和收入是人口统计的重要预测指标；而在传播问题中，搜索障碍对广告回避有最大影响。[②]

2. Web2.0 之互联网媒体

互联网崛起后，Cho & Cheon 提出网络广告回避综合理论模型，他们论证了感知目标障碍、感知广告杂乱和既往的消极经验对认知回避、情感回避、行

---

① Avery Abernethy, Television Exposure: Programs VS. Advertising, *Journal of Current Issues and Research in Advertising*, vol.13(1990), pp.61-77.

② Paul Surgi Speck, Michael T. Elliott, Predictors of Advertising Avoidance in Print and Broadcast Media, *Journal of Advertising*, vol.26, no.3(1997), pp.61-76.

为回避三种路径的影响。其中前两者主要影响认知回避。这一框架对网络广告回避的解释效度高于 Speck & Elliott 的模型，此后被一直沿用。[①]

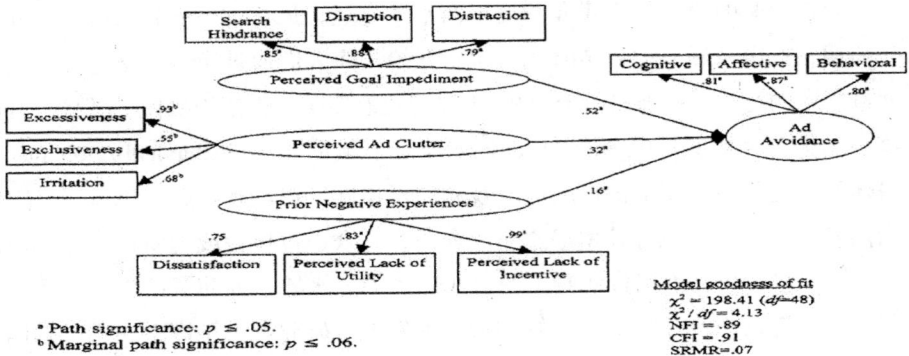

FIGURE 1
LISREL Analysis of Hypothesized Model
of Ad Avoidance

Note: NFI = Normed fit index; CFI = Comparative fit index; SRMR = standardized root mean square residual.

图 1 网络广告回避模型（Cho & Cheon，2004）

3. Web3.0 之新媒体

2010 年前后，智能手机的普及使移动广告回避研究成为热点。Rau & Liao 等人通过焦点小组访谈发现，由于用户必须阅读手机广告，因此广告回避的表现通常是在阅读过程中自动、无意识地忽视。同时归纳出影响手机广告回避的两大最主要因素，广告接收情境和相关性。广告接收情境决定了用户是否会回避广告，在高工作负载下，用户没有时间去阅读，会感受到更多的侵扰性，因此更容易回避广告；而相关性越高，用户的广告回避也会越低。[②]

Bang 和 Lee 在 2016 年通过实验验证，社交网站中广告的位置和发布路径会影响到用户对广告的感知。位置的影响在于是否在信息流当中，路径的影响为是否由品牌直接发布。结果显示，当广告的位置在信息流当中，发布路径不

---

①　Chang-Hoan Cho, Hongsik John Cheon, Why do People Avoid Advertising on the Internet? *Journal of Advertising*, vol.33, no.4(2004), pp.89-97.

②　Rau P L P, Liao Q, Chen C, Factors Influencing Mobile Advertising Avoidance, *International Journal of Mobile Communications*, vol.11, no.2(2013), pp.123-139.

是直接由品牌发布（通过朋友点赞分享）的广告最容易获得用户的注意力和积极的反应；而广告的位置在信息流之外，由品牌直接发布的广告获得用户的注意力最少，且最容易得到用户消极的反应。[①]

（二）媒介情境

媒介情境是指广告所置入的媒介载体提供的可编辑材料／环境。[②]具体来说电视广告所处的电视节目，杂志广告所处的某篇文章，网络广告所处的当前网页都属于媒介情境。而针对信息流广告，媒介情境则指的是手机页面中信息流广告的前后讯息。这种讯息可能以图文、视频等形式出现。

Moorman 等对情境与广告效果进行了较为全面的综述，他采用计票统计分析方法，对 72 个实证研究中提出的 173 个媒介情境因素与广告效果变量的关系进行编码统计，并将这些因素归为主观情境因素和客观情境因素两大范畴五个子类别。其中主观情境因素是指个体面对编辑材料／环境时所体验到的心理状态，包括情绪强烈度（Intensity）与情绪效价（Valence）；客观情境因素是指不由接受者意志所决定的媒介环境特征，包括媒介类型、媒介情境主题和广告—情境一致性（广告与媒介主题的相似程度）。

由于媒介情境包含因素众多，无法同时讨论所有子类，考虑到效果的显著性以及测量的便易性，本次研究选择情境好感度作为主观层面变量。而原生广告以"镶嵌"作为突出特征，因此本文选择广告—情境一致性作为客观层面变量。其中，情境好感度的概念由节目好感度扩展而来，Pelsmacker & Anckaert 将其定义为个体认为某一媒介情境有趣或无聊的程度以及愿不愿意读一篇类似的文章或是看一段类似的视频。[③]广告—情境一致性是指广告材料与邻近的编辑内容主题相似的程度。[④]

---

① Bang H J, Lee W N, Consumer Response to Ads in Social Network Sites: An Exploration into the Role of Ad Location and Path, *Journal of Current Issues & Research in Advertising*, vol.37, no.1(2016), pp.1-14.

② Moorman M, Context Considered: The Relationship between Media Environments and Advertising Effects. PhD Thesis, University of Amsterdam, (2003).

③ Pelsmacker P D, Anckaert P, Media Context and Advertising Effectiveness: The Role of Context Appreciation and Context/Ad Similarity, *Journal of Advertising*, vol.31, no.2(2002), pp.49-61.

④ Zanjani S H A, Chan K, Does Ad-Context Congruity Help Surfers and Information Seekers Remember Ads in Cluttered E-magazines?, *Journal of Advertising*, vol.40, no.4(2011), pp.67-84.

（三）信息流广告

目前，学术界对于信息流广告尚且没有一个统一的界定。结合喻国明在2014年提出对原生广告定义：内容风格与页面一致、设计形式镶嵌在页面之中，同时符合用户使用原页面的行为习惯的广告。[①]本文将信息流广告定义为：随着媒介信息的流动而插入其中、具备有用价值、与媒介环境融为一体的广告。

目前国内的信息流广告研究主要集中于微信朋友圈信息流广告，研究方式以描述性分析为主，实证研究较少。施琴总结朋友圈信息流广告特征为：具有社会化媒体特征、低噪音、依靠数据追踪、内容制作水准较高。[②]郑真研究发现消费者品牌熟悉度、消费者参与度、信息针对性正向影响用户对信息流广告的广告认知，消费者创新性、消费者参与度和广告要素喜好度会正向影响用户对信息流广告的广告态度。[③]徐智和杨莉明提出信息流广告原生性存在的问题，传统媒体广告的播放和观看具有强制性，而新媒体广告更注重的是用户体验和互动性。用户体验的提升可以降低广告的侵入度，但也可能造成用户的忽视。[④]康瑾则提出原生广告由于模糊了广告和信息的界限，因此存在欺骗、侵扰用户隐私、滥用等问题。这会给用户带来一定的负面体验。[⑤]

综上所述，信息流广告作为新型的移动社交广告具有社交互动性、个性化和镶嵌性三个典型特点。这些特征虽然给信息流广告带来了更好的用户体验，也引起了相关的问题。目前业界和学界虽然对原生广告一片赞扬之势，但是原生广告对用户广告回避的影响尚未在学术上得到验证。

三、研究假设与模型

（一）研究假设

1. 信息流广告回避的路径

随着技术的更新和广告形式的变革，广告回避的路径也在变化。Speck &

---

① 喻国明：《镶嵌、创意、内容：移动互联广告的三个关键词——以原生广告的操作路线为例》，《新闻与写作》2014年第3期。

② 施琴：《社会化媒体信息流广告研究——以微信朋友圈信息流广告为例》，《传媒》2015年17期。

③ 郑真：《微信信息流广告效果影响因素的实证研究》，硕士学位论文，暨南大学，2016年。

④ 徐智，杨莉明：《微信朋友圈信息流广告用户参与效果研究》，《国际新闻界》2016年第5期。

⑤ 康瑾：《原生广告的概念、属性与问题》，《现代传播》2015年第3期。

Elliott 在 1997 年首次综合四大传统媒体，并将广告回避分为认知回避和行为回避两大类。[1]Cho & Cheon 在 2004 年论证了感知目标障碍、感知广告杂乱和既往的消极经验对广告回避的影响，并在认知回避和行为回避的基础上增添了情感回避。[2] 但是在社交媒体出现后，人们对广告的回避往往是无意识地忽略，因此 Kelly, Kerr & Drennan 在社交媒体的广告回避研究中舍弃了情感回避。[3]Rau, Liao & Chen 关于手机广告回避的研究也排除了情感回避，并将回避方式归纳为行为和意向两个层面，其中行为层面包括行为回避、广告回忆和广告阅读时间，倾向方面则包括感知侵扰、广告态度和心理抗拒。[4] 由于本次研究对象为移动手机上的信息流广告，虽然部分具备社交功能，但在体验和功能上并不一致，因此主要参考 Rau, Liao & Chen 关于手机广告的模型，并综合 Cho & Cheon 的模型以及广告自身的特性对其进行调整。

在回避路径上，本研究延续 Rau, Liao & Chen 的行为和倾向两个层面，舍弃情感回避，一是由于前人研究已经发现在移动媒体／社交媒体中受众的情感回避并不显著，二是由于情感回避受到既有消极经验的影响，而这一因素在本次实验中难以控制。

行为层面分为认知回避、行为回避两个维度。多篇研究发现，原生广告中最主要的回避方式为故意忽视，也就是认知回避。但这一要素在 Rau, Liao & Chen 的行为回避路径中并未体现。而信息流广告的阅读时间由于难以观测，因此本次研究使用广告注意来进行代替。倾向层面分为感知侵扰、广告态度两个要素。已有研究验证，感知侵扰是影响原生广告回避的最重要因素。因此在这一层面与 Rau, Liao & Chen 的模型保持一致。由于心理抗拒因素指的是人们在丧失自由或控制的情境下所产生的行为和反应，但是在视频信息流当中，人们并没有丧失自由控制的能力，因此并不适合本次研究。

2. 情境好感度与广告回避的关系

根据 Zillman & Bryant 和 Tavassoli 等提出的情感迁移假设（Excitation

① Paul Surgi Speck, Michael T. Elliott, Predictors of Advertising Avoidance in Print and Broadcast Media, *Journal of Advertising*, vol.26, no.3(1997), pp.61-76.

② Chang-Hoan Cho, Hongsik John Cheon, Why do People Avoid Advertising on the Internet?, *Journal of Advertising*, vol.33, no.4(2004), pp.89-97.

③ Kelly Louise, Kerr Gayle, Drennan Judy, Avoidance of Advertising in Social Networking Sites: The Teenage Perspective, *Interactive Advertising*, vol.10, no.2(2010), pp.16-27.

④ Rau P L P, Liao Q, Chen C, Factors Influencing Mobile Advertising Avoidance, *International Journal of Mobile Communications*, vol.11, no.2(2013), pp.123-139.

Transfer Hypothesis），即媒介引发的心理反应会在同一方向上对广告态度进行影响。[1][2] 以及 Bower 和 Goldberg & Gorn 提出的情绪一致性 - 可接近性假设（Mood Congruency-Accessibility Hypothesis），指出情绪效价通过增加一致想法的可接近性从而影响受众的判断，即情境的情绪激发了受众与效价一致的已存认知，从而增加此类认知的可接近性。[3][4] 因此，媒介创造出的正面感受或喜好能够增加对随后广告的正面态度，而消极感受则易引起负面态度，而在广告回避研究中，媒介变量中广告态度又是最为重要的因素。因此对情境的好感度可能会导致对广告的正面态度，从而减轻广告回避。此外，结合学者 Aylesworth & Mackenzie 的研究结果，即人们如果观看节目后产生正面的情绪，那么对广告的处理会更加优质。[5]

综上，本文假设：

H1：情境好感度对广告回避的倾向层面具有显著影响。

H1a：当情境好感度较高时，短视频信息流广告的广告态度更为积极。

H2：情境好感度对广告回避的行为层面具有显著影响。

H2a：当情境好感度较高时，对短视频信息流广告的广告记忆更好。

3. 广告—情境一致性与广告回避的关系

广告—情境一致性（Ad-Context Congruity）被定义为广告材料与邻近的编辑内容主题相似的程度。这里的情境，指的即为媒介情境。学界对广告—情境一致性的效果主要有注意力和广告态度两种衡量指标，依据不同的衡量标准，广告效果也会产生较大的差异。

以注意力的视角来看，高度不一致的情境会更吸引人们的注意力。有研究发现，在严肃节目中插入搞笑类型的广告会提高广告回忆度。[6] 部分学者认为浏览网页更像一种"格式塔体验"，由于人们可以更加全面地浏览网页站点，因

① Cantor J R, Bryant J, Zillmann D, Enhancement of Humor Appreciation by Transferred Excitation, *Journal of Personality & Social Psychology*, vol.30, no.6(1974), pp.812-821.

② Tavassoli N T, Shultz C J, Fitzsimons G J, Program Involvement: Are Moderate Levels Best for Ad Memory and Attitude Toward the Ad? *Journal of Advertising Research*, vol.35, no.5(1995), pp.61-72.

③ Bower G H, Mood and Memory, *American Psychologist*, vol.36, no.2(1981), pp.129-148.

④ Goldberg M E, Gorn G J, Happy and Sad TV Programs: How They Affect Reactions to Commercials, *Journal of Consumer Research*, vol.14, no.3(1987), pp.387-403.

⑤ Andrew B. Aylesworth, Scott B. Mackenzie, Context is Key: The Effect of Program-Induced Mood on Thoughts about the Ad, *Journal of Advertising*, vol.27, no.2(1998), pp.17-31.

⑥ John H. Murphy, Isabella C.M. Cunningham, Gary B, Wilcox. The Impact of Program Environment on Recall of Humorous Television Commercials, *Journal of Advertising*, vol.8, no.2(1979), pp.17-21.

此往往无法将广告与网页内容区别开来，尤其在网页和广告内容相似度很高的情况下。① 而在不一致的情况下，由于对比强烈，因此消费者很容易注意到广告。以广告态度的视角来看，广告与媒体情境的一致性会获得支持的广告态度和行为意愿。研究发现，当把悲伤的广告插入悲伤的电视节目中，愉快的广告插入愉快的电视节目中，这种一致性会获得更受支持的广告态度和更好的行为意愿。②

针对这种矛盾，Pelsmacker 和 Moore 等学者认为这是由于在不同情境下产生了不同的效果，而导致这一结果的调节变量很有可能是产品类别卷入度。③ 卷入度会影响人们集中处理信息的动机。低卷入度的情境下个体会认为做这个决定不是非常重要、风险也没有很大，因此需要较少的产品信息，也不太会注意广告的刺激。而 Zanjani & Chan 等则提出任务导向和广告混乱对广告—情境一致性的调节作用。对于正在搜索信息的用户，广告—情境一致性会增加其对广告的记忆，而对于浏览信息的用户则没有明显效果。如果他们感知到广告与周边的媒体内容环境一致，用户会更愿意注意到这个广告，并且对广告给出积极地回应。④ Zhang & Mao 通过对 Facebook、Instagram 等的研究证实了 Zanjani & Chan 的观点在社交媒体时代依然成立，用户感知到的广告与他们正在关注的社交媒体内容一致性越高，他们对广告就更容易给出积极的回复。⑤

综上所述：本文假设：

H3：广告—情境一致性对广告回避的倾向层面具有显著影响。

H3a：当广告—情境一致性较高时，短视频信息流广告的广告态度更为积极。

H3b：当广告—情境一致性较高时，短视频信息流广告感知侵扰更低。

---

① Alexa Bezjian-Avery, Bobby Calder, New Media Interactive Advertising VS. Traditional Advertising, *Journal of Advertising Research*, vol.38, no.4(1998), pp.23-32.

② Kamins M A, Marks L J, Skinner D, Television Commercial Evaluation in the Context of Program Induced Mood: Congruency Versus Consistency Effects, *Journal of Advertising*, vol.20, no.2(1991), pp.1-14.

③ Moore R S, Stammerjohan C A, Coulter R A, Banner Advertiser Website Context Congruity and Color Effects on Attention and Attitude, *Journal of Advertising*, vol.34, no.2(2005), pp.71-84。

④ Zanjani S H A, Chan K, Does Ad-Context Congruity Help Surfers and Information Seekers Remember Ads in Cluttered E-magazines? *Journal of Advertising*, vol.40, no.4(2011), pp.67-84.

⑤ Zhang Jing, Mao En, From Online Motivations to Ad Clicks and to Behavioral Intentions: An Empirical Study of Consumer Response to Social Media Advertising, *Psychology & Marketing*, vol.33, no.3(2016), pp.155-164.

H4：广告—情境一致性对广告行为回避具有显著影响。

H4a：当广告—情境一致性较高时，对短视频信息流广告的行为回避更低。

H5：广告—情境一致性对广告认知回避具有显著影响。

H5a：当广告—情境一致性较高时，对短视频信息流广告的广告注意更高。

H5b：当广告—情境一致性较高时，对短视频信息流广告的广告记忆更好。

（二）研究模型

本研究在媒介情境的框架之下，将情境因素分为主观情境和客观情境，并以两个典型因素：情境好感度（高好感度 VS 低好感度）和广告—情境一致性（高一致性 VS 低一致性）作为自变量，以广告回避（行为/倾向）作为因变量，探究媒介情境的部分因素对广告回避的影响。整体研究模型如图 2 所示。

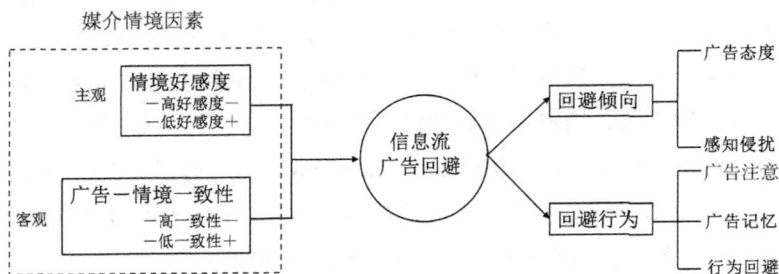

图 2 研究模型

四、研究设计

（一）变量的操作与测量

本实验实验采用 2（高情境好感度 VS 低情境好感度）×2（高广告—情境一致 VS 低广告—情境一致）双因素组间设计，两个自变量均为被试间变量。因变量为广告回避，具体分为广告态度、感知侵扰、广告注意、广告记忆、行为回避五个因素。

实验的主要思路为情境好感度（高 VS 低）和广告—情境一致性为固定因素（高 VS 低），通过预实验来确定符合条件的实验材料（短视频及广告）。并将实验材料置于手机信息流网页，模拟受众日常生活中的信息流浏览情境。通过实验和后测问卷相结合的方式测量因变量（广告回避行为、广告回避倾向）。具体的变量操作与测量如下文所述。

1. 自变量的测量

（1）视频信息流情境与情境好感度

根据媒介情境的定义，视频信息流广告的媒介情境可以定义为某条信息流广告与其他广告之间间隔的媒介内容。即某条信息流广告附近的视频，截止到上条／下条广告的出现。考虑到用户操作习惯以及当前市场上短视频平台广告的间隔，本次实验中媒介情境具体指的是某条视频信息流广告的前后三条短视频内容所构成的情境。

关于情境好感度，本文综合前人研究，将其定义为"受众对媒介情境体验的总结性评价"，情境可以为文字也可以为视频。针对本次研究，情境好感度的操作化定义是对视频信息流广告—情境（某条广告前后各三条短视频内容）的总结性评价。

情境好感度的测量主要有两种方式，一种是语句测量，另一种是语义量表。Barrie, Adrian & Christopher 在语义方面的测量最为细致，使用了 20 个形容词。[①] 其他学者主要围绕着有趣、无聊、愉悦几个形容词，测量方法较为简单。如定义所言，情境好感度是一种对体验的总结性评价，考虑到情境并非仅是让受众感到有趣和无聊、情绪的多样性以及中文与外文语境的差异，单纯用有趣／无聊衡量太过简单，不能体现全貌，因此本研究结合使用广泛的 Pelsmacker 等与Murry 等的量表，最终得出 4 个题项（表 1）。

表 1 情境好感度量表

变量	量表语句	量表来源
情境好感度	我喜欢看这些短视频。	Pelsmacker & Anckaert[②] 和 Murry, Lastovicka & Singh[③]
	这些短视频有吸引我的地方。	
	我认为这些短视频是有趣的。	
	我想再看一遍这些短视频。	

---

① Barrie Gunter, Adrian Furnham, Christopher Beeson, Recall of Television Advertisements as a Function of Program Evaluation, *Journal of Psychology*, vol.131, no.5(1997), pp.541-553.

② Pelsmacker P D, Anckaert P, Media Context and Advertising Effectiveness: The Role of Context Appreciation and Context/Ad Similarity, *Journal of Advertising*, vol.31, no.2(2002), pp.49-61.

③ Murry J P, Lastovicka J L, Singh S N, Feeling and Liking Responses to Television Programs: An Examination of Two Explanations for Media-Context Effects, *Journal of Consumer Research*, vol.18, no.4(1992), pp.441-451.

（2）广告—情致一致性

关于广告—情境一致性的研究，学者们的研究方法主要采用实验法和问卷调查法。为了精准检测到被试的注意力和情绪的变化，部分学者采用了眼动仪和心率测量仪等研究仪器。从文献的梳理中可以发现学者对广告情致一致性的测量主要采用自主确定的形式。[①②] 自主确定是研究者自主选择情境主题和与情境一致／不一致的广告材料，通过小范围前测来判定情境与广告是否一致。

本研究决定采用同样形式进行测量。首先对主题情境和材料进行小范围的前测，请被试判断情境与广告的一致性。一致性通过"您认为该视频符合 xx 主题的程度是"进行测量，采用七点李克特量表，1 至 7 分代表"非常符合—非常不符合"。通过此次前测选择一致性最高的视频作为实验材料。同时为保证实验准确性，在实验结束之后，请被试对广告与主题的符合程度进行自我报告。符合程度采用七点李克特量表，从"非常符合—非常不符合"。并通过该数据对"一致性"的设置进行操控性检验。

2. 因变量的测量

（1）认知回避

实验法中的认知回避，已有研究主要通过广告注意效果和广告记忆效果这两项指标的评定来完成。

广告注意的测量采用 1 个题项"您是否注意到该广告？"，使用七点李克特量表衡量。

广告记忆的测量，本文参考 Lee & Faber 以及 Cowley & Barrron 的测量方法，从自由回忆和线索回忆两个方面进行测量。自由回忆是指在毫无提示的情况下请被试去回忆品牌和产品，线索回忆则会提供一些相关选项和提示进行品牌和产品的回忆。同时，为了明确被试的选择是否源于猜测，于线索再忆的测量中又增加了对记忆确信程度的衡量（表 2）。

---

①   Zanjani S H A, Chan K. Does Ad-Context Congruity Help Surfers and Information Seekers Remember Ads in Cluttered E-magazines? *Journal of Advertising*, vol.40, no.4(2011), pp.67-84.

②   施琴:《社会化媒体信息流广告研究——以微信朋友圈信息流广告为例》,《传媒》2015 年第 17 期。

表2　广告记忆量表

变量		量表语句	量表来源
广告记忆	自由回忆	请您写出在刚才的视频广告中出现的产品／品牌。	Lee & Faber[①]
	线索回忆	在刚才的广告视频中，出现了以下哪个产品／品牌的广告？	Cowley & Barrron[②]
	模糊度检测	您对该品牌的确信程度是…… （1）坚决肯定没见过（2）基本肯定没见过 （3）少许肯定没见过（4）少许肯定见过 （5）基本肯定见过（6）坚决肯定见过	王詠[③]

（2）行为回避

关于行为回避，既往的研究量表都比较成熟。Speck & Elliott 在操作广告回避这一变量时，虽然将其分为认知和行为两个类别，但在量表上并未进行划分。[④] 所有类型的媒介量表题项都围绕着：忽略广告、跳过广告以及关闭广告三种回避方式。

Cho & Cheon 的量表划分则较为细致，针对认知、情感和行为回避有不同的题项。[⑤]Kelly，Kerr & Drennan 借鉴 Cho & Cheon 的量表，并针对社交媒体的特性主要对行为回避进行修正。[⑥]Rau，Liao & Chen 联系手机媒介的特性再次进行改编和优化，最终其行为回避的量表为："我立即关闭或删除了这条广告""我没有读完广告""我跳过了这个广告的部分内容"。[⑦]

---

① Mira Lee, Ronald J. Faber, Effects of Product Placement in On-Line Games on Brand Memory: A Perspective of the Limited-Capacity Model of Attention, *Journal of Advertising*, vol.36, no.4(2007), pp.75-90.

② Elizabeth Cowley, Chris Barron, When Product Placement Goes Wrong: The Effects of Program Liking and Placement Prominence, *Journal of Advertising*, vol.37, no.1(2008), pp.89-98.

③ 王詠，马谋超，雷莉等：《网络旗帜广告的记忆效果》，《心理报》2003 年第 6 期。

④ Paul Surgi Speck, Michael T. Elliott, Predictors of Advertising Avoidance in Print and Broadcast Media, *Journal of Advertising*, vol.26, no.3(1997), pp.61-76.

⑤ Chang-Hoan Cho, Hongsik John Cheon, Why do people avoid advertising on the internet? *Journal of Advertising*, vol.33, no.4(2004), pp.89-97.

⑥ Kelly Louise, Kerr Gayle, Drennan Judy, Avoidance of Advertising in Social Networking Sites: The Teenage Perspective, *Interactive Advertising*, vol.10, no.2(2010), pp.16-27.

⑦ Rau P L P, Liao Q, Chen C, Factors Influencing Mobile Advertising avoidance, *International Journal of Mobile Communications*, vol.11, no.2(2013), pp.123-139.

为了更好地完善和修正既有量表，研究者在朋友圈征集五位短视频软件重度使用者，对其进行访谈，了解其对信息流广告的态度的回避行为。根据访谈，最终行为回避结合 Kelly 等和 Rau 等的版本，并针对信息流广告的特征修正，最后得出 4 个题项（表 3）。

表 3 行为回避量表

变量	量表语句	量表来源
行为回避	我会向下滑动页面以回避信息流广告	Kelly Kerr & Drennan;[①] Rau, Liao & Chen[②]
	我会采取某些措施（如点击"不感兴趣"）去避免信息流广告	
	我没有仔细观看整个信息流广告中的内容。	
	我不太愿意点击信息流广告，从中了解具体信息。	

（3）感知侵扰

感知侵扰的量表在研究中已经非常成熟，Li, Edwards & Lee 提出的关于感知侵扰的量表达到了非常高的信效度，而且被众多学者检验有效且延续使用，因此本研究也采用此量表。

表 4 感知侵扰量表

变量	量表语句	量表来源
感知侵扰	当我看到视频信息流广告时,我认为它是……	Li, Edwards & Lee[③]
	分散注意力的	
	烦扰的	
	强迫的	
	妨碍的	
	侵犯隐私的	
	突兀的	

① Kelly Louise, Kerr Gayle, Drennan Judy, Avoidance of Advertising in Social Networking Sites: The Teenage Perspective, *Interactive Advertising*, vol.10, no.2(2010), pp.16-27.

② Rau P L P, Liao Q, Chen C, Factors Influencing Mobile Advertising Avoidance, *International Journal of Mobile Communications*, vol.11, no.2(2013), pp.123-139.

③ Li H, Edwards S M, Lee J H, Measuring the intrusiveness of advertisements: Scale development and Validation, *Journal of Advertising*, vol.31, no.2(2002), pp.37-47.

（4）广告态度

关于广告态度的测量，多数学者所用题项为 2-4 题。Berger & Mitchell 在测量电视广告态度时使用了两个题项（七分量表）"好的／坏的""极其喜欢／极其不喜欢"。这两个题项的一致性指数达到 0.94。在此之后他们又在此基础上发展了两个新的题项"烦人的／不烦人的""无趣／有趣"。[①]

Rau & Chen 在对手机广告的研究中根据 Bezjian-Avery 等人的量表进行改编，删除其部分题项。最后得出四个题项"无说服力的／有说服力的""不吸引人的／吸引人的""差的／好的""不受喜爱的／令人喜爱的"，衡量标准为李克特七分量表。[②]

本文结合借鉴以上信效度较高量表的共性，以及视频信息流广告自身的特性，最终得出 4 个题项（表 5）。

表 5 广告态度量表

变量	量表语句	量表来源
广告态度	我认为视频信息流广告是……	Rau & Chen，Parreño 等[③]
	有趣的	
	令人喜爱的	
	有说服力的	
	吸引人的	

（二）实验设计

1. 实验主题选择

根据报告，短视频广告的几大平台分别为：抖音、好看、快手、梨视频、秒拍、西瓜等等。

各平台对内容的分类如下表所示：

[①] Berger I E, Mitchell A A. The Effect of Advertising on Attitude Accessibility, Attitude Confidence, and the Attitude-Behavior Relationship, *Journal of Consumer Research*, vol.16, no.3(1989), pp.269-279.

[②] Pei-Luen Patrick Rau, Duye Chen. Effects of Watermark and Music on Mobile Message Advertisements, *Journal of International Journal of Human-Computer Studies*, vol.64, no.9(2006), pp.905-914.

[③] MartíParreño J, Sanz-Blas S, Ruiz-MaféC, et al. Key Factors of Teenagers' Mobile Advertising Acceptance, *Industrial Management & Data Systems*, vol.113, no.5(2013), pp.732-749.

表 6 短视频平台主题分类

平台名称	内容类型
微博	搞笑、音乐、时尚美妆、美食、萌娃萌宠、明星综艺、微天下、影视、体育健身、旅游
西瓜视频	音乐、搞笑、社会、影视、游戏、农人、生活、小品、娱乐、宠物、体育、美食、汽车、科技、时尚、财经、文化、健康、广场舞
秒拍	搞笑、社会、娱乐、综艺、明星、小品、军事、音乐、游戏、生活、萌趣、汽车、开眼（冷门知识）、影视、时尚、运动
梨视频	娱乐、社会、美食、搞笑、世界、科技、体育、财富、新知、生活、新闻
好看视频	生活、搞笑、小品、娱乐、游戏、汽车、教育、科技、体育

为了保证情境好感度和广告—情境一致性（主题）不受到视频主题的影响，因此在选择情境主题时，以被试兴趣为标准，请被试在目前主流的短视频平台所包含的类目中选择最感兴趣和最不感兴趣的主题各三个。

最终共有 53 人参与了本次调研，其中男性 21 人，女性 32 人。其中有效问卷为 42 份。主要群体集中于 18—30 岁，每天浏览视频时间在 0.5—1 小时。根据投票结果，最受喜爱的三个类目为搞笑（31 票）、音乐（15 票）、美食（10 票）。最受讨厌的三个类目为农人（18 票）、军事（13 票）、体育（12 票）。最受讨厌类目不太集中可能是因为性别因素，男性主要投给美妆、时尚，女性则投给军事、体育、汽车等类目。

为了控制性别因素对实验效果的影响，最终选择搞笑、农人两个选票最高且无明显性别倾向的类目。并在西瓜、秒拍、抖音等短视频 APP 中下载搞笑和农人两个类目的视频各 24 个。并经过实验者的初步筛选每个主题各选出 12 个视频。

2. 实验视频选择

实验材料将从"情境好感度"和"与主题一致"两个方向进行选择。情境材料选择时固定与主题一致，广告与情境一致性高低的操控将通过广告进行控制。

（1）实验被试

实验被试为 10 名厦门大学新闻与传播学院的研究生，其中男生 5 人，女生

5 人。

（2）实验材料

情境好感度量表：情境好感度测量问卷。本次实验综合 Pelsmacker 等和 Murry 等的情境好感度量表并进行略微调整，最终呈现四个题项："我喜欢看这个短视频""这个短视频有吸引我的地方""我认为这个短视频是有趣的""我愿意再看一遍这个短视频"纸质问卷当中主要使用该量表。但考虑到该量表尚未通过信效度检验，因此在情境好感度量表下加了一个对视频进行百分制评分的题项。

视频材料：研究者在实验之前，从幽默搞笑（高情境好感度）、农人生活（低情境好感度）两个主题中，通过好看、秒拍、抖音、美拍等不同短视频平台各下载 12 个短视频。并将其编码为视频 1 至视频 24。

工具：手机、耳机、无线网络。

（3）实验程序

首先请被试认真阅读实验说明及要求，告知被试者该实验将发送 24 个短视频和 6 个广告到其手机上（均在 2 分钟以内，多数在 30 秒以内），请被试者根据个人的体验回答视频（包含广告）下面的问题，并对其进行评分。

实验预备过程：请被试打开手机，插好耳机，以防打扰到他人。实验者通过微信群发送首个无关视频，测试设备和网络是否良好，在集体准备完毕后，进入正式实验。

实验者将 24 个视频按顺序进行发送，视频统一命名为"视频 1""视频 2"……"视频 24"，广告命名为"广告 1""广告 2"，以减少视频名称对被试者干扰。为了优化观看体验，实验者将下载的原视频直接发送群中，以免中间中断或者受到网站广告影响。

每观看完一个视频，被试需要对视频进行情境好感度和主题一致程度的打分。最终回收 10 份问卷。

根据 10 位同学对 24 个视频和 6 个广告的评分，最终选择符合两个主题，并且情境好感度具有明显差异的视频以及广告。

3. 实验广告选择

广告与情境一致性高低将通过广告进行操控，实验程序同上。

（1）与情境主题一致的广告

选择符合幽默主题的广告 3 条，农人主题的广告 3 条，请被试判断广告与主题的一致程度。最后选择一致性得分最高的广告各 1 条。

（2）与情境主题不一致的广告

选择幽默、农人主题外的广告 3 条，听从广告学专家建议分别选择了手机、网球拍、药品三种产品广告，最终选择主题一致性分值最低的广告。

（3）影响因素控制

明星代言效应：为了防止明星代言效应对广告回避有所影响，选择无代言明星的广告。

品牌熟悉度和好感度：为了防止品牌的熟悉度对被试产生影响，广告选定后对品牌熟悉度进行检测。

广告要素：均选择无人物广告，并保证广告的饱和度、色调与周围环境相似。

4. 手机网页设计

为了尽可能模拟视频信息流网页浏览情境，实验基于手机网页进行，页面参考西瓜视频、秒拍的界面进行设计，考虑到能力和成本，因此实验页面仅视频和广告可以正常观看，舍弃具体交互功能。

实验页面由标题，导航模块，交互模块，视频模块，广告模块六个部分构成。其中视频共有 6 个，广告插入在第三个视频之后。视频材料和广告材料如表 7 所示。

表 7 实验视频及广告

组别	编号	视频材料	广告材料
农人组	1—1	视频 13、15、2、16、5、4	旭耕有机农产品广告
	1—2	视频 13、15、2、16、5、4	DIM 手机
	2—1	视频 18、17、3、14、6、1	旭耕有机农产品广告
	2—2	视频 18、17、3、14、6、1	DIM 手机
幽默组	3—1	视频 7、11、21、10、12、8	搞怪三国手机游戏
	3—2	视频 7、11、21、10、12、8	DIM 手机
	4—1	视频 9、23、22、19、24、20	搞怪三国手机游戏
	4—2	视频 9、23、22、19、24、20	DIM 手机

5. 正式实验

本实验以情境好感度和广告—情境一致性为自变量，采取 2×2 组间设计，并采用"幽默""农人"两个主题进行同时实验，以检验两因素对广告回避的影响。

（1）被试选择

本次实验采用便利抽样。由于观看短视频主体偏年轻化，因此在保证男女均等同时，对样本年龄进行限定，范围为 15—30 岁。为保证实验样本不受到专业知识的影响，因此被试剔除了新闻传播学专业的样本。最终通过网络招募以及随机抽取，总共获得样本 356 人，有效样本 211 人，无效样本 145 人。其中男性 103 名，女性 108 名。

样本有效性说明： 由于本次实验为线上形式，为了保证被试的卷入度，因此对样本有效性进行了严格的控制。

第一，需正确填写观看视频前时间以及观看视频后的时间，整个实验过程在 300 秒以上。

第二，保证自己看过实验网页中的所有视频。

第三，正确完成视频甄别题：在混合其他图片的六个视频封面中，选择此次实验网页中的视频。

第四，在实验过程中有注意到广告。

第五，问卷答案不存在恶意乱选或完全一致的情况。

符合以上五个条件的，则为本次实验中的有效样本。最终样本构成如表 8 所示。

表 8　实验样本构成

组别		刺激物类型	男	女	有效样本
农人组	1–1	低情境好感度 × 不一致	14	14	36
	1–2	低情境好感度 × 一致	12	15	37
	2–1	高情境好感度 × 一致	10	18	28
	2–2	高情境好感度 × 不一致	9	14	23
幽默组	3–1	高情境好感度 × 一致	24	15	39
	3–2	高情境好感度 × 不一致	8	10	18
	4–1	低情境好感度 × 一致	11	12	23
	4–2	低情境好感度 × 不一致	15	10	25

（2）实验程序

由于整个实验依托于手机，为了方便样本的获取和情境的自然性，实验采取线上形式进行。本实验分为三个阶段：启动阶段、视频浏览阶段和测验阶段。

首先，在启动阶段，实验员事先与被试邀约，讲明实验要求并询问其空闲时间。实验过程中要求被试保证无线网络或4G正常，环境安静不受外人干扰。当被试同意后，发送给其实验页面，请被试确认已经了解所有实验要求。被试确认后，请其填写当前时间。

进入视频浏览阶段后，请被试识别二维码，观看实验网页中的视频（每个至少10秒），在观看结束后，再次填写时间。

最后是测验阶段。为了保证线上样本的有效性与被试的卷入度，在问卷当中设置两道甄别题。一是请被试确认自己已经看过以上所有视频（诚信回答）。二是视频甄别题，总共6个选项，其中3个选项是实验页面的视频封面，另外3个选项为干扰项。视频甄别题之后，即为正式问卷。正式问卷包括情境好感度、主题一致性、广告注意、广告记忆、行为回避、广告态度、感知侵扰相关的题项。

被试填答问卷结束后，实验结束。

五、研究结果

（一）预实验

首先对情境好感度量表进行信效度分析，本次实验中得到240个关于情境好感度的有效评分。通过数据监测，4个题项的 α 系数为0.948，大于0.9，说明该量表的信度非常好，题项之间呈现较高的内部一致性。KMO值为0.864，大于0.8，证明量表效度良好，适合在此后的研究做因子分析。

情境好感度的计算采用的是对所有题项分值（七点量表）进行求和，最终计算所有人对这一视频的总得分后取均值。该均值即为这一视频情境好感度的分值。

最终数据以情境好感度量表得分作为主要排序依据，视频喜欢程度（百分制评分）和主题一致性程度作为次要依据得出排序（见表9）。

表 9　幽默主题情境好感度和主题一致性排序

视频编号	情境好感度	喜欢程度（百分制）	一致性
视频 18	5.30	75.67	5.30
视频 17	5.18	83.80	5.80
视频 3	5.15	76.80	5.50
视频 14	4.90	75.20	5.50
视频 6	4.90	63.20	4.80
视频 1	4.33	60.00	4.60
视频 13	4.20	62.67	4.40
视频 15	4.03	64.50	4.20
视频 2	3.98	60.20	4.30
视频 16	3.98	57.30	4.40
视频 5	3.53	51.00	3.60
视频 4	3.50	50.00	3.70

表 10　农人主题情境好感度和主题一致性排序

视频编号	情境好感度	喜欢程度（百分制）	一致性
视频 9	2.63	40.50	5.10
视频 23	2.78	44.80	5.80
视频 22	2.80	41.20	4.80
视频 19	2.83	48.50	4.80
视频 24	3.33	50.50	6.10
视频 20	3.45	49.50	5.30
视频 7	3.60	58.00	4.90
视频 11	4.13	64.10	6.30
视频 21	4.18	59.30	5.80
视频 10	4.20	68.00	5.40
视频 12	4.43	68.40	5.80
视频 8	4.93	72.40	5.80

按照量表分数来算，超过 4 分即可算为情境好感度较高。低于 4 分则算作情境好感度较低。同时主题一致性的量表最高分值为七分，因此超过 4 分即可算为主题一致。最终选择排序中的前 6 个视频。

对两个主题的高低情境好感度进行独立样本 t 检验，结果如表 11 所示。

表 11 搞笑组和农人组情境好感度 t 检验

组别	组别	均值	标准差	T 值	Sig（双尾）
搞笑组情境好感度	高情境好感度	4.95	0.36	5.789	0.000
	低情境好感度	3.87	0.29		
农人组情境好感度	高情境好感度	4.24	0.43	5.704	0.000
	低情境好感度	2.97	0.33		

两组 P 值 0.01，说明两组样本存在显著性差异，预实验对两组视频情境好感度的操纵成功。

6 个广告的主题一致性结果如表 12 所示。

表 12 广告主题一致性排序

	与搞笑主题一致性	标准差	与农人主题一致性	标准差
广告 1	4.1	1.37	2.0	1.05
广告 2	4.8	0.63	3.3	1.42
广告 3	4.5	0.97	3.1	1.29
广告 4	1.8	0.79	5.6	0.97
广告 5	1.5	0.53	6.5	0.71
广告 6	2.8	0.92	6.4	0.84

其中广告 1-3 为搞笑主题广告，广告 4—6 为农人主题广告，从数据中可以看出广告 5 和广告 6 与农人主题一致性非常高，且标准差较小，同时与搞笑主题一致性低，因此广告 5 和广告 6 均可作为实验广告材料。

预实验中发现的问题及解决办法：搞笑主题广告的主题一致性效果偏差，数值相对较低且与农人主题一致性数值差距较小。通过回访被试者发现，认定视频是否搞笑的主观性较强，且受到被试者的先在情绪影响（是否压力较大），而且部分被试认为一定要自己发笑才属于搞笑主题，因此考虑将词汇"搞笑"

更换为"幽默",二者在词义上基本相同,但幽默更具客观性,而且不需使人哈哈大笑。

（二）后测问卷信效度

本次实验的后测问卷中情境好感度、广告态度、广告感知侵扰、广告行为回避四个变量需要进行信效度检验。其中广告态度、广告感知侵扰均使用国外学者成熟量表,情境好感度和广告行为回避是根据前人量表进行轻微调整的,因此均应当具备良好的内容效度。检测结果得出四个变量的 KMO 值为 0.840.5,巴特利特球形检验的显著性为 0.00,小于 0.01,因此量表均具备良好的内容效度。

信度采用克伦巴赫系数进行检验,结果如表 13。信度系数均大于 0.6(可接受),除行为回避外均大于 0.8,表明信度良好。

表 13　后测问卷信效度检验

变量	项数	信度	KMO	巴特利特
情境好感度	4	0.922	0.841	0.000
行为回避	4	0.676	0.662	0.000
广告态度	4	0.964	0.843	0.000
感知侵扰	6	0.847	0.839	0.000

（三）操控性检验

1. 情境好感度有效性

本实验用独立样本 t 检验来检测实验当中情境好感度设定的有效性。结果显示,在幽默组和农人组内,高低情境好感度组别下的被试对视频产生的情境好感度均有显著差异,p=0.00,小于 0.01。本实验对情境好感度的操纵具备有效性。

表 14　情境好感度 t 检验结果

	组别	均值	标准差	T 值	Sig.
情境好感度	高情境好感度	4.56	1.55	4.30	0.00
	低情境好感度	3.61	1.56		

2. 广告—情境一致性有效性

本实验用独立样本 t 检验来检测实验当中广告—情境一致性设定的有效性。结果显示，在幽默组和农人组内，高低一致性组别下的被试对广告与两大视频主题"幽默""农人"的一致性判断均有显著差异，p=0.00，小于 0.01。本实验对广告—情境主题一致性的操纵成功。

表 15 广告—情境一致性 t 检验结果

	组别	均值	标准差	T 值	Sig.
广告—情境一致性（主题）	一致	4.05	1.42	8.50	0.00
	不一致	2.54	1.10		

3. 主题分组的有效性

为了保证情境好感度这一自变量对认知回避（广告注意、广告记忆）、行为回避、广告态度、感知侵扰四个因变量产生的影响有效，而不受到主题好感度的影响，前文中选择了两个情境好感度相差较大的主题组别"幽默"和"农人"。本实验用独立样本 t 检验来检测分组设置的有效性。

结果显示，幽默组和农人组之间存在高低情境好感度的差异，且差异非常显著。p=0.00，小于 0.01。主题分组设定具备有效性。

表 16 主题分组有效性 t 检验

	组别	均值	标准差	T 值	Sig.
情境好感度	农人组	3.43	1.40	-6.48	0.00
	幽默组	4.75	1.55		

4. 研究假设检验

（1）广告注意程度

以情境好感度和广告—情境（主题）一致性为自变量，广告注意程度为因变量，进行双因素方差分析。实验结果显示，情境好感度对广告注意的主效应不显著。$F(1,207)=0.28$，$p=0.87 > 0.05$，表明在不同的情境好感度条件下，广告注意不存在显著差异。广告—情境一致性的主效应不显著，$F(1,207)=$

0.03，p=0.99 > 0.05，表明在广告与情境主题一致／不一致的条件下，广告注意均不存在显著差异，假设 H5a 不成立。

组别 F（1,207）=0.00，p=0.96 > 0.05，表明幽默组和农人组的广告注意无明显差别，主题组别未对广告注意产生影响。

表 17 广告注意程度描述统计分析

组别		一致（M ± SD）	不一致（M ± SD）
幽默组	高情境好感度	4.18 ± 2.11	3.94 ± 2.13
	低情境好感度	3.41 ± 1.98	3.25 ± 1.82
农人组	高情境好感度	3.30 ± 1.99	3.31 ± 1.52
	低情境好感度	4.40 ± 1.80	4.10 ± 2.10

表 18 广告注意程度双因素方差分析

源	III 类平方和	自由度	F 值	显著性
修正模型	39.52a	7.00	1.53	0.88
截距	2765.64	1.00	749.91	0.00
好感度高低	0.10	1.00	< 0.28	0.87
一致性高低	0.10	1.00	0.03	0.99
组别	0.11	1.00	0.00	0.96
好感度高低 * 一致性高低	1.20	1.00	0.33	0.42
一致性高低 * 组别	3.00	1.00	0.81	0.37
好感度高低 * 组别	29.84	1.00	8.09	0.00
误差	748.66	207.00	—	—
总计	3746.00	211.00	—	—
修正后总计	788.00	210.00	—	—

a:R 方 = 0.003（调整后 r 方 = 0.011）

情境好感度 * 广告—情境一致性对于广告注意的影响相互独立，不存在交互作用。但组别 * 情境好感度对于广告注意影响的 p 值为 0.005，存在显著差异。说明组别和情境好感度对广告注意产生了交互作用。

为了更好地了解交互作用对广告注意的影响，对组别 * 情境好感度进行简单效应检验。结果显示，在高情境好感度的条件下，组别的简单效应显著（p=0.03 < 0.05）；在低情境好感度的条件下，组别的简单效应显著（p=0.03 < 0.05）。在农人组中，情境好感度的简单效应显著（p=0.03 < 0.05）；在幽默组中，情境好感度的简单效应仍然显著（p=0.04 < 0.05）。这说明在农人组当中，对视频的情境好感度越高，广告注意越高；而在幽默组当中，对视频的情境好感度越低，广告注意越高。而在视频情境好感度高的条件下，幽默组的广告注意比农人组高；在视频情境好感度低的条件下，农人组的广告注意比幽默组高。

表 19 广告注意简单效应检验

组别	对比	F 值	Sig.
农人组	高情境好感度 * 低情境好感度	5.02	0.03
幽默组	高情境好感度 * 低情境好感度	4.37	0.04
高情境好感度	农人组 * 幽默组	4.59	0.03
低情境好感度	农人组 * 幽默组	4.80	0.03

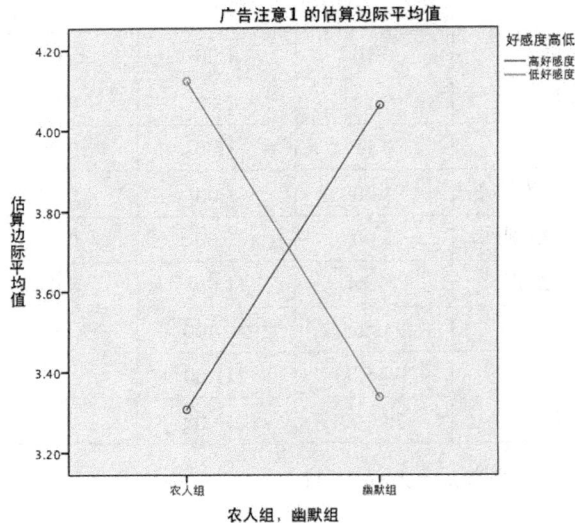

图 3 组别与情境好感度对广告注意的交互图

（2）广告记忆

实验后对广告记忆数据进行预处理。其中广告自由回忆计分方式为：被试正确回忆起产品得 1 分，回忆起品牌得 1 分，满分 2 分；线索回忆采用模糊度测量方式，并对 1—6 分值进行重新赋值，坚决肯定没见过赋值为 0 分，坚决肯定见过赋值为 1 分。两个题项满分 2 分。最后广告记忆取自由回忆和线索回忆的均值。

以情境好感度和广告—情境（主题）一致性为自变量，广告记忆为因变量，进行双因素方差分析。

实验结果显示，情境好感度对广告记忆的主效应不显著，F（1,207）=1.28，P =0.26 > 0.05，表明在不同的情境好感度条件下，广告记忆不存在显著差异，假设 H2a 不成立。广告—情境主题一致性对广告记忆的主效应显著，F（1,207）=4.88，P=0.03 < 0.05，表明在广告与视频情境主题一致和不一致的条件下，广告记忆存在显著差异。广告与情境主题一致性越高，广告记忆程度越高。反之，广告与情境主题一致性越低，广告记忆程度越低。假设 H5b 成立。

情境好感度和广告—情境主题一致性交互作用不显著。F（1,207）=0.59，P=0.44 > 0.05。表明二者独立对广告记忆产生影响。组别对广告记忆的主效应不显著，F（1,207）=1.49，P=0.22 > 0.05，说明主题组别对广告记忆不存在影响。

表 20　广告记忆双因素方差分析（描述性统计）

	一致（M±SD）	不一致（M±SD）
高情境好感度	1.29 ± 0.83	1.16 ± 0.54
低情境好感度	1.26 ± 0.47	1.00 ± 0.48

表 21　广告记忆双因素方差分析（主效应）

源	III 类平方和	自由度	F 值	显著性
修正模型	2.929a	3.00	2.56	0.56
截距	283.92	1.00	745.55	0.00
好感度高低	0.49	1.00	1.28	0.26
一致性高低	1.86	1.00	4.88	0.03
组别	0.54	1.00	1.49	0.22
情境好感度 * 一致性	0.23	1.00	0.59	0.44

源	III 类平方和	自由度	F 值	显著性
误差	78.83	207.00	—	—
总计	377.28	211.00	—	—
修正后总计	81.76	210.00	—	—

a:R 方 = 0.063（调整后 r 方 = 0.046）

（3）行为回避

本实验以情境好感度和广告—情境（主题）一致性为自变量，广告行为回避为因变量，进行双因素方差分析。分析结果显示，情境好感度对广告行为回避的主效应不显著。$F(1,207)=0.47$，$p=0.49 > 0.05$，表明在不同的情境好感度条件下，广告行为回避不存在显著差异。广告—情境一致性的主效应不显著，$F(1,207) = 1.29$，$p=0.26 > 0.05$，表明在广告与情境主题一致／不一致的条件下，广告行为回避均不存在显著差异。假设 H4a 不成立。

组别的主效应不显著，$F(1,207) = 0.29$，$p=0.60 > 0.05$，说明主题组别对广告记忆不存在影响。情境好感度和广告—情境主题一致性交互作用不显著，$F(1,207)=1.07$，$p=0.30 > 0.05$。表明二者独立对广告记忆产生影响。

表 22 广告行为回避双因素方差分析（描述性统计）

	一致（M ± SD）	不一致（M ± SD）
高情境好感度	5.45 ± 0.89	5.43 ± 0.84
低情境好感度	5.44 ± 0.84	5.38 ± 1.19

表 23 广告行为回避双因素方差分析（主效应）

源	III 类平方和	自由度	F 值	显著性
修正模型	2.936a	3.00	0.949	0.42
截距	6141.41	1.00	5957.144	0.00
好感度高低	0.48	1.00	0.47	0.49
一致性高低	1.33	1.00	1.29	0.26
组别	0.29	1.00	0.29	0.60

续表

源	III 类平方和	自由度	F 值	显著性
好感度高低 * 一致性高低	1.11	1.00	1.07	0.30
误差	213.41	207.00	—	—
总计	6571.63	211.00	—	—
修正后总计	216.35	210.00	—	—

（4）广告态度

以情境好感度和广告—情境（主题）一致性为自变量，广告态度为因变量，进行双因素方差分析。数据结果显示，情境好感度对广告行为回避的主效应非常显著，$F(1,207)=6.92$，$p=0.00<0.01$，这说明在不同的情境好感度条件下，被试对广告的态度存在显著差异。情境好感度越高，被试对广告的态度就会越积极，假设 H1a 成立。广告—情境一致性的主效应不显著，$F(1,207)=1.25$，$p=0.26>0.05$，表明在广告与情境主题一致／不一致的条件下，广告态度不存在显著差异，假设 H3a 不成立。组别的主效应显著，$F(1,207)=10.28$，p 值 $=0.00<0.01$，说明实验中主题组别对广告态度产生了一定的影响。

交互作用方面，情境好感度和广告—情境主题一致性交互作用不显著。但组别和情境好感度的交互作用显著，$F(1,207)=14.02$，$p=0.00<0.01$。表明情境好感度与组别会对广告态度同时产生影响。

表 24　广告态度双因素方差分析（整体描述性统计）

	一致（M ± SD）	不一致（M ± SD）
高情境好感度	3.79 ± 1.49	3.35 ± 1.22
低情境好感度	3.07 ± 1.27	3.08 ± 1.28

表 25　广告态度双因素方差分析（分组描述性统计）

		一致（M ± SD）	不一致（M ± SD）
幽默组	高情境好感度	4.38 ± 1.29	3.95 ± 0.94
	低情境好感度	3.05 ± 1.11	3.08 ± 1.28
农人组	高情境好感度	2.95 ± 1.36	2.90 ± 1.23
	低情境好感度	3.09 ± 1.42	3.15 ± 1.14

表 26 广告态度双因素方差分析（主效应）

源	III 类平方和	自由度	F 值	显著性
修正模型	20.42a	3.00	3.79	0.00
截距	2256.13	1.00	1255.80	0.00
好感度高低	12.44	1.00	6.92	0.00
一致性高低	2.25	1.00	1.25	0.26
组别	16.62	1.00	10.28	0.00
好感度高低 * 组别	22.67	1.00	14.02	0.00
误差	371.88	203.00	—	—
总计	2762.94	211.00	—	—
修正后总计	392.31	210.00	—	—

a.R 方 =0.163（调整后 R 方 =0.134）

由于组别和情境好感度产生交互作用，为了更清晰地了解其对广告态度的影响，对组别 * 情境好感度进行简单效应的检验。

表 27 组别 * 情境好感度简单效应

组别	对比	F 值	Sig.
农人组	高情境好感度 * 低情境好感度	0.66	0.42
幽默组	高情境好感度 * 低情境好感度	24.87	0.00
高情境好感度	农人组 * 幽默组	28.58	0.00
低情境好感度	农人组 * 幽默组	0.17	0.68

检验结果发现，当主题组别为幽默组时，情境好感度的简单效应非常显著 $F_{(1,207)}=24.87$，$p=0.00 < 0.01$。而当主题组别为农人组时，情境好感度的简单效应则不显著。当情境好感度较高时，主题组别的简单效应显著。$F_{(1,207)}=28.58$，$p=0.00 < 0.01$，当情境好感度较低时，主题组别的简单效应则不显著。交互图如图 4 所示。

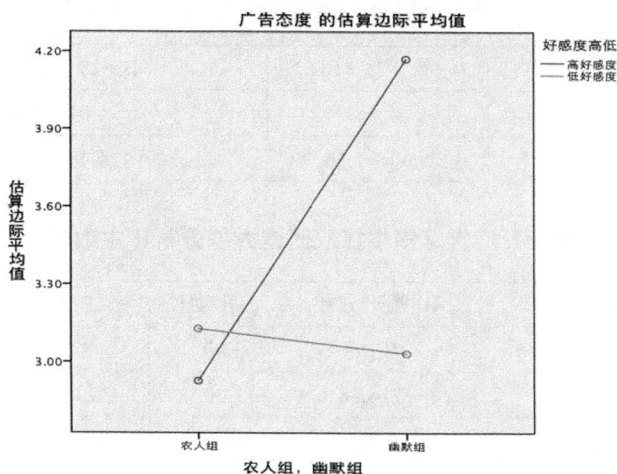

图4 组别＊情境好感度交互图

这说明组别和情境好感度的交互作用体现在，当视频情境主题为幽默时，对视频情境的好感度越高，广告态度也就越好，对视频情境的好感度越低，广告态度就会越差。而当对视频情境好感度均较高时，被试对主题为幽默的广告广告态度更好。

（5）感知侵扰

以情境好感度和广告—情境（主题）一致性为自变量，感知侵扰为因变量，进行双因素方差分析。数据结果显示，情境好感度对广告感知侵扰的主效应不显著，$F(1,207)=1.30$，$p=0.31>0.05$，这说明在不同的情境好感度条件下，被试对广告的感知侵扰不存在显著差异。广告—情境一致性的主效应不显著，$F(1,207)=0.87$，$p=0.35>0.05$，表明在广告与情境主题一致／不一致的条件下，广告感知侵扰不存在显著差异，假设H3b不成立。组别的主效应不显著，$F(1,207)=0.21$，$p=0.65>0.05$，说明本次实验当中主题组别并未影响到被试对广告的感知侵扰程度。

交互作用方面，情境好感度和广告—情境一致性对感知侵扰的交互作用显著。$F(1,207)=6.20$，$p=0.02<0.05$，说明情境好感度和广告—情境一致性虽然未能独立影响感知侵扰，但是二者共同对广告感知侵扰产生了一定的影响。

表 28　广告感知侵扰双因素方差分析（整体描述性统计）

	一致（M ± SD）	不一致（M ± SD）
高情境好感度	4.76 ± 1.04	5.01 ± 0.98
低情境好感度	5.00 ± 1.16	4.46 ± 1.23

表 29　广告感知侵扰双因素方差分析（主效应）

源	III 类平方和	自由度	F 值	显著性
修正模型	10.19a	3.00	2.73	0.05
截距	4714.88	1.00	3790.37	0.00
组别	0.26	1.00	0.21	0.64
好感度高低	1.28	1.00	1.30	0.31
一致性高低	1.08	1.00	0.87	0.35
好感度高低 * 一致性高低	7.71	1.00	6.20	0.01
误差	252.76	203.00	—	—
总计	5102.28	211.00	—	—
修正后总计	267.68	210.00	—	—

a.R 方 =0.038（调整后 R 方 =0.024）

因此本实验对情境好感度和广告—情境一致性进一步进行简单效应检验。

表 30　情境好感度 * 广告—情境一致性简单效应

分组	对比	F 值	Sig.
高一致性	高情境好感度 * 低情境好感度	1.21	0.27
低一致性	高情境好感度 * 低情境好感度	5.59	0.02
高情境好感度	高一致性 * 低一致性	1.16	0.28
低情境好感度	高一致性 * 低一致性	6.13	0.01

根据简单效应检验结果，在广告—情境一致性高的条件下，情境好感度的简单效应不显著，$F(1,207) = 1.21$，p=0.27>0.05。而在广告情境一致性低的条件下，情境好感度的简单效应显著，$F(1,207) = 5.59$，p=0.02<0.05。说明

在广告与情境主题一致的情况下，情境好感度对感知侵扰的影响不显著，而在广告与情境主题不一致的情况下，情境好感度会对感知侵扰产生一定影响：情境好感度越高，对广告的感知侵扰程度也会越高。

在情境好感度高的条件下，广告—情境一致性的简单效应不显著，$F(1,207)$ = 1.16，$p=0.28>0.05$。在情境好感度低的条件下，广告—情境一致性的简单效应显著，$F(1,207)$ = 6.13，$p=0.01<0.05$。说明只有在情境好感度低的情况下，广告情境一致性的高低会对感知侵扰产生影响，广告与情境主题的一致性越高，感知侵扰也会越高。

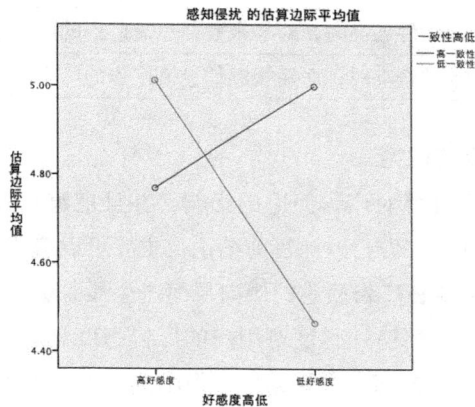

图 5　情境好感度 * 广告—情境一致性交互图

六、结论与讨论

（一）假设验证结果

本次实验总共回收样本 356 个，考虑到被试的卷入度，经过视频甄别题和观看视频时间的筛查，最终获得有效样本 211 个。后测问卷各变量量表均通过信效度检验。实验有效控制了情境好感度、广告—情境一致性两个自变量在不同水平上的显著差异，并且将主题组别这一潜在影响因素纳入实验检验中，增强了实验的严谨性。

通过双因素方差分析和简单效应的检验，对实验样本的情境好感度和广告—情境一致性的主效应、简单效应和研究假设分别进行检验，最终实验结果如表 31 所示。

表 31 假设检验结果

假设	假设内容	结论
H1	情境好感度对广告回避的倾向层面具有显著影响。	成立
H1a	当情境好感度较高时，短视频信息流广告广告态度更为积极。	成立
H2	情境好感度对广告回避的行为层面具有显著影响。	不成立
H3	广告—情境一致性对广告回避的倾向层面具有显著影响。	不成立
H4	广告—情境一致性对广告行为回避具有显著影响。	不成立
H5	广告—情境一致性对广告认知回避具有显著影响。	部分成立
H5a	当广告—情境一致性较高时，对短视频信息流广告的广告注意更高。	不成立
H5b	广告—情境一致性较高时，对短视频信息流广告的广告记忆更好。	成立

（二）结论分析与讨论

本实验探讨媒介环境对广告回避的影响，并且把媒介限定在手机，广告形式限定在短视频信息流广告，因此目前结论也主要可以应用于此范围内。

1. 情境好感度主要在广告回避的倾向层面产生显著影响

本实验结果指出，情境好感度对用户的广告态度具有显著正向影响，情境好感度越高，用户的广告态度也就越好。但不同主题影响的显著水平不同，在幽默主题的视频情境当中影响显著，但是在农人主题中这一影响则不显著。

这一实验结果体现出，用户对广告的回避不仅受到广告和用户个人的影响，广告周边的情境内容会使得用户的广告态度产生差异。情感迁移假设和享乐可能性理论可以解释这一结果，根据情感迁移假设的阐释，对媒介内容的积极评价会转移到广告上，用户在观看信息流短视频的过程中，如果对短视频的好感度较强，那么这种愉悦的情绪会转移到处于其中的广告上，从而对广告的态度也更加良好。享乐可能性理论则认为人们在积极的情绪当中会更愿意去处理广告，因为他们相信结果也会是令人愉悦的。在幽默主题下，用户对视频的好感度越高，说明情绪越为积极，对广告的态度也会更好。

但是之所以这一结论受到了组别的影响，并且在农人主题下并不显著，可能是因为农人这一主题下的视频是比较客观理性的，主要是关于农业、农产品的内容，并未调动起用户的情绪。而根据前人研究，情绪效价（积极／消极）会对情境好感度产生显著影响，幽默主题下的视频调动起用户不同程度的积极情绪，因此情绪产生转移，对广告态度产生显著影响。农人主题下的视频属于理性诉求，调动用户情绪的程度较低，因此情绪转移程度较低，最终对广告态度没有产生显著影响。

2. 广告—情境一致性对广告回避的行为层面产生显著影响，主要是在认知方向

具体体现在广告情境一致性会显著影响到用户的广告记忆。广告与情境主题的一致性水平越高，用户对广告的记忆水平也会越高。而记忆在一定程度上反映出用户在认知层面并没有对广告产生回避。

这一实验结果与多数前人研究呈现出一定差异，但与 2010 年 Zanjani 等和 2011 年 Hervet 等学者对于网络广告的研究结论达成一致。说明在手机媒介，并且在短视频信息流广告这种新型广告形式下，广告与情境主题的一致性会对广告记忆产生正向影响。这一差异不仅体现较早的研究结果并不适用于当前的营销实践，也体现出用户行为的转变。如今用户浏览信息的目的和模式都与传统媒介产生巨大差异。不同于过去的工具使用导向——搜索信息、学习、购物，如今用户主要是享受使用导向——娱乐、消耗时间。

而对于享受型使用导向的用户，他们在浏览信息流短视频时可能会产生沉浸效应，以至于其在浏览网页的过程中无法认知到广告的存在，因此将广告当作内容一样观看。广告与情境主题一致性越强，这种沉浸式体验也就越强，从而导致用户会仔细浏览广告，对广告的记忆程度更强。而在广告与情境主题一致性低的情况下，用户很容易发现这是广告而直接略过，对广告的记忆程度就会变低。这一点从被试的自由回忆可以看出，对于一致性低的手机广告回忆："一看是广告马上滑过，不记得是什么"；而对一致性强的幽默广告有人回忆"好像是手机游戏，印象很深，因为本来以为是视频想点开看"。

3. 广告—情境一致性和情境好感度对感知侵扰具有交互作用

在广告与情境主题不一致的情况下，情境好感度会对感知侵扰产生一定影响：情境好感度越高，对广告的感知侵扰程度也会越高，情境好感度越低，对广告的感知侵扰也会越低。在情境好感度低的情况下，广告—情境一致性的高低会对感知侵扰产生影响，广告与情境主题的一致性越高，感知侵扰也会越高。

已有研究指出，当用户在执行具体任务时，广告的出现实则就是一种感知侵扰，防止用户目的的达成。情境好感度和广告—情境一致性对感知侵扰均无显著影响，说明不管用户是否喜欢观看广告周围的视频，也不管广告与情境是否一致，只要出现广告，用户的感知侵扰程度都会比较强。

　　而之所以产生交互作用，可以从以下论述中得到解释：广告和情境主题不一致的条件下，如果用户对正在浏览的视频喜爱程度高，那么广告的出现打断了用户执行任务的流程，用户产生厌倦情绪的可能性更大，感知侵扰程度就会越高；如果用户对正在浏览的视频不是很感兴趣，那么即便打断了执行任务的流程，感知侵扰程度也会相对较低。因为如果视频相对无趣，此时用户的大脑并不愿意去处理这些视频，广告在某种程度上增加了新鲜感，使用户反而更愿意观看广告。

　　这一结论体现出用户对广告的情绪未必是完全负面、悲观的，在某些情境下用户并不认为广告是一种侵扰，甚至会对广告产生高于内容的好感，但这同时也对广告的投放选择以及广告自身的价值和质量都提出了更高的要求。

4. 情境好感度对广告记忆没有显著影响

　　在之前学者的研究中，部分学者认为高情境好感度会让广告记忆加强，也有小部分学者认为会减弱。而本次实验之所以影响不显著，一是考虑是媒介的关系。之前的学者的实验多数是在电视媒介或者纸质媒体当中，此次实验首先采用在手机媒介当中，且广告形式也与之前产生了较大的变化，因此导致实验结果产生差异。二是由于实验室效应。此前有学者对情境好感度的相关实验提出质疑，认为在实验室环境过程中会产生一定的实验室效应，且实验需要用户完全观看所有内容（包括广告）的这种"强制曝光"，都忽视了现实生活中被试对广告的回避。因此本次实验采用线上，被试处于完全自然的环境下进行实验，并且出现了非常高的行为回避，这种回避可能会导致实验结果与前人的研究结果产生差异。

（三）理论贡献

1. 将媒介情境引入到广告回避研究

　　广告回避研究作为广告效果的一部分，已有学者从广告用户特征或广告本身属性出发来探讨影响广告回避的因素。而且已有因素也较为成熟：比如基于用户层面的隐私关注、既有消极经验、卷入度等等，基于广告本身的广告类型、感知价值、感知侵扰等。然而很少有学者针对独立于广告和用户之外的广告情境因素进行研究。广告—情境分为广告接受情境和媒介情境两类，已有学者提出在手机广告回避当中，广告接受情境是一个重要变量。但是媒介情境对手机广告回避的影响，尚未有学者进行探讨。而此前的研究中发现，媒介情境是影响广告效果的重要因素。

因此本次研究探索性地将媒介情境引入到手机广告回避的研究，并从中提出情境好感度和广告—情境一致性两个变量，检验其对手机广告回避的影响，丰富广告回避的研究视野。

2. 研究方法和设计的创新

目前国内的网络回避的研究主要采用的是问卷调查法，且通常沿袭 Cho & Cheon 的框架，将广告回避分为认知回避、情感回避、行为回避。本次研究由于自变量为媒介情境这一客观存在，因此采取实验法进行研究，通过操控自变量的不同水平，来探索其对广告回避的影响。而有关情境好感度和广告—情境一致性的广告效果研究，国外多数学者采用了实验法这一研究方法，但有很多学者提出了实验室效应的影响，认为强迫被试看到广告而忽略真实情况下被试的广告回避会对实验结果产生很大影响。

因此本次实验采用了线上的实验方法，使被试在最为自然的环境下浏览实验材料。并且请专业人士制作短视频信息流网页，最大程度地模拟观看情境。同时为了保证被试的卷入度，观测被试观看视频的时间以及回答问卷的总时间，并设立视频甄别题，以控制样本的有效性。

在广告回避这一因变量的设置上，本文采用了较新的手机广告回避框架，将广告回避分为行为和倾向两个层面，行为层面分为认知回避和行为回避；倾向层面则分为广告态度和感知侵扰。而在广告认知回避当中广告记忆的测量上，本研究采用了自由回忆和线索回忆共同测量的方式，更真实地体现被试的记忆水平。

3. 对新形态广告形式的探索

近年来广告回避研究媒介主要集中于网络，但是随着移动端的快速发展和布局，以及广告形式的变化，比如信息流广告的出现，这些变化使得广告回避出现了新现象，但是目前的研究还较少。本研究探索性地选择了原生视频信息流广告这一新形式，了解其广告回避的特征。

（四）实践建议

本研究发现对于短视频信息流广告，用户的回避程度依然在一个较高的水平，信息流广告的广告回避现象不容忽视。广告回避研究的主要目的就是通过操控影响广告回避的因素，提升广告效果，缓和用户的消极态度。根据实验结果，研究者为广告主和广告平台提出以下实践建议：

1. 广告主：注重广告与投放主题的一致性，提升广告价值，对用户进行"注意力补偿"。

随着技术的发展，信息流广告精准投放的可信任度和可操作性都在明显提升，并且逐步被广告主认可。广告主已经重视起广告与用户的相关性，比如地理位置的相关、需求的相关，并通过大数据算法将合适的广告推给合适的用户，但是由于人性的复杂，依靠数据判断用户需求未必完全准确。

为了进一步增强广告的精准性，广告主在投放广告时需要注意广告与投放主题是否一致。本研究已经证实广告与情境主题的一致性会增强用户的广告记忆，而广告记忆是达成品牌宣传和购买转化的重要因素。广告主在投放广告时需要考虑主题这一因素，一是考虑产品是否适合在该主题视频下进行投放，二是根据主题制作形式风格更为一致的广告。比如在幽默视频间插入幽默广告，美妆视频中插入化妆品广告，均可以更精准地触达有效用户，情境产生的影响也会增强营销效果。

此外，广告主需要迎合趋势进行广告升级，提高广告的娱乐和实用价值。用户的注意力是有限的，只有将注意力花费在有价值的内容上，才会降低用户的反感。尤其在短视频成为创业风口，各家互联网企业均在布局视频信息流产品时，企业需要抓住机遇并"拥抱变化"，在广告创意和趣味性方面提高要求，促进广告质量的提高，这样才能对用户形成一种"补偿"。例如抖音短视频在信息流广告上的尝试，抖音通过对广告创意的严格把关，让广告极其原生和个性化。全屏保证用户不错过，创意保证用户不反感。通过个性化推荐，广告也会成为用户感兴趣的内容。比如"Airbnb 爱彼迎"广告首发 1 个小时互动数就超过 2000，发布当天视频点赞数超过 11000，近 3000 多位用户关注"Airbnb 爱彼迎"抖音账号。苏宁与江疏影在抖音上也进行合作，江疏影发布 # 新年的我红到膨胀 # 趣味短视频后获得 189.9w 赞和 2.7w 条评论。许多泰国、台湾的创意广告甚至直接当作内容在平台上播放并且阅读量很高。这些数据说明用户对广告的态度并非完全消极，只要达到创意、趣味、互动等指标，对其达成一种"注意力补偿"，用户对广告的好感度也会大大增强。

2. 广告平台：促进内容升级，把控内容质量，同时将媒介情境因素纳入个性化计算，助力信息流广告生产。

罗振宇曾经提出过"国民总时间"的概念，只有争夺到用户的时间，才能在商业上获得更大的空间与可能性。而优质内容则是获得用户注意力的最好手段。依靠有趣、高质量的内容，甚至可能让用户形成一种"沉浸"的状态，不知不觉中观看更多内容，消耗更多时间。而根据本次实验的研究结果，在用户好感度高的视频中插入广告，会得到更好的广告态度。可以说信息流广告依托于内容，优质内容会减轻用户对广告的反感。而信息流广告的密度也是单位流量变现效率的决定因素之一，一旦内容质量下降，广告的密度也随之下降。因此对于广告平台而言，设立严格的内容审核标准，并提高内容质量，始终是重中之重。

　　此外，广告平台的推荐算法也应当加入媒介情境这一元素。目前各家互联网巨头的算法基本可以分为以下几类：以今日头条为代表基于兴趣的推荐算法、以微信为代表基于社交关系的推荐算法、以百度为代表基于兴趣＋搜索的推荐算法、以陌陌为代表基于兴趣＋地理位置的推荐算法，但媒介情境并未纳入算法当中。用户是极其复杂的，是否愿意观看广告受到多种因素的影响，目前平台主要注重的是用户的兴趣以及个人相关性，这些内容均是用户过往的行为记录，却忽视了用户即时浏览的内容与广告的匹配性，未来随着技术能力的提高，算法可以将情境因素纳入其中，根据情境与广告的匹配程度，广告对内容情境的好感度等级，将广告更为精准地推送给用户。

　　在具体操作化建议方面，情境好感度的操作化指标虽然不确定，但互动性基本可以衡量一个视频好感度的高低。根据艾瑞报告，虽然用户不会与每一个视频互动，但是让用户觉得有趣的视频，超过三成用户会点赞。而据本次实验的研究结果，在用户好感度高的视频中插入广告，会得到更好的广告态度。具体到操作指标上，广告平台投放广告时，可以着重在那些转发、评论数较高，且能够引发积极情绪的短视频下投放广告，而在主题选择上，尽量引发用户积极情绪的主题，减少在过于理性的主题当中投放广告。

　　如果需要在用户好感度低的短视频之间投放广告，比如一些不受关注的视频，转发数、评论数、点赞数均在较低水平，而且是偏向理性比如军事、科技主题，那么投放与视频主题不一致的广告，用户感受到的妨碍感会降低。但同时广告主也要注重广告的形式和创意。

（五）研究局限与展望

　　本次研究虽然得到了研究结果，并具有一定的理论贡献和实践意义，基本完成研究目的，但是由于个人经验、时间、技术水平的限制，存在一定的不足之处，对此本研究将局限总结如下：

第一，本文同时探讨了短视频情境好感度和广告—情境一致性对广告回避的影响，并将两者作为完全独立的平行变量进行实验，但对于某些因变量，二者存在交互作用，且部分因变量的结果还受到视频主题的影响。

第二，情境好感度对广告态度产生了显著影响，但是由于个人能力的限制，并未对影响情境好感度的因素进行探讨。

第三，由于技术能力和时间的限制，本次研究的实验网页虽然与真实短视频信息流网页无差距，但是在视频数量和广告数量仍然较少，仅有一组情境加广告。而在真实浏览中，短视频平台会在一定间隔后插入广告，如果增加广告和视频的数量，得到的结果可能会更为精确。

第四，本研究在广告注意的测量上采用的是被试自报告的形式，而这种报告被试会偏向于选择均值，同时也会受到被试主观态度的影响，不能完全反映真实状况。

针对局限，本文提出以下研究方向和未来的展望：

第一，可以对情境好感度和广告—情境一致性作为单独变量进行探讨，通过两个实验的形式，可以得出更为客观准确的结果。

第二，增加眼动测量技术在广告认知回避当中的应用，真实的眼动数据可以更为客观地反映被试的注意水平。

第三，针对影响短视频情境好感度的因素进行探讨，在前人的研究当中，情绪效价是影响情境好感度的重要因素，人们观看视频产生的不同种情绪均会影响到对视频的好感度。可以针对积极情绪和消极情绪作为类别区分，具体探讨不同视频会引发用户的不同种情绪，以及这些情绪对情境好感度的影响。

第四，对情境好感度具体指标的探索也可以作为一大研究方向，比如互动性、观看时长，将用户的主观情绪转化为客观指标，对广告主和广告平台而言会更具实践意义。

第五，广告—情境一致性不仅与广告主题相关，广告形式、广告质量、广告内容风格与视频情境的一致均会有所影响，未来可以从这些方向继续深入探讨广告—情境一致性对广告效果的影响。

研究心得

2018 年选择这个题目的时候，刚好是今日头条、快手、抖音这些平台非常盛行的时期，原生广告、信息流广告讨论的热度也很高，看似是很好的提升广告效果的方式，但实际上效果并没有想象中的好，结合师门一直在做的广告回避研究，所以我就选择研究信息流广告中的广告回避现象。

在研究开展的过程中最大的感受就是很多细节都是需要反复推敲斟酌的，不是一蹴而就那么简单。一开始实验的主题是在短视频平台的主题分类中挑选的，后来发现选出来的"搞笑"主题与广告的一致性偏差，通过回访后调整为"幽默"才较为符合实验预设。另外，当时选择出来的两个因变量之间其实是存在一定的交互作用的，如果想要得到更为严谨和深入的结论，选择单因素进行研究可能结论更加客观准确。如今原生广告在不断地更新，形式做得越来越个性化和原生化，互动性也大大提高，我觉得针对原生广告效果的研究可以继续开展下去，方法也可以更为多元，比如可以通过定性访谈针对用户参与互动的意愿进行研究等。

致 谢

广告回避的研究任重而道远，这已然成为学界和业界的共识。在一起围绕这一主题进行研究的过去十年，我和团队得到许多前辈师友的无私帮助，在本书稿即将付梓之际，我要向一切曾经给予我们指点和关照的同仁们表示衷心感谢。

感谢厦门大学新闻传播学院的领导和同事们，一直以来对我的关爱和照顾，学院自由、包容、创新和互助的氛围是我得以潜心专研学术的良好沃土，我常常感佩身边有这么多勤勉、聪慧又充满活力的良师益友，我能身在其中是何其幸福，无论是日常的教学还是科研，你们每一次与我的思想交流和学术火花碰撞都让我获益良多。

感谢我历届参与广告回避研究课题组的小伙伴们，想念你们和我一起并肩作战的日子，大家一起攻克研究方法和数据采样中遇到的种种阻碍，在研究经费不甚充足的情况下，依然保有着充沛的专研热情。每一次专题组会研讨，我都无法忘记各位积极踊跃的发言和"吾爱吾师，吾更爱真理"的大胆质疑，你们年轻而富有学术想象力，跟你们在一起，总觉得有使不完的劲，走不完的路。

感谢收录本书稿八篇论文的作者曹雪静、翟星、唐文燕、熊烨、崔笑宁、李盼盼、安子龙、郑星妍。谢谢你们在课题研究的过程中，跟我一路打怪升级，一起在研究里磨砺心性，并最终寻找到自己的研究兴趣和方向，转化为硕士毕业论文这份沉甸甸的作品。在书稿的编撰过程中，我又得到大家的大力支持，在我反复联系各位，重新校订论文，撰写心得的过程里，大家无私付出了宝贵的时间和精力，这对于已经参加工作的你们来说，实属不易。

感谢我的博士生项倩和段秋婷，书稿修订的工作事无巨细，你们耐心的辅助我一起进行全书的内容整理和格式校订；尤其是项倩同学，在我繁忙而分身乏术的时候，主动担负起联络统筹事宜，使我得以静心书稿内容细节的打磨。还有我的硕士生刁俭、许丹、张雨、赵鸿迪、朱怡，也参与了本书的第一轮内容和格式修订，谢谢你们，我可爱而又勤勉的学生们。

感谢九州出版社郝军启先生的精心策划、温和督促、认真校审，书稿编撰过程中，军启先生始终耐心细致地就书稿各个方面与我逐一沟通，其责任心和过硬的专业素养给我留下深刻印象。

最后，感谢我的家人，谢谢你们长期以来的包容、体谅，你们的无私支持始终是我在学术之路上披坚执锐的最深厚动力。

陈素白
2021 年 12 月